越努力，才能越幸运

齐俊杰看财经

齐俊杰 申鸿飞 张海泉 著

老齐的投资理财内参

电子工业出版社

Publishing House of Electronics Industry

北京·BEIJING

内 容 简 介

从 2018 年至今，在陪伴社群朋友的这几年中，作者深刻地感受到很多投资者的投资认知极其匮乏，而市面上能让读者真正掌握投资精髓的图书却并不多。正因如此，作者决定创作本书，以简单的语言把正确的投资理念带给读者，让大家知道投资赚钱其实并不难。

全书共分四篇，分别是投资认知篇、基础知识篇、内功心法篇和招式策略篇。投资认知是一切投资行为的基础，投资者首先要知道哪些行为是正确的。在基础知识篇，读者能够了解常用的投资理财工具。内功心法篇是教读者如何从正确的角度去思考投资，很多内容将从根本上颠覆大家的认知。最后一篇"招式策略篇"是本书的核心内容，具体告诉大家如何应对市场变化，做出正确的投资决策。

本书适合不同层次的普通投资者阅读。希望读者通过本书慢慢磨炼投资技能，在悟道中调整心态，最终实现成功投资，实现个人财富自由。

图书在版编目（CIP）数据

齐俊杰看财经：老齐的投资理财内参 / 齐俊杰，申鸿飞，张海泉著. —北京：电子工业出版社，2022.4
ISBN 978-7-121-43055-8

Ⅰ. ①齐… Ⅱ. ①齐… ②申… ③张… Ⅲ. ①投资－基本知识 Ⅳ. ①F830.59

中国版本图书馆 CIP 数据核字（2022）第 037878 号

责任编辑：滕亚帆
印　　刷：河北迅捷佳彩印刷有限公司
装　　订：河北迅捷佳彩印刷有限公司
出版发行：电子工业出版社
　　　　　北京市海淀区万寿路 173 信箱　　邮编：100036
开　　本：720×1000　1/16　　印张：23　　字数：468 千字　　彩插：4
版　　次：2022 年 4 月第 1 版
印　　次：2022 年 4 月第 2 次印刷
定　　价：100.00 元

凡所购买电子工业出版社图书有缺损问题，请向购买书店调换。若书店售缺，请与本社发行部联系，联系及邮购电话：（010）88254888，88258888。

质量投诉请发邮件至 zlts@phei.com.cn，盗版侵权举报请发邮件至 dbqq@phei.com.cn。

本书咨询联系方式：（010）51260888-819，faq@phei.com.cn。

投资理财赢家十六条

1   越努力，才能越幸运。所谓幸运，就是一直做大概率正确的事情。

2   投资没风险，没文化才有风险。

3   不要考验人性，人性从来都经不起考验。

4   投资就像种地一样简单，遵循春种、夏长、秋收、冬藏的规律。春天不种，秋天就一定没有收获。

5   投资理财赚不到钱，只有两个原因：买得太贵，卖得太早。改掉任何一个习惯，你就不可能再赔钱。

6   大家都抢着买的时候，再好的东西也是贵了，大家都抢着卖的时候，再差的东西也是便宜了。

7   对市场的判断都是概率事件，投资就是要把大概率正确的事情反复做。投资不是打板算卦，投资是应对之道。

8   你听明白了，只能代表我讲明白了，离你学会这个技能还差反复的刻意练习，坐在教室里永远学不会游泳。

9   德不配位，必有灾祸。这个社会将有 10000 种方法收割你的财富。

10   投资中，很多东西都没办法算得那么清楚。所以宁要模糊的正确，也不要精确的错误。

11   投资需要找到市场中正确的非共识，这样才有机会赚到钱。如果想求得别人的认同感，那么你可以做自媒体、做经济学家，总之别去搞投资，因为一定会赔钱。

12 人生难得几只"熊"。熊市是我们难得的可以学习、思考和布局的时机，熊市里买什么都是对的，而且收益都不会差。

13 投资不是参加高考，不需要每道题都会做，只做自己有把握拿分的题就够了，赚到的钱没有差别。

14 学到多少没有用，关键是你做到了多少，会背九阴真经和练会九阴真经完全是两码事儿。

15 研究投资周期，就如同开车使用导航软件，可以确保你不会偏离路线。

16 天底下没有多少新鲜事儿，基本都是历史的重演，世界上最贵的一句话就是，这次不同了。

序

从 2018 年到 2021 年年底，我们的投资者社群已经从几千人发展到了 72000 人，每年都有大量的伙伴加入我们。而老齐在这 4 年时间里，刚好创作了 1000 多篇投资类文章，文章中有对宏观经济的分析，有对周期的定位，也有对行业的研究，还有对整个市场的看法。其中不少知识都是我们边学习边总结出来的投资技巧，现如今我们将这些内容去粗取精，打造成一本投资的"武林秘籍"。这里有基础的概念和理论，它们相当于投资的"内功心法"，还有一些策略方法以及非常实用的技巧，它们相当于投资的"武功招式"。只有内功心法和武功招式双管齐下、内外兼修，投资者才能在投资的道路上入门并获得提升。

在陪伴社群朋友的这 4 年当中，老齐深刻地感受到，很多普通投资者在投资认知上的匮乏实在令人惋惜，尤其是对于很多基础知识的认知，老齐接触的绝大多数投资者是完全没有概念的。比如前几年不少投资者都被年化收益率在 10% 以上的固定收益产品所诱惑，最后却损失惨重，有的甚至血本无归。还有的投资者看到市场中什么热门就买什么，在每次投资失利后就抱怨自己运气不好。这其实和运气无关，而与知识储备有关。如果你总押注小概率事件，那么必然会发生投资亏损。有些朋友虽然投资股票、基金已有几年甚至十几年，但是回报总是很差，仔细询问才知道，他们一直在犯一些很低级的错误，比如把周期产品长期持有，或者做基金定投后却不知道止盈，这些错误都让他们白白损失了金钱。

老齐一直致力于做好投资者的陪伴工作，就是要把正确的投资知识教授给大家，至少让大家少走一些弯路，避免一些低级错误，这样就会获得收益。其实，经济总有冷热，股市也有自身的规律，周期也是一轮一轮地循环，这些都是有迹可循的。债券、股票、商品三大资产之间的涨跌也有明确的先后顺序，更重要的是一些经济指标为我们提供了非常清晰的参考。比如市场利率，巴菲特把它定义为"投资的万有引力"，当市场利率上升时，所有资产的"重力"就会增加，市场中更容易出现"自由落体"现象；而当市场利率下行时，债券会率先走"牛"，在市场利率到低点之后，股票行情也会开启。像这样的技巧，本书中还有很多，它们都是投资中的"干货"，也是专业投资者经常使用的策略方法，而现实中却很少有人告诉散户。

如今图书市场上充斥着各式各样的投资书籍，但是能让读者真正掌握投资精髓的却并不多，甚至还有不少图书会把投资者带入歧途。比如一些讲 K 线技术的炒股书没多大用处，我们管这些书的分析逻辑叫必要非充分条件。"必要非充分条件"是中学数学知识概念，也就是说，通过最后的结果，一定会有之前的 K 线形态，但是有了 K 线形态却并不一定会出现最后的结果。有一个经典的比喻是：我爸爸是工人，但是不见得工人都是我爸爸。所以你会看到不少股票分析师往前讲都是头头是道，但是往后讲几乎没多大参考价值。

正是因为这个原因，老齐认为一些讲投资的书可谓害人不浅。也正是如此，我才决定创作这本书，以正视听，把正确的投资理念带给普通的投资者，让大家知道其实投资很简单。如果在一个长期上涨且平均 7 年就能翻一倍的市场里，你还能亏钱，那么一定是你的方式方法出了问题。在纠正了方法之后，结果会立竿见影。尤其是本书最后介绍的几种策略，只要你完全照着做，肯定会告别亏损，走上投资盈利之路。而盈利多少，取决于你对本书内容的参悟程度。

由于投资者的层次不同，我们在书中也做了相应的安排。本书分为投资认知篇、基础知识篇、内功心法篇和招式策略篇四大篇，如果你自认为是一名小白用户，没有学过任何投资知识和概念，那么老齐希望你能从头开始阅读。因为投资认知是一切投资行为的基础，你首先要把投资"三观"摆正——知道哪些是你该赚且能够赚到的钱，哪些是你不该赚也不该想的钱。这就像孙悟空的金刚伏魔圈，你在圈里面就会很安全，一旦被诱惑走出这个圈，就一定会遭受损失。

至于基础知识篇，大家可以简单了解我们在招式策略中需要使用的一些工具。在阅读过程中，大家可以把基础知识篇当成一个工具，当读到后面两篇里不懂的内容时，再返回这一篇查看即可，没有必要在基础知识篇花费太多时间。

至于内功心法篇，这部分内容就厉害了，教你如何从正确的角度去思考投资。永远不要忘记，股市是人的股市，市场是人的市场，和你做交易的是无数的投资个体，而并不是那一连串冰冷的数字。我们要做投资中的将军，而不要做园丁，二者区别是什么呢？园丁所修剪的花草是不会动的，你无论怎么折腾它们，它们也不会反抗。但是将军不同，两军对垒中重要的是预判对方的策略，你要知道你的对手此时此刻正在想什么：他想安营扎寨，你就半夜截营；他想半夜截营，你就请君入瓮。永远比别人领先一步，你就赢了。反过来，如果你总是慢别人一步，人家买完了你再去买，那就叫高位接盘，是一个全输策略。

我们总是说，你站在群众的对立面，不一定会赢，但是你站在群众堆里，一定会输。投资始终是一场输家游戏，比的是谁犯的错误更少，谁能先人一步。在内功心法篇，很多内容将从根本上颠覆你的认知，这一篇老齐希望各位朋友能够反复阅读。既然你之前的投资不赚钱，那么一定是错误的认知占据了你的思维，你要通过反复阅读，给自己"洗脑"。投资是一场反人性的运动，不把自己人性中的弱点"洗"去，就永远无法摆脱亏损的困扰。

最后一篇"招式策略篇"是本书的核心内容。在你拥有"全真教"内功的时候，自然可以去修炼降龙十八掌这样的武功绝学。基金定投、财务分析、投资技巧、资产配置以及周期认知，这些东西是老齐的毕生所学，现在全部为读者总结出来。这几年，我们通过基金定投抓到了 2018 年创业板的底部；通过资产配置，稳稳地"吃"下了 2019 年和 2020 年的超额收益；通过周期策略抓到了猪周期和黄金、石油、有色金属行业的投资机会；通过财务分析，在 2021 年年底逆向布局了银行、保险、家电、基建等行业以及中概互联；通过一些投资技巧，我们可以轻松识别情绪，能连续两次抄到芯片的底，还能在 2021 年年初市场无比亢奋的时候提前防守，这些都是我们超额收益的来源。市场是很讲道理的，下一步它要怎么走，其实经常会给我们一些提示信号，能不能捕捉这些信号，并做出相应的投资安排，就看大家掌握了多少投资知识。

全书的撰写花费了半年多的时间，也是几易其稿，其间还遇到了很多挫折。但是老齐初心不变，想把最正确的投资理念、投资方法，通过最简单的语言告诉大家，让大家少踩一些坑，少犯一些低级错误。在投资中，更多的时候其实是在做排除法：你可能不知道什么东西能行，但是你只要知道什么东西肯定不行并把它排除掉，其实就已经能够获得超越市场的收益了。市场长期年化收益率是 10%，那么你拿到 12%~15% 的年化收益率其实并非难事，这些都在"金刚伏魔圈"之内，也都是本书可以解决的。如果想超过这个年化收益率，就需要一些个人的悟性了。

举个最简单的例子，大家都经历过高考，老师一定会告诉你，基础题占了总分值的70%，对于这部分题，你只要努力就能拿分；中等题大概占总分值的 20%，找个好老师，多上补习班，稍微蹦一蹦，也能够得着；最难的题，也是拉开差距的题，大概也就占总分值的 10%，这部分要想得分就得靠个人悟性了。投资市场其实也是如此，把基础题都答对，你就已经能获得很好的回报了。本书其实就是提供一个做基础题的解题思路。但是很可惜的是，很多人总在难题上耽误时间，最后却发现他连基础题都没有做，那还怎么得分？

所以我们总说，投资其实没风险，没文化才有风险！投资没那么复杂，但重要的是要走在正确的道路上。未来 10 年，我们的市场极有可能完成从债权融资向股权融资的大转变，减少债权资产，增加权益融资，可以有效降低杠杆风险。另外，强大的二级市场可以反哺一级市场的创新创业，做芯片和半导体创新这种事，更多地要依靠股权投资和风险投资。所以，股权投资的天时已来，未来十几年会形成一波波澜壮阔的大牛市行情。

老齐有个类比，现在我们的股市就相当于 1984 年至 1985 年的美国股市，未来将有一波技术创新驱动的长期牛市出现。但这中间也会有类似 1987 年的股灾、1990 年的衰退、1997 年的金融危机，总之不会是一帆风顺的。能够吃到时代的多少红利，就看你掌握了多少投资知识，并将多少知识转化为技能。投资拼到最后，其实拼的是心态，50%靠心态，30%靠技能，20%才是知识能力。希望大家能够通过本书走上投资正途，尽快学习知识，慢慢磨炼技能，在悟道中调整心态，最终实现成功投资，实现个人的财富自由。

祝大家好运！

齐俊杰

2022 年 1 月 26 日于北京

目　录

基础知识篇
投资战场上的必备武器　32

内功心法篇
成功的投资都是"反人性"的　120

第十七章　技术分析是应对之道　328

后记
越努力，才能越幸运　342

成功投资就是把大概率正确的事反复做

投资认知篇

投资没风险，没文化才有风险

- ➤ 建立正确的理财认知
- ➤ 明确投资的终极目标
- ➤ 树立正确的投资认知

第一章
建立正确的理财认知

在老齐的粉丝群里，经常会有人问老齐：

　　我该投资什么？

　　"投资"这个东西行不行？

　　如何打理个人财富？

从留言中老齐能深深地感到，大家的理财知识确实很欠缺，甚至对于一些最基本的理财原则的理解都是模糊不清的。这对投资者来说，无疑是有极大伤害的。比如我们常说，投资要买入资产，而不是买入负债。如果连最基本的"什么是资产""什么是负债"这些概念都分不清的话，自然也就搞不清楚最基本的投资方向。

第一章我们先来建立正确的理财认知。

第一节　你是金钱的主人吗

"钱"这个字确实太有诱惑力了。我们每个人的兴趣喜好都不同，但当问到身边的朋友有什么喜好时，可能很多人都会说："我喜欢'钱'。"所以"钱"普遍成为大家共同认可并想获得的东西。

原来的钱只是一块金属、一枚硬币，后来逐渐变成了一张纸，而现在则成为微信、支付宝、银行卡账户里的一串冰冷的数字。我们努力工作打拼，赚更多的钱，最终肯定不是为了让钱成为一串冰冷的数字，而是为了让自己的生活变得更美好。

有一个寓言故事，说的是一个农夫救了一个地主。地主为了感谢农夫，就对农夫说："在日落前你跑到的每一寸土地全都归你了。"于是农夫开始拼命奔跑，跑了不到 2 小时，农夫就已经拥有了一生都用不完的土地。但他却仍不满足，继续飞奔，直到累死在路上。

当然这只是一个寓言故事，估计大家听了也都认为这个农夫太傻了。但现实生活中，我们很多人却和农夫一样，犯着同样的错误，平时省吃俭用，拼命加班工作，最后身体累垮了，辛辛苦苦攒的半生积蓄都交给了医院。所以钱这个东西，它只是我们追求美好生活的一个工具，我们不应该成为金钱的奴隶，而应该成为它的主人，让钱为我们工作。

现实生活中，一些人也确实成了钱的主人。他们把钱当作追求梦想的辅助品，他们不会为了钱看别人脸色。但可惜的是，依旧有很多人像那个农夫一样，把钱当成了自己的主人。他们放弃了自己的健康、时间、家庭，甚至放弃了尊严，没想到最后却陷入了一个怪圈：

工作→赚钱→花钱→胡乱投资→再工作……

直到哪天工作停止了，自己这台"取款机"熄了火，就带来了一系列的连锁反应——现金流消失，财务状况变得糟糕，生活质量大幅下降。

那么如何打破这个死循环呢？

这就是本章要介绍的内容——建立正确的理财认知！我们必须靠现有收入，

制造出一台除自己之外的赚钱机器，让它一年 365 天持续为我们创造收入。

巴菲特曾说过：

> 如果 40 岁时你还没有找到一个能在睡觉的时候都为你赚钱的方法，那你
> 就很危险了。

所以真正的"富人"都懂得如何让钱为自己工作，而不是操劳一生地为钱工作。只有头脑中装满了财富思维，才能最终获取更多的财富。如果头脑空空，那么无论有多少财富，大概率也只是金钱的搬运工。

第二节 如何具备富人思维

还是从一个寓言故事讲起。

一个农夫，有一天突然发现自己家里有一只能下金蛋的鹅，他欣喜若狂，觉得自己要暴富了。之后他的欲望越来越高，觉得鹅下金蛋的速度太慢了，于是杀鹅取卵，结果再没有金蛋可拿，他又变回了穷光蛋。

这个故事中下金蛋的鹅，指的就是我们手中的钱。杀鹅取卵的行为，说的就是现实生活中很多人因为控制不住欲望，存够一笔钱后就一口气花光，并没有将这笔钱存储下来继续下"金蛋"。说这些，其实并不是反对大家过高品质的生活，而是建议大家通过自己的梦想储蓄罐去实现财富自由，不要轻易杀死自己那只会下金蛋的鹅。

很多人之所以陷入财务困局，其实并非是赚得不够多，而是因为不必要的开支太多了。比如在没有足够强大的经济条件作为后盾的情况下，买各种奢侈品及豪车，但又不能通过这些东西为自己赚钱，最终钱都从自己的口袋里流走了。

而这些无谓的开支，往往会让不少人深陷债务泥潭，沦为金钱的奴隶，甚至还会带来灾难。所以想获得更多的钱，首先要调整自己的赚钱思维，让自己具备富人思维。而很多人恰恰做反了，往往先买了豪车、名表，表面上像是"富人"，但其实让自己更穷了。真正的富人思维都是**先养鹅再消费**，这里的鹅并不是湖里的大白鹅，而是能为你源源不断下金蛋的鹅（储蓄），也就是要先有结余，让钱生钱，然后再用资产"生"出来的这些钱，去逐渐提升消费水平。这就是我们常常

看到的现象，一些富人并不节俭，但他们的财富状况却很合理。所以，如果想过上富足的生活，就要学会用你的资产性现金流收入，覆盖你的日常消费。唯有这样，你才能不再焦虑。

那么，我们通过哪些方法可以将思维转变为富人思维呢？

第一，要有财富规划目标，即几年内我想获得多少具体的财富，想用这些财富去做哪些事情。比如，是享受一次浪漫的旅行，还是为父母提供顶尖的医疗保障服务，又或是给子女留下一笔高额教育金。因为有了确定的目标，执行起来更有驱动性，这就是视觉化的作用。同时，将自己的开支列一个清单，这样哪些开支必要，哪些不必要便会一目了然，你会开始重视自己花的每一分钱。目前，不少人的理财现状是没有目标，随意性很强，手头有钱了就大吃大喝花掉或随便买一种理财产品，没有很好的规划。当你有了目标感和成就感后，才更容易让理财理念落地，逐渐养成打理财富的好习惯。

第二，减少不必要的奢侈品消费，更不要借高利贷消费。其实在很多时候，在别人看来的炫耀性消费，并不会给你带来多少好处，甚至还会适得其反。比如，一个刚参加工作的人，开名车、戴名表、穿戴一身名牌，在单位领导和别人看来，这个人或许就是咬牙买来撑场面的，最后花了钱也换不来尊重。而且，有品质的生活，并不一定要高消费。比如，同样是一双鞋，有的是 3000 多元，有的是 300 多元，在很多时候质量差距并没有那么大。

为了面子的消费，消耗了我们太多的血汗钱，稍微降低一些标准，其实完全可以攒下很多钱。比如，巴菲特曾经花十几万美元买房，都让他心疼不已。因为在他看来这笔钱未来可能价值几百万美元。当你看到了钱生钱的能力时，就会有所节制。

第三，给自己建立一个强制储蓄机制，如在获得收入的第一时间，就拿出一部分存起来。会储蓄理财的人和不会储蓄理财的人，短期看没多大差别，但长期来看，几乎就是两个层次的人了。

在美国，有一位快递员叫约翰逊，1924 年他入职了 UPS 快递公司，当时他的工资是一年 1.4 万美元，在每次发工资时他都拿出 20%用于储蓄，如遇到升职加薪了就多存点，工资减少了就少存点。后来，他用这笔钱买 UPS 快递公司的股票。在他 90 岁的时候，他拥有的股票市值已经超过了 7000 万美元。这简直是一笔不可思议的财富，而他那些"月光族"同事，依然在为养老金和子女教育金发愁。

当然，老齐在这里只是想强调储蓄和再投资的意义，并非是说，这种做法就是对的，他这么做的风险其实还是不小的。就像很多人说的，他幸亏买的是 UPS 快递公司的股票，如果买的是摩托罗拉或柯达的股票，可能还不如把这笔钱花了更好。

第四，认识复利的威力。有种说法是：人赚钱的速度永远比不上钱赚钱的速度。当你学会了正确的投资理财方式，把自己的财富雪球越滚越大，体会到复利的"核爆"威力后，你就会发现，即便自己不是"富一代"，也不影响自己的子女或者孙子孙女成为"富二代""富三代"。所以要立刻行动起来，开始为自己储蓄，把投资理财学好，这样既能让自己摆脱债务危机，未来过上安稳的退休生活，同时也不会剥夺自己的子孙成为"富二代""富三代"的权利。

当你开始储蓄，不再胡乱支出之后，你就离富人思维更近了一步，这对于你获得终身收入有至关重要的意义。

有人可能会说，我没钱或钱很少，学习投资理财没多大意义。并非如此，在没钱的时候，其实更需要学习投资理财，因为它会让你少走很多弯路，理财市场里的学费通常是按照你的资产比例去交的。也就是说，当你的资产在多的时候，学费是昂贵的；而当你的资产在少的时候，才是学习投资理财最划算的时候。老齐认识的很多人，在年轻的时候不愿意学习，等到了四五十岁，在某一次牛市来临时将一辈子的积蓄投了进去，最后损失大半，这一辈子可能就再也没有翻身的机会了。所以在年轻没多少钱的时候，多学一些投资理财知识，可以让我们少交点学费，当到了需要投资理财的那一天，起码能够避免踩坑。

第三节　财富道路上的各路敌人

很多人都知道理财的重要性，但"知道"和"行动"往往是两码事。在追求财富的道路上，我们会被各路"敌人"围追堵截，如果懒得行动，早晚会被它们击垮。

首先，财富道路上第一个敌人是通货膨胀。通货膨胀就像是头顶上的炎炎烈日，如果不采取应对策略，我们的财富就会像手中的冰棍一样，在烈日下一点点被融化掉。因为随着物价的普遍上涨，我们手里的钱会越来越不值钱！假如通货膨胀率是 1%，你的 100 元钱在第二年的购买力就会变成 99 元，20 年后这 100 元的购买力就只剩下了 82 元。如果通货膨胀率是 5%，意味着你的 100 元钱在 10 年后的购买力就会缩水成 60 元，20 年后就只剩下了 36 元。如果遇到更高的通货膨胀率，比如恶性通胀，通货膨胀率到了 15%，那么你的 100 元在 10 年后就会变成 20 元，最后 20 年后还剩下多少呢？只有 3.88 元了！当然，恶性通货膨胀的情况一般也很少发生，不过通货膨胀往往就是看起来很温和，但是如果你长期通过复利计算下来，它的破坏力却是巨大的。

几年前有媒体报道，厦门有位陈女士在 1973 年办了一张 1200 元的银行存单，44 年后的 2017 年她从银行连本带息取回了 2684 元，乍一看本金翻了一倍，还挺不错的。但我们要知道，在 20 世纪 70 年代，大部分普通职工每月工资也就 20 元钱。那时候米价一斤 0.14 元，肉价一斤 0.9 元，1200 元在当时甚至可以盖两栋砖楼房了。然而在当年堪称一笔巨款的 1200 块钱，如今却只够一家人过节下个馆子。所以通货膨胀就像是慢性毒药，时间拉得越长，对财富的杀伤力越惊人。而且很多国家的政府都希望通过超发货币，制造适当的通货膨胀来刺激本国的经济。因此在通货膨胀面前，我们面对的不是要不要选择投资理财的问题，而是你已经别无选择了。那些不理财或者总喜欢做一些低收益存款的朋友，看似守住了自己的财富，但很有可能到头儿来这辈子就白干了。

其次，我们国家的人口正在加速老龄化，现在大家还能盼望着养老金可以让自己过上安稳的退休生活。但等到 30 年之后的"80 后"退休时，可能老年人比年轻人还多，届时"如何养老"势必会成为一个严峻的问题。养老金账户就好比一个蓄水池，年轻人缴费是进水管，退休人员领退休金是出水管。随着人口老龄化的加剧，其结果就是进水管越来越细，出水管不断加粗，那么"水位"肯定会不断下降。所以我们必须提早为自己的未来做打算，不能把养老重任全都押在政府身上，要自己想办法，如准备一份积蓄，甚至是一份永续性收入，才能保证我们可以有尊严地老去。因此，学会理财投资就是一个不可缺少的本事。

再次，很多人都认为自己的收入会始终呈线性增长，可实际上，大部分人的收入曲线都是一条抛物线，也就是在某个特定的年龄段，收入达到最高点，随后便进入了明显的下坡阶段，如图 1.1 所示。而这个最高点往往会出现在中年，此时又正是房贷车贷、儿女教育、父母养老等开支最大的时候，不少人也都会在这个阶段陷入中年危机。

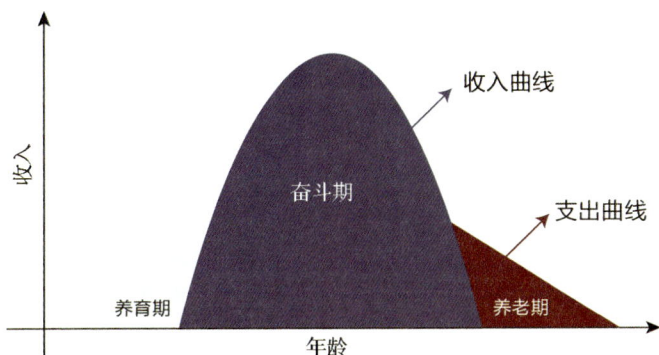

图 1.1

最后，世界在飞速发展，如果说农业时代是 500 年一变革，工业时代是 50 年一变革，那么现在的互联网科技时代，几乎就是 5 年一变革，大部分行业的生命周期都缩短了。电视机曾经那么火爆，现在有了手机和平板电脑后，很多人都不看电视了；数码相机曾经那么流行，现在也几乎被智能拍照手机所取代。加上人工智能的崛起，未来 20 年很多岗位很可能被机器人代替，这会成为普通人的噩梦。所以，我们必须想一想有没有一笔资产，能够源源不断地给我们带来其他额外的收入。

总之，在面对财富道路上的各路敌人时，我们不应该用身体和年龄去对抗，而应该学会利用系统和工具去赚钱，让财富源源不断地到来，最终战胜它们。

第四节　分清理财中的资产和负债

在日常生活中，如果宽泛来说，资产就是一切可以用钱计量的东西，比如车、房、股票基金、桌椅板凳、锅碗瓢盆等。但投资理财领域里所指的资产，并不是这样界定的。如果在投资领域我们分不清什么是资产，什么是负债，自然也就找不到最基本的投资方向。

投资理财领域里资产的真正含义是能够不断为你带来现金流的东西。

这是什么意思？就是说，不需要本人到场，它也可以自行运转，不断让钱流进自己的口袋。比如老齐有一台娃娃机，把它放在了家门口，每天都有一群人过来花钱抓娃娃。那么这台娃娃机对我来说就算是一种资产，哪怕我在睡觉的时候，它都会源源不断地给我带来收入。

而投资领域里与资产对应的负债，指的就是那些不断让现金流从自己口袋里流出的东西。比如同样还是这台娃娃机，依然在我家门口，不过由于娃娃外形不好看，没有一个人过来抓，但我每月还得花钱维修机器。那么，这台娃娃机对我来说就变成了一种负债，因为它一直让钱从我的口袋里流出。现金流方向就是资产的"照妖镜"，我们看明白了现金流的方向，也就能分清楚投资领域里哪些是资产，哪些是负债了。

现在，大多数人可能依然认为买房是投资行为，事实上房子也确实属于资产，但也要分情况看待。比如 15 年前，即便贷款买了套房子，把房子租出去收回的租金也能抵消贷款和房屋管理成本，甚至还能有富余，那么房子对你来说就是一种好资产，因为它能源源不断地给你带来正向现金流收入。但如今贷款买套房，房子的租金一般都不到房价的 2%，而贷款利率却是 5%，月供比租金要高得多。也就是说，最后你不但没有获得现金流收入，反而还在补贴你的租客，同时还要承担房价波动带来的风险，那么房子就变成了一种负债，它让现金不断地从你口袋里流出。

所以，让钱源源不断流向你的，就是资产，你所做的也是投资。而负债则会让钱不断地从你口袋里流走。比如有些人认为买的车属于资产，除非是滴滴或其他平台专职司机，能靠收入覆盖了这些成本，否则车基本就成了负债，因为车的价值不但会飞快贬值，而且你还要交各种保养费、燃油费、停车费，这些只会让现金从你口袋里流走。还比如，债券就属于资产，因为有稳定的利息收入；高股息的股票也是资产，因为有稳定分红，而为了赌差价的股票只能算是投机了。另外，黄金从严格意义上来说也不应该算作资产，因为黄金本身不产生现金流，也就是说买黄金只能靠需求大小所带来的差价赚钱，比如巴菲特就不喜欢投资黄金这类资产，在他看来，大黄金不能"生"出小黄金。

　　大家一定记住，投资领域里的资产收入，一定是在你购买的时候产生的，而不是在你卖出的时候才出现。言外之意就是，资产看重的是平时给你带来的现金流，而不是赌最后卖出时的差价。真正的富人思维，永远都是能看到资产背后的现金流方向，收集资产为自己创造各种收入。而现实中很多人却分不清现金流方向，始终在用赚来的钱不断变成各种负债。

第二章
明确投资的终极目标

很多人都在问老齐，该怎么实现财富自由。其实，一辈子赚很多钱并不算成功，真正成功的人，其生活是有钱有闲的，完全凭借兴趣和爱好工作，不再为了钱而烦恼，这可能是大家所追求的最高境界。也就是老齐经常说的一句话，投资是为了让生活变得更好，而不是把生活变得更糟糕！但现实中绝大多数人的生活都为钱所困，钱赚得再多，如果收入渠道单一、开销大，那么反而会让我们变得更加焦虑。你是不是也有过这样的体验，随着收入越来越高，反而觉得生活的压力越来越大？其实就是这个问题。

这一章我们来了解，想实现财富自由这个终极目标，到底该怎么去做。

第一节　如何才算财富自由

所谓财富，简单来说代表了能支撑一个人生存多长时间的能力，也就是说，即使他在某一天停止了工作，他还能继续生活下去多久。

比如一家人的每月支出是 1 万元，家庭储蓄有 120 万元，万一家庭成员全部停止工作后，他们差不多还能生活 10 年。如果这家人能够将这 120 万元用于储蓄，创造出一个每月 1 万元的现金流收入，也就是年化收益率为 10%的自动"印钞机"，那么其实这家人基本就实现财富自由了。

当然前提是这家人的欲望不再增加，如果后期欲望膨胀了，比如想过上买名包、名表的生活，那么一个月支出可能就提高到了 4 万元。这就是在告诉这家人，想要满足欲望就得多赚钱，而月支出 4 万元至少得有 480 万元的积蓄作为后盾。当然，这是按照年化收益率 10%计算的，但投资市场中绝大部分人很难有这样的投资水平。如果是保守型理财投资者，每年可能会购买一些债券，而债券的年化收益率只有 5%左右，那么他想过上 4 万元月支出的生活，就得积累近 1000 万元才能实现财富自由。这就变相地告诉大家，学会投资理财的重要性，因为它关乎你实现财富自由的时间。

财富自由本质上就是，当你的资产积蓄产生收益的能力能够覆盖你的生活成本的时候，你就实现了财富自由。也就是你创造出的这台自动"印钞机"每月印出的钱，能够完全满足你每月的生活开支，哪怕现在辞职，未来也不愁吃不愁穿了。

如果你每个月的开销就 5000 元钱，一年支出 6 万元。按照无风险国债 3%左右的收益率来计算，你大概拥有 200 万元就基本实现财富自由了。如果能有强大的投资能力，将年化收益率保持在 15%左右，那么你只需要 40 万元就够了！当然这里没有考虑通货膨胀的因素，如果按正常 3%左右的通货膨胀水平来计算，在没有投资能力的情况下，你可能需要 400 万元才足够保底，因此投资水平越高，需要的数额也就越少。

所以，财富自由其实离我们并不遥远，那为什么很多人不相信自己会实现财富自由呢？就是因为他自己对钱没有太多的概念，总以为身家千万元甚至上亿元才算实现财富自由。但其实大家只要好好规划自己的家庭开支，以及未来要实现的梦想，可能根本花不了那么多钱就可以实现财富自由。除非是那种非必要的高消费，比如经常买 3 万元一件的大衣，戴名表，月支出要十几万元，或者总幻想坐游艇，开豪车，而且还没有什么投资理财能力的人，那么没有几千万元甚至上亿元可能还真无法让他们实现财富自由。

大家现在应该能明白吧，财富自由其实就是取决于你养了一只什么样的大鹅，这个大鹅能给你下多少金蛋，如果金蛋足够了，那你就实现财富自由了。如果还不够，就要努力多赚钱多积累资产。赚钱积累资产的过程，和实现梦想、提高生活质量并不矛盾。自己规划好收入，拿出一部分去消费改善生活，另一部分用于储蓄或投资。将消费、投资、储蓄相结合，我们才能更有目的性，更愉悦地一步步走向财富自由。

第二节　实现财富自由的三大阶段

要想实现财富自由，自己必须要清楚自己的目标，并提前做好规划。每个人的生活目标都不一样，没必要和别人攀比谁的钱更多，只要达到自己理想的生活状态即可。有 10 亿元天天坐在轮椅上，肯定没有身家 200 万元，但天天能跳广场舞、旅游的人幸福。

老齐把实现财富自由分为三大阶段。

实现财富自由的第一阶段，叫作财务保障。它指的是我们首先需要衡量家里一个月的保底开支，比如吃饭、住宿、水电煤气费、房贷、交通费、电话费、保险费等，并计算出按照这个开支一年需要花多少钱。通常情况下在财务保障阶段，必须要留足 6 ~ 12 个月的最低生活费。这部分资金必须处于安全且随时可支取的状态，比如放在货币基金账户里，有这笔钱在，就不至于让家庭突然陷入困境，在需要钱时措手不及。比如一个家庭的月开支是 1 万元，那么每年至少要准备 12 万元放到货币基金账户里。可能有的人会问，现在我手头的积蓄连保证一年开支都不够，怎么办？富兰克林曾说过，解决财务问题只有两个办法：要么多赚钱，要么少花钱。聪明人会双管齐下，在减少欲望的同时，努力增加收入，从而让自己更快地进入财务保障阶段。

实现财富自由的第二阶段，叫作财务安全。有财务保障之后，我们就可以努力去实现财务安全了。财务保障是为了让我们在危机出现时能生存下来，而财务安全则是让我们一直生活下去。也就是说，如果我们实现了财务安全，其实基本可以算实现财富自由了。相当于我们已经有了那只下金蛋的鹅，只不过这只鹅下的蛋还不够多，但也可以满足我们的基本生活。有了这笔钱，就不用担心遭遇中年危机了，哪怕哪天突然失去了工作，也不会让人焦虑、着急。

那么，我们就要算一算这笔钱是多少？这里要引出一个概念，叫作安全平均回报率。长期来看股市一定是随着经济螺旋上涨的，这点毋庸置疑，而且绝大多数国家的股市长期平均回报率基本能达到年化收益率 8%～15%。不过这个收益率可不是代表着投资人每年都会持续有这样的盈利，而是必须要放在一个长周期内来看，最终的平均收益率是这个结果。所以为了保证我们有持续的金蛋可以拿，我们从股市中取出的年累加金额，就必须要小于这个年化收益率 8%～15% 的回报。

国际上普遍认为，安全平均回报率是 6%。不过老齐认为，如果考虑到通货膨胀的因素，可以更保守一些，把这个数字设定为 4%。也就是说我们把钱放在股市，不去做波段，每年从里面提取 4%，那么在一个长时间范围内，基本可以保证我们的股票账户不枯竭。

假如一个家庭的月开支仍然是 1 万元钱，年支出就是 12 万元。那么

$$12 \text{ 万元} \div 4\% = 300 \text{ 万元}$$

也就是说，想要过上月开支 1 万元的生活，只需要有 300 万元积蓄就完全足够了。有朋友可能会觉得 300 万元还是太多了，有些遥不可及。不过大家不要忘了，一般情况下我们都是有收入来源的，而且随着经验阅历的增长，薪资可能还会增加，这些收入还可以结余一部分用于投资，享受复利增长。如果现在你已经有一部分原始积累，那么其实达到这个数额并不是遥不可及的。保证了财务安全，哪怕以后遇到金融危机也不用怕了，把这笔积蓄投资到股市中，每年定期从股票账户取出 4%，或者每月取出 0.3%，就足以支付日常所有的开支了。

放在一个长周期来看，你的股票账户就是一棵摇钱树、一只会下金蛋的鹅。不过前提是我们要学会投资，如不会投资或者乱投资，就另当别论了。在股市里乱投资，反而容易成为你的财富"收割机"。至于这笔钱到底怎么投资比较合适，老齐会在招式策略篇给大家提供一套具体的方案。

大家有没有发现，用以上储蓄要想过上坐私人飞机、私人游艇这种奢靡的生活，确实有些困难。如果只是想过上财务安全、不愁吃穿、养老无忧的生活，其实并非难事，甚至可以说稍微努力就能够达到。比如，对于一些大城市的居民来说，卖掉一套不居住的房子，基本就能实现一辈子财务安全了。这也是 20 年房地产牛市周期带来的福利，可惜有些人没有这个认知，甚至还在加杠杆投资房子，结果高额的房贷却让他们过着更拮据的生活。

实现财富自由的第三阶段，就是真正的财富自由。这个阶段肯定也是大家的最高追求，它和财务安全阶段不一样，它要求的不仅仅是以最低生活标准一直生活下去，而是还要实现自己的梦想。比如想换套大房子、想买辆豪车、想奢侈消费买高档衣服等。如果我们只是停留在财务安全的阶段，要想做这些事，那么可能随时会把自己的鹅杀死，让自己面临财务危机，最后甚至负债累累。所以在财富自由阶段，就是要让自己的这个鹅下的金蛋更多更大，在不杀死鹅的情况下，也足以让自己过上理想的生活。这就意味着，到了这个阶段，钱已经变成了你的奴隶，开始为你工作，你也不用再为钱工作了。这时候，你的生活可以有名包、名表，也可以坐头等舱去旅游。

那么，这个阶段到底需要多少钱呢？我们可以来算一算。

比如在财务安全阶段，月支出是 1 万元，现在在这基础上，每月还想买几件名牌衣服，想换块名表，还想去旅游度假，甚至换辆豪车、换套大房子。当然我们不可能月月换表、换车、换房。所以在月支出 1 万元的基础上，加上改善生活费 1 万~2 万元，以及换房子带来的房贷 2 万~3 万元，一个月支出加起来是 5 万元，那么无论如何也够了。如果不是非要买大房子，一个月 3 万元的支出，足够让你过上不错的生活了。一个月支出 3 万元，一年支出就是 36 万元，按照安全回报率 4% 计算：

$$36 \text{ 万元} \div 4\% = 900 \text{ 万元}$$

也就是说，大概需要 900 万元的资金，就可以过上财富自由的生活。就算用月支出 5 万元的标准来计算，拥有 1500 万元也足够了。

不要听很多人说需要二三亿元才能实现财富自由，其实根本不需要那么多钱。而且每个家庭的具体情况也是因人而异的，这笔钱到底需要多少，弹性也比较大，有的人可能觉得每月花五六千元，生活就很幸福了，实现财富自由相比起来就更加容易。所以还是那句话，不要攀比，挣钱是为了让自己生活得更舒服，而不是比谁家存的钱最多。有些身家过亿，但身体状况却十分糟糕的人，大家真的羡慕吗？

所以做好自己，年轻时多积累些原始资本，学会正确的投资理财技能，增加收入的同时再稍微降低些欲望，实现财富自由真的并不困难。

读到这里，可能很多人想问，我如何才能获得一个"旱涝保收"的回报收益，产生持续稳定的 4%~6% 的年化收益回报，还能让本金抵御通货膨胀的困扰呢？别急，本书的后半部分就是解决这一问题的。但是在学习这些招式之前，希望你能够耐心地看完我们的投资心法。没有心法内功作为驱动，一切招式都只是花拳绣腿，是不抗揍的。

第三章
树立正确的投资认知

老齐常对大家说，投资就是自身认知的变现。到底什么是认知？

认知其实就是我们对客观世界的信息加工能力。我们在这个世界能够赚到多少钱，取决于自身对这个世界认知的变现。认知相当于我们的"金刚伏魔圈"，哪怕跨出去半步，都有可能万劫不复，而骗子往往也都是利用我们的认知盲点去骗钱。所以要想赚到更多钱，我们就要不断地提高自己的认知，扩大这个"金刚伏魔圈"的范围。多数投资者之所以在投资市场中赔钱，原因就是缺乏正确的投资认知，或者说大部分认知都是错误的。

第一节 普通人对投资的错误认知

1. 凭感觉

为了获得体面的工作以及高额年薪，很多人都需要经历十几年的寒窗苦读，以及之后每天 8～12 个小时的辛勤工作才能达到。但在投资市场上，大部分人却是没有经过专业学习的，自然就有一个习惯性的投资方式：**凭感觉**。高兴了就买，悲观了就卖。

大家要知道投资市场是一个极其复杂的市场，无数的信息都会反映在价格上，有时还具有强烈的反身性，这就让它成为一个短期随机游走的市场，根本无法预测。即便是专业投资者，他的判断准确率一般也不会超过 60%。对于投资小白来说，概率就更低了，通常不到 20%。这么低的判断准确率，还要反复根据判断做波段投资，基本和赌博没什么区别。

举个最简单的例子，比如高价卖出的概率是 50%，而抄底买回来的概率也是50%，但是一卖一买才是一次完整的波段操作，两个 50%叠加起来，一次波段操作的胜率，其实才只有 25%，概率一下就变低了很多。所以老齐总是在粉丝群里告诉大家，没有超过 80%的概率，尽量不要去做波段，两个 80%叠加，胜率才刚刚超过 60%。

很多人既然之前从来没有凭感觉赚到过钱，那么凭什么相信，之后能凭感觉赚到钱？就是因为吃过一次亏吗？郭德纲说得好，药吃多了不一定就是大夫，更有可能是病得不轻。

为什么那些投资大师们总能赚到钱？他们为什么能做到"反人性"？差别就在于，大师们不是根据感觉在投资，而是根据资产间价格的比较关系，客观实现低买高卖。比如股票涨多了，比重高了，就卖股票买债券；股票跌得狠了，比重轻了，就卖债券补股票仓位。他们是通过一整套系统做投资，而不是靠预测市场做投资。

而股神巴菲特就更不得了，他投资的企业都是"现金流奶牛"，他根本不是为了赚价差，而是看重现金流本身。他甚至通过购买期权，"封杀"了股价的下跌空间。换句话说，他买入一家企业的股票之后，通过购买对应企业股票的期权对冲掉企业的估值变动，以后这家企业价格的涨跌，都跟他没关系了。他想要的就是企业的成长收益和分配的股息。另外，他还会持有很多类似于债券的优先股，赚企业"旱涝保收"的分红现金流，所以他会说，**别人恐惧他贪婪**。当企业股票价格跌下来时，他手握源源不断的现金流，可以不断抄底，还有什么可恐惧的，他剩下的只有"贪婪"了。但这些内容，一般的投资书里都不会告诉你。

2. 找绝技

这个世界唯一不变的规律就是：世界永远在变。

投资市场也一样，这是一个人与人竞争的场所。没有什么所谓的绝技可以一招制胜、永远管用，也没有一种方法能够确保你在某一次交易中，利益最大化。但是却有一套成熟的投资体系和系统，可以保证你在长期投资中大概率赚钱，并且收获一个相对合理的收益率。比如通过大类资产配置，找到相关性不高且都是长期上涨的资产，形成组合，通过这些资产之间的相互关系来平滑波动，最终让收益变得更加稳定。

3. 猜涨跌

社群里的小伙伴经常问老齐的问题就是：明天股市是涨还是跌？下周市场怎么走？老齐每次的回答都是：我也不知道。

对于一个短期随机游走的市场，任何正确判断都不可能达到100%的概率。而且就算猜对一次，对你的投资也不会有什么帮助。有句名言是不要坐在赌桌上数钱。言外之意就是说，你的钱只要还在股市里，就表明它还在"赌桌"上，最后这钱不一定是谁的。我们总说投资是场马拉松，短期你冲刺得太快，肯定不是好事，反而是那些保持匀速、长期跟随的人，能够跑得更加长久，所以短期赚多少钱并没有多大的意义，都是浮盈，属于是在赌桌上数钱，因为你在下一次就很可能把这些盈利都输回去。带着这些钱永远离开股市的那一天，才是真正结账的日子。

老齐常说，凭运气赚到的钱，早晚还会凭实力输回去；凭运气输掉的钱，早晚也会凭实力赢回来。那么什么是运气？运气就是你时时刻刻都在做大概率能赚钱的事。比如掷骰子的游戏，你掷出1点就输，掷到其他点数就赢，有没有可能连输10次，当然有可能。但是你继续玩下去，玩1000次、10 000次，你的胜率会无限趋近于 83%，这个游戏就成了你的摇钱树。

正如老齐总说的，投资不是打板算卦，而是应对之道。

这就好比去钓鱼，知道有鱼会上钩，但它什么时候咬钩，谁也不知道，只能去问鱼。钓鱼人能做的就是，时刻盯着鱼漂，发现有鱼咬钩了，就把它拉上来。如果你每隔三分钟就把鱼竿抬起来看，这是不可能钓到大鱼的。

4. 赚快钱

"一夜暴富"这个词太有诱惑力了，多数人在股市投资，都是想要成为一夜暴富的那个人。但如果你做过生意，就知道哪怕开家小卖部，也不可能迅速赚大钱。真正的好生意一定是缓慢布局、需要积累的。其实农民伯伯都知道，春种秋收、四季更替。但这个朴素的道理，投资市场里的多数人却忽略了。股市里，不想"种地"，不想等待，直接想把金子挖出来，坐等发财的人比比皆是，这就是典型的智商被贪念给"封印"住了。

春种秋收还需要劳动，股市都不需要劳动，只需要等待就可以了，但绝大多数人连这个"等待"都做不到。最后就是，不愿意等待的人，把钱赔给愿意等待的人。心急的人，永远是高价从别人那里买走"果实"。

第二节　投资真的很容易赔钱吗

股市在很多人眼里可能比较神秘，多数人进来也都是抱着不劳而获，想要发大财的心态，但最终能够发财的却很少，反而亏损的居多。这就是股市的特征：宽进严出，看似门槛很低，但其实壁垒却很高。不少朋友都是看到身边的人在股市中赚了钱，于是就想进场小试牛刀，但最后很多人都是遍体鳞伤地离开。因为他们做投资往往听风就是雨，喜欢到处打听消息，至于投资什么、怎么投资全看心情。所以，如果说不投资，我们的财富会被通货膨胀"吃掉"，但是如果不懂投资，或盲目乱投资，股票市场更像是财富的粉碎机，会加快财富的融化速度。

但是股票投资真的很容易赔钱吗？

我们来看美国著名的西格尔教授做过的一个统计，这是关于持有股票指数 1年、2年、5年、10年、20年的比较，如图 3.1 所示。

（1）**持有股票指数 1 年的时候**：最好的情况可以让你一年的收益率达到 66.6%，而最差的时候又可以让你一年亏损掉本金的 38.6%，可见波动风险是巨大的，投资股票几乎和赌博没什么区别。

（2）**持有股票指数 2 年的时候**：最好的情况会让你的年均收益率达到 39.4%，最差的情况年均亏损 31.7%，风险并没有降低多少。

（3）**持有股票指数 10 年的时候**：股票最好的成绩可以让你年均收益率达到 16.8%，最差是让你年均亏损达到 4.1%，可见波动风险已经明显降低了。

（4）**持有股票指数 20 年的时候**：股票资产越发稳定，最好的情况是让你年均收益率达 12.6%，而最差呢？最差的情况，仍然可以让年均收益率达 1%。这是什么意思呢？就是说即使你特别倒霉，在牛市坍塌的前一天冲进了股市，在高位做了不折不扣的接盘侠。但是如果你仍有足够的耐心，持有股票 20 年也不卖，最后仍然会给你带来正年化收益。如果后续你还能接着不断买入，摊低成本，甚至还会有更高的收益。

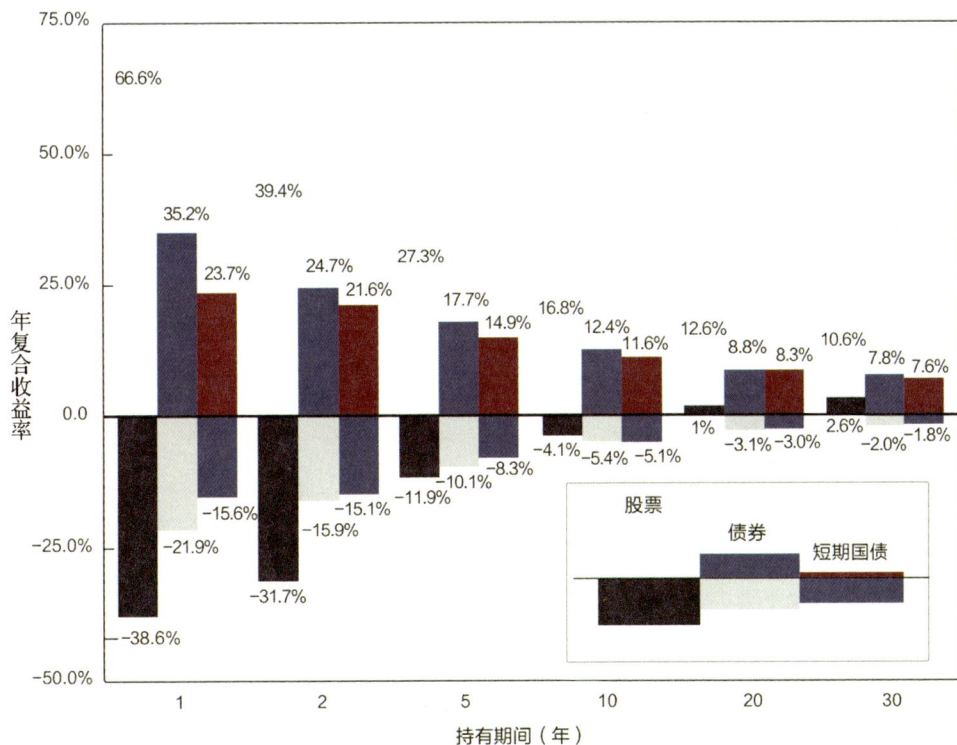

图 3.1

这个统计数据也告诉了我们，即使你在最错误的时间点买入股票指数，但从你持有它的第 20 年开始，它就不会再让你亏损了。而且持有时间越长，安全性就越高。当然这里说的是股票指数，个股肯定另当别论。债券和短期国债也有类似的规律，只不过它们的收益和波动与股票相比，相对更小，本节不展开讨论。

再来看看 A 股市场，如图 3.2 所示，这是 2015 年大牛市之前的统计。

（1）在任意时间点买入，并持有 1 年，最好的情况是年收益率达到 157.77%，最惨的时候可能会亏损 66.59%。

（2）在任意时间点买入，并持有 5 年之后，最好的情况是年均收益率可以接近 30%，但也可能年均亏损 18.46%。

（3）在任意时点买入，并持有 10 年之后，最好的情况是年均收益率达到 21.9%，而最差的情况是年均亏损 4.09%。

（4）在任意时点买入，如果把持有周期拉长到 20 年，最好情况是年均收益率是 9.66%，最差情况是年均亏损 1.02%，这就是几乎不亏钱了。

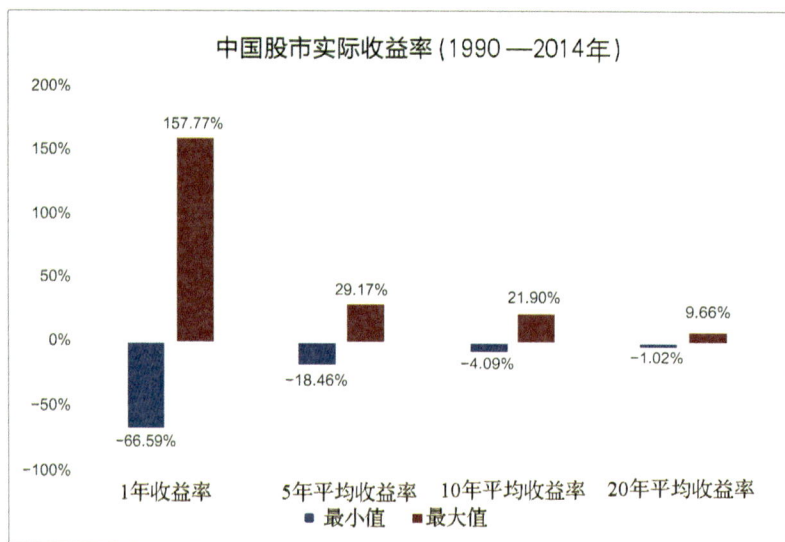

图 3.2

虽然长期来看股市是上涨的，但并不意味着投资者每天都能赚到钱。比如美国股市就可谓是多灾多难，1929 年的大萧条让美股跌了近 90%；第二次世界大战时期珍珠港事件爆发后美股又跌了将近 50%；20 世纪 70 年代由于石油危机，美股又跌了 45%；1987 年的股灾更是让指数一天就暴跌了 20% 多；而 2000 年互联网泡沫破裂，美股更是惨烈；2008 年次贷危机发生，美股再跌一半。尽管美股一路磕磕绊绊，但在这 100 多年的时间里，道琼斯指数仍然从几十点涨到了现在的 3 万多点，最近 10 年的平均年化收益率在 17% 以上。

所以股票资产从短期来看有时亏损得确实很惨烈，但是长期来看又是回报最好的资产。如果以 50 年为周期来计算的话，股市的年化平均收益率几乎就是一个常数，扣除通货膨胀率，年化收益率就是 6.6%，如果把通货膨胀因素考虑进去，年化收益率就是 10% 左右，远远高于其他投资品种。

股票投资，说白了就是让我们收获经济发展带来的收益。站在一个长期的宏观背景下来看，只要我们的科技不断进步，经济不断发展，那么股票资产的收益，在未来肯定是所有资产中最高的，这是毋庸置疑的。一般性通货膨胀对股票资产来说根本没有多大的杀伤力。反而是股票资产最喜欢的环境。股票背后的这些上市公司可以把这种通货膨胀"转嫁"给消费者。所以，股票资产是一般性长期通货膨胀的"避难所"。只有在恶性通货膨胀出现的时候，由于市场利率（即十年期国债收益率）大幅提升，股票和债券的性价比发生变化，那时才会影响股市的整体估值。大量企业也会因为市场利率太高，应得的利润被侵吞。比如 20 世纪 70 年代的美国，就是典型的大通胀、股债双杀，但是从之后的全球经济状况来看，只要加入全球化商业协作，这种恶性通胀就基本不会再发生。后来美国也超发了很多货币，但都被新兴市场的增长给持续吸收了。

一句话总结：无论在哪个国家，长期来看股市都是收益最高的场所，自古华山一条路，想让你的钱不缩水，股市几乎是你唯一的出路。

第三节 投资亏损的两大原因

其实老齐常在知识星球"齐俊杰的粉丝群"里跟大家说，如果你以基金作为投资标的，特别是主动型基金，绝大多数人投资出现亏损的两个主要原因：一个**是买得太贵，另一个就是卖得太早。**

1. 买得太贵

不管是投资股票还是投资基金，绝大多数人都会有一个非常错误的投资习惯，那就是在每一次选择股票或基金的时候，都只想买那个短期内涨幅最高的，哪只股票或基金之前涨得多就买哪个，而不考虑其稳健性，也不考虑其风险，这几乎是一个注定亏损的做法！

因为像股票、基金这种权益类的资产，它们不可能只涨不跌，它们都会有调整的时候。往往在短期内涨幅越高，后面越有可能迎来大幅调整。因为大家在购买之前基本都不了解这些情况，等到了股票、基金调整的时候，很多人一看跌了就很慌张，实在受不了了索性就"割肉"卖出。如果我们总在做这种高买低卖的事，那么无论买到什么样的"牛股"或者明星基金，都一样很难赚到钱。尤其一些刚接触基金投资的小白，总喜欢挑选那些短期内冲上各大排行榜的基金，这些基金之所以登上排行榜，正是因为它们短期业绩暴增，让很多人趋之若鹜。而这种错误的追高买法，相当于让多数人买在了一个上涨期的末尾，最后却赶上一个下跌期的全程。

我们反复在说，投资市场是一个人与人竞争的场所，一定是先知先觉者赚后知后觉者的钱，所以想赚到钱，唯一的方式就是跑到别人前面去，让别人跟着你的行为去买入和卖出。而那些已经上涨且涨幅很大的产品，就说明很多人都已经在抢着买了，此时你再冲进去，其实就是后知后觉的接盘者。这就好比是，人家都已经结束了饭局，你正好过来买单。

要知道，每只基金其实都有自己的风格和偏好，市场在某一阶段不可能符合所有基金的风格，肯定是有的基金赶上了，有的基金没赶上。但"风格"这东西向来都是风水轮流转，每只基金都不可能总在风口上。有些基金，可能正是近期表现太出色了，未来反而极有可能发生"均值回归"，表现惨淡。而有些基金尽管近期表现不佳，未来却可能会迎来大反转。

股市的风格就像春夏秋冬四季更替，我们一直强调"春种夏长、秋收冬藏"，在什么季节就该做什么季节的事情，在春天播种，秋天才能收获果实。如果总是在秋天才跟风冲进来种地，往往最后的结果就是庄稼全都冻死在了寒冬里。大家一定记住，我们做投资不是在和市场比赛，而是在和其他投资者赛跑。当所有人都把这个东西想得太好的时候，那么预期就已经推动着价格要见顶了。

2. 卖得太早

我们就拿基金来说，即便是市面上最牛的基金经理，他也只能从长期来看去打败市场，而不可能在任何一个时间段都胜出，他们有过五关斩六将的时候，也有败走麦城的时候。在过去这十几年的时间里，市场中不少明星基金都"跑"出了年化收益率 20% 以上的出色成绩，但中途的最大回撤也基本超过了 25%。例如国内顶级基金经理朱少醒的招牌基金"富国天惠成长"，15 年间收益率翻了 20 倍。但对于中途的几次大跌，跌幅几乎都超过了 25%。正是因为这些中途的回撤，让大部分投资者避而远之，最终他们也就错过了 20% 的年化收益率。

但假如没有这些回撤，市场每年都稳定地给你 20% 的收益率，估计就没有人在银行存钱了，全国人民都会来买基金。所以回撤并不可怕，回撤的时候卖掉筹码才是最可怕的。

基金的确能赚钱，但这不代表它能为所有人赚钱，因为基金经理可以帮你管理财富，但是买入和卖出的权利毕竟在自己手中，任何明星基金也不可能只涨不跌，每一次下跌的时候你都不信任它，立马去赎回，那么即便遇到再好的基金经理也无济于事。投资股票也是同样的道理，但它比投资基金难度更大。你必须先了解这家公司，如果连这家公司是做什么的、主要卖什么产品都不清楚，那么即便是家伟大的企业，在它的股票下跌途中你也必然拿不住，会早早卖掉它的。

与其每次抱怨赔钱，不如先反思一下自己之前的投资行为。投资收益，其实在大多数情况下并不取决于产品，而是主要取决于自己的知识储备和投资习惯。什么都不了解，什么都不懂就冲进市场，就会像老齐说的："即便给了你一棵摇钱树，你可能也会把它当柴火给烧了。"

投资市场的规律就是，越急功近利，越想一夜暴富，最后就越会损失惨重。总是在哪只基金最热门的时候去跟别人抢，反而等它跌下来便宜了却不敢买，满脑子想的都是尽快赎回。像前文所说，如果这种投资习惯不改，那么无论买到什么牛基或者明星产品都是没用的。

熟悉老齐的朋友应该深有体会。老齐从不选热门基金，甚至还会选择一些冷门基金，即近半年表现不佳的产品。虽然基金组合很少出现暴涨的情况，但每次在市场下跌时基金组合的整体回撤都要比指数回撤小得多。

最后，我们唯一要做的事就是，耐心持有，不断收获，几乎每年都能有正收益，就算碰上股灾，回撤幅度也会很小，而这才是投资该有的样子。

第四节　何时投资更容易赚到钱

投资中最简单的道理其实大家都明白，那就是低买高卖才能赚钱，没有听说过谁高买低卖可以实现财富自由。所以无论是投资股票还是投资基金，买入和卖出肯定是和股市行情息息相关的。我们不能总指望在牛市的顶端冲进去，后续还能给我们带来超额的收益回报，这是不现实的，即使能力顶级的基金经理也很难做到。要知道股市它不是"大食堂"，随时来都有吃的；它也不是公交车，等一下我们就可以上车。在熊市便宜的时候我们不敢买，总是等牛市贵了的时候再去追，不赚钱都是小事，而往往一个大回撤可能就得让我们牺牲未来几年的时间去解套。

真正专业的投资者，从来都是喜欢熊市的。他们在熊市中积极播种，在牛市中收获果实。业余投资者则往往是在牛市中一通忙，挑这个选那个，似乎觉得买什么都对。而到了熊市，则咒骂着再也不进万恶的股市，最后一次次把投资做成了低卖高买的操作。心态错了，方法错了，结果当然也不会正确。

因此，股市越是在熊市的时候，才是越应该"激进"的时候，而当股市到了牛市阶段，大家都在前赴后继，疯抢着入市的时候，我们反而应该保守。这句话说起来很容易，但真正做起来很难，这就是投资反人性的地方。比如在 2018 年股市中，几乎遍地是黄金，创业板指数甚至都跌回了 1000 多点，受伤的明星基金更是比比皆是，但 2018 年多数投资者却在咒骂万恶的股市。而真正的投资者却非常乐观，善于抓住这种千载难逢的抄底机会。老齐在 2018 年读书社群里讲《邓普顿教你逆向投资》这本书的时候，提示大家当年的创业板就是股灾后的最低点。这可不是后视镜理论，当时还让大家 4 年后回来验证，但其实根本没用 4 年时间，第二年创业板就涨回到 1800 点，到 2021 年更是翻了两倍之多，这也印证了我们常说的那句话：投资没风险，没文化才有风险。

所以投资的真正好时机肯定是在大熊市，其实如果熊市布局好，无论后面有没有牛市，结果都不会太差，但这种机遇往往可遇不可求。不过在平时，我们能不能发现一些长期业绩表现一直很好，但短期却突然跑输市场、深深受伤的明星基金呢？肯定是有的，但估计 80% 的投资者都会对它们避而远之，不过这也正好给了那些 20% 的投资者低位捡便宜筹码的机会。成功的投资者往往都是孤独的。那么，你是愿意跟着 80% 的群众一起求认同，还是愿意做那 20% 默默捡便宜筹码的人呢？大家可以好好想一想自己之前的行为。人的天性都是喜欢从众的，尤其是在最黑暗的时刻，要求得更多人的认同。我们在生活中也是如此，比如去哪儿吃饭，都会看一下大众点评 APP。但投资恰恰是反人性的，投资市场中永远是少数人赚多数人的钱，所以也就注定了我们一定不能跟大多数人站在一起。当你发现大多数人都赚钱了且看法一致的时候，可能股灾就要来了。赚钱的人越多，后面崩盘的力度也就越狠。

基础知识篇

投资战场上的必备武器

- ➢ 现金类理财产品
- ➢ 债券投资基本功
- ➢ 股票投资基本功
- ➢ 基金投资基本功

第四章
现金类理财产品

在知识星球"齐俊杰的粉丝群"里，老齐曾给大家讲过"财务自由的 3 个账户"（详见第 15 章）。第一个账户是"财务保障"账户，这个账户的意义在于：在紧急情况下，能够保障最基本的生活开支。这就和做生意的人手里保留的流动资金一样。我们个人平时也要预留出自己的短期开销费用，比如至少半年的生活费。这样就算劳动力出现临时性变动，也不用担心一家人的日常生活受影响。这部分理财方式，要求流动性一定要好，而且必须风险低，以备不时之需。

那么这样的理财方式有哪些呢？这是本章要介绍的主要内容。

▌第一节　银行类产品

1. 活期存款

截至 2021 年年底，几大国有银行活期存款的年利率是 0.30%。市场上还是有非常多的收益率更高的活期存款替代品。这里我们务必注意一点，就是活期存款是按照单利计算收益的，也就是说，不论存多少年，银行每年都是按照原始本金，给你固定 0.30% 的年利率，并不会形成复利的效果。

2. 定期存款

银行定期存款是最传统的理财产品了，年利率一般和存款期限成正比，存款期限越长，年利率也就相对越高，目前通常在 1%～3%。虽然定期存款的收益比活期存款高不少，但它的流动性不好，如果提前支取定期存款，利息损失较大。

定期存款是大部分老年人钟爱的理财方式，最主要的原因就是定期存款"保本保息"。

银行真的可以给活期存款或者定期存款客户完全兜底吗？

其实根据《存款保险条例》的规定：如果银行出现破产，存款保险实行限额偿付，最高偿付限额为人民币 50 万元。也就是说，万一银行破产了，50 万元以内的存款，可以全额赔付，50 万元以上的存款赔付数额，就得看银行的具体清算情况了。不过话说回来，银行破产的情况在我国还是非常少见的。如果你实在不放心，可以将存款分多个银行存放，每家银行的存款都不超过 50 万元。当然，我还是希望大家通过学习这本书，给自己的钱找一个更好的投资方式。

3. 大额存单

大额存单也是银行理财经理经常推荐给客户的一类理财产品。它的起购金额比普通存款门槛高，通常是 20 万元起购。它是由银行业金融机构面向个人、非金融企业、机关团体等发行的一种大额存款凭证，也属于存款保险的保障范围，如图 4.1 所示。

发行中的存单	转让中的存单
收益率 ⌄	期限 ⌄

FSG213612A
3.55%
到期年化利率
大额存单2021年第12期（三年）
3年 20万元起存
[到期付息]

FSG212412A
2.9%
到期年化利率
大额存单2021年第12期（二…
2年 20万元起存
[到期付息]

FSG211212A
2.3%
到期年化利率
大额存单2021年第12期（一…
1年 20万元起存
[到期付息]

FSG210612A
2.1%
到期年化利率
大额存单2021年第12期（6个…
6月 20万元起存
[到期付息]

FSG210112A
1.9%
到期年化利率
大额存单2021年第12期（1个…
1月 20万元起存
[到期付息]

FSG210312A
1.9%
到期年化利率
大额存单2021年第12期（3个…
3月 20万元起存
[到期付息]

图 4.1

根据《大额存单管理暂行办法》，大额存单期限包括：1 个月、3 个月、6 个月、9 个月、1 年、18 个月、2 年、3 年和 5 年，共 9 个品种。**在安全性方面**，大额存单是非常安全的。它是经中国人民银行（简称央行）批准，由商业银行、政策性银行和农村合作金融机构发行的定期存款，本质上依然属于存款。**在流动性方面**，大额存单可以通过银行自有渠道办理提前支取和赎回，同时还可以质押，相当于大额存单存在一个二级流通市场，这点远优于银行定期存款和银行理财产品，但还是不如货币基金灵活。**在收益性方面**，大额存单的收益一般略高于银行定期存款的收益，略逊于银行理财产品收益。

4. 银行理财

现在，大家对银行理财产品是"既熟悉又陌生"。对它"熟悉"，是因为只要跟银行打过交道的朋友，肯定都听过或买过各种银行理财产品。对它"陌生"，是因为这几年原有的银行理财产品基本都"摇身一变"，成了净值型理财产品，这种理财产品每天都会向你展示收益的涨跌。而以前那种有确定收益，并且保本保息的理财产品现在几乎见不到了。最近两年，买过银行理财产品的朋友也已经发现，银行理财产品可能会在某天出现负收益的情况，甚至在某段时间内还会跌破净值，给客户造成不小的亏损。

为什么银行理财也会出现亏损？

其实很好理解，投资都是万变不离其宗的，我们交给银行的钱，银行也是拿去投资的。而投资的品种其实就那么多，例如，股票、债券、金融衍生品等。只不过银行理财产品作为一种大众化并且风险低的理财产品，银行会将 80%以上的资金拿去投资安全性和流动性较高的固定收益产品（也就是债券类资产），而对权益类资产的投资占比一般都不高。

以前的银行理财产品之所以能够保本保收益，主要是因为银行这些大机构通过它们的资金池给你兜底了，这些机构把理财产品的亏损波动给"消化"了。也就是说，原来的理财产品收益其实每天都会有波动，只不过银行不告诉你，没有让你知道而已，所以大家会感到很安心。

在 2017 年后，我国加强了金融监管力度，要求银行去杠杆以及让表外资产回表，并且还出台了资管新规，这一系列举措也是为了降低银行风险，规范资金市场，要求银行打破刚性兑付行为，减少保本类理财产品，把理财产品逐渐从保本型变成净值型，并按要求每天披露持有产品的净值，让投资者看到今天的收益到底是涨了还是跌了。也就是说，所见即所得，该怎么样就怎么样，就算赔了钱银行也不能承诺兜底。这就把银行的理财产品一下子透明化了，以前"桌子底下"搞的东西，现在全都得放到桌面上了。不但要让监管部门看到，还要让投资者看到。这样做其实反而提高了银行理财产品的质量，帮助投资者降低了风险。

不过，就算是高等级的债券，哪怕是国债、金融债这类产品，它们的收益也是浮动的，只要市场利率波动，债券价格就会随之波动，所以银行理财产品会出现净值回撤现象，甚至赶上债券市场行情不好的时候，出现亏损也是很正常的。说白了，大家现在买的理财产品，其实还是之前的那些产品，只是展示收益的方式不同了。

以前是不管过程，最后直接给顾客结算一个理财产品的固定收益，而现在是每天都让顾客看到收益变化，其实总体安全性仍然是比较高的。所以，对于一些收益不高的中低风险银行理财产品，不用天天盯着收益看，到期看一眼就行了。天天看收益没什么意义，无论是股票还是基金，哪怕是银行理财产品，我们都要尽量改变每天盯短线的习惯。

以后保本类的理财产品肯定会越来越少，投资者必须有一个思维观念的转变，那就是闭着眼买理财产品的时代已经结束了，客户必须对自己投资的产品负责。因为看似风险低的理财产品，在某一段时间内，也可能出现亏损的情况。如果对产品不了解，对投资理财相关知识也不了解，更不知道为什么会亏损，那么即使你买的是低风险、低收益的理财产品，当暂时出现亏损时，你依然会百爪挠心、如坐针毡。

所以，现在已经不是大家想不想学习投资理财的问题，而是你已经别无选择，否则以后你只能购买安全性较高，但收益却很低的理财产品。老齐总说，在投资理财这条道路上，除了提高自己的水平，真的别无他法。只有积累知识才能化解风险，否则，即使是低收益产品也可能会带来高风险亏损。

银行理财产品如何挑选？

一般从各个银行的手机银行 APP 中点开理财界面，就会看到一大堆理财产品，如图 4.2 所示。在最显眼的收益率旁边一般写着：业绩比较基准或成立以来年化收益率、下期参考年化收益率等，这些都是净值型理财产品的典型特征。也就是说，它们都属于非保本浮动收益理财产品，理论上是存在亏损可能的。

和早期银行理财产品相比，净值型理财产品其实是没有预期收益率的。它们的收益率一般都是产品到期后，根据产品的实际市场投资回报来计算。因此当我们看到这些收益率的时候也不必太激动，因为到期时未必能够达到这个数字，银行也不会承诺这个收益，所以它只能作为参考，甚至可以说是一种营销手段，如图 4.3 所示。这就好比你问朋友家孩子今年期末能考多少分，结果他回答说去年考了 100 分。

一般来说，理财产品会根据不同的投资方向标出不同的风险级别，通常风险级别会划分为五个：低风险、中低风险、中风险、中高风险和高风险，分别用 R1、R2、R3、R4、R5 来表示。

这里老齐要说一下，通常 R2 级别以下理财产品，基本能够保证本金的安全，业绩基准即便与实际收益有差距，也不会太大。大家如果还是习惯买理财产品的话，应该尽量买 R1 和 R2 两个级别的。超过 R3 级别的理财产品，业绩基准可参考的意义就不大了，也不能保证肯定赚钱，亏损也是有可能的。甚至 R4 级别的理财产品，其业绩基准就要反向来看了，之前涨得太多的，反而要谨慎购买了。至于 R5 级别的理财产品，老齐建议尽量别碰就对了，因为有血本无归的风险。

购买银行理财产品时，应注意的其他事项如下。

首先，我们要在银行官方 APP 上购买。最好不要购买不知名理财公司的产品，防止它们把产品伪装成理财产品，套取你的资金，然后挪用到其他地方。去银行网点购买时，也要核实工作人员是不是银行正式的理财经理。如果他们给你推荐的是年收益率超过 6% 的理财产品，就要小心了，这十有八九跟银行没多大关系，可能是银行代销的产品。

图 4.2

图 4.3

其次，现在不少银行也会代销一些保险理财产品，所以大家在购买之前一定要向理财经理咨询清楚，给自己推荐的是保险理财产品还是银行理财产品。如果大家想购买保险理财产品，也尽量买大公司发行的产品，比如平安保险、人寿保险、太平洋保险之类的，没听说过的保险公司发行的不建议购买。他们给你推销理财产品的目的基本是为了获取高额提成，并不是为了让你赚取高收益。大家如果想买保险，老齐也推荐大家购买保障型的保险，而那种"披"着理财外衣的保险其实收益很低，也没什么保障功能，说白了它们就是想用低成本占用你的资金而已。

最后，就是大家在购买银行理财产品时要分散投资，100 万元起投的理财产品尽量少买，除非你的可投资资金过千万元。虽然它们"爆雷"的概率很小，但是不怕一万就怕万一，真"爆雷"了，这个结果你肯定是承受不起的，所以不要把自己所有的钱，都押在一种理财产品上。

第二节　国债逆回购

1. 什么是国债逆回购

国债逆回购又称债券质押式回购，简单地说就是交易双方以债券作为质押品的一种短期资金借贷行为。其中债券持有人（正回购方）把自己的国债质押给资金持有人（逆回购方），从而获得资金使用权（借款）。通俗地说就是，别人把国债质押给你，然后你把钱借他，到期后对方按时偿还本金并支付一定的利息给你。

大家不要认为国债逆回购很"高大上"，只有专业人士能操作。其实投资者只要开通了证券交易账号，在股票交易软件里就可以进行交易。比如上海证券交易所（简称上交所）的逆回购交易代码都是以 204 开头的，像 204001 就代表对方借用资金 1 天，如图 4.4（a）（b）和表 4.1 所示。204002 就代表对方借用资金 2 天，以此类推。深圳证券交易所（简称深交所）逆回购交易代码都是 131 开头的。

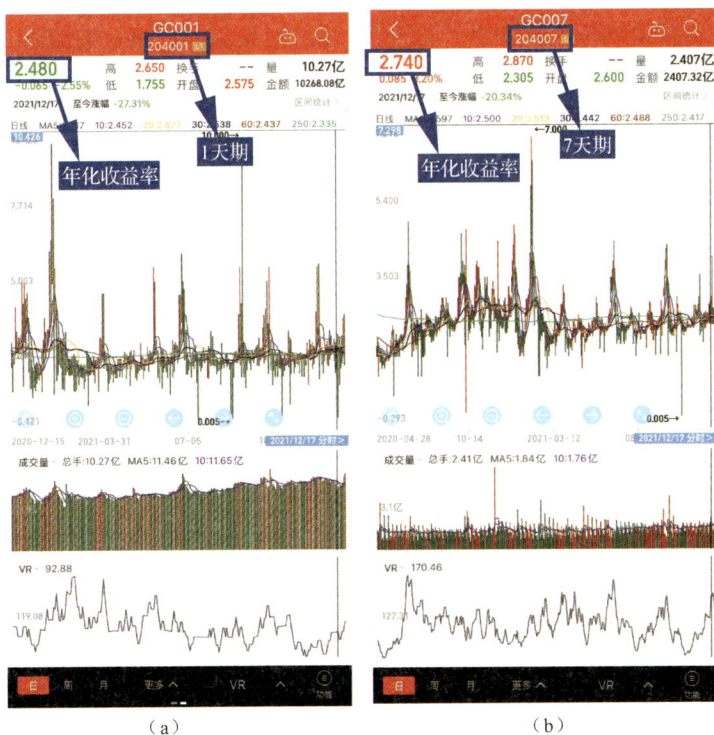

（a）　　　　　　　　　　（b）

图 4.4

表 4.1

上交所逆回购品种			深交所逆回购品种		
品种	简称	代码	品种	简称	代码
1 天国债逆回购	GC001	204001	1 天国债逆回购	R-001	131810
2 天国债逆回购	GC002	204002	2 天国债逆回购	R-002	131811
3 天国债逆回购	GC003	204003	3 天国债逆回购	R-003	131800
4 天国债逆回购	GC004	204004	4 天国债逆回购	R-004	131809
7 天国债逆回购	GC007	204007	7 天国债逆回购	R-007	131801
14 天国债逆回购	GC014	204014	14 天国债逆回购	R-014	131802
28 天国债逆回购	GC028	204028	28 天国债逆回购	R-028	131803
91 天国债逆回购	GC091	204091	91 天国债逆回购	R-091	131805
182 天国债逆回购	GC182	204182	182 天国债逆回购	R-182	131806

国债逆回购到期后，资金和利息自动返还至用户证券交易账户，无须进行其他操作。而且资金到期当天可用，次日可取。证券交易市场的交易时间是：

工作日的 9:30～11:30 和 13:00～15:30

深交所和上交所的国债逆回购的主要区别是，上交所的国债逆回购是 10 万元起投，而深交所的国债逆回购是 1000 元起投。国债逆回购的年化收益率通常在 2%～3%，但如果年底遇到"钱荒"或者央行突然收紧银根，短期年化收益率可能会达到 30%以上。不过这种机会并不常见，需要耐心等待。

国债逆回购的安全性很高，大家完全可以放心，除非国债发生违约，而这种情况在我国几乎不太可能出现。而且国债逆回购在投资过程中有证券交易所监管，所以也不存在投资资金和收益被骗的情况，大家完全可以把心放肚子里。

2. 国债逆回购如何计息

国债逆回购的计息天数为资金实际占款天数，由于计息天数不同，最终到手的利息会有所差别。通常在国债逆回购的购买界面上，左上角的数字代表的是年化收益率，假如操作了 10 万元的 7 天期国债逆回购，操作时点的年化收益率是 10%，那么最后你收到的利息就是：

$$10 万元×10\%×（7/365）≈192 元$$

需要特别提示的是，这里的 10%，并不是说 7 天就能获得 10% 的利息，而是按照一年 10% 的年利率计算，再折算成 7 天的收益。

到底哪天操作逆回购最合适，也是有学问的，大家可以参考表 4.2。

表 4.2

买入日期	买入品种	到账日期	可取	实际占用天数	计息天数
周一	204001	周二	周三	1 天（周二）	1 天
	204002	周三	周四	2 天（周二三）	2 天
	204003	周四	周五	3 天（周二三四）	3 天
	204004	周五	下周一	6 天（周二三四五六七）	6 天
	204007	下周一	下周二	7 天（周二三四五六七一）	7 天
周二	204001	周三	周四	1 天（周三）	1 天
	204002	周四	周五	2 天（周三四）	2 天
	204003	周五	下周一	5 天（周三四五六七）	5 天
	204004	下周一	下周二	6 天（周三四五六七一）	6 天
	204007	下周二	下周三	7 天（周三四五六七一二）	7 天
周三	204001	周四	周五	1 天（周四）	1 天
	204002	周五	下周一	4 天（周四五六七）	4 天
	204003	下周一	下周二	5 天（周四五六七一）	5 天
	204004	下周一	下周二	5 天（周四五六七二）	5 天
	204007	下周三	下周四	7 天（周四五六七一二三）	7 天
周四	204001	周五	下周一	3 天（周五六七）	3 天
	204002	下周一	下周二	4 天（周五六七一）	4 天
	204003	下周一	下周二	4 天（周五六七一）	4 天
	204004	下周一	下周二	4 天（周五六七一）	4 天
	204007	下周四	下周五	7 天（周五六七一二三四）	7 天
周五	204001	下周一	下周二	1 天（周一）	1 天
	204002	下周一	下周二	1 天（周一）	1 天
	204003	下周一	下周二	1 天（周一）	1 天
	204004	下周二	下周三	2 天（周一二）	2 天
	204007	下周五	下下周一	7 天（周一二三四五六七）	7 天

一般赶上周末或节假日，计息天数会有差别，例如，今天是周四，你操作了1天期国债逆回购，但却可以按3天计息，因为第二天（周五）是资金可用日，但可取日要在周末之后，也就是下周一才可取。所以占用你资金的实际日期，是周五、周六和周日。如果周五操作国债逆回购，由于第二天是周末，资金周一才能计息，所以不管是1天期、2天期还是3天期，最后都只会计息1天。这个规则如果没有弄明白，也没关系，因为每次操作国债逆回购时APP上都会自动显示计息天数。大家只需要记住，**法定节假日前的倒数第二个工作日操作国债逆回购更合适，操作1天期可拿到（节假日天数+1）天的收益。周五或者节假日前一天就尽量不要操作国债逆回购了，因为拿不到节假日那几天的利息。**

国债逆回购属于场内交易，如本节开始介绍的，操作国债逆回购需要先开立一个可交易的证券交易账户。证券交易账户开立成功后，根据想操作的天数输入国债逆回购代码，之后就可以在盘中盯着年化收益率走势，然后在年化收益率相对高点的时候，操作国债逆回购。这里需要注意的一点是，国债逆回购操作是借出，而不是借入。

3. 国债逆回购何时操作收益较高

一般在月底、季度末、半年末、年底以及长假前期，因为这些时间点机构都比较缺钱，资金面紧张，需要大量短期过桥资金，所以很可能会导致国债逆回购年化收益率较高。此时如果操作国债逆回购，往往会获得一个不错的收益。如果赶上手里正好有点闲钱，近期内有可能会用到，但又没找到更合适的投资方式，可以选择短期国债逆回购，相当于抢了个"小红包"。如果周四恰逢一个月月末，那就算"捞"上了。

第三节　货币基金

货币基金通常被认为是银行活期存款的最佳替代品。大家应该对它并不陌生，大家非常熟悉的余额宝和零钱通，都属于货币基金的范畴。货币基金最大的特点是：安全性高、稳定、支取灵活方便。它的投资方向基本是短期内安全性极高的资产，如国债、央行票据、银行定期存单、同业存款等，所以不会有太大风险。不过货币基金的收益率比较有限，当前一般年化收益率为2%左右，不过相比于银行活期存款这个"小弟"，货币基金的收益率还是高高在上的。

　　货币基金之所以灵活方便，主要是因为小金额赎回时基本可以实现实时秒到账，大家在着急用钱的时候立即就能拿到。大额赎回时最多第 2 天或者第 3 天也能到账，基本能保证大家对现金流动性的要求。如果想购买货币基金，可以打开任意一个基金销售平台 APP，在搜索栏中输入"货币"两个字，就会出来一系列相关产品，如图 4.5 所示。基金销售平台的一些储蓄罐活期也都是属于货币基金，如图 4.6 所示。

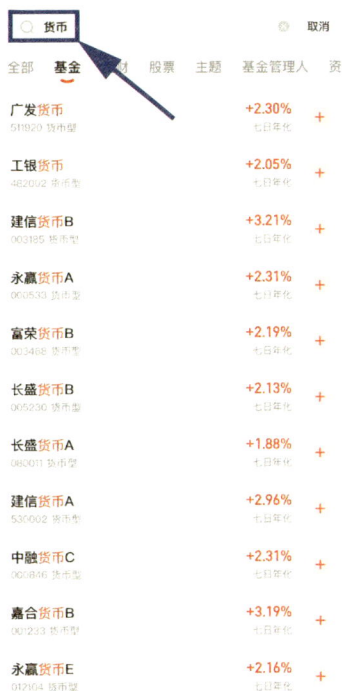

图 4.5

图 4.6

　　货币基金每天都会计算利息，而且还能让你看到当天的收益。对于一个天天都能让钱流入自己口袋的东西，大家看到它的心情往往也会比较愉悦。如果非要在鸡蛋里挑骨头，想知道货币基金存在什么风险，可能主要集中在流动性上。这是什么意思呢？就是说，突然哪天大家集体缺钱，所有人都想在那天把钱全部提出来。如果真遇到这种情况就比较麻烦了，这也是银行最怕的事情，这就是俗称的"挤兑"。但实际上出现这种风险的概率是极小的。如果说把钱存放在银行活期存款里，被视为没有风险的话，那么把钱存在货币基金里，也几乎可以被视为没有风险。

一般在购买货币基金时大家还会看到两个词，如图 4.7 所示。一个词叫作七日年化收益率，它指的是如果你的钱按照现在这个年利率存一年，大概能产生多少收益。例如七日年化收益率为 2%，即你存入 1 万元，一年后大概产生 200 元的利息。另一个词叫作万份收益，意思是你每存进去 1 万元，一天会得到多少元的收益。例如万份收益为 0.8，意思是你存进去 1 万元，一天会得到 0.8 元的利息。不过这个年化收益率经常会随市场变化而变化，我们最多当作一个短期参考。

万份收益（01-10）	七日年化收益率（01-10）	理财期限
0.8741	**2.3090%**	**灵活存取**
货币基金　低风险　按日计息		➕ 基金诊断

图 4.7

货币基金投资其实没有太多可讲的，因为确实不需要多少技巧，大家在购买时选择收益相对平稳、收益率最高的基金就好。一般情况下货币基金的收益率跟市场利率是正相关的关系，也就是市场利率上升，货币基金收益率也会随之上升。

大家平时手里其实没必要留太多的活期存款，而应该把这些钱更多地投到既有收益，也有流动性的货币基金中。同时，这类现金资产一般能满足你半年生活所需即可。例如，你家一个月开销是 1 万元，那么你留出 6 万元存在货币基金里，其余的钱就可以考虑投入到更长期的理财类产品或权益类市场中，追逐更高的收益了。

不过老齐在这里也要举一些反例，比如有些人把大部分钱放在活期存款里，最终只能获得最低的收益；还有一部分人却把现金当"敌人"，只要有现金在手里就好像烫手山芋一样，认为投资就一定要买点什么，否则浑身不舒服。其实这有一个很大的认知误区，持有现金在某种情况下，也是一种投资方式。它是一种能在未来极端情况下，让你出手抄底"捡黄金"的权利。如果动不动就把现金用光，就意味着悲剧随时会发生，在市场下跌时只能任由市场宰割，毫无还手之力。

股神巴菲特就始终让自己手里握有大把现金，所以"别人恐惧，我贪婪"才成了他老人家的口头禅。虽然现金资产收益率极低，但反过来说，你也可以把现金资产看成是权益资产的抄底期权。也就是说，你持有现金，才相当于有了抄底市场的权利，而这个权利平常会让你损失 2%～3%的年化收益，但是一旦遇到特大机会，它可能一次就能帮你赚到 30%～50%。所以一些投资大师经常手握现金，比如前面提到的巴菲特和橡树资本的霍华德·马克斯，他们手上经常握有一半比例的现金，这样确保在市场暴跌的时候，能够有钱抄底。这样做看似浪费了效率，但实则抓到了一次机会，能把几年的钱赚回来，所以长期下来，并不会影响个人的收益，反而还会有所提高。更重要的是，你有一半现金握在手上，面对市场下跌的时候，心态是完全不一样的，不但能有效化解恐惧，甚至还能有些许的小兴奋。

第五章
债券投资基本功

债券是指政府、企业、银行等债务人，为筹集资金，按照法定程序发行，并向债权人承诺于指定日期还本付息的有价证券。其实，就是你把钱借给对方，对方承诺一定期限后连本带息还钱，而债券就是这种借贷关系的证明书，是你收钱的一个凭证。如果你中途急用钱，也可以把这个凭证拿到交易市场卖给别人提前收款。债券毕竟是借钱的行为，所以它也是有风险的。这就涉及债券的分类。债券按照发行主体的不同，可以分为利率债和信用债两大类。

第一节　利率债

利率债指的是国债、政府债、央行票据、政策性银行发行的金融债券等。这就是说，管你借钱的债务人通常是国家、政府、央行等这种大机构，如表 5.1 所示。一听名字就知道它们的信用等级是很高的，所以利率债没多大的违约风险，国家、政府、央行肯定不会赖账不还钱。利率债唯一的风险只和市场利率有关，债券价格一般和市场利率负相关。市场利率上升，债券价格会下降；市场利率下降，债券价格会上升。

表 5.1

代码	名称	涨幅（%）	现价	涨跌	利率（%）
018017	国开 2007	--	--	--	3.02
018018	国开 2101	--	--	--	3.00
018019	国开 2102	--	--	--	3.29
018062	进出 1912	--	--	--	2.92
018063	进出 2101	--	--	--	3.17
018064	进出 2103	--	--	--	2.64
018082	农发 1902	--	--	--	3.28
018083	农发 2001	--	--	--	3.14
018084	农发 2002	--	--	--	3.30
019003	10 国债 03	--	--	--	4.08
019009	10 国债 09	--	--	--	3.96
019014	10 国债 14	--	--	--	4.03

这里老齐需要解释一下，为什么债券价格和市场利率走势相反？

首先，新债券发行时的票面价格一般都是 100 元/张，而发行价格在发行前就已经确定了。

其次，通常我们说的市场利率指的都是十年期国债收益率。因为十年期国债是以国家信用为担保的长期债券，所以它的收益率也被视为市场无风险收益率，其他债券都会以此为基准，叠加各自的信用风险，形成差额的收益率。假如十年期国债收益率是 3%，那么发行债券的企业就可以根据自身的经营情况，去确定自己的借钱利率，例如在十年期国债收益率的基础上加 3%，将自己发行债券的票面利率定为 6%。而十年期国债收益率又受多重因素的影响，最明显的影响因素就是经济周期，当经济繁荣时，市场对资金的需求就会增加，需要用资金的人多了，市场利率自然也会随之上升；反之，当经济衰退时，市场对资金的需求降低，市场利率就会下降。另外，当央行采取加息或降息等措施时，也会改变投资者的心理预期，从而影响十年期国债收益率走势。因此，十年期国债收益率就成了投资者判断市场走向的风向标。

大家了解了以上两点后，就不难理解为什么债券价格和市场利率呈负相关了。

在这里老齐举个例子帮助大家理解：有家企业在第一年叠加了自己的信用风险，发行了三年期票面利率为 6% 的债券，初始发行价格为 100 元/张，向外界募集资金。A 同学看这个债券的利率挺有吸引力，就买了该公司票面利率为 6% 的债券，坐等收利息。

可是到了第二年，整个市场利率都提升了，多数企业新发行的债券利率也随之上升到了 8%。A 同学又突然急用钱，需要卖掉手里的债券。那么，如果是你，你是愿意买 A 同学手里票面利率为 6% 的老债券，还是愿意买其他企业票面利率为 8%，新发行的债券呢？

答案显而易见，大家肯定想买票面利率更高的新债券。所以如果 A 同学想卖掉手里票面利率为 6% 的老债券，就只能在初始价格 100 元/张的基础上打折处理了。

这就是为什么市场利率上升，债券价格反而下降的原因。反之也是这个道理，市场利率下降，新债发行的票面利率也就降低了，大家更愿意买之前票面利率更高的老债券，那么老债券的价格也就会水涨船高了。

国债指数基本可以代表利率债的表现，如图 5.1 所示。我们可以看到在 2008—2020 年，国债指数的大趋势是上升的，只是偶尔出现了几次回撤，分别是 2007 年、2009 年和 2017 年。

对照我国十年期国债收益率走势可知（见图 5.2），国债指数下跌基本都是在市场利率大幅上升的时间段。而市场利率大幅下降的时间段，如 2008 年、2015 年和 2018 年，国债指数都在加速上扬。通过国债指数的表现可以看出，债券这种有票息的资产，即使短期价格有波动，也并不会改变长期上涨的趋势。在 2007—2020 年 14 年间国债指数上涨了 80%，平均年化收益率是 4.3%。基本上长期持有利率债所获得的收益，就是它的票面利率，大概为 3%～5%。投资国开债、政策金融债的收益可能略微高一些，有的年化收益率能达到 5% 以上。

国债指数概览

图 5.1

中国十年期国债收益率概览

图 5.2

　　总结一下，基本上利率债不会有信用违约的风险，但是它对市场利率非常敏感，市场利率上升，债券价格下降；市场利率下降，债券价格上升。所以，大家最好在市场利率处于下行趋势的时候投资利率债，这样大概率会获得一个不错的收益。如果投资的时候不巧是市场利率上升阶段，那么即便是利率债，也可能会让你赔钱。当债券进入熊市后，短期看收益可能会遭受一定的损失。例如很多银行的理财产品，其实也投资了大量的债券资产，有时我们看到净值型银行理财产品的短期表现不好，甚至出现了亏损，很可能就是市场利率回升了。但如果你有足够的耐心，长期持有债券这种资产几乎是不会赔钱的。

▎第二节　信用债

对于国家、政府、央行发行的利率债，投资者基本不用担心违约问题，但如果是公司或企业发行的债券，投资者就要格外关注是否会违约了，这种由公司或企业发行的债券也被称作信用债。说白了就是管你借钱的对手换成了企业（见表 5.2）。企业经营的稳定性从某种程度上说，不能跟国家、政府和央行相提并论。所以这类债券是有违约风险的，风险越大，收益肯定也就越高，与利率债中间的差额就是风险补偿。

表 5.2

代　码	名　　称	涨　幅（%）	现　价	涨　跌	利　率（%）
122249	13 平煤债	+0.06	98.460	0.060	5.07
127096	PR 东方财	+0.05	19.950	0.010	5.19
127095	PR 湘九债	+0.05	19.960	0.010	6.59
127007	PR 潭万楼	+0.05	19.990	0.010	6.90
124044	12 联想债	+0.01	93.500	0.010	5.70
127810	G18 广业 1	0.00	102.680	0.000	5.08
127621	PR 新宇 01	0.00	47.000	0.000	7.60
127596	PR 湖滨 02	0.00	55.200	0.000	6.93
127553	PR 金投 01	0.00	55.000	0.000	6.50
127551	PR 湖滨 01	0.00	55.500	0.000	6.85
127489	PR 六交投	0.00	57.390	0.000	5.98

从收益角度来讲，信用债肯定比利率债收益更高些，而且信用越不好，收益也就越高。需要特别提醒大家的是，在购买信用债时切勿只贪图收益，当看到高收益的时候，大家心里务必要绷紧一根弦儿，认真思考：为什么这家企业要付这么高的利息去借钱，万一出现经营不良的状况会不会让我血本无归？

企业债指数通常可以用来代表信用债的表现情况，如图 5.3 所示。从这张图可以看到，企业债指数要比之前讲的国债指数曲折得多，波动更大，收益也更高，14 年间上涨了 2.45 倍，平均年化收益率达到 6.6%。比利率债多出来的这部分收益，就是对风险的补偿。

企债指数概览   i

图 5.3

我们把两个指数放在一起就能看得更清晰一些，如图 5.4 所示，蓝色的是国债指数，紫色的是企业债指数。从图中可以看到，国债指数在 2016 年 10 月开始调整，而企业债指数在同年 11 月才开始调整，国债指数在 2018 年 1 月才创新高，而企业债指数在 2017 年 6 月就已经创新高了。

图 5.4

　　如果把货币周期和信用周期放在一张图里，再对比上面的国债指数和企业债指数，不知道大家会发现什么规律，如图 5.5 所示。这里老齐再解释一下，紧货币周期下市场利率通常处于上升阶段，宽货币周期下市场利率通常处于下降阶段，紧信用周期的标志是社融（社会融资规模存量）同比下降，宽信用周期的标志是社融同比上升，我们在后面章节还会详细介绍金融周期。从图中可以看到，2017年市场利率一直处于上升趋势，但企业债指数在 2017 年 6 月就创出了新高。所以相比利率债，信用债受市场利率反向的影响相对较小，信用债通常会先反映上涨，后反映下跌，当宽信用周期走到末尾的时候，信用债就不太会下跌了。

图 5.5

　　也就是说，当紧货币宽信用周期结束，进入紧货币紧信用周期时，债券市场筑底，信用债有可能会率先恢复上涨，但利率债一时半会儿还"走不出来"。不过这也不是百分百有效，要看当时市场利率拉升的力度，如果市场利率拉升幅度不大，信用债就有率先转暖的机会。

　　不过还要多说一点，紧信用周期虽然并不可怕，但信用债最怕的就是由于"钱荒"和紧信用过度而引发的"爆雷"违约风险。当这种情况发生后大家就都不敢投资信用债了，从而会造成信用债回撤幅度加大。

　　我们用招商产业债券基金（简称招商产业债）这几年的表现来分析一下。招商产业债主要是投资中期票据和信用债。如图 5.6 所示，我们可以看到 2017 年 5月，尽管市场利率在上扬，但招商产业债已经开始恢复上升的趋势。

　　那么为什么招商产业债会在 2013 年 6 月下跌呢？

图 5.6

熟悉当时市场环境的读者都知道，当年发生了"钱荒"。一方面市场利率快速拉升，另一方面一些"债务雷"持续炸响，形成了股债商品"三杀"，甚至连黄金价格都在下跌。当时市场里的钱都去了哪里？答案是很多人都去买余额宝了。2013年是余额宝的诞生之年，加上各种补贴，余额宝年收益率一度达到 7%。这种金融创新产品的出现也让央行始料不及，很多人都把当年的"钱荒"归因于余额宝在"作祟"。

这就是市场流动性不足引起的，信用债肯定也是扛不住的，因为正好打到了痛点上，很多旧的债券到期了，由于新债发行不成功，所以企业资金严重短缺，最终现金流断裂出现"爆雷"。越是"爆雷"，大家越不敢买，结果市场利率就越来越高，资金越来越短缺。不过这个时间点的出现，往往意味着投资者对债的预期已经到达谷底。当我们扛过了 2013 年，从 2014 年开始，招商产业债的收益一下就峰回路转了，连续两年的投资回报合计超过了 30%，甚至比很多人投资股票的收益还高，如图 5.7 所示。

	2019年度	2018年度	2017年度	2016年度	2015年度	2014年度	2013年度
阶段涨幅	6.71%	8.64%	3.02%	4.17%	11.85%	21.42%	1.90%
同类平均	6.26%	4.56%	2.54%	0.34%	11.16%	20.06%	0.69%
沪深300	33.59%	-25.31%	21.78%	-11.28%	5.58%	51.66%	-7.65%
同类排名	416 | 2110	85 | 1542	286 | 1334	41 | 650	233 | 572	156 | 494	96 | 336
四分位排名							
	优秀	优秀	优秀	优秀	良好	良好	良好

图 5.7

总结如下。

（1）利率债对市场利率更加敏感，信用债可能会在利率债之后才能反映出下跌趋势，但基本同步。

（2）信用债长期收益更高，也有可能率先走出债券熊市。

（3）信用债受市场利率以外的影响更多，所以趋势没有那么"平滑"，它最怕"钱荒"和"爆雷"，一旦出现这种情况，大概率来看最佳的投资时点也就要到来了。

（4）信用债投资需要更加分散，即便买基金，也要多买几只，分散风险。特别是当你听到"钱荒""去杠杆"或者"收缩流动性"的时候，投资信用债时就要格外注意。

第三节　如何投资债券

1. 个人投资者从哪里买债券

中国的债券市场分为两个部分，一个叫场内市场，另一个叫场外市场。场内市场又叫交易所市场，这个交易所就是我们平时熟悉的上交所、深交所。场内市场散户参与的门槛比较低，交易的规则也比较简单，可以像买卖股票一样买卖债券。可惜的是，这个市场上交易的债券量在整个债券市场上的占比还不到 5%，其余 95% 的债券都在银行间市场（也就是场外市场）上交易。场外市场是不对散户开放的机构市场，像银行这样的大型机构才是主要"玩家"。

2. 为什么债券市场不适合个人投资者

债券的流动性比较差，债券交易远不如股票交易频繁，这就意味着，想卖的时候，很可能找不到买主。对普通投资者来说，如果想投资债券，最好的途径就是通过机构来投资，也就是购买债券基金。因为相比于自己下场购买债券，债券基金踩雷的风险要小得多。虽然像国债、国开债这些利率债没有多高的风险，但它们收益很低，如果想获取更高的收益，就得投资一些企业的信用债。债券毕竟是借钱行为，也是有可能赔钱的，万一赶上哪只债券"爆雷"，损失程度甚至比投资股票还要惨烈。如果你孤注一掷押上去，等"爆雷"后，你估计就只能"吃土"了。所以通过基金的方式投资债券，一方面可以享受较高的收益，另一方面安全性也较高。因为这些基金公司在投资前，一般都会调研企业的偿债能力和资产质量，而普通投资者肯定是很难做到的。

3. 买债券"爆雷"的风险有多大

利率债基本没有"爆雷"的风险，但信用债就不一定了，是存在血本无归的可能性的。债券"爆雷"赔钱的损失程度要比投资股票更惨。在紧信用周期时，AA 级别的债券可能都会被行业视为"垃圾债"，这就说明它已经存在不低的风险了。所以，大家在投资时还是要谨慎，如果非要自己购买债券，那么最好还是购买 AAA 级别的债券，当然代价就是收益率不是很高。

4. 债券投资的时点选择

债券最"喜欢"的是央行的宽松周期，也就是市场利率下行周期。一般市场利率大幅下降时，债券市场就会走牛。例如 2014 年之后，债券市场爆发了牛市行情，债券基金的年化收益率都超过了 10%。但如果遇到了货币紧缩周期，市场利率快速上行时，债券的价格将开始下降，收益开始变差，此时货币基金的收益开始提升。所以我们一般在市场利率快速上升周期时，可以视情况考虑用货币基金替代债券基金，防止由于债券回撤而引发"爆雷"的风险。

5. "人多的地方不去"原则，是否适用于债券投资

债券投资不必遵循投资中"人多的地方不去"这个原则，因为它的波动性很小，所以不太容易引起人们的情绪波动，也就不具备反身性，也可以说人的行为不会对债券市场带来影响，债券很少因个人的投机行为下跌或者上涨，它的波动主要是因为利率影响了现金流贴现模型。各大基金网站、基金平台评选出的好的货币基金和债券基金是可以信赖的，而对于股票基金，大家最好就别去凑那个热闹了。

第四节 如何判断债券牛熊市

之前很多人都在知识星球"齐俊杰的粉丝群"里问老齐：

十年期国债收益率已经低到 2.8% 了，还能不能投资债券，债券利率到底了，以后上涨起来，是不是就该亏了？

说实话，我大概也能猜到，大家都是从哪儿学到的"歪理邪说"。有些"大V"甚至给债券投资划定了一个范围，例如十年国债收益率超过 4%时就投资债券；低于 3%时，就不投资债券。

老齐认为，以上说法是完全错误的。这就好比你投资股市，有人告诉你在大盘 2500 点时买入，在大盘 3000 点时卖出一样。短期看起来这种做法好像是正确的，但是长期来看一定是错误的。因为大盘可以涨到 3000 点以上，甚至涨得更高。假如有美国人听了这个观点，在道琼斯指数 3000 点以后就不投资了，等着它回落，那么他在 1991 年以后，就再也不敢投资了，而现在的道琼斯指数已经涨到了 30000 点以上，仍然没有回落。未来的上证指数、沪深 300 指数，也一定会有这样的走势，这只是时间问题。也许 30 年以后，沪深 300 指数也能达到 3 万点以上。大家别认为不可能，30 年涨 10 倍，按照复利计算只不过是年化收益率 8%而已。

十年期国债收益率，跟股市的走势一样，都是存在趋势的。如果说股市的走势会一直向上，那么十年期国债收益率的长期走势就是一直向下，现在你看到的是 2.8%的年化收益率，未来可能会更低，甚至为 0。这都是有可能的，如果十年期国债收益率在 3%以下你就不敢投资债券了，那么你肯定会错过债券的牛市行情。

债券的收益可以分成以下两个部分，即票面利息（简称票息）和交易价差。

（1）当市场利率上涨的时候，债券票息越来越高，交易价差却越来越小，投资债券可能不会赚钱甚至还会亏钱。这时候应优先投资短期债券，因为短期债券一般会持有到还本付息时，所以交易价差对它的影响极小。

（2）当市场利率下跌的时候，债券票息越来越低，交易价差却越来越大，投资债券会产生超额收益。这时候应该优先投资长期债券，因为长期债券更多的是交易价值，很少有人会持有到还本付息时，通常都会提前卖掉赚取差价，所以票息对它的影响很小。我们常说的久期，指的就是债券期限。在市场利率下降时，为了提高收益就要加久期，多配长期债券；在市场利率上升时，为了降低风险，就要降久期，多配短期债券。

通常持有期在 3 年以内的都可以视为短期债券，持有期在 5 年以上的都视为长期债券，持有期为 3~5 年的视为中短期债券。

如何判断债券牛市和熊市的反转呢？

（1）直接用资产价格进行比较，当债券年收益率已经跑不赢货币基金的年收益率时，就要暂时避险。通常在这种情况下，很可能发生了大幅加息，由于货币基金更倾向于短期债券和现金资产，它跟市场利率同向波动，市场利率上升，它就涨利息；市场利率下降，它的 7 日年化收益率也会降低。当你看到货币基金年化收益率普遍超过 3.5%的时候就要警惕了，当货币基金年化收益率超过 4%时，一般的债券基金就跑不赢它们了，这时候就要回避债券。观察货币基金最简单的方式就是，看余额宝的七日年化利率。

知识星球粉丝群里熟悉老齐的人都知道，在 2018 年刚开知识星球时，我们是不主张投资债券的，因为当时余额宝的年化收益率在 4%以上，债券是跑不赢货币基金的。直到 2018 年下半年，我们才逐渐返回债券市场。

债券长期持有都是有票息的，短期价格波动带来的最大影响顶多是少赚，但是不会大赔，所以当你看到货币基金的收益高于债券的收益时再撤出都来得及。即便后期不撤回，其实也赔不了钱，只是浪费时间，不赚钱而已。把钱放在货币基金里，一年半时间能赚 6%的收益肯定更好。所以，做债券投资时，根本不用预判，不用瞎猜，直接看就行。等事情发生了再走，早几天晚几天，也没什么太大的关系。

（2）看交易的火热程度，债券牛市的尾声阶段也和股票的类似，会出现交易量大增的情况，当大家疯了一样抢债券，而且是加久期时，市场的表现就是 30年期国债成交量占比大幅提升。这反映出人们对债券牛市过度乐观。每次出现这种情况的时候，都意味着市场利率可能要出现一波上行，债券即将进入熊市，2008年、2010 年、2012 年和 2016 年皆是如此，如图 5.8 所示。

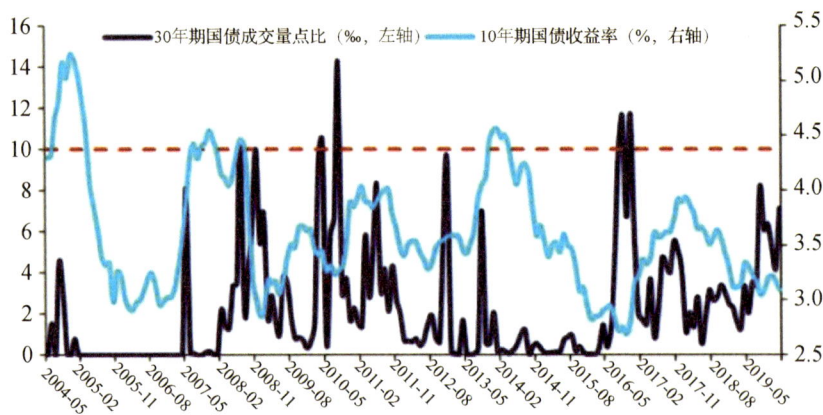

图 5.8

（3）还有一个判断的指标叫作信用利差，这个指标和市场利率几乎同时波动，有时候信用利差反应更快，信用利差就是 3 年期的 AAA 级中期票据收益率，减去 3 年期国债收益率。当这个利差超过 2% 的时候，意味着市场利率可能短期到顶，而当这个利差低至 0.5% 附近的时候，说明信用极其宽松，这时就是债券牛市的末尾阶段，如图 5.9 所示。

后两个判断标准，需要有强大的数据支撑，一般人可能做不了，在粉丝群里老齐会帮大家盯着。我们还是以"摔杯"为号，等到要退出债券的时候，肯定会率先通知。

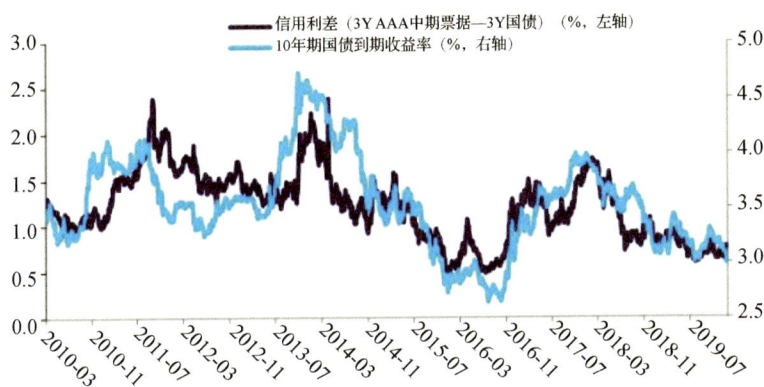

图 5.9

第五节　特殊债券：可转债

可转债是一种特殊类型的债券，全称为可转换公司债券。它的本质其实就是一种低息债，在特定环境下它又可以变身为股票。举个例子大家就更容易理解了。例如，A 大哥前几年开了一家饭店，生意做得贼好，今年又想扩大规模，多开几家分店，无奈手里钱不够，而去其他地方借钱利息又高。于是 A 大哥找到了 B 小弟，想从 B 小弟这里借 20 万元，约定借款期限 5 年，每年给 1% 的利息。如果分店火了，之前借的这 20 万元就不还利息了，算作 B 小弟出资入股了，以后 B 小弟也是 A 大哥饭店的股东。要再想拿回这 20 万元，就只能到市场里卖掉手里的股票，这就是可转债。可转债具有债权和股权的双重特性，进可攻退可守，类似于一个保本的股票。

听起来可转债似乎上不封顶，下有保底，各方面都好，没有缺陷，但事实并非如此。可转债存在的一个最大问题就是，利息通常非常低，作为债券，其实赚不了多少钱，顶多保住本金。国内市场的可转债票面利率一般也就是 1%～2%，在国际市场上甚至还有 0 利率的可转债。

为什么会这样呢？说白了就是上市公司想通过这种低利息的融资方式，降低自己的融资成本，同时"诱惑"投资者把债券转换成股票，那样公司就不用还钱了，投资者再想要回这笔钱，就得到交易市场中卖股票，这样就不会影响上市公司的利益了。如果公司用普通债券融资，一般成本可能都得在 6%以上，到期还要还本付息，如果融资几亿元的话，一年就比可转债多出几千万元的利息成本，对于上市公司来说，是一笔不小的财务支出。

那么可转债会不会和信用债一样"爆雷"，最后让我们血本无归呢？不完全排除这种可能，不过可转债的审批要比普通的信用债严格得多，能发行可转债的公司，在管理层心目中都是有稳定收益的公司，我国资本市场运转 30 多年了，目前还没有出现过转债违约的情况。其实站在发行可转债的公司角度想一想，公司能够发行可转债，几乎就等于是拿到了市场上最便宜的资金。公司发行可转债，在资金到账后，即使拿这笔钱去买货币基金，可能都有利可图，所以还不起钱的可能性非常小，它们完全没必要当"老赖"。

第六节　可转债如何转股

1. 可转债转股三要素

（1）发行面值：可转债的初始发行价格和其他债券一样，每张一般都是 100 元。

（2）正股价：转债公司对应的股票价格，比如南航转债正股价，说的就是南方航空公司当天的股票价格。

（3）转股价：投资者和上市公司约定好的股价，达到这个股价就可以把债券转换成股票。

例如 A 公司的可转债债券面值是 100 元/张，转股价约定为 10 元/股，这样投资者手里的每张债券可以转换成 10 股股票。假设 A 公司的股价涨到了 15 元/股，投资者就可以把债券转换成股票，然后立即卖掉并获得 50%的收益。只要股票价格涨过了转股价，可转债的价格就会随股票价格一路上涨，当股价涨到 15 元/股的时候，A 公司的可转债一般来说也得值 150 元/张了。

而在熊市的时候，可转债也会随股价一起下跌，不过下跌有个底线，那就是保本。投资者只要不转股，就可以一直等到还本付息时。就是说你被上市公司占了"便宜"，以很低的利息用了你的钱。其实发行可转债的上市公司并不希望出现这种情况，他们更希望促成投资者转股，因为这样本金就不用归还了。所以，在始终没有转股机会的时候，公司通常会经过董事会决议下调转股价，促使投资者转股。

2. 可转债的强制赎回

一般情况下，股票到了牛市的时候，可转债的春天也就来了。股票价格上涨，不管投资者转不转股，可转债自身都已经很值钱了。在这种情况下，其实根本不用去转股，直接卖掉可转债就可以坐享收益。万一可转债价格大跌了，投资者持有债券到期还能保本。不过上市公司也不傻，通常它们不会让投资者这么无风险地赚下去，发行可转债时一般会设定一个强制赎回条款，当正股价高于转股价的130%后，就会启动强制赎回条款。

例如，发行可转债时规定转股价是 10 元/股，当股价涨到 13 元/股以上，并且在这里持续了 15 天或 20 天时，就要启动强制赎回了。而强制赎回价格也远远低于可转债的价值。如果此时可转债已经涨到了 130 元/张，那么强制赎回价格可能只有 103 元/张了。这就逼着投资者赶紧去转股，如果不转股就亏大了。债转股是单向的，投资者将可转债换成股票之后，就无法再转回可转债状态，转股后股票的涨跌就只能盈亏自负了，不会再有人兜底。

其实，现实中的可转债也会有很高的溢价，不一定非得转股后才能赚到钱，可转债本身也能涨到很高的价格，有时候可转债的股性很强，这说明市场情绪非常亢奋，此时的可转债就基本相当于多半个股票，波动性和收益性都不低。所以老齐一直把可转债当成是防守反击的工具，当市场缺乏机会时，我们就要更多地关注可转债。它的价格下有保底、上不封顶，如果市场一直"熊"下去，它也会拒绝下跌，而一旦市场回暖，它跑得会非常快。

2018 年 8 月，老齐在知识星球"齐俊杰的粉丝群"里就重点提示了可转债的投资机会，并且还让大家重点关注兴全可转债混合基金。随后的三年时间里这只基金每年分别上涨了 25%、20% 和 16%。熊市里当可转债的股性消失后，去买可转债，这基本上就是一个白捡钱的机会。那么什么叫作股性消失呢？就是中证转债指数（000832）（见图 5.10）已经不跟随股市下跌了，转而去跟中债新综合指数上涨。当你发现这个现象出现的时候，基本上就说明可转债股性消失了。

图 5.10

其实你只要学会这一招，并且能纯熟运用，想获得年化收益率 10% 的回报，就不再是什么难事。

第六章
股票投资基本功

股市在很多人眼里可能比较神秘，多数人都想进来发大财，但真能发财的人却微乎其微，反而赔钱的人居多。这就是股市的特点：宽进严出，看似门槛很低，但其实壁垒却很高。很多人之所以赔钱，就是因为总把股市当成一个可以不劳而获的赚钱场所，看似一学就会，只要低买高卖就能赚钱，甚至想凭两根 K 线就预测全世界的股票涨跌，更重要的一点是，他们对市场缺乏敬畏之心。其实股票投资也是按劳分配的，专业的投资者都是很辛苦的，需要大量的阅读和计算研究。

这一章我们先来了解股票的基础知识。

第一节 股票基本概念

1. 股票

尽管很多人炒股，但恐怕不少朋友还不清楚股票到底是什么？简单地说，股票就是股份公司发行的所有权凭证，本质其实就是上市公司的所有权、决策权和收益权。对于普通投资者来说，一般也只能获得收益权，相当于你花了钱雇别人来给你干活，然后你分享他赚到的收入。如果他干得好，身价上涨了，别人愿意出更高的价格把他雇走，那么你还能顺手再赚个差价。股票价格之所以会涨，最根本的因素还是上市公司的生意赚钱，而且是越赚越多，也就是说这个人干的活要越来越漂亮，而不是徒有外表。所以只要我们的科技不断发展，经济滚滚向前，上市公司利润不断增长，股票指数最后一定是随着经济发展呈现螺旋式上涨的。

2. 公司融资方式

上市公司为什么要发行股票？其实就是为了筹措资金，也就是企业需要钱。

一般来说，上市公司的主要融资方式有两种：一种是债权融资，另一种是股权融资。债权融资就是借钱，例如上市公司向银行贷款或者发行债券，这部分钱最终是要还本付息的。而股权融资则是投资，例如上市公司可以通过增发股票的方式对外融资，股权融资的钱是不用还的，出资方获得公司股份，享受公司的收益权。公司赚的利润多，就多分红；赚得少，就少分红甚至不分红。如果上市公司发展得更好，股价攀升，还可以通过出售股份赚取股票差价，不过投资风险也要共同承担。

3. 一级市场和二级市场

一级市场和二级市场的交易标的都是企业的股权。不同的是，一级市场交易的是还没有上市的企业股权，二级市场交易的是已经上市的企业股权。

一级市场通常被称为发行市场或初级市场。通俗地说，就是公司将股份首次推销给投资者的市场。就相当于是一手房市场，直接和房地产开发商交易。我们常听到的风险投资、VC（风险投资）和PE（私募股权投资），这些资金一般都是在一级市场里。投资人直接找创业者购买股份，跟创业者谈妥了就行。

二级市场通常被称为流通市场。通俗地说，就是对已经发行的股票进行买卖、转让和流通的市场。这些股票必须是在证券交易所登记，并获准上市的公司股票。就相当于二手房市场，购买者和前房东交易，但是只能在中介平台上选择和交易，而且这个二手房是经过中介审核的房源。

4. 证券交易所

证券交易所就是专门进行证券交易的场所。我国目前拥有五家证券交易所，分别是：

1990 年 11 月 26 日成立的上海证券交易所，简称上交所或沪市。

1990 年 12 月 1 日成立的深圳证券交易所，简称深交所或深市。

2021 年 9 月 3 日成立的北京证券交易所，简称北交所。

此外还有香港证券交易所（简称港交所）和台湾证券交易所。

5. 上市

上市也叫作 IPO（Initial Public Offering），指的是公司首次公开募股。其实就是公司在经历了一段艰难的初创期，符合一定要求后，可以依法公开向投资者发行自家的股票，这些股票可以在证券交易所自由交易。相当于是，之前可能没多少人听说过这家公司，公司的股权也很难自由流通。而现在这家公司上市之后，在证券交易所里，大家就能看到这家公司了，这家公司做的什么业务，每年大概赚多少钱，大家都能一目了然。由于这家公司发行的股票可以在证券交易所自由买卖，流动性也就更好了。公众如果买了这家公司的股票，就相当于有了这家公司的股份，每年可以享受这家公司的盈利分红，以及股价上涨带来的溢价回报。

6. 国内多层次资本市场

根据进入的门槛和服务的企业不同，中国资本市场可以分为以下五个板块，如图 6.1 所示。

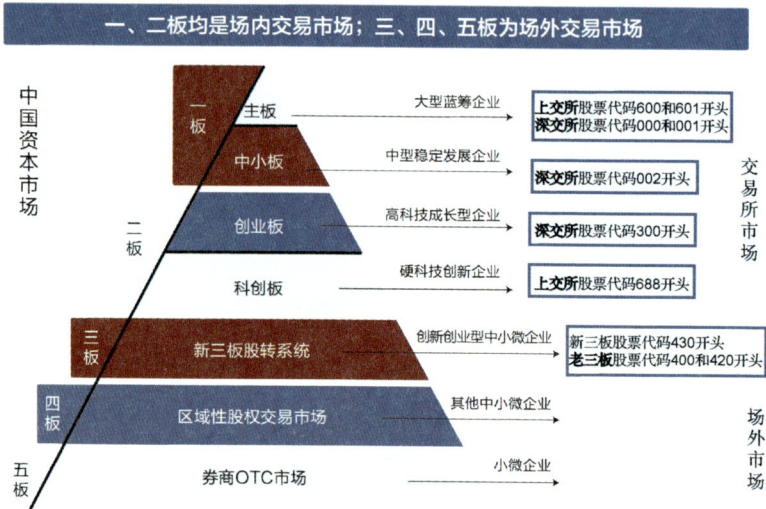

图 6.1

一板市场：包括主板和中小板。

二板市场：包括创业板和科创板。

三板市场：包括新三板股转系统和老三板。

四板市场：也称区域性股权交易市场。

五板市场：指券商 OTC 市场（即券商场外交易市场，英文全称 Over the Counter）。

表 6.1 显示的是最新国内投资准入门槛和交易制度，可以看出，各个板块投资者的准入门槛不尽相同，交易制度等各个方面也存在一定差异。

表 6.1

品种	准入资产门槛	交易规则	涨跌停板
主板、中小板	无	T+1	10%
创业板	10 万元	T+1	20%
科创板	50 万元	T+1	20%
沪深港通	50 万元	T+0	无
新三板精选层	100 万元	T+1	30%
新三板创新层	150 万元	T+1	−50%，100%
新三板基础层	200 万元	T+1	−50%，100%
可转债	无	T+0	无 有熔断机制

7. 开户

开户指的是投资者在证券公司（简称券商）开设 1 个证券交易账户，开户成功后可以买卖股票和基金，而期货期权等其他证券产品的交易需要进一步开通相应权限才行。现在可以选择线上开户，只需要下载一个证券公司 APP，根据流程操作即可。一般提交申请后的第二个工作日即可收到开通确认短信。这里需要注意的是，交易账户开通成功后，需要在下一个交易日才可以进行股票交易，当天是不可以交易的。

目前我国规定每个投资者最多可以开设三个证券交易账户。就是说你最多可以在三家不同的证券公司开户，超出后便无法再开户了，但是可以销户后再次开设新账户。一般建议选择排名头部的证券公司进行开户，因为头部证券公司网点多，办理线下业务更为方便。

8. 股市开市时间及股票交易费用

1）交易时间

我国 A 股的交易时间为周一至周五，每天 9:30～11:30，13:00～15:30，其中，9:15～9:25（两市），14:57～15:00 是集合竞价阶段，15:05～15:30 为创业板、科创板股票盘后定价交易时间。周末及法定节假日休市。

2）股票交易费用

（1）佣金：由券商收取，买入与卖出股票时都要收取，每笔最低 5 元，如果超过后则按佣金比例收取，目前大部分券商收取的佣金为万分之 3 或万分之 2。

（2）印花税：由国家税务局在卖出股票时收取，比例为成交金额的 0.1%。

（3）过户费：在交易沪市股票时，上交所会收取过户费，比例为成交金额的 0.002%。

买卖股票时产生的佣金费用，有一个最低 5 元的规则要注意。假设按万分之 3 计算佣金，买入 1 万元的股票，并不是收取 3 元，而是按照最低佣金金额收取 5 元，如果买入 10 万元的股票，佣金超过了最低标准，则按比例收取，佣金为 30 元。卖出股票，券商收取佣金的计算方式与买入股票一样。

此外，卖出股票时还必须向国家税务局缴纳 0.1% 的印花税，例如卖出 1 万元的股票，券商收取的佣金为 5 元，国家税务局收取的印花税为 10 元。至于过户费，由于非常低，基本可以忽略不计，股票交易费用主要就是券商的佣金和国家税务局收取的印花税。

3）场内基金的交易

在证券公司开户的时候，可以一并开立场内基金账户。在场内交易的基金只收取佣金，没有股票交易的印花税和过户费。佣金多少主要看券商如何确定，目前大部分券商对新开户的场内基金交易收取的佣金比例为万分之1～万分之3。

4）第三方存管

第三方存管，全称是客户交易结算资金第三方存管，这是银行的一项业务。在券商开户的时候，必须指定一张银行卡作为第三方存管。这张银行卡是连接证券账户和银行账户的唯一通道。要想把钱转进证券账户买股票，就必须通过这张银行卡，转出资金也只能到这张指定的银行卡里。第三方存管业务遵循"券商管证券，银行管资金"的原则，这样可以最大限度保障投资者的资金不被证券公司非法挪用。

9. 审批制、核准制、注册制

审批制，是指用行政和计划的办法，分配股票发行的指标和额度，由地方政府或行业主管部门根据指标，推荐企业发行股票的一种发行制度。

核准制，是指公开发行股票，必须依照《中华人民共和国公司法》（简称《公司法》）规定的条件，报经国务院证券监督管理机构核准。

注册制，是指发行申请人依法将与证券发行有关的一切信息和资料公开，制成法律文件，送交主管机构审查，主管机构只负责审查发行申请人提供的信息和资料是否履行了信息披露义务的一种制度。

目前A股已经进入全面注册制时代，全面注册制可归纳为：三取消，三强化。三取消指的是，取消对发行价格节奏规模的行政管制；取消发审委（中国证监会发行审核委员会），建立由交易所审核发行上市、向证监会注册生效的发行上市审核制；取消分极块设置发行条件，实行差异化上市条件。而三强化指的是，强化以信息披露为中心的审核理念；强化发行人的诚信责任和中介机构的把关责任；强化事后监管，切实保护投资者合法权益。

随着全面注册制时代的到来，整个市场的投资习惯会发生明显的改变，对个人投资者来说，将变得越来越困难，之前那种听消息炒股的思路，基本就没什么用了。市场会逐渐呈现指数化特征，机构会越来越抱团，"赚了指数不赚钱"的现象会越来越明显。同时，随着注册制的到来，一并完善的还有退市制度。

10. 退市制度

在 2021 年年初，A 股迎来了史上最严的退市制度，如表 6.2 所示。

表 6.2

时间	阶段	制度内容
1994.06—2001.02	基本框架建立期	《公司法》与《中华人民共和国证券法》（简称《证券法》）中都规定了上市公司退市标准，但是未出现执行情况
2001.02—2005	制度建设初步启动期	中国证监会发布《亏损上市公司暂行上市和终止上市实施办法》；PT 水仙因申请宽限期未获上海证券交易所批准，成为我国第一家被终止上市的上市公司
2005—2012	制度不断完善期	随着中小企业板、创业板等多层资本市场诞生，与之而来的是多元化、完整化的退市制度
2012—至今	制度逐渐成熟期	2014 年证监会出台《关于改革完善并严格实施上市公司退市制度的若干意见》被称为第一次"史上最严退市新规"。2018 年第二次"史上最严退市制度"出台之后，2019 年退市公司数量增加至12 家 2020 年 3 月，新《证券法》将上市公司退市制度的制定权移交给证券交易所。同年 4 月，创业板退市改革简化了退市流程，一并取消暂停上市和恢复上市机制；引入"扣非净利润为负且营业收入低于一亿元"的组合类财务退市指标；强化风险预警标识风险警示（*ST）制度； 2020 年 12 月，沪深交易所发布退市新规，优化了四类强制退市指标，包括财务类、交易类、规范率和重大违法类。简化了退市流程，同时强化了风险警示

由于以往我国股票发行实行核准制，企业上市不仅门槛高，而且审批时间长，如果遇到 IPO "堰塞湖"，排队等待的时间可能长达两三年。上市公司名额具备稀缺性，壳价值凸显，公司主动退市积极性不高，且保壳动力强。同时 IPO 费用高昂导致企业一旦被暂停 IPO，将损失惨重。为避免出现这种情况，一些公司不再排队 IPO，而是选择通过反向并购、定向增发等手段买壳上市，由于壳公司存在炒作现象，造成部分垃圾股被抢购，始终无法退出市场。

注册制的到来，必将推动退市常态化，壳公司也将不再具备投资价值，如果还是按照以往"炒小炒差"的作风，投资者很可能会买到容易退市的股票，最终损失惨重。

从主板和创业板退市的股票，只能去老三板市场交易。这个时候散户必须要去证券公司开三板交易账户。这些股票在老三板的市场依然可以挂牌转让，只要有人愿意买入你的股份，同样可以把股份转让出去换成钱。但是股票进入老三板后，流动性非常差，转让会非常困难，不一定能转出去。虽然公司没有破产清算，你还是股东，但退市依然会带来较大损失。

第二节　A股核心指数

1. 指数

指数是根据某些采样股票或债券的价格所设计，并计算出来的统计数据，用来衡量股票市场或债券市场的价格波动情形。通俗地说，股票指数代表的就是一系列股票的整体走势。比如，怎么去菜市场看蔬菜整体价格水平呢？我们可以把所有蔬菜的价格或者挑一些有代表性的蔬菜的价格，做一个汇总，形成一个代表蔬菜价格的数值，这个数值可以称作蔬菜指数。这个指数的上涨或下跌，基本就能代表蔬菜整体价格的涨跌情况。

股票指数又分为宽基指数和窄基指数。

（1）宽基指数是指，成份股覆盖范围较广，具有相当代表性，包含行业种类较多的指数。宽基指数有如下5个标准。

① 含10只或更多只股票。

② 单只成份股权重不超过30%。

③ 权重最大5只股票累计权重不超过指数的60%。

④ 成份股平均日交易额超过5000万美元。

⑤ 包含行业种类要多。我们常见的一些指数，例如沪深300、上证50、中证500、恒生指数、标准普尔500、纳斯达克100、基本面50等，都属于宽基指数。

（2）窄基指数是指，成份股是一些特定行业、风格或主题类的相关指数，指数风格非常鲜明，基本一看名字就知道成份股属于哪个行业或主题。窄基指数可选范围比宽基指数要小，例如银行指数、医药指数、芯片行业指数等。

如果打算投资国内的宽基指数，基本掌握以下 5 个指数就足够了。

（1）上证 50 指数，包含了上交所中最大市值的 50 只股票。

（2）沪深 300 指数，由上交所和深交所中 300 只大型和中型市值股票组成。

（3）创业板指数，主要由以科技和医药为代表的中小盘市值股票组成，里面也包含了部分大市值股票。

（4）中证 500 指数，由 50%中等规模和 50%小规模股票组成。

（5）恒生指数，代表香港股市的价格走势。

具体成份构成如表 6.3 所示。

表 6.3

	总市值 800 亿元以上的成份股数量占比	总市值 200～800 亿元的成份股数量占比	总市值 200 亿元以下的成份股数量占比	消费板块权重	科技板块权重	金融地产板块权重	制造业板块权重	能源与材料板块权重
上证 50	96%	2%		32%	7%	43%	9%	8%
中证 100	95%	5%		37%	8%	36%	8%	10%
中万大盘	80%	20%		34%	14%	28%	14%	10%
沪深 300	55%	44%	1%	32%	14%	30%	12%	13%
创业板指数	20%	40%	40%	37%	25%	6%	25%	5%
中证 500		50%	50%	25%	17%	8%	16%	30%
中万小盘		12%	88%	24%	22%	6%	21%	27%
中证 1000		9%	91%	26%	25%	2%	22%	25%

2. 指数中的股票权重

权重，是指某一因素或指标相对于某一事物的重要程度。比如，以菜市场的肉类为例，我们知道猪肉是老百姓吃得最多的，在编制"肉类指数"时，把猪肉、牛肉、羊肉各按三分之一计入，猪肉涨价了一倍，但是体现在指数上，就只占三分之一，所以在指数编制时，编制人可能会把吃得最多的猪肉，按照 50%或者更高的比例计入，这个计入比例就是权重的意思。

股票指数编制通常是按公司市值大小计算权重的。比如上证指数中，石化双雄（中国石化、中国石油）以及银行保险这些大金融企业的权重就比较高。权重股的涨跌对大盘影响也较大，大家有时看到大盘指数在上涨，但多数个股却在下跌，很可能就是这些大市值权重股上涨带动的大盘指数上涨。大家把这种状况俗称为"赚了指数没赚钱"。

▍第三节　简单读懂K线图

1. K线图的含义

一般刚接触投资的读者，看到形态各异的红绿色柱状图，有的柱子长，有的柱子短，有的两头上下有线，有的没线，总会感到眼花缭乱，一头雾水。其实如果理解了K线图的本质，识别起来就非常简单，看到一张柱状图就能大概想象出，这只股票一天的价格变化情况了。

首先了解一下柱状图的构成，如图6.2所示。

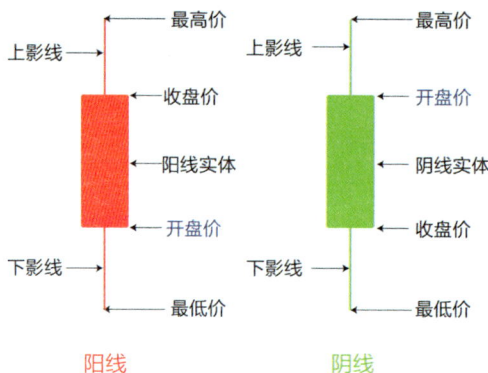

图 6.2

从图6.3中可以看到，K线图一般分为红色阳线和绿色阴线两种。红色阳线代表当日的收盘价格（简称收盘价）高于开盘价格（简称开盘价），当日收盘价涨得越多，红色柱子就会越长。收盘价涨得越少，柱子则会越短。反之，绿色阴线则代表当日的收盘价低于开盘价，收盘价跌得越多，绿色柱子就越长，反之则越短。

这里需要注意的一点是：我们平时在股票软件里看到的当日涨跌幅，并不是当日的收盘价和开盘价对比的涨跌幅，而是当日收盘价和昨日收盘价比较出的涨跌幅。并且昨日收盘价不一定就是当日的开盘价，或者可以说，大部分时间里当日开盘价都不是昨日收盘价。这就解释了为什么社群里有同学问，明明自己的股票当日K线图是根红色阳线，结果为什么反而显示跌了，就是因为当日收盘价并没有高过昨日收盘价。同理，当日K线图是根绿色阴线，却显示股票涨了也是这个原因。

介绍完收盘价和开盘价，我们来看一下影线，也就是柱子上下两头多出来的线。上影线和下影线分别代表的是，当日股价交易过程中达到的最高价和最低价。上影线越长，说明当日盘中达到的价格越高，但可惜最后没有守住，又掉了下来。而下影线越长，则说明当日盘中股价跌幅不小，不过最后又被拉了回来，虚惊一场。言外之意就是说，如果看到的一根 K 线的实体部分不太长，但上下影线都特别长，那就说明那天的股价波动应该是相当剧烈的，甚至可能像坐过山车一样。

以上介绍的这些都是日 K 线图，一般还有周 K 线图、月 K 线图，以及分钟 K 线图。一根周 K 线图代表的就是一周股价的变化形态，月 K 线图也是同理。通常想观察长周期范围内的价格变化趋势，可以通过周 K 线图或月 K 线图来实现。

2. 常见的 K 线图形态

一般常见的 K 线图形态有大阳线、大阴线、中阳线、中阴线、小阳线、小阴线等，如图 6.3 所示。这里的大、中、小只是一个相对的说法，与具体涨跌幅关联不大。比如市值超大的股票，平时涨跌幅可能就不大，所以有时涨 2%，反映在图形里都属于大阳线了。

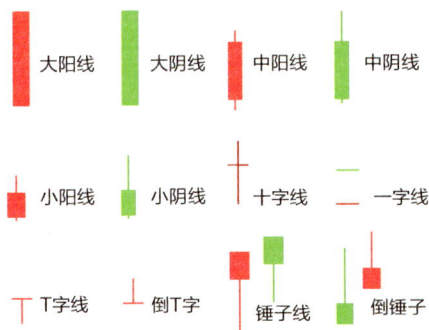

图 6.3

图中还有几个稍微特殊一些的形态，例如一字线，这说明当天的开盘价、收盘价、最高价、最低价都是一样的。什么时候会出现这种情况呢？这就是大家常听到的一字板，某只股票开盘即封死涨停或封死跌停，当天再也没有打开过。另外十字线形态，也叫"十字星"，只有上下影线，没有实体。也就是说，虽然股价中途有波动，但收盘价基本又收在了开盘价上。十字线是一天内多空双方力量平衡的表现，往往也是股价寻找方向的表现，每一个十字线就像马路上的十字路口，我们配合成交量，也许能发现市场背后的博弈真相。

第四节 成交量

股市中有句老话：量为价先，这个量指的就是成交量，价格通常代表方向，成交量则代表意愿。所以股价的上涨，往往要有成交量的配合。

1. 成交量和成交额

成交量，顾名思义就是某一时间段内，某单位交易买卖的成交数量。

$$成交量 \times 成交均价 = 成交额$$

交易平台 APP 上 K 线图下方一般会有成交量的选项，也可以把成交量切换成成交额。成交额往往更能直观反映股票的实际成交金额，而成交量仅代表成交手数。所以关注成交额的变化，比关注成交量变化更有意义。我们后面所说的成交量，其实指的就是成交额的意思。

2. 成交量的典型形态

1）放量

放量是指成交量比前段时间明显放大，市场交投表现为开始活跃，绝大部分投资人对后市分歧逐渐加大，对后期走势认同度降低，如图 6.4 所示。放量往往是与前面的成交量相比较得出的一个增加概念，也包含横向放量、纵向放量、单日放量、堆量等概念。

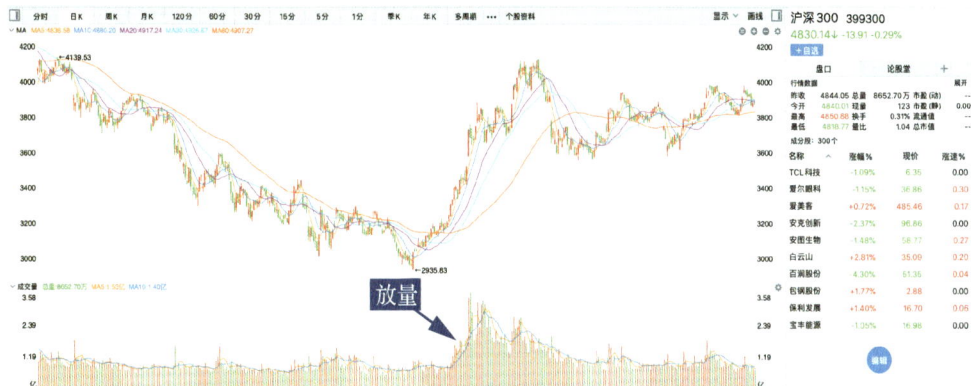

图 6.4

2）天量

天量是放量的一种极端表现形态，指市场交投极为活跃，成交额创出较长时间段内的最高水平，说明了绝大部分投资人分歧很大，对市场后期走势认同度非常低，如图 6.5 所示。天量一般可以分为近期天量、阶段性天量、历史天量，它们具体会在日 K 线图、周 K 线图或月 K 线图中明显体现。

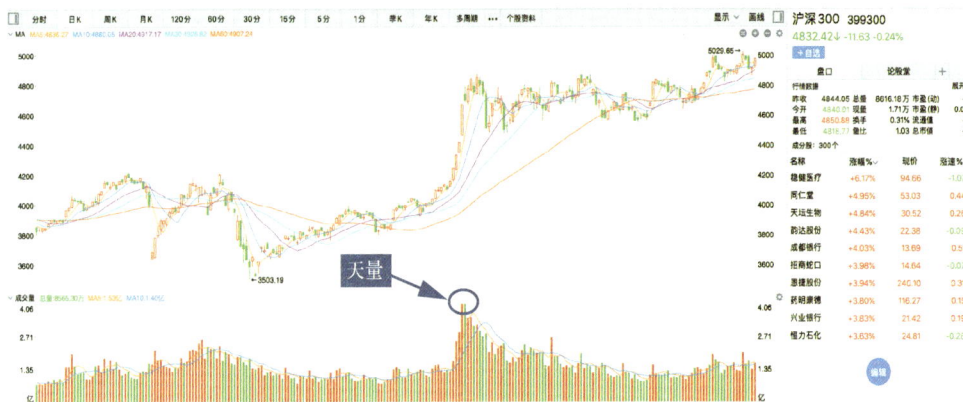

图 6.5

3）缩量

缩量是指成交量比前一段时间明显萎缩，市场交投表现为相对比较清淡，大部分投资人对市场后期走势认同度较高，如图 6.6 所示。而它一般是与前面的成交量相比较得出的一种缩减概念，也包含有横向缩量、纵向缩量、单日缩量和阶段性缩量等概念。

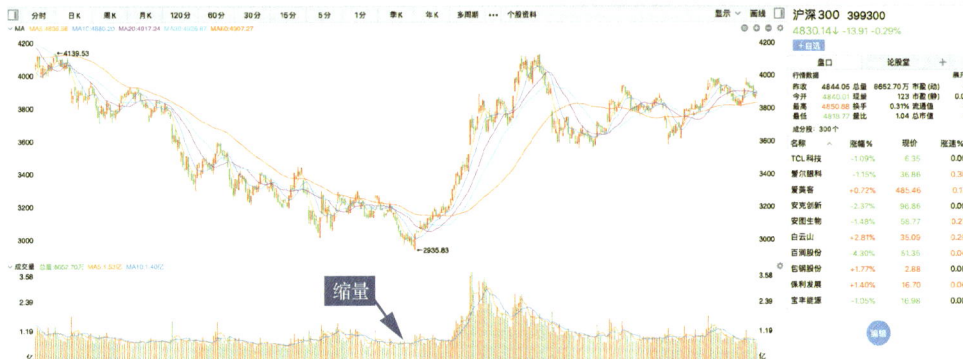

图 6.6

4）地量

地量是缩量的一种极端表现，指市场交投极为清淡，成交量创出较长时间段内的最低水平，说明了绝大部分投资人对市场后期走势认可度非常高，如图 6.7 所示。这往往是因为市场人气十分低迷，交投极为不活跃所致。地量可以分为近期地量、历史地量、阶段性地量，具体在日 K 线图、周 K 线图或月 K 线图中体现明显，一般在股价即将见中长期底部时出现居多。

图 6.7

第五节　移动平均线

移动平均线（简称均线、MA），又称成本线，它代表了一段时间内买入股票的平均成本。例如，将近 5 日内的收盘价逐日相加，然后除以 5，得出 5 日的平均值，再将这些平均值在图纸上依次连接，这条绘出的线就叫 5 日移动平均线。其他均线也是同样的道理，取样的天数就是移动平均线的参数，通常取 5 天、30 天、60 天、120 天、250 天等，如图 6.8 所示。

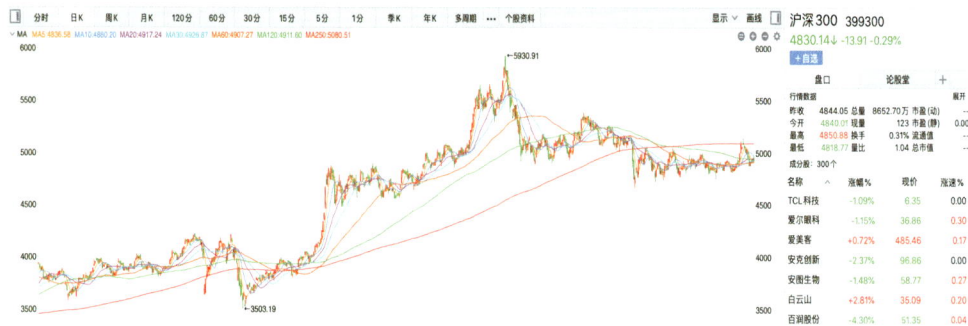

图 6.8

均线意义如下。

（1）稳定追踪趋势：均线在一定程度上过滤了偶然因素带来的影响，可以更加直观地看清行情的大致趋势。

（2）市场支撑与压力：均线反映了一段时间内市场上的买卖意愿，反映在图表上，均线便有了支撑及压力的意义，均线也揭示了当前市场的平均成本。

（3）均线具有滞后性：均线反映了一段时间的行情，但是当行情出现新变化的时候，均线并不能快速给出反映。

第七章
基金投资基本功

成功投资就是
把大概率正确
的事反复做。

随时接收老齐对投资
市场的最新解读、行
业分析，以及对宏观
周期的判断；随时向
老齐提问。

每年听老齐精讲50本
财经书，已有近300
本财经书可听可读。

基金，说白了就是把大家的钱集合在一起，交给专业人士打理的一种资产管理模式。简单地说，就是将资金积聚，交给专业人士进行专业理财。老齐一直认为对于散户投资者来说，基金投资其实是一个很好的理财方式。为什么大家都爱自己炒股票，无非是想一夜暴富，觉得炒股很简单，只要低买高卖就能赚钱，但最后真正能够赚到钱的投资者少之又少。反而，听到更多的是散户们自己的血泪史。目前，在中国散户主导市场的环境下，基金的优势更加凸显，掌握一些投资的知识和方法，战胜市场并非是一件很难的事情。

基金的两大优势是：分散化和专业化。基金可以汇集很多资金，投资更多的标的，从而分散风险。比起自己投资个股，波动风险要小很多，也有助于我们建立一个健康而稳定的投资心态。如果你在股市里总赚不到钱，那么不妨借助专业的力量，先从基金投资开始练习。

第一节 基金主流分类

如果按照金融教材里的分类方法，基金可以分为30多种，像契约型、有限合伙型、认股权证基金等。不过投资的最终目的就是为了赚钱，所以只要把能让我们容易赚到钱的几种基金搞清楚即可。

一般来说，按照基金的投资标的来划分，基金可以分为：货币型基金、债券型基金、股票型基金、混合基金、指数型基金以及 QDII（Qualified Domestic Institutional Investor）基金；按照运作方式，又可以分为：封闭式基金和开放式基金；按照募集方式，还可以分为：公募基金和私募基金。

1. 货币型基金

货币型基金（简称货币基金）已经在前面的章节里介绍过，主要用于投资货币市场上的短期金融品种，如银行理财产品、承兑汇票、政府短期债券和企业短期债券。

货币基金的优势如下：

（1）收益比定期存款略高。

（2）流动性强，可以随时买卖。

（3）安全性高。

（4）购买门槛低。

货币基金在满足了流动性和安全性的前提下，其劣势就是收益一般，目前年化收益率在2%左右。

2. 债券型基金

债券型基金（简称债券基金），就是指主要投资债券的基金，即大比例资金要投资于债券，剩下一小部分资金可以投资于股票市场、可转债、打新股等。

根据投资范围不同，债券基金可以分为：纯债基金、一级债基、二级债基以及可转债基金。

（1）纯债基金：只投债券资产。

（2）一级债基：投债券资产+参与打新股。

（3）二级债基：投债券资产+参与打新股+少量投资股票资产。

（4）可转债基金：主要投资于可转债的基金。

由于最新监管规定，目前一级债基已经没有参与新股申购的资格，所以大家也可以把一级债基直接理解为纯债基金。

3. 股票型基金

股票型基金（简称股票基金），顾名思义指的就是主要投资于股票市场的基金，从严格意义上说，股票基金用于投资股票市场的资金比例不得低于80%。

4. 混合型基金

混合型基金（简称混合基金）投资的品种比较多，投资比例没有特别严格的限制，可以投资于股票、债券以及货币市场工具，且不符合股票基金和债券基金的分类标准。根据股票和债券的投资比例不同，以及投资策略的不同，混合基金又可以分为偏股型基金、偏债型基金、灵活型基金等多种类型。相比股票基金，混合基金的波动风险可能会较低一些。

5. 指数型基金

指数型基金（简称指数基金），就是以特定指数为投资标的，希望能够取得与指数相近收益率的基金，一般通过购买该指数的全部或部分成份股构建投资组合，以追踪标的指数表现。大家可以通俗地理解为"抄作业"，而这份作业，就是相应的指数。所以指数基金也被称为"被动基金"，因为这种基金不需要基金经理精选股票，只需要被动跟踪指数就好。

6. QDII 基金

QDII 基金全称为合格的境内机构投资者，就是通过合法的通道，投资海外的股市、债券或其他资产的基金。相当于大家把钱交给专门的国内投资机构，然后它们帮你换汇，把钱投资到国外。也就是说，大家可以通过 QDII 基金去配置看好的海外资产，例如美股、美债、香港恒生指数，以及在美国或中国香港上市的中国企业等，像阿里巴巴、京东、美团、快手、腾讯这些都是在美国或中国香港上市的公司。

7. 开放式基金和封闭式基金

开放式基金，指基金规模不固定，可以随时根据市场供求情况发行新份额或被投资人赎回的基金，基金规模往往会随投资者的买卖而变化。

封闭式基金，是相对于开放式基金而言的，基金规模在发行前已确定，发行完毕后在规定期限内，基金规模固定不变，投资者不能申购以及赎回。封闭式基金在规定期限内，投资者虽然不能向基金公司申请赎回，但可以在二级市场按市场价格将份额转让出去，其他投资者也可以在二级市场里购买，和股票交易类似。

开放式基金中又包含了 ETF(Exchange Traded Fund，交易型开放式指数基金) 和 LOF（ Listed Open-Ended Fund，上市型开放式基金 ）。

ETF 本质上就是一篮子股票，买入 ETF 的价格就是这只 ETF 持有这一篮子股票的价值。如果你看好沪深 300 指数，那么就可以选择沪深 300ETF。如果你看好某个行业，也可以选择行业 ETF，如银行 ETF、消费 ETF。这就好比市面上有很多种水果，有的贵，有的便宜，你挨个买一遍，会很麻烦，而且有的很贵可能买不起，但是只买一个又怕还有其他更好吃的水果。那么 ETF 就相当于一个打包好的果篮，里面几乎包含了所有种类的水果。如果钱不多，只需要花一小部分的钱就能买到一个小果篮，各种水果都能品尝到。一般来说，ETF 能应用的场景较多，当看好一个指数或者看好一个行业的时候，就可以合理利用 ETF 这个工具，毕竟对于能赚钱的小目标来说，"霰弹枪"才有更高的命中率。

LOF 是一种即可以在场内，也可以在场外交易的基金。LOF 跟 ETF 一样，也是一只可以上市交易的开放基金，ETF 主要是被动管理的指数基金，而 LOF 一般指非指数型的偏股基金。与其他偏股型基金相比，除了能在场外申购和赎回，LOF 还可以像封闭基金一样在二级市场进行交易。对投资者来说，它更加灵活，为投资者提供了多种策略选择。

ETF 联接基金，是指复刻 ETF 指数的场外基金（投资于 ETF 基金的基金）。

ETF 基金和 ETF 联接基金相比较，二者区别如下。

（1）交易平台不一样。ETF 是场内交易（二级市场），ETF 联接基金是场外交易（三方基金销售平台，如天天基金、支付宝等）。

（2）投资标的不一样。ETF 投资标的是指数成份股，ETF 联接基金直接投资 ETF。

（3）费率不一样。ETF 联接基金的费率大于 ETF 的费率，场外 ETF 联接基金在各大平台的费率大约是千分之 1.5，场内 ETF 的费率大约是万分之 5，最终的差距大约是，你交易 1000 元手续费相差 1 元。

8. 公募基金和私募基金

大家其实在平时买到的基金基本都属于公募基金。公募基金，顾名思义就是公开销售的产品，销售对象是我们普罗大众，投资门槛较低。而私募基金则相当于基金中的高级定制款，价格门槛也高，通常是 100 万元起购，而且一般不通过公开的方式发售。

因此，不少朋友会觉得私募基金神秘、高大上，买私募基金让自己赚到钱的概率更高，其实未必。私募行业往往是看似风光，但实际竞争非常激烈，生存并不容易，像有的规模在 1 亿元以下的小型私募基金，赚的管理费甚至养活不了自己的研究员，如何能为投资者的资金保驾护航？而且私募基金的持仓情况和业绩也不能频繁公布，我们很难及时获取到一些有价值的参考指标。所以投资私募基金的逻辑，更多的时候就变成了对基金经理的无条件信任。这也让私募行业变得鱼龙混杂，比如，今年你看到某位基金经理的业绩暴涨，你刚买了他的基金，可能明年基金就排名倒数，给你带来巨额亏损。

目前，我们的公募基金整体水平比私募基金高不少，私募基金只是个别公司表现很好。因此，大家不必羡慕那些能够购买私募基金的"土豪大佬们"，我们老老实实配置公募基金，赚钱的概率不比私募基金低。私募基金的主要优势可能是：多资产对冲策略、仓位更灵活。如果你清楚了私募基金的风格和策略，可以将它作为补充配置，让资产更多元化，但如果不了解这些知识，还是不碰为好。另外，私募管理人比公募的要稳定，而公募基金经理的离职时有发生。很多做得好的公募基金经理，大都会离职去做私募基金，这也为我们投资公募基金带来了一定的困难。有的时候我们也不知道，一个公募基金经理的离职，会给那只基金带来多大的影响。

从安全性的角度来说，公募基金都是由证监会颁发牌照，纳入强监管的，规模通常也比较大且规范。基金公司本身无法碰你的资金。投资者的钱都是放在基金公司的托管银行里，由正规银行托管，像好买基金、天天基金、支付宝这些销售平台也是碰不到你的资金的。相比于信托公司或者之前已经黄了的 P2P（互联网金融点对点借贷平台）来说，公募基金跑路的可能性几乎为零。因为它们本身碰不到钱，而自己的牌照又很值钱，要是"跑路"岂不就等于"裸奔"了。而对于私募基金，我们需要清楚它到底是私募证券基金，还是私募股权基金。私募证券基金，类似于公募，有资金托管，基金公司也碰不到投资者的钱；私募股权基金就相对灵活，托管也形同虚设，甚至没有托管。之前管理人挪用投资者资金，甚至带着钱跑路的，大多是这种投股权市场或者投私募债的私募基金。

第二节　基金如何收取手续费

首先，很多投资新手不知道在哪里买基金，以及如何买？其实购买基金很容易，通过第三方平台即可，如好买基金、天天基金、同花顺基金，以及微信的理财通、支付宝等，或者也可以在你要购买的基金所在公司官网或 APP 上开户后，即可购买。

具体操作是，登录基金平台 APP，直接在搜索栏输入你要购买的基金代码或名称，根据提示购买。之前我们也说过，这些基金平台一般碰不到你购买基金的钱，大家可以完全放心，如图 7.1 所示。

其次，无论是在哪个基金平台购买基金，都要付一定的手续费，最终费用大概由以下三部分组成。

第一部分是购买和赎回的费用。

购买和赎回的费用加起来是交易金额的 0.5%～1.5%，因为买入数量和持有时间不同，最终费用也有所不同。一般情况下，买入越多，持有时间越长，买卖手续费也会越低。而且基金平台上的购买手续费基本都有较大折扣，最后的真实费用其实花不了多少钱。

投资者在新基金发行募集期内，购买基金时所交纳的费用叫作认购费。新基金募集期结束后，在基金存续期间内，投资者去购买基金所交纳的费用叫作申购费。通常来说，新基金发行时的认购费一般不会打折，所以新基金的认购费会比老基金的申购费贵不少。

图 7.1

这里还要多嘱咐一句，老齐一直不主张大家购买新基金。我们想要赚到钱，一定是要抓大概率正确的事，投资新基金只能说性价比不高，胜算没有老基金大。

具体原因有以下几点。

第一，新基金往往会有半年左右的建仓期，由于仓位不满，在行情好的时候肯定会比相同持仓风格的老基金涨得慢。那么在行情不好的时候，我们为什么不等"情绪"稳定了之后，再去买跌得差不多的老基金呢？

第二，一般一只新基金之所以发行，通常都是因为基金经理旗下的另一只老基金短期内暴涨了，从而去借势引新。然而，一个基金经理团队是不太可能去研究风格迥异的其他行业或股票。所以在绝大多数情况下，新基金都是在"复制"老基金的持仓。当老基金刚经历了一轮暴涨后，就极容易导致新基金变相高位接盘，让大家买在一个"情绪"的高点。

第三，新基金没有过往业绩做参考。这就好比是，假如你到一所学校挑选优秀学生，你是愿意选这里的长期三好学生，还是愿意选一个刚转学来的新生呢？投资毕竟不是赌博，我们时刻都要带着胜率思维去选择确定性更高的事情。

所以综合这些因素，再加上新基金的手续费偏贵，性价比可想而知。

同时还要多说一下，银行或者券商平台出售的老基金的申购费可能是没有折扣的，如图 7.2、图 7.3 所示。对于同样的基金，购买金额在 100 万元以下时，银行平台的申购费率要比互联网平台的贵 10 倍。所以建议大家，尽量到互联网平台购买基金。至于银行平台，大家买基金之前，应该多看一眼费率，在接受银行理财经理推荐的时候，也要问一句费率是不是打折。

图 7.2

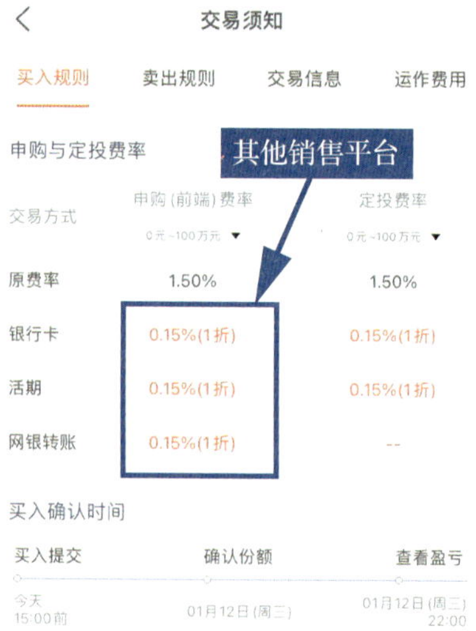

图 7.3

另外，还有一个大家问得比较多的问题：为什么同一只基金会有 A 类和 C 类之分？其实无论是属于 A 类还是属于 C 类，这都是同一只基金，收益走势也不会有多大差别。而唯一的区别就是，购买 A 类基金时会收取一笔手续费，而购买 C 类基金是不收取的。但基金公司也不傻，不会让我们白占便宜，如图 7.4（a）（b）所示，我们可以看到在购买 C 类基金时每年会多收取一笔百分之零点几的销售服务费。注意是每年收取。所以大家应该能想明白了，如果你打算长期持有该基金，那么 A 类基金肯定更合适；如果打算短期持有，比如一年以内，那么购买 C 类基金可能会节省一点点钱。不过股票类资产往往是持有时间越长，收益确定性也就越大。所以如果不经常调整自己的持仓，那么就踏踏实实地买 A 类基金就可以了。

第二部分费用是管理费。 如图 7.5 所示，这也是基金公司最主要的收入来源，一般为每年 0.3%～1.5%。管理费，更通俗一点理解就是，基金公司费精力帮你运作资金去赚钱，而从你的钱里拿走的一点"回扣"。这笔费用一般已经从每天的基金净值中扣除了，所以大家基本感受不到。股票类基金的管理难度最大，所以管理费相比债券类基金会高一些，但收益往往也更高。

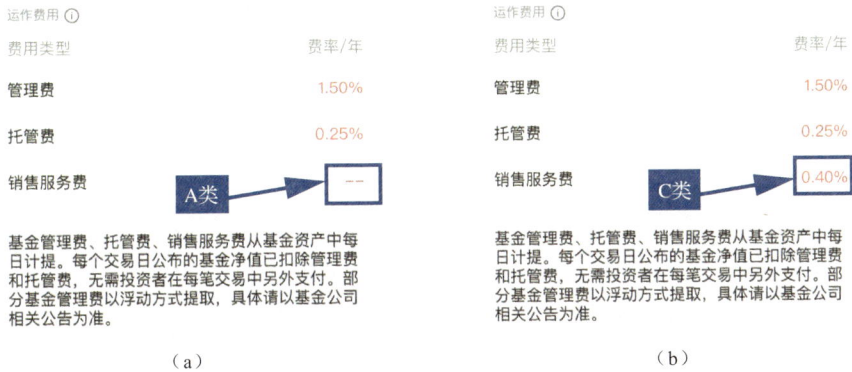

（a）　　　　　　　　　　　（b）

图 7.4

图 7.5

最后一部分费用是托管费。这笔费用的比例比较低，大概是千分之 2，这笔钱是银行收的，因为它们帮你"看着"基金公司，帮你保管钱，收点"保护费"也是可以理解的。

综合来看，买基金的手续费应该在每年交易总金额的 1%～2%，看起来还可以。但这也告诉了大家，基金最好是长期持有，短期买进又卖出的手续费其实也是不低的。

第三节　债券基金如何投资

老齐在前面的章节就说过，对于普通投资者来说，如果想投资债券，最好的途径就是通过机构来投资，也就是购买债券基金。

1. 如何挑选一只债券基金

做投资就如同看球赛，不能只盯着记分牌，而是要盯住场上两队的状态。同样地，买债券基金也不能只看收益，而要研究它背后的持仓。我们拿招商产业债券基金为例（仅作教学展示，不构成投资建议）。

第一步，在基金平台上找到招商产业债券的债券持仓，如图 7.6 所示，我们通过天天基金 APP 查到招商产业债券截至 2021 年三季度的主要持仓。

从图 7.6 中可以看到，招商产业债券基金的前五大重仓债券，有四个都属于信用债。判断信用债风险高低的一个好办法就是在网上查它的评级。一般持有 AAA 级信用债到还本付息时，基本不会赔钱。而 AA 级债券风险肯定就要比 AAA 级高，像 B 级以下的信用债基本就属于垃圾债了。

第二步，我们可以查一查重仓债券的信用评级。

如何查信用评级呢？这里教大家一个办法。打开新浪财经官方网站，如图 7.7 所示。在搜索栏处输入要查的债券名称，如招商产业债券的第一大重仓债券"20 浦发银行永续债"。

招商产业债券A 基金档案			⋯
基金概况	**基金持仓**	规模份额	分红送配
2021-09-30	2021-06-30	20⋯	⌄
债券名称			持仓占比
20浦发银行永续债			3.75%
20农业银行永续债01			2.79%
21国开05			2.40%
20光大银行永续债			2.38%
20中国银行永续债01			1.83%
国投转债			0.06%
光大转债			0.02%
家悦转债			0.01%
远东转债			0.00%
东风转债			0.00%
海亮转债			0.00%

图 7.6

图 7.7

点搜索之后就会看到这只债券的详细信息了，如图 7.8 所示。从图里可以明显看到它的评级是 AAA 级。

依此类推，用这种方法可以继续查到另外三只重仓信用债的评级，我们会发现同样是 AAA 级别。所以招商产业债券基金选的这几只重仓债券基本没多高风险。至于其他可转债，因为占比很低，几乎可以忽略不计。只有了解了重仓债券的风险等级，我们才能在心里对这只债券基金更有底。

债券名称	上海浦东发展银行股份有限公司2020年无固定期限资本债券
债券简称	20浦发银行永续债
债券代码	yhj2028051
债券类型	普通金融
债券面值（元）	100
债券年限（年）	5
票面利率（%）	4.75
到期日	2025-11-23
兑付日	2025-11-23
摘牌日	2025-11-21
计息方式	固定利率
利率说明	本次债券票面利率包括基准利率和固定利差两个部分。基准利率为本次债券申购文件公告日或基准利率调整日前5个交易日（不含当日）中国债券信息网（或中央国债登记结算有限责任公司（以下简称"中央结算公司"）认可的其他网站）公布的中债国债到期收益率曲线5年期品种到期收益率的算术平均值（四舍五入计算到0.01%）。固定利差为本次债券发行时确定的票面利率扣除本次债券发行时的基准利率。固定利差一经确定不再调整。在基准利率调整日（即发行缴款截止日每满5年的当日），将确定本来新的一个票面利率调整周期内的票面利率水平。确定方式为根据基准利率调整日的基准利率加发行定价时所确定的固定利差得出。如果基准利率在调整日不可得，届时将根据监管部门要求由发行人和投资者确定此后的基准利率或其确定原则
付息方式	周期性付息
起息日期	2020-11-23
止息日期	2025-11-22
付息日期	11-23
年付息次数	1
发行价格（元）	100
发行规模（亿元）	500
发行日期	2020-11-19
上市日期	2020-11-25
上市场所	--
信用等级	AAA

图 7.8

2. 债券基金如何投资

通过前面章节对债券的介绍，大家应该了解了债券的收益由两部分组成：一部分是持有到期的利息收入，另一部分就是中途提前卖出的交易差价。债券价格和市场利率走势是负相关的。对于一些期限较长的债券，基本很少有人会持有到期，通常都会在中途找机会卖掉。所以既然债券价格和市场利率负相关，那么投资债券基金的最好时机肯定就是市场利率的下行周期。

例如 2018 年，虽然当年我们的股市跌得惨不忍睹，但因为十年期国债收益率一直在下行，所以债券当仁不让地走出了一波牛市。就拿老齐粉丝群里"DIY 组合"中的广发中债 7 ~ 10 年国开债指数 C 来说，在 2018 年股市大熊市中足足涨了 12.48%，对于债券基金来说，这是一个相当不错的收益了，如图 7.9（a）（b）所示。

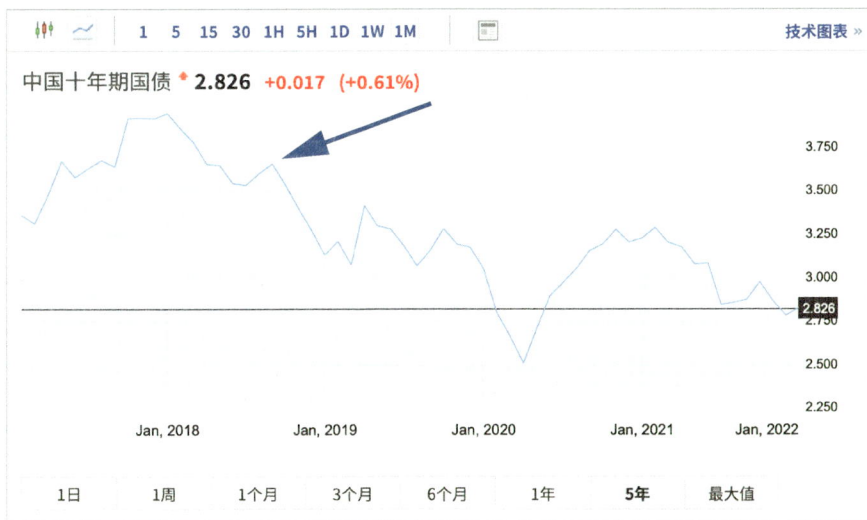

（a）

中国十年期国债收益率概览

（b）

图 7.9

但是，在市场利率快速上行期，大家就要小心了，债券价格会下跌，回报率自然也会降低。例如，从图 7.9 中就可以看到，2017 年十年期国债收益率一直在快速拉升，而广发中债 7～10 年国开债指数 C 则下跌了 5% 左右。不知道大家还有没有印象，在 2017 年的时候，货币基金收益率反而开始上升。所以在市场利率快速拉升时，当货币基金收益率明显高于债券基金的收益率时，我们也可以考虑切换使用。

这里还涉及一个概念，就是短期债券和长期债券。在前面的章节里也提到过，短期债券指的就是那些持有期较短的债券。所以短期债券其实兼顾了债券基金和货币基金的双重特点，一般收益率也会略高于货币基金。那么在市场利率上升期，我们也可以用短期债券来替代货币基金的功能。因为短期债券基本都是持有到还本付息时，所以交易价差对它影响极小。这就是老齐常说的，在市场利率上升时，我们可以多配置一些短期债券，俗称降久期。综合来看，做债券投资还是要以稳为主，不要贪图超额收益，只求有一个不输给货币基金的收益率就可以了。

债券基金投资不像股票投资，由于债券价格波动很小，所以不太容易引起人为的情绪波动，价格上涨或下跌，基本都是受市场利率的影响，而不是投机行为导致。所以各大基金网站评出的好债券基金是可以信赖的。如果想要投资债券基金，尽量选择那些大基金公司的，如易方达、南方、广发、招商等。这些大基金公司都有着很强的债券管理能力，业绩也比较平稳。其实债券之间的收益差别并不是特别大，和股票基金相比，肯定是"小巫见大巫"了。所以，我们选择债券基金的难度要比股票基金小得多，抓住利率下降通道才是关键。

另外，我们还要留意债券基金的配置。债券基金也分为纯债基金和二级债基等。纯债基金不配置任何股票资产，所以风险比较低，波动也比较小。而对于二级债基，基金经理一般会拿出小部分资产配置股票，因此波动会相对加大，但收益肯定比纯债基金更高。我们以两只债券基金：工银瑞信双利债券 A 和南方宝元债券 A 就属于二级债基为例，如图 7.10（a）（b）所示。从图中我们可以看到，南方宝元债券 A 的股票比例要比工银瑞信双利债券 A 高不少，所以它的收益相对更高，波动也更大（仅作教学展示，不构成投资建议）。

其实像债券基金这种资产，大家一般耐心持有 1～2 年以上，赔钱的可能性几乎很小，大家完全不必理会短期的波动。尤其像那些资产配置框架下债券占八成、股票占二成的二级债基，长期投资的收益其实是非常稳定的。短期跌多了，反而是个机会，因为基金经理有 80% 的债券可以随时补仓。因此股市回暖后，业绩立马又会蹿上来。当你充分了解了它背后的配置逻辑后，其实 10 年不看收益都没有问题。因为无论什么时候买，差不多 7～8 年后都会翻一倍。

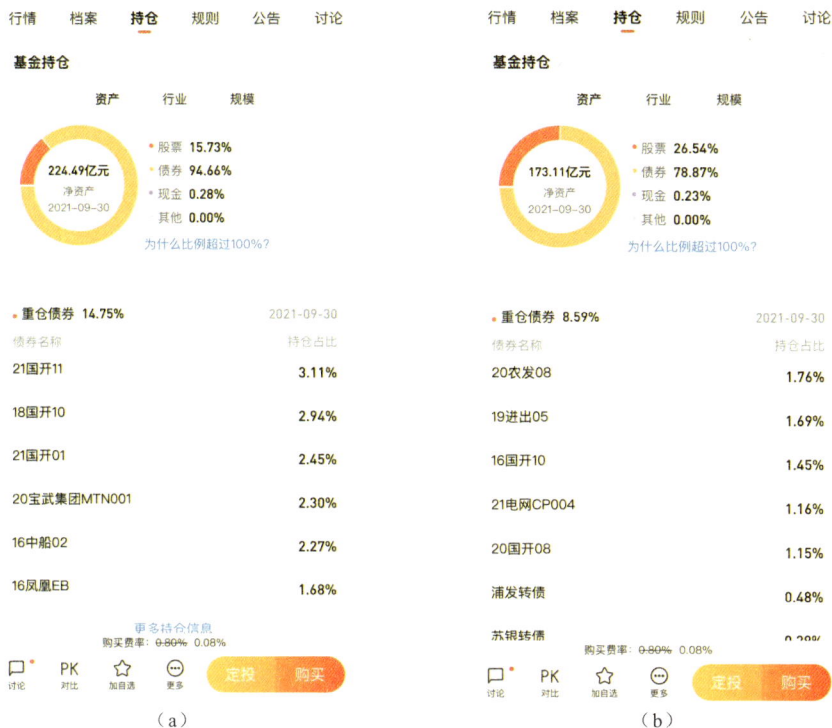

行情　档案　**持仓**　规则　公告　讨论

基金持仓

资产　　行业　　规模

224.49亿元
净资产
2021-09-30

- 股票 15.73%
- 债券 94.66%
- 现金 0.28%
- 其他 0.00%

为什么比例超过100%？

- 重仓债券 14.75%　　　　　　　2021-09-30

债券名称	持仓占比
21国开11	3.11%
18国开10	2.94%
21国开01	2.45%
20宝武集团MTN001	2.30%
16中船02	2.27%
16凤凰EB	1.68%

更多持仓信息
购买费率：0.80% 0.08%

讨论　PK对比　加自选　更多　　定投　购买

（a）

行情　档案　**持仓**　规则　公告　讨论

基金持仓

资产　　行业　　规模

173.11亿元
净资产
2021-09-30

- 股票 26.54%
- 债券 78.87%
- 现金 0.23%
- 其他 0.00%

为什么比例超过100%？

- 重仓债券 8.59%　　　　　　　2021-09-30

债券名称	持仓占比
20农发08	1.76%
19进出05	1.69%
16国开10	1.45%
21电网CP004	1.16%
20国开08	1.15%
浦发转债	0.48%
苏银转债	0.38%

购买费率：0.80% 0.08%

讨论　PK对比　加自选　更多　　定投　购买

（b）

图 7.10

而且现在国内的债券基金收益并不低，平均下来每年的回报也有 6%～7%，遇到个别好的年份甚至能有 10% 以上的收益率。基金机构投资债券之所以能够取得不错的收益，很大一部分原因就是它们会花精力去调研，在确保安全性较高之后，有时还会加些杠杆，多赚一点杠杆利差。所以我们投资债券基金，要远比自己去购买债券好得多。

市面上大部分机构都喜欢投资债券类资产，包括银行的钱也一样。像我们买的银行理财产品，80% 的资金都是投向一些安全性较高的债券资产，因为它兼顾了收益和安全性。

另外，债券跟股市的走势在多数情况下是不相关的。在股市下跌时，债券可能会上涨。一般只有在大通货膨胀之后的极个别情况下，会出现股债双杀。不过出现股债双杀的时间段往往也十分短暂，所以长期来看，债券和股票可以形成良好的对冲互补关系。

第四节　股票基金如何投资

股票基金如前面介绍的，就是主要投资于股票市场的基金，如果按照官方的定义来划分，股票基金通常是指投资股票比例不低于80%仓位的基金。为了方便说明，我们暂且把混合基金也理解为股票基金。混合基金指的是同时投资于股票、债券和货币市场的基金，对投资比例没有明确要求，不过对于一般的混合基金，投资股票的比例通常也不低。

1. 什么是主动型基金

主动型基金，指的是那些以寻求取得超越市场平均收益率为目标的基金。在多数情况下大家买的基金可能都属于主动型基金，也就是说基金经理通过调仓换股、股债搭配等策略，力求在业绩表现上超越市场大盘走势，但是最终能不能做到，就要看基金经理的本事了。而与主动型基金对应的是被动型基金。被动型基金通常指的就是指数基金，即不主动寻求超越市场的表现，用复制指数的表现，以获取市场的平均收益。

为什么目前在我国投资主动型基金是一个比较好的选择？

如果我们在美国购买基金，基本上不用费脑子，直接买指数基金就好。在美国，较为合适的投资方式就是投资指数基金。因为美国股市（简称美股）已经有200多年的历史，1790年美国的第一个证券交易所——费城证券交易所就诞生了。因此美股相对国内股市来说，已经非常成熟。在美股中大机构占据了市场的主导地位，它们的市场不会经常出现价格的暴涨暴跌，所以从长期来看主动型基金很难获取超越市场的表现。在美国大约80%的主动型基金都跑不过指数基金，散户们就更不要做任何无谓的抗争。就连玩了一辈子个股的股神巴菲特，竟然都说以后自己的遗产要让家人投在指数基金上。

相比于美股200多年的悠久历史，我们的A股还是一个"小弟"。目前，我们市场中的投资者中有六七成都是由散户构成的。散户的特征就是喜欢搏短线、赚快钱、炒概念。股市一涨就"千军万马来相会"，股市一跌就"皮皮虾，我们走"，经常导致市场价格大起大落。但也正是由于价格的大起大落，才为基金机构投资者们提供了足够多的"韭菜"可以去收割。大熊市时散户都在"撒丫子"往外跑，机构们却在低位默默建仓，疯牛市时机构们偷偷跑了，散户却欢天喜地来接盘。

因此，我们看到很多明星基金的长期业绩，基本都大幅跑赢了指数基金。据不完全统计，我国股票基金出现的这十几年来的投资回报率，大部分都能达到年化收益率 15% 以上，甚至 20% 以上的也能挑出不少，这几乎是市场平均回报率的 2 倍之多。

如果你站在群众当中，会觉得 A 股是一个全球最差的市场，但如果你站在群众对面和专业机构站在一起，这又是一个全球最好的市场。不过未来随着我们金融市场越来越开放，以及外资的不断涌入，配置资金越来越多，指数基金规模越来越大，我们也必定会朝着美国股市的方向发展——越来越成熟、越来越有效、越来越机构化，主动型基金想要战胜市场也会越来越难，指数基金才是我们最终的投资归宿。

但就目前来看，A 股市场"韭菜"红利没有消失之前，投资主动型基金，仍然是一个非常好的理财方式。不过老齐也提醒大家，每只主动型基金的基金经理，都有自己的投资风格和偏好，没有一个人可以打满全场，也就是说没有一个人可以在全时段、全周期去跑赢市场，有的基金经理善于"冬天种白菜"，有的基金经理善于"夏天种西瓜"，谁的业绩更好，取决于现在是冬天还是夏天。如果你一看人家西瓜大丰收，就把自己的白菜地给刨了，改种西瓜，那么过几天人家白菜丰收的时候，你还是一无所获。可以说，绝大多数投资者都在犯着这个错误。有的投资者会说，我可不可以白菜和西瓜一起种，多买几只基金，让它们交叉在一起？当然可以，这就又回到了买指数上，你买了全市场指数，就相当于把所有的基金经理风格都买齐了，而且费率要便宜得多。

不太明智的一种投资方式就是，买了好多只主动型基金，有的投资者甚至买了 20 ～ 30 只基金。如果你不是有意去做组合，而是乱买，那么买入 10 只基金以上，基本就相当于一个指数。花着主动型基金的管理费，却产生着指数基金的效果，这显然是非常不划算的。

2. 股票基金应这样投资

尽管说目前在我国投资主动型基金是一个不错的选择，但并不是说你随便买一只基金就能赚到钱。目前我们市场中的主动型基金种类繁多，经常让大家看得眼花缭乱。这些主动型基金尤其是偏股票基金的业绩，也是千差万别的，特别是在不同时期，差别更大。

造成这个差别的很大原因就是基金风格所导致的，这里面又包含了以沪深

300 为代表的价值风格，以及以创业板为代表的成长风格。例如，当遇到经济周期强劲的时候，那些以资源股为主要投资标的的基金，通常都会大幅上涨，像投资有色金属、钢铁、煤炭的基金就是其中的典型代表。

但如果周期结束，遇到经济逆周期的时候，这些基金反而会大幅跳水。还比如在 2017 年，以沪深 300 为代表的大盘蓝筹风格基金都在一个劲儿地猛涨，而以创业板为代表的中小盘成长风格基金却没什么表现。这里面行业基金表现更为明显，除了我们刚刚提到的和经济周期有关的行业，像传媒行业前几年的发展原本就不尽如人意，同时又赶上了疫情，更是让这个行业雪上加霜。但是那些重仓白酒消费类以及前两年爆火的新能源类的基金，近几年却都取得了非常耀眼的成绩。我们翻一翻这些行业的 ETF 基金走势图就可以看到，同样的市场行情，重仓不同的行业风格的基金，业绩有天壤之别。

那么我们能说是由于这些基金经理能力特别强，选股特别神吗？其实有时候未必，很可能只是因为赶上了市场风口。这就好比我们去看赛马比赛，赢得比赛的选手或许不是因为自身厉害，而是因为赶上了一匹快马。其实基金经理们很多时候也不知道什么时间会出现什么风格，但大家都知道的一件事就是，板块风格一定是轮流转动的，早晚会到我这儿。所以股票基金投资者一定切记一点，那就是千万千万不要追高。

现在可能不少基金销售机构或者银行券商平台都会拿一只基金的短期收益率吸引你，告诉你某"爆款"基金过去一年涨了多少，然后你一看涨了这么多，那就赶紧满仓吧。而正当你做着大涨的美梦时，很可能明年它就不涨了，甚至开始掉头下跌。比如 2021 年年初追白酒消费类基金的投资者，春节后基本都损失惨重。

所以在基金投资中有个重要法则就叫作：大热必死！我们在前文也提起过，它讲的就是这个道理，通常那些短期业绩表现最好的基金之王，并不是因为基金经理能力特别强，而是因为它恰恰赶上了市场风格，同时基金经理又比较激进，仓位很重，所以该基金才会业绩大涨。而当你买入之后，很有可能明年的市场风格就转向了，成长转向价值，大盘转向小盘，消费转向周期，之前激进也就意味着回撤过大，所以到时候跌起来的话，幅度同样也是最大的。

由此我们可以得出一个结论：选择股票基金尽量不要找"短跑冠军"，一定要找那些"长跑冠军"——5~10 年业绩表现一直很好，具有穿越牛熊市的能力，不仅牛市里表现好，熊市里同样也表现不错。在市场风格对路的时候，它能跟上大部分涨幅，市场风格不对路的时候，它也能够很好地控制回撤，跌幅很小，这种基金才是真正的好基金。而牛市里涨得很厉害，结果熊市里跌得稀里哗啦的基金，就属于幸运的"傻瓜"了。我们尤其要关注那些曾经一直表现很好，但短期却突然短路、表现不佳的基金，这时候往往是非常好的买入时机。等市场风格切换后，这些基金通常还会王者归来。

所以大家请记住，好基金从来都是买跌不买涨。短期业绩差的基金很可能是因为目前没赶上市场风格，而一旦市场转暖，风格转向，它们的业绩表现很快就会回来，这些已被历史证明的好基金，大家一定要多点耐心，千万不能在暴跌时卖出。这就好比一个三好生常年都考 90 分，突然有一次考了 50 分，这可能是因为生病而导致发挥失常，但是我们有理由相信下次他会绝地反击，取得更好的成绩。而那些平时成绩中庸，突然在一次考试中"爆发"的学生，估计多半是作弊了。

第五节 指数基金如何投资

指数其实指的就是一系列股票的整体走势，指数基金也称为被动型基金。因为它就是为了追踪市场指数的表现，不企图寻求超越，只图获得一个市场平均收益。

如果大家想购买指数基金，直接在基金 APP 上搜索"某某指数"或"某某ETF"就可以了。不过一般来说，指数基金也可能会有 2%～3%的跟踪误差，这都属于正常现象，不必太纠结这些小误差。如果还想追求即时成交的快感，也可以到场内购买指数 ETF，这样还能省一点点手续费。但是并不是说省这点钱就一定是好的，因为场内基金的价格实时在变化，如果你没有超强的自制力，在看到价格涨跌时，心态上估计很容易有波动，所以投资场内基金比较考验心态。

还有一种指数基金，它们名字后面会加"增强"两个字。其实就是基金经理在追踪指数基础上加上了主动管理策略，企图超越指数表现，不过这也是一把双刃剑，在行情好的时候可能会超越，如果遇到行情不好的时候可能跌得比指数还多。

由于指数基金的业绩目标只是为了跟随指数，这就大大降低了基金经理的作用，一旦他们完成了跟踪，后面基本就只是微调了，不会再有大动作。因此交易和管理成本可以节省一大笔资金。

我们会发现，指数基金的管理费通常比主动型基金便宜。前面我们也说过，在美国，一般的主动型基金很难长期跑赢指数基金，但目前国内主动型基金还是有优势的，不过未来随着我们市场越来越机构化，指数基金可能也会越来越有优势，而且站在一个长周期来看，在复利的影响下，主动型基金的总管理费用还是要比指数基金的高不少。

如果你觉得基金市场里产品种类眼花缭乱，自己挑不出哪只好，也不太懂股市，那么投资指数基金是一个不错的选择。它不受基金经理的个人主义影响，更不受规模限制，也不存在任何期限问题。最重要的是，它可以让你放过个体，专注于集体，不用管某公司"质地"有没有变坏、业绩有没有增长，也不用担心它的基本面。即便跌了，日后肯定还会涨回来。也就是说，不会好到哪儿去，但也不会差到哪儿去，长期持有下来，其收益就是市场平均水平。在单边大牛市行情中，绝大多数主动型基金甚至还跑不赢宽基指数基金。

我们都知道在投资市场中有一个亘古不变的铁律，那就是"7 赔 2 平 1 赚"，所以投资指数基金，长期来看其收益也会处于市场中上水平。尤其在市场下跌行情中，做宽基指数基金定投，几乎是一个稳赚不赔的生意。

不过这里也要再强调一点，宽基指数虽然长期看肯定是上涨的，但短期波动非常大，一般人很难扛得住，所以把它放在组合中做配置才更为合适。

总之，投资就是大道至简，切勿太贪婪。投资中最重要的就是守住自己的能力圈，赚自己该赚的钱，拿自己该拿的合理利润，用自己最有把握的方式赚钱就足够了。因为赚钱没有高低贵贱之分，明明抱着"指数"就能赚到钱，为什么还非要再去猜每个行业的股票在什么时候上涨，给自己徒增痛苦呢？

第六节　QDII 基金如何投资

QDII 基金是一个非常好的海外投资工具。因为目前在国内，我们每年只有 5 万美元的外币换汇额度，直接对外投资非常不方便。大家想投资海外资产，可能一下想到的就是开沪港通，或者去银行开设一个香港账户。想投资海外资产的朋友其实完全可以考虑投资 QDII 基金，你想买的基本都能在 QDII 基金里面找到，非常方便，而没必要总想着把人民币兑换成美元。不要忘了，汇兑手续费也是一笔不小的费用。

QDII 基金中的博时标普 500ETF 联接（基金代码 050025），是专门投资美国标普指数的 QDII 基金；国泰纳斯达克 100 指数（基金代码 160213），是投资美国纳斯达克的指数基金。再比如，华夏恒生 ETF 联接（基金代码 000071），是投资香港股市的，还有易方达中证海外 50ETF 联接人民币 A（基金代码 006327），这只基金的几大重仓股包含了腾讯、阿里巴巴、美团、百度、拼多多等公司，持有它相当于投资了中国最出名的几家科技巨头了（仅作教学展示，不构成投资建议）。

QDII 基金的优劣势也很明显。

（1）优势：可以让你很方便地参与海外投资，享受美国等其他国家的发展成果；可以规避单一市场风险，在某一国家投资市场暴跌时，我们可以选择在其他国家的投资市场里进行多元化配置。

（2）劣势：首先就是存在汇率风险，由于在投资 QDII 基金时我们直接用人民币去买卖，以外币进行投资，因此当汇率发生变动时，势必也会影响 QDII 基金的资产价值。像在 2020 年还发生了外汇管制这种黑天鹅情况，导致那些原油 QDII 基金都没办法换汇建仓，从而产生了巨大的业绩跟踪误差。其次，QDII 基金申购和赎回时间较长。一般申购确认需要 2～3 个工作日，赎回后更是需要 7～10 个工作日才能到账。并且它对基金经理的要求也比较高，基金经理即使是在国内也要了解国外市场特点，并进行准确操盘，实属不易。所以如果要投资 QDII 基金，建议选择被动型指数基金，因为指数基金投资也降低了基金经理的操作难度。

老齐记得 QDII 基金在 2007 年刚推出的时候，当时好多大爷大妈们也不跳广场舞了，连夜排队去抢购，甚至他们都不知道这是什么。当时作为电视台记者的老齐去采访这些大爷大妈们，他们全都信誓旦旦地觉得这种神秘的基金一年不给他们带来 50% 的回报，都对不起它的神秘面纱。但是后来有件事大家都知道了，那就是 2007 年美国恰巧爆发了百年不遇的金融危机，可想而知，投资于美股的这些 QDII 基金基本全部腰斩，可谓相当惨烈，有的投资者甚至赔了六七成。不知道当年那些大爷大妈们是怀着怎样的心情，再次回到自己熟悉的广场上的。

所以做海外资产配置时也要考虑时间点，看估值水平，而千万不能在海外市场最热的时候，冲进去买 QDII 基金，这无异于往火坑里跳。投资就是有多大胜算下多大赌注，极度高估的产品不碰就好。等什么时候估值回到合理水平之后，再去投资才是一个好的选择。

总之，QDII 基金的作用就是为了让我们不必把眼光只局限于国内市场。多元化视角、全局化布局，这样才能让我们的钱滚动起来，从而抓住最便宜的资产。

第七节　可转债基金如何投资

可转债归根结底还是一张债券，持有人既可以选择持有到期收回债券本息，也可以选择在约定时间内，达到约定价格后转换成同一家公司的股票，享受股票的分红和资本溢价，相当于在债券的基础上给我们附加了一个权利，因此它既有股性又有债性，类似于一个保本的股票。

那么可转债基金如何投资呢？

我们用行业里公认不错的可转债基金：兴全可转债混合为例说明。图 7.11 是这只基金自 2004 年成立到 2021 年这 18 年的历史业绩走势图（仅作教学展示，不构成投资建议）。

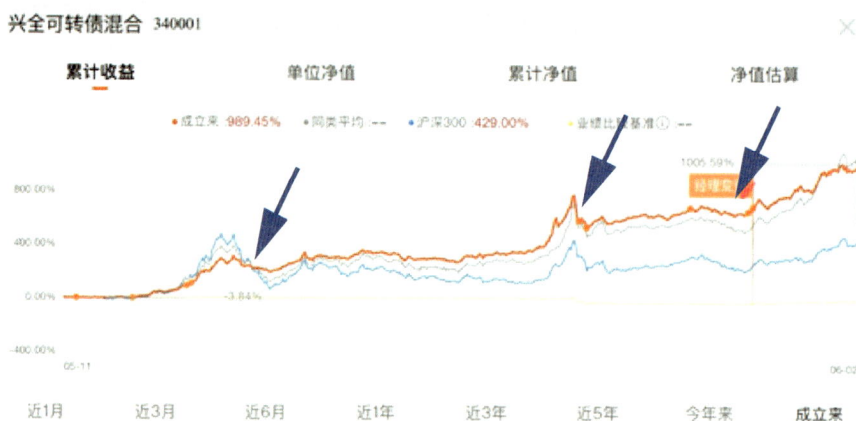

图 7.11

从图中可以看到，这只基金成立 18 年来取得了将近 990% 的收益回报，折合年平均收益率是 15%，而且回撤很小，基本上在指数大跌的时候，它的跌幅还不到指数的一半。这是相当不错的成绩。所以可转债基金长期来看肯定是能跑赢指数的。

那么它是怎么跑赢指数的呢？

图 7.11 中有 3 个箭头，这 3 个箭头位置对应的时间点分别是 2007 年股灾、2015 年股灾和 2018 年大熊市。这里多解释一下，图中橘色线代表的是可转债基金走势，蓝色线代表的是沪深 300 指数走势。如果橘色线在蓝色线上方，并且在

某一时间段内它们之间的空间距离拉大了，说明可转债基金在那个时间段跑赢了指数。再回到图 7.11 中来看，大家可能已经发现可转债基金的秘密了，那就是在大盘陷入绝望，指数陷入被绝对低估时，可转债基金提前拒绝下跌了。这是为什么呢？因为大家心里有底，知道它好歹是一张债券，大不了持有到还本付息，起码能保本。所以在股灾和大熊市中它的股性消失了，大盘暴跌时它却提前止跌，从而跑出了业绩优势，这就是可转债基金的价值所在。其实在其他时刻，可转债基金的优势并不明显，尤其在牛市中，涨幅程度肯定是跟不上指数的，顶多相当于 5~6 成仓位股票的表现。

总结如下。

（1）可转债基金的最佳买入时机就是在市场被低估的大熊市中，可转债股性消失，债券市场行情还不错的时候。因为它有债券保本属性，所以会率先止跌，等市场行情回暖后，又可以用股票属性去赚钱。因此，它是一个绝佳的防守反击利器。而在其他时刻，可转债基金并不会为你带来多少超额收益，甚至也规避不了多大风险，它的表现只是中规中矩。

（2）可转债基金是一个"长跑选手"，如果短期内牛市就来了，它估计很难跑赢指数，但站在长周期来看它却在匀速前进，它的主要优点在于耐力好，而不是攻击力强。所以我们在投资前要先问问自己，是愿意做走走停停的兔子，还是愿意做一直努力、始终向前的乌龟。

（3）千万别在牛市末尾买可转债基金，因为行情越涨，它的股性也就越强，波动也会加大。

综合来看，如果想投资可转债基金，最好的方式就是在熊市买入，等行情涨上来了就止盈转到资产组合中，此时配置组合的确定性肯定要比可转债基金强。我们并不是要赚到投资市场里所有的钱，而是要赚到自己最有把握的钱，如果对可转债基金没有多少了解，踏踏实实做资产配置也是完全没有问题的。如果想具体深入了解可转债，老齐在知识星球"老齐的读书圈"里讲过一本完整的书，叫作《可转债魔法书》，如图 7.12 所示，读者可扫描图中二维码加入"老齐的读书圈"。在社群首页点击"置顶 2【书单】+【如何下载听书】"，如图 7.13 所示，进入页面后，列表中的第 78 本即为该书。有兴趣的朋友可以听一听，里面还有更深奥的玩法。

图 7.12

图 7.13

第八节　如何分析一只主动型基金

如何分析一只主动型基金？我们分为六个步骤。

第一步：识别基金的类别。

在确定一只基金是否为主动型基金之前，需要先确定其类别是属于债券基金、混合基金，还是指数基金、QDII 基金，或者是可转债基金。毕竟不同类别的基金分别对应着不同的投资方式。

如果是纯债基金，就要多关注市场利率走势，在市场利率出现下行趋势时，投资纯债基金效率最佳。

对于混合基金，我们要看基金经理的长期业绩是否很稳定，如果过去表现好，但短期内却大幅跑输市场，反而可能是我们投资它的好时机。

指数基金，基本就是为了追踪指数表现，左侧下跌行情中定投宽基指数基金几乎是一个稳赚不赔的生意。如果是行业指数基金，我们就要先判断这个行业的景气度，然后才能去投资它。

投资 QDII 基金时，我们要看海外估值水平，而不能盲目追涨。

可转债基金更是不能在牛市末尾去投资，大熊市中当它的股性消失的时候，它才是最佳防守反击利器。

　　只有识别出基金类别，我们才能做出相应的正确决策。基金类别其实一般都会出现在基金名字里，很好判断。如果你不放心，就打开任意基金平台的网站或APP，去查看某只基金的基本概况，更多信息就一目了然了，如图 7.14（a）（b）所示。

（a）

（b）

图 7.14

前面我们介绍过，像债券这种资产，一般价格波动不大，不同的纯债基金之间收益差别没那么明显，抓住市场利率下降通道才是关键。而分析指数基金，更是没多大的技术含量，就是纯粹跟踪指数表现。

所以本节我们主要介绍如何分析一只主动型基金，多数主动型基金其实都是混合基金。老齐以知识星球粉丝群里“3322 组合”中的广发稳健增长混合 A 基金为例（仅供教学参考，不构成投资建议）。

如图 7.15 所示，左下角有一栏信息叫作“业绩比较基准”，指的是基金收益率和业绩的比较目标，可以视为基金业绩的“及格线”。如果一只基金的收益好于其业绩比较基准的表现，那么就可以说该只基金是合格的。业绩比较基准属于公募基金必须披露的信息，并不是一个具体的数字，而是以其他资产表现为基准进行的比较。

基本概况 其他基金基本概况查询：请输入基金代码、名称或简拼

基金全称	广发稳健增长开放式证券投资基金	基金简称	广发稳健增长混合A
基金代码	270002（前端）、270012（后端）	基金类型	混合型-平衡
发行日期	2004年06月21日	成立日期/规模	2004年07月26日 / 22.970亿份
资产规模	213.42亿元（截止至：2021年09月30日）	份额规模	131.8153亿份（截止至：2021年09月30日）
基金管理人	广发基金	基金托管人	工商银行
基金经理人	傅友兴	成立来分红	每份累计3.06元（22次）
管理费率	1.50%（每年）	托管费率	0.25%（每年）
销售服务费率	0.00%（每年）	最高认购费率	1.00%（前端）
最高申购费率	~~1.50%（前端）~~ 天天基金优惠费率：0.15%（前端）	最高赎回费率	1.50%（前端）
业绩比较基准	沪深300指数收益率×65%+中证全债指数收益率×35%	跟踪标的	该基金无跟踪标的

基金管理费和托管费直接从基金产品中扣除，具体计算方法及费率结构请参见基金《招募说明书》

图 7.15

从这里我们就能看出，这只基金大概的资产配比是什么情况了。例如，在图 7.15 中，广发稳健增长混合 A 基金的比较基准就是：

“沪深 300 指数收益率×65%＋中证全债指数收益率×35%”

言外之意就是说，这只基金的业绩目标是这个标准，可能多数情况下也会配置 65%左右的股票仓位以及 35%左右的债券仓位，当然基金经理通常也会根据市场状况调整仓位，不会完全按照这个比例来。

第二步：了解它的成立时间和规模情况。

成立时间越久的基金，历史参考数据也就越充分。虽然历史不代表未来，但起码我们能对自己投资的基金之前是什么水平有一个清晰的了解。我们大概可以从这只基金的历史足迹里分析出，它是否具有穿越牛熊周期的能力。因此，在基金投资中，投资新基金确实是没什么道理可言的。

基金规模大小也会对基金收益产生一定影响。一般来说，基金规模越大，业绩可能会越趋于平庸，因为监管规定，一只主动型基金持同一只股票的比例不得超过该基金资产的 10%，一家基金公司旗下所有基金持同一只股票的比例不得超过该股票市值的 10%。所以基金在资金规模不断扩大的同时，选择的股票范围就会急剧收缩。对于一些瞄准优质小盘股的基金，由于这些小盘股不能承载过大的资金规模，所以基金经理在很多时候可能要被迫去选择那些大盘股或表现相对较次的小盘股，这样势必会对基金业绩产生较大影响。

同时，规模过大也会影响基金交易的灵活性，基金经理切换调仓，也需要更多时间。因此在选择一些以小盘股持仓为主的基金时，尽量不要挑选规模过大的基金，超过 50 亿元的可能就会影响收益了。

不过那些没有明确股票比例限制，以大白马、大蓝筹等大盘股为主要投资目标的基金，规模大一些倒是没有太大关系。50 亿～100 亿元的规模是比较合理的，而明星基金经理操控一二百亿元的规模也不会有太大问题。

另外，债券基金业绩受规模影响并不大。因为债券基金的盈利模式不同于偏股型基金。有很多规模超百亿的债券基金长期看依然取得了不错的业绩，而且规模大的基金公司在债券交易市场上有更强的影响力，资源相对丰富一些。从这个角度来看，债券基金甚至还具有一定的"规模效应"。但这也并不意味着债券基金的规模可以无限地扩大。如果一只债券基金的过往业绩在很大程度上是依赖可转债取得的，那么规模对基金的业绩可能会有较大的影响。总之，在选择债券基金时，规模并不是主要考虑因素，要因人而异、因券而异。

货币基金更是完全不受规模影响的。需要特别提示的是，基金规模过小也绝不是好事，会面临清盘风险，我们在筛选基金的时候尽量不要选择规模低于 1 亿元的。同时规模过小，基金的波动也会比较大。所以选择适中规模的基金最为合适。

第三步：分析它的历史业绩走势图。

我们在分析基金时要调出它的历史业绩走势图，去仔细审视一番，基金的历史业绩走势图中往往蕴藏着很多有价值的信息。

下面这张历史走势图是从天天基金平台的电脑版查到的，如图 7.16 所示，一般大家在基金 APP 中也都能看到。

图 7.16

在分析历史业绩前，我们通常需要计算这只基金的过往平均年化收益率，计算公式是：

$$\left[\sqrt[年数]{(总收益率+1)}-1\right]\times100\%$$

依旧用图 7.16 中的基金举例，截至 2021 年年底，成立 17 年的总收益率大概是 1200%，那么该基金平均年化收益率为：

$$\left[\sqrt[17]{(1200\%+1)}-1\right]\times100\% \approx 16.3\%$$

也就是说，这只基金成立 17 年来的平均年化收益率大概是 16.3%，比之前那些高风险 P2P 以及信托等理财产品都要高，更难得的是，这是一只平衡型基金，股票仓位并不是很重，基本只用了半仓股票比例就跑出了如此耀眼的成绩，所以投资基金保持耐心很重要。

如图 7.17 所示，我们继续分析这只基金 17 年来的走势，可以发现它蕴藏的真本事。在图 7.17 中，这 3 个箭头位置，就是广发稳健增长混合 A 基金明显对指数跑出优势的时段。细心的读者应该也注意到了，这 3 个位置代表的正是 2008 年股灾、2015 年股灾和 2018 年大熊市。也就是说，每一次在牛市之后的暴跌或者大熊市调整时，这只基金都能很好地控制跌幅，利用防守优势大幅跑赢市场。

图 7.17

短期来看，它的表现确实不怎么出彩，甚至某段时间里还会跑输市场，但是如果放在一个长周期来看，它远远把沪深 300 指数甩在了身后，涨幅是沪深 300 指数的 2 倍之多，这就是资产配置的魔力和防守的重要性。经历了 3 轮牛熊周期洗礼，就足以说明了它穿越牛熊周期的能力。2021 年，它的表现并不尽如人意，老齐认为后面大概率会有业绩均值回归的过程，我们可以拭目以待。

第四步：调出基金年度涨幅情况。

像 2015 年或 2018 年这种经历了股市大事件的时点，我们更要多留意。一只好基金走势之所以能超越指数，其实在多数情况下是因为在股市大跌中很好地控制住了回撤。这也是老齐常说的，当你把风险控制住了，收益自然也就来了。

广发稳健增长混合 A 基金近几年的年度涨幅情况如图 7.18 所示，尽管在 2014 年大幅跑输了市场，但在 2015 年几乎就将业绩全弥补了回来。在 2016 年市场普跌的情况下，它仍然没有出现亏损，2018 年大熊市中其跌幅甚至连市场平均跌幅的三分之一都不到。2019 年和 2020 年，它基本跟上了市场的节奏，涨幅和沪深 300 指数趋同，2021 年虽然表现不尽如人意，但其实依然对沪深 300 指数跑出了优势，跌幅相对更小。

这就是我们常说的，好基金长期跑赢指数其实并不是靠牛市中涨得有多迅猛从而完成超越，而都是在行情好的时候尽量跟住不掉队，遇到市场大跌的时候又能很好地控制住回撤，长此以往必然完成超越，这也是资产配置的强大之处。所以绝不是持有股票越多就越好，股票仓位太高，你反而会失去低买高卖、动态调整的机会。社群里老齐带着大家配置的那些资产组合，其实就是在用这种配置的理念，始终保持债券仓位，才能让整个资产更加灵活，第四篇中我们还会详细讲解股债组合的好处。

	2021年度	2020年度	2019年度	2018年度	2017年度	2016年度	2015年度	2014年度
阶段涨幅	-2.73%	27.64%	31.19%	-7.86%	20.61%	0.24%	49.52%	0.12%
同类平均	8.18%	41.00%	33.57%	-13.93%	10.54%	-7.23%	46.34%	22.46%
沪深300	-5.20%	27.21%	36.07%	-25.31%	21.78%	-11.28%	5.58%	51.66%
同类排名	152 | 240	58 | 173	37 | 102	14 | 64	15 | 63	10 | 57	14 | 51	45 | 47
四分位排名	一般	良好	良好	优秀	优秀	优秀	良好	不佳

阶段涨幅　季度涨幅　**年度涨幅**　　　　📱下载天天基金手机版，随时查看阶段涨幅　截至 2021-12-31　更多>

图 7.18

第五步：了解它的股债比例和持仓风格。

对一只基金来说，投资股票的比例过高，说明基金的波动会更大。如果基金重仓股票，并且是近期的热门股票，那么我们就要更加小心了。一只基金的股债比例和持仓明细一般在基金 APP 中都能查到。还是用广发稳健增长混合 A 基金举例，如图 7.19 所示，这是截至 2021 年 9 月 30 日，该基金的持仓情况。需要注意的是，一般来说基金公司都是一个季度才会公布一次最新持仓，所以我们看到的数据往往会有一定的滞后性。不过基金经理毕竟不是散户，一般情况下不会频繁调仓换股，否则交易成本巨大，所以最新的持仓数据对我们还是有参考价值的。

图 7.19

从图 7.19 中可以看到，该只基金在 2021 年 9 月 30 日的股债比例约是 5：4，也就是说只保持了半仓股票。那么在指数上涨的时候它肯定会跑得慢一些，但如果行情不好，遇到指数大跌的时候，40% 的债券仓位也会帮助它抗住不少跌幅。一期的数据可能说明不了什么问题，我们在 APP 中还是要多翻翻它之前的持仓数据。

如何分辨一只基金的投资风格？

一般可以用两套维度来进行刻画，分别是价值和成长，以及大盘和小盘。老齐在社群中习惯用沪深 300 和创业板的相对走势来划分价值和成长。第四篇我们还会详细讲解市场风格。

那么什么公司算是价值，什么公司算是成长？哪些算大盘，哪些又算中小盘呢？这个问题既好回答，又不好回答！如果简单笼统地说，市盈率超过均值的公司都算是成长，市盈率低于均值的公司都算是价值。那么现在来看，30 倍市盈率以上的，基本就算是成长，低于 30 倍的就算是价值。而大小盘区分就是看公司市值，一般来说 800 亿元以上的就是大盘，200 亿～800 亿元的是中盘，200 亿元以下的就是小盘。

所以想知道股票到底是什么风格，你把股票套进来一看就清楚了。比如"宁德时代"，它的市值是 1 万亿元，估值不知道多少倍了，那么它铁定就是大盘成长。那么"贵州茅台"呢？如果按照 2022 年预测的业绩算，它就是大盘价值，而按照 2020 年业绩算，就是大盘成长，当然这也和它的股价有关。至于银行、保险、家电等这些常年市盈率非常低的行业，基本都是大盘价值；而芯片、半导体、新能源车这些行业，肯定就是成长，头部企业算是大盘，中游企业就是中小盘。

我们接着来看广发稳健增长混合 A 基金的持仓股票，如表 7.1 所示。一般我们从股票名字中基本就能看出这是一家做什么业务的公司。

表 7.1

2021Q3					2021Q2			2021Q1		
股票名称	占比	所属行业	最早重仓	重仓频率	股票名称	占比	所属行业	股票名称	占比	所属行业
分众传媒	4.14%	可选消费	2020-12-31	4	三环集团	4.63%	信息技术	迈瑞医疗	4.79%	医疗保健
贵州茅台	3.93%	信息技术	2020-12-31	11	分众传媒	4.31%	可选消费	三环集团	4.43%	信息技术
三环集团	3.93%	信息技术	2020-12-31	4	紫金矿业	3.18%	材料	双汇发展	3.93%	日常消费
欧派家居	3.31%	可选消费	2021-06-30	2	我武生物	2.35%	医疗保健	三一重工	3.58%	工业
紫金矿业	3.20%	材料	2008-12-31	12	华测检测	2.35%	工业	分众传媒	3.34%	可选消费
巨星科技	2.78%	工业	2021-06-30	2	巨星科技	2.31%	工业	重庆啤酒	3.13%	日常消费
我武生物	2.59%	医疗保健	2017-12-31	16	双汇发展	2.28%	日常消费	紫金矿业	2.45%	材料
华测检测	2.27%	工业	2020-06-30	6	欧派家居	2.08%	可选消费	益丰医药	2.26%	日常消费
瀚蓝环境	2.19%	工业	2021-09-30	1	迈瑞医疗	2.01%	医疗保健	华测检测	2.14%	工业
华利集团	1.71%	可选消费	2021-09-30	1	重庆啤酒	2.00%	日常消费	我武生物	2.12%	医疗保健

数据来源：Wind，行业为申万一级行业，齐俊杰团队整理。数据仅做展示，不构成投资建议。

如表 7.1 所示，广发稳健增长混合 A 基金的十大重仓股主要以消费、医药、信息技术、工业周期四大板块为主，像这种股债平衡的基金，它只需要保持和基准一致，在市场不好的时候，动用债券抄底股票就可以达到低买的目的。

如果你对这些股票不熟悉，也可以去天天基金网或者第三方基金销售平台查看基金持仓介绍。老齐之前在粉丝里也教过大家一个查看基金持仓行业的简易办法，步骤如下：安装"韭圈儿 APP"→在搜索栏输入某只基金的名字→点击"持仓"→点击"资产配置"→点击"查看行业配置"，如图 7.20 所示。

从图 7.20 中也能看出来，广发稳健增长混合 A 基金的行业配置比较均衡。同时它还会根据市场环境进行相应调整，比如说，2021 年中报显示，它降低了医药配置，加仓了部分顺周期以及电子行业，通过观察基金配置，我们可以更了解管理人对于市场的反应，从而判断他的风格。像这样的基金介绍，我们每周三都会在知识星球"齐俊杰的粉丝群"里分享，感兴趣的读者可以扫描图 7.21 中的二维码了解相关内容。

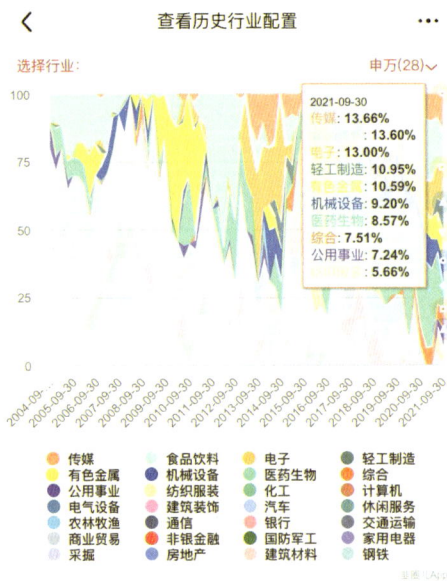

图 7.20

图 7.21

这里老齐多说一句，基金风格有时并不是单一且一成不变的，对于主动型基金而言，基金的风格本质上是由基金经理的投资风格决定的。在很多时候如果直接判断一位基金经理的投资风格可能会有一定难度，至少不会那么直观。老齐更习惯于将基金在各个阶段的走势分别与指数做对比，比如走势和沪深 300 基本趋同，那么它就是倾向于价值；如果和创业板基本趋同，它就是对应了成长。通过这个方法基本能判断出一个基金的风格，或者它在某一阶段的风格表现。

第六步：留意基金经理的变动情况。

如果一只基金过往业绩一直很不错，基金经理也长期是同一个人，那么这只基金基本比较稳定。但如果是新基金经理上任，我们就要多观察，毕竟以前的业绩和他没多大关系，以后的基金风格也不太好确定，这是大家需要注意的一点。

综上所述，我们可以简单总结如下。

分析一只主动型基金的第一步：识别它的类别。

第二步：了解它的成立时间和规模，尽量找成立时间久一些的基金，这样参考依据才会更充分。

第三步：分析历史业绩走势图，计算平均年化收益率。

第四步：分析基金各年度涨幅情况，尤其在熊市里是否能很好地控制回撤，结合历史业绩走势图，基本就能分析出这只基金是否具有穿越牛熊周期的能力了。

第五步：了解它的股债比例和基金经理持仓风格。一般来说坚持自己的风格、不追热点的基金才是好基金，说明它真的在优选股票，真的在做价值投资。风格就如同春夏秋冬四季一样交替更迭，只不过有的在夏天涨，有的在秋天涨，只要做好了价值研究，它就一定会涨。

最后一步就是，我们需要留意基金经理的变动情况。

第九节　各类基金辅助指标

1. 夏普比率

夏普比率，我们可以理解为一个评价基金性价比的指标。两只基金的业绩在不相上下的时候，如果一只大起大落，另一只波动很小，那么我们在二选一的时候自然是选那只波动小的。因为既然业绩相似，何必再让我们的小心脏怦怦跳呢？

夏普比率的公式是：

$$\frac{预期报酬率-无风险利率}{组合标准差}$$

这个公式大家不必记住，直接看夏普比率值就可以。这就好比我们在做饭的时候知道用酱油，而没必要研究酱油是如何制作的。夏普比率可以当作衡量风险和收益之间性价比的一个标尺。夏普比率值越高，说明在承担一定风险的情况下，所获得的超额回报也越高，或者在回报相同的情况下，承担的波动风险更小。反之，如果夏普比率值很低，则说明在承担一定的风险的情况下，所获得的超额回报很小。大家就记住，对于业绩相似的几只基金，我们尽量选择夏普比率值大的那一只。

不过这里也要注意三点。

（1）夏普比率必须放在组合中对比来看，单看夏普比率是没有意义的。而且最好是波动相同或者收益相似的同类基金之间做对比，这才更有意义。因为像债券这类基金的夏普比率值可能普遍都很高，但它们的收益跟股票基金相比，也会更低一些。

（2）夏普比率衡量的是历史表现，并不能用它来预测未来。也就是说不排除某只基金在未来会突然"秉性大变"，所以夏普比率只是一个维度上的参考。

（3）夏普比率也有它的致命缺陷，那就是它只能区分波动，并不能区分出是好波动还是坏波动。也就是说，最近市场有可能大涨，夏普比率就会因为波动而增加，反之比率下降。所以就出现了收益率明明更好了，但是夏普比率却降低了的情况，这就让很多人错失了好的产品组合。于是另外一个比率也就问世了，叫作索提诺比率，它引入了一个最低可接受的收益率，低于这个收益率才会被计入标准差，但如果收益率高于这个最低值，则不被计入。也就是说，坏的波动才被统计，而好的波动则不被统计在内。市场大涨后，跑出来的波动提高，并不影响索提诺比率，它的公式是：

$$\frac{平均收益率-最低可接受收益率}{下行标准差}$$

这也是我们评价一个基金产品或者投资组合的时候，经常用到的评价标准。你不用计算，只需要知道索提诺比率越高，这个产品的性价比就越高。不过，一般只有专业的基金评测才会有索提诺比率，大部分网站只显示夏普比率。

2．贝塔（β）系数

贝塔系数其实就是一种风险系数，主要用来衡量个别股票或者基金相对于整个股市的波动情况。贝塔系数可以为正，也可以为负。如果是正值，说明这只股票或基金和大盘同方向变化。如果为负值，则说明变化方向与大盘方向相反，也就是说大盘涨的时候它跌，大盘跌的时候它涨。贝塔系数的绝对值越大，说明它的收益幅度相对于大盘的变化幅度也越大。

为便于大家理解，这里举几个例子。

A 基金的贝塔系数等于 1，就说明 A 基金的波动性等于基准指数的波动性，也就是指数上涨 10%，A 基金上涨 10%；指数下跌 10%，A 基金下跌 10%，市场的波动幅度就是 A 基金的波动幅度。

B 基金的贝塔系数是 1.1（大于 1），就说明 B 基金的波动性大于基准指数的波动性，指数上涨 10%，基金上涨 11%，指数下滑 10%，基金下滑 11%。

C 基金的贝塔系数等于 0.9（小于 1），这就说明 C 基金的波动性要小于基准指数波动性，即指数上涨 10%，基金上涨 9%，指数下跌 10%，基金下跌 9%。

明白了贝塔系数的含义，那么我们该如何用这个指标呢？

从理论上说，如果我们能判断出市场正处于底部区间，那么可以适当选择贝塔系数更高的基金，因为一旦市场趋势转头向上，这类基金涨势往往也会更快，我们获得超额回报的概率也会更高。相反，如果市场处于高位区间，那么我们就要选择贝塔系数更低的基金，因为一旦市场趋势突然下跌，这类基金一般也会更加抗跌，可以帮助我们规避一定的风险。当然这只是从数值上来分析，我们肯定还要再结合基金风格，分析它的内在品质。

3．标准差

标准差反映的也是基金的波动幅度，它和贝塔系数的区别就在于它是以自身的平均值为参考，也就是说标准差反映的是基金每个月的收益率相对于平均月收益率的偏差幅度。例如有两只基金，A 基金在过去 3 年内每月的收益率都是 2% 左右，而另一只 B 基金的月收益率则是不断变化的，前一个月是 10%，下个月是 25%，第三个月又是 -5%，那么 B 基金的标准差显然要远大于 A 基金的标准差，所以标准差也是衡量基金稳定程度的一个指标。

不过这里也要注意，基金的标准差并不能体现基金的下跌风险。

例如，C基金每月都稳定亏损2%左右，那么它的标准差也同样和A基金相似，而远比B基金的小，所以单看标准差数值是没有意义的，最好还是和同类型基金做比较才会有帮助。例如，买基金的时候如果两只基金最近3年收益率差不多，那么自然是选择标准差小的那只更好。

不知道大家有没有被一些机构"忽悠"过，比如给你推荐了一只现在涨得很好的基金，结果你买入后不久就发现它的业绩开始变差，甚至不涨反跌。一个原因很可能是之前这只基金过于热门，另一个原因可能就是机构推荐的这只基金的标准差很大，所以波动也会特别大，这只基金业绩并没有稳定的表现。

4. 阿尔法（α）系数

阿尔法系数，其实指的就是超额收益，它的数值越大，说明基金获得超额收益的能力也就越强。比如一只基金通过模型测算后，按市场平均水平，每年应该大概获得10%的回报率，但是在基金经理的努力下，最终它的回报率达到了15%，多出来的5%就是我们所说的阿尔法系数，也就是它战胜了市场，多获得了5%的超额收益率。

对于一名主动型基金经理来说，阿尔法系数可以作为一个重要的评价指标。一名合格的主动型基金经理，所管理的基金的阿尔法系数应该至少大于0，如果小于0，则说明其投资回报跑输了市场平均水平，买他的基金还不如直接买指数基金。

这里还要引申出一个概念，那就是投资基金的收益，其实我们可以拆解成贝塔收益和阿尔法收益两部分。简单来说就是，和市场波动有关的收益叫作贝塔收益，和市场波动无关的收益叫作阿尔法收益。

这就好比我们所有人都在一辆飞速行驶的高铁列车上，列车行驶速度对于我们每个人来说都是相同的，但是我们每个人在列车上的行走速度是由自身决定的。最终我们相对于地面的总速度，就是列车速度加上自身行走速度。而列车的速度，其实就相当于我们所说的贝塔收益，每个人行走的速度则相当于阿尔法收益。最终相对于地面的速度就是我们的总收益。

回到基金投资中，很多时候我们把钱交给基金经理，其实也是希望基金经理可以给予我们一个比市场更好的回报，让我们多获取一份阿尔法收益。但是要知道，资本市场中阿尔法收益是相当珍贵的，它和贝塔收益价值不同，贝塔收益只是靠大势，而阿尔法收益则要看投资人的真本事。

多数投资者自己搭配投资组合，或者炒个股，其实都是为了得到这份阿尔法收益，甚至有的散户朋友觉得本金一年不翻一倍那都不叫投资。但也正是这种急功近利想博取阿尔法收益的心态，导致了大部分投资者最后不但没有赚到阿尔法收益，反而连贝塔收益都丢了。这就是老齐常说的，如果你总想着去跟市场抢钱，最后往往会被市场掀翻在地，而心怀一颗感恩之心，佛系一点才更容易在市场中赚到钱。

要想获得贝塔收益其实很简单，配置指数基金就好，比如老齐在粉丝群教大家做的"DIY组合"，其实就是在配置指数基金的基础上，先保证获取贝塔收益，然后再通过对周期的把控，随时调整比例关系，用小资金超配周期品，或者长短债基金切换从而获取阿尔法收益。高手和普通散户的最大区别就是，高手永远想的是先不被市场打败，先保证自己站在高铁列车里，在保住贝塔收益的基础上再去实现阿尔法收益。而多数散户投资者想的则是自己能碾压高铁速度，但最后往往都事与愿违，反而在朝高铁列车的反方向行走。

5．R 平方

R 平方，其实就是一只基金的业绩变化在多大程度上是由市场变化引起的，一般数值是在 0～100。如果 R 平方值是 100，那么就说明这只基金业绩变化完全是由市场引起的，市场好，它就好；市场差，它也不赚钱。如果 R 平方值是 30，则说明这只基金大概 30% 的业绩变化是由市场引起的，所以 R 平方越高，说明基金业绩变化跟市场的关系越大。因此 R 平方一般可以搭配阿尔法系数和贝塔系数使用，R 平方越高，这两个系数的准确性往往也会越高。

总之，这 5 个基金指标可以帮助我们进行基金风险评估，但我们绝不能仅根据这些指标去做投资决策，任何指标都不可能准确预测基金未来的风险。我们还是要多方面因素综合分析，而不要对指标"走火入魔"。

内功心法篇

成功的投资都是"反人性"的

➤ 建立正确的投资心态

➤ 看懂投资市场的规律

➤ 了解市场中的投资流派

第八章
建立正确的投资心态

投资到底是一门技术还是一门艺术？

所谓技术，就是反复练习，多次重复操作就可以提高的。而艺术，则似乎无迹可寻，主要靠灵感。其实投资既是一门技术也是一门艺术，技术能让你赚钱，但艺术决定了你能赚多少钱。所谓投资的艺术，其实就是看懂人性，读懂别人的情绪，克制自己的贪婪。

投资五分靠心态，三分靠技能，两分靠知识。老齐也经常告诉粉丝群里的小伙伴，背会了九阴真经，和真正练成九阴真经是两码事儿。在没有威胁的情况下，背会和练会看上去差不多，而一旦有人要拿刀砍你的时候，一下就能看出差距了。所谓技能就是反复强化训练后掌握的能力，而所谓心态，就是当技能融入身体后知行合一的反应。

第一节 为什么说成功的投资都是"反人性"的

很多人都觉得投资领域博大精深，但其实投资领域的知识并没有大家想象得那么多。一般来说读完相关专业的硕士研究生，基本也就能学完。之所以绝大多数人，包括很多高学历金融从业者，仍然做不好投资，最主要的原因就是，他们无法战胜人性的贪婪和恐惧。

人性，是人类进化了几十万年，形成的一套生存习惯。在生活中，这套习惯可以帮助我们趋利避害。比如在古代，大家喜欢抱团取暖，目的是为了规避野兽袭击。到了现代，人的本性也依旧喜欢从众，喜欢对自己有利的东西，讨厌对自己不利的东西。比如去饭馆吃饭，很多人更愿意选门口有人排队、"爆火"的饭店，反而对无人问津的饭馆不感兴趣；在迷路找不到出口的时候，很多人更愿意跟随人流的方向走。不得不说，这套习惯在生活中确实更容易帮助我们生存下来。在自己没有经验的时候，相信多数人的选择，某种程度上可以让我们少走弯路。

但在投资市场上，这套习惯却严重不适用！人性的弱点，会在投资交易中被完全放大，从而让我们形成一种错误的交易逻辑。比如生活中的从众和趋利避害的习惯，在投资市场里就变成了喜欢追涨，讨厌下跌，喜欢追热门、买热点，因为和大家买一样的东西，更容易获得认同。但这种行为恰恰胜率极低，依靠生活中的人性习惯做投资，最后必然会亏损，被别人无情收割，即便暂时没有亏钱，也只是因为"玩"得还不够久。

为什么会出现这种情况？

这就是因为投资市场和饭馆不一样，股市是一个人与人竞争的场所。你要卖出的东西，必须有人买才行，你想买的东西，也必须有人卖给你才能达成交易。言外之意就是，你认为便宜的东西，有人觉得还是贵；你认为贵了的东西，可能有人还想买。所以在这个场所中，投资行为就一定会产生反向效果，当所有人都抢着买某件东西的时候，恰恰说明它的价格被高估了，而大家都不想买的东西，自然价格也就便宜了。

有些朋友总觉得股市特别不友好，认为市场总在跟自己一个人作对，自己"一买就跌，一卖就涨"。其实不止你一个人有这种感觉，而是绝大多数投资者，都会有这种感觉。因为你总在绝大多数人当中，跟着绝大多数人买入，当大部分人都买入后，市场中的后续资金也就无以为继，要买的人肯定会越来越少，要卖的人却越来越多，股价自然容易下跌。反过来也一样，当绝大多数人感到恐慌，将投资资产卖出之后，市场中对股市最没信心的资金都撤出去了，那么下跌就会失去动力。但这些人早晚还会回来，也就是说，市场外面要买的人越来越多，后续只要有一点资金推动，就很容易涨起来。所以如果你不懂市场的规律，肯定就会觉得自己总是那个倒霉蛋。

时刻记住在投资市场里，你的对手是人，而非花草树木。市场里资金就这么多，不可能让多数人去赚少数人的钱，因为少数人根本负担不起，所以一定是少数人赚多数人的钱。而当你的行为是由人性的弱点所驱动时，也恰恰说明你已经深陷多数人中，被少数人收割可能是早晚的事儿了。

因此，想要投资成功，仅有方法还远远不够，我们必须不断战胜自我，克服人性的弱点。不过人性是人类进化几十万年形成的思维习惯，肯定不是读几篇文章、听别人唠叨两句就能改变的。这就好比投篮，姿势看会了也没用，照样投不进篮筐，我们必须不断地用正确的方法练习，有时感觉自己练会了，但场上对手防守造成压迫，姿势还是会变形。所以，我们要反复训练，破除人性的本能，让大脑和肌肉产生记忆，方能在赛场上游刃有余。投资也是一样的道理，知道和做到往往差十万八千里。我们需要不断用正确的思维给自己"洗脑"，再加以实践，直到呈现条件反射才行。高手最后对决，通常比的都是心理素质。

第二节　正确的投资姿势是长期持有

在投资市场中，多数人都梦想一夜暴富，而没几个人想通过长期的积累慢慢变富，这也恰恰是 70%投资者赔钱的主要原因。之前我们就曾说过，股票市场的长期平均年化收益率其实就在 10%左右，投资水平高一些的投资者能让年化收益率达到 15%左右，这已经是一个非常厉害的成绩了。

不要小瞧这 15%，按照复利计算 20 年后就是 16 倍，30 年后是 66 倍。10 万元涨到 1000 万元，100 万元涨到 1 亿元，大概只需 33 年的时间。如果中间还有资金不断投入，那么用时会更短。复利的威力非常大，只是大家短时间内感受不到。于是贪婪的想法就会促使你在年轻且只有点小钱的时候，依靠股市去赌一把，早日实现财富自由，但这根本是不现实的。

老齐几乎没有见过哪个人在股市里突然赚笔钱后，就再也不炒股了，即便一次靠运气赌对了，未来 30 年又能靠运气赌对多少次呢？因此我们趁年轻的时候，最该做的事就是多学习，找到正确的投资道路，形成稳定的投资模式。一旦你找到这种模式，那么整个投资市场就变成了你的"长期提款机"。到退休的时候，身家有可能涨 100 倍而不是在年轻时总想盲目赚快钱。股神巴菲特 99% 的财富，也都是在 60 岁以后赚到的。

因为股市长期平均年化收益率就是 10% 左右，所以想短期内赚大钱，风险也是很大的，因为风险跟收益在大多数情况下是对等的。当你想让本金一年翻一倍的时候，那么也可能有 90% 的概率会让你的本金在一年内赔个精光。比如你加 9 倍杠杆配资投入股市，只要市场向上波动 10%，你就会大赚一倍，但如果向下波动 10%，则会血本无归。这样是很刺激，但这绝不是投资，而是投机赌博，因为胜率本身就很低。

投资和投机是有本质区别的。通过正确方式，踏踏实实做投资的人，财富最终会随着时间推移而稳步增长，时间对于你来说是朋友，短期内可能不会让你暴富，但长期一定会让你赚到大钱。而投机则经常跟赌博画等号，时间是你的敌人，短期投机可能会让你发一笔横财，但只要你不离开市场，时间越久你出错的概率就会越高，最终还会变本加厉地输回去。所以想与时间成为朋友，还是敌人，完全取决于你自己在投资市场上的行为。

我们做投资，其实没必要去追求收益最大化的方案，而是应该尽可能地做到平衡。不要让投资干扰你的生活，否则就本末倒置了。我们应该有更加长远的目标，在 10 年、20 年、30 年这个时间范围内，去讨论自己的财富问题。而不是只关注股市明天的走势如何、股市下个月是涨还是跌等。大家一定要记住，股市长期一定是随着经济发展呈螺旋式上涨的，因为股票不是彩票，每只股票背后都是一家公司。

随着科技的不断进步，经济的不断发展，这些公司也会不断扩大自己的净资产、净收益，长期来看肯定是向好的。但是短期内，股票市场会受到情绪、经济、利率、事件等各方面因素的影响，走势在很大程度上都是随机的，你越盯着短线，你的利益也就越狭窄。做好组合配置，盯住大趋势，盯住市场的整体估值，很多事情自然就豁然开朗了。

不知道大家有没有听过"遛狗理论"，说的是我们的经济就像遛狗的主人，主人是一直往前走的，而股市就像那条狗，一会儿跑到人前，一会儿跑到人后，一会儿离他很远，一会儿又离他很近，做投资如果总盯着那只狗，心态自然就会大乱，我们应该一直盯着那个往前走的主人才对。

老齐之前也喜欢把投资比作开车，你要目视前方，才能把路线走成一条直线。如果总盯着方向盘，肯定很容易把车开到沟里去。怎么区别专业投资者和业余投资者呢？专业投资者往往想的都是两三年以后的事，而业余投资者则只关心明天股市是涨还是跌。股市短期是由情绪决定的，中长期才是由业绩和盈利决定的。所以中长期趋势十分确定，但短期趋势却是随机的，看短期的投资者往往都会赔钱，看长期的投资者才会持续盈利。

因此正确的投资行为一定是通过时间、通过复利，稳定地让财富增长，而不是企图通过加杠杆，频繁交易去博短线。短线赚来的快钱，来得快去得也快，赚的时候很高兴，亏的时候就会让自己后悔莫及，甚至再无翻身的机会。企图在股市里赚快钱，就如同盲人开车上路，开一段还行，时间久了最后肯定会车毁人亡。

第三节　长期持有的定力来自哪里

老齐总和粉丝群里的小伙伴讲，投资亏损的两个主要原因是：买得太贵和卖得太早。之所以会卖得太早，其实还是对投资标的缺乏信心。在很多时候大家可以翻翻自己过去卖掉的基金或股票，如果持有到现在，是不是也会赚不少呢？当我们对股市信心不足，拿不住的时候，希望大家可以从以下三方面思考，以增强自己长期持有的定力。

首先，我们要对中国经济有信心。

我们在股市里长期赚的钱其实就是经济增长的钱。一个国家的股市，长期来看也会反映一个国家的经济发展水平。可能有人会觉得这句话很空，但道理确实如此。不仅是股票类资产，我们投资的任何资产，包括储蓄、债券，甚至是买房子，其实不都是看好中国经济会持续正增长吗？如果经济崩溃了，你的钱放在哪里都是没用的。近几十年来，我国的经济飞速发展，但我们的股市走势并没有完全反映经济的全貌，所以，我认为未来10年极有可能会发生均值回归，出现非常好的行情。不过即便是长牛市，也不可能天天上涨，中间一定会有无数次的波折。如果一遇到大跌，就觉得世界末日来了，这种心态是不可能做好投资的！

之所以说股市的收益很高，而且可能越来越高，就是因为人类已经进入了工业文明时代，甚至是互联网文明时代。现代社会的发展带来的是日新月异的变化，封建社会 1000 年不变，工业社会 50 年不变，而现在的互联网社会，基本上 5 年就能带来一次巨变。这种爆发式的增长，会让更多财富被快速创造出来。财富多了，那么作为财富定价工具的股票，其估值自然也就会越来越高。而且从金融角度来看，长期利率会越来越低，有些欧美国家的利率甚至到了 0。股票和债券相比，股票的优势会越来越明显，未来更多的资金会配置到权益类资产中。这是摆在眼前的大趋势，我们应该在这种趋势的起点上，洞悉这一切变化。否则，未来十五年，你可能会错失一次巨大的发财机会。

其次，我们要对上市公司有信心。

股票并不是彩票，股票的背后都是一家家的公司。办企业、开公司的目的肯定是为了赚钱，而且那些能上市的公司，基本上都是比较优秀的公司，所以只要它们还想发展，就要不断地提升业绩。虽然也有做得一塌糊涂、赔本退市的，但这毕竟不是常态。

总体来看，上市公司每年都是要发展的，只不过股市每年的波动都很大，即便在最好的年份，指数下跌 10%～20%也是常事。其实在多数情况下公司的经营状况并没有发生多大的变化，盈利能力也没有下降，股市短期波动全部来自市场预期的变化，也就是投资者的情绪，所以我们要避免被群众的情绪干扰，要把注意力始终放在公司的业绩上。

有统计显示，投资者持有公司股票一年时间，公司业绩与股价的相关度是 0.3；持有五年时间，相关度是 0.5；持有十年时间，相关度达到了 0.8。也就是说，短期股价和业绩关系不大，但是长期股价一定会反映业绩的变动，最后公司该值多少钱，就会值多少钱，时间一定会给出最终的答案。

最后，我们要对自己有信心。

这里所说的信心，并不是盲目自信地认为自己是股神附体，而是把自信建立在自己认知的基础上。大家不要总是去打听股票代码，听小道消息去投资，如果买了自己不了解的资产，每天一定会生活在恐惧中，即便它最后再赚钱，可能也与你无关。所以在投资之前，一定要先对背后的原理了解清楚并理解透彻，然后坚定持有，减少操作。巴菲特曾说过，如果股市规定 5 年内只让你操作两次买卖，那么每个人的投资收益其实就会大幅增加。

另外，在股市中，我们要把注意力放在自己的钱包上，赚你自己的钱，不要总跟别人比较。别人今年本金翻了一倍，去年没准还赔了一半呢，你只看到了他"吃肉"的时候，并没有看到他是怎样挨"毒打"的。孤立的比较，只会把自己的心态搞得更糟。有的人确实在短期内能赚到很多钱，但长期看反而会赔更多钱。所以我们没有什么可羡慕的，天天都说自己赚钱的人，最后根本发不了大财。因为现在有多贪婪，未来就会有多恐惧。我们只要每年收益率能达到 10%～15%，其实就已经很好了。当你不再去奢望的时候，反而可以做到持续稳定的盈利。

总之，股市是通往财富自由的必经之路，我们不必害怕股价下跌，正如前面介绍的，金融市场如同春夏秋冬四季更替一样。冬天经常会来，而且有时还很寒冷，但它总会过去的。长期来看，股市走势一定是在波动中不断前行的，只有坚定信念、保持耐心，才能投资成功。希望我们每个人都能把握住机遇，成为最终的那个胜利者！

第四节　大跌时如何克服恐惧心理

在投资市场中，大家往往容易高估自己的风险承受能力，市场上涨的时候，总觉得天大的波动都能扛得住，手里的股票持有十年八年也没什么问题。但这种所谓的信心，其实全都来自大盘的上涨，当市场上涨这个基础不存在了，信心也就瓦解了。一旦遇到风险，市场开始大跌的时候，很多人立马就慌了，下跌时间越久，内心也就越脆弱，最终持有 10 年的信仰，可能连 10 个月都坚持不了，就早早"割肉"离场了。

大家之所以在遇到市场大跌时会感到恐惧，主要就是因为你不了解投资标的的真实价值，不清楚它最终要去的方向，自然就很难拿得住。买了自己不了解的东西，就像坐过山车不系安全带一样，会陷入恐惧之中。不仅跌了害怕被套，涨了也会担心利润不保，总是带着这种心态做投资想不赔钱都难。

举一个生活中的例子，在超市里喜欢抢购商品的一些大爷大妈们，他们看到打折商品会恐惧吗？显然不会，他们反而会很兴奋。因为他们清楚，平时一包菜卖 5 元，现在只卖 1 元钱了，当然会争着买。如果平时 5 元的商品卖到 10 元了，那么他们可能会站在价签前，嘟囔一句，然后转身离开。但是生活中这些最普遍的现象，在投资市场里人们的行为却刚好相反，股市中不敢买打折货的人比比皆是。市场一大跌，立马崩溃了，越是打折促销，投资者越是恐慌，不但不会买入，搞不好还要"割肉"，把手上的便宜货甩卖给别人。人活在黑暗中才是最恐怖的，因为一切都是未知的。

这就好比我们买国债，把钱借给了国家，国家承诺 10 年后归还本金，每年给你 4%的利息。那么你还会恐惧吗？还会每天都追着国家问：我的钱投到哪了？今天赚了多少？昨天亏了多少？自然不会，因为你清楚最终结果。股市也是一样的道理，每一次市场大跌或者到底部的时候，你都不敢买入，其实就是害怕深不见底，说白了还是因为不了解股票的最终去向。

巴菲特在小时候就买过城市服务公司的股票，买完后它的股价就从每股 38 美元一路跌到每股 27 美元，赔了 30%多，他姐姐一直埋怨他，不过他扛住了压力，没有"割肉"，后来股价拉回到每股 40 美元后，他就立刻卖了。结果股价很快涨到了每股 202 美元，这让巴菲特后悔不迭。有了这次教训后，他就知道了，无论股票怎么波动，盯住它最终要去的方向就好。比如你花 10 元/股买了一家公司的股票，觉得价格很低了，但它又跌到了每股 5 元。你根据公司的状况以及业绩测算，知道它大概能在 5 年内涨到每股 20 元。那么你管它是跌到每股 5 元还是每股 3 元，只要你一直拿稳就好，最后它该值多少钱就会值多少钱，时间会给出最后的答案。现在的价格，只是短期"市场先生抽风"而已。尤其是很多专业投资者，都会利用"市场先生抽风"的时候，狠狠"踢"它一脚，顺带"偷走"它的钱包。

如何克服恐惧心理？

首先，要提高认知，守住能力圈，只买自己了解的东西。

当市场大跌时，肯定不是嘴上说一句我不恐惧，就真的能做到不会恐惧。我们总说投资知易行难，说到和做到往往相差十万八千里。当风险真正出现的时候，会让很多人感觉天要塌了，比如 2000 年互联网泡沫破裂，舆论都在说纳斯达克指数要崩溃了，市场完蛋了，网络科技类股票将一文不值；而 2008 年金融危机出现、股灾降临的时候，很多人也都在传经济大萧条来临了等消息。但现在回头看，当时你只要不相信这些共识，就可以在未来赚到几十倍的回报。不过这也需要我们具备钢铁般的意志。

千万不要高估自己，那些自认为买了现在一直上涨的好股票并能够长期持有的投资者，真到了危机时刻，等公司股价跌下来的时候也不一定能坚持住。那时不仅仅是股价下跌这么简单的一件事，而且一定还会充斥着各种坏消息，比如公司被负面消息缠身的传闻，如果你不能真正了解这家公司，不清楚它的合理价值在哪里，肯定也会认为这家公司要完蛋了。

因此我们必须要有足够的知识储备，用知识过滤恐惧。守住自己的能力圈，只买自己认知范围内的东西。很多时候心态慌了，恰恰说明了解得太少，而心态往往取决于你的认知。就像古代人看见月食，他们就以为是天狗吃了月亮，由于缺乏相关认知，内心自然恐慌。知己知彼，是一种境界，需要不断提升自我认知；同时，知道自己不会赔钱，知道买的东西值多少钱，知道未来它肯定会涨上来，然后以一种感恩的心态等待市场派发红包，这才是投资的大智慧。

其次，要有科学的应对策略，合理控制仓位。

老齐经常告诫大家，做投资不要去考验人性，因为人性通常是经不住考验的。所以仅仅依靠知识还不够，我们还得有应对策略。这个应对策略就是控制仓位，我们的投资心态除了受自我认知的影响，还会受仓位的影响。我们不能总是让自己的投资"裸奔"，总是顶格满仓买股票，把资产全部"暴露"在风险中，如果一旦遇到大的波动，即使是专业投资者也很难挺得住。

因此正确的做法就是控制仓位、分散投资，比如半仓股票、半仓债券。市场大跌 20%，我们却只跌 10%，而且手中还有大量债券仓位，可作为随时抄底的资本，这样操作反而还能增加收益，心里自然就会好受很多。当你满仓股票的时候，肯定会希望市场只涨不跌，而当你空仓的时候，又肯定希望市场只跌不涨。但是当你半仓股票的时候，自然涨跌就都无所谓了，上涨直接获利，下跌还能抄底，恐惧自然会得到缓解。而心态好了，我们才更容易做出正确的决策。有一句话说得特别好：1 分钟到底有多长，这取决于你是蹲在厕所里面，还是等在厕所门外面。投资市场也是如此，到底是恐慌还是贪婪，完全取决于你对仓位的控制。老齐教你一个简单的办法，没把握的时候你就尽量保持半仓。保留一半的现金或债券，这样你的心态就会好很多。我们投资中产生的种种不适，大部分都是因为权益类仓位超出了你的承受能力。

最后，要能识别出极端情绪，避免情绪干扰。

在投资市场中，我们的情绪很容易受到影响，这会导致我们的经验系统先于理性系统做出反应，从而做出错误的判断和决策。比如在市场加速上涨时，多数投资者会沉迷于财富的快速积累，经验系统会瞬间压倒理性系统，导致高位追涨接盘。而在泡沫破灭之后，情绪又会转为恐慌，心里想的都是卖出和后悔，根本没有理性空间去认真思考，现在的价格是否已经很便宜了。

每一次危机出现、市场大跌后，看起来都要比以前任何一次更加严重，但是等过去之后再翻回头看，却又不值一提。主要就是因为我们被周边的情绪传染了，迷失了心智，而等冷静下来，回头再看时，才发现错过了无数个非常宝贵的投资机会。那些当初喊着股市再跌下去就"上车"的人，最后在股市真跌下去后，往往又不敢上车了。没办法，人性就是这样的：跌了害怕，涨了后悔，有点小利就想落袋为安，卖早了又觉得错过好几亿元。而股市正好把人性的这种丑陋放大到了极致，同时股市也在惩罚着我们，让我们为这种丑陋的人性买单。

因此，越是大家恐慌的时候，我们越要冷静。情绪这个东西，是投资中的重要"雷达"，在别人出现极端情绪的时候，才是我们有胜算的时刻。每一次危机，其实都是创造财富的大好机会，人生难得遇到一次危机，抓住一次危机，并敢于逆势投资，基本上未来 10 年就会获得极大的回报。而如果自己的情绪总是跟着股价"上蹿下跳"，就很容易让我们犯错，很多时候明明知道应该做正确的事，却因为情绪跟着行情变动，最后做错了事情。所以在危机出现或者市场暴跌时，只有跳出自己的情绪，才能看到别人情绪的变化，否则只能永远人云亦云。

第五节　守住风险才是投资的核心

风险控制往往是投资新手或者说是绝大多数投资者最容易忽视的问题。在行情好的时候，通常大家心里想的是：再多赚一点钱、翻倍再翻倍，而对于风险却绝口不提。为什么很多人会忽略风险控制呢？说白了，就是因为它与自己现有的利益不符。市场明明涨得很好，让我赚了钱，我为啥要降低仓位去控制风险？如果市场后续继续上涨，岂不是让我错失好几亿元，相信这也是很多读者的内心想法。这种少赚钱的痛苦，甚至比损失钱还要让人难受，而这都是人性贪婪的体现。多数投资者在市场中赔钱的原因，其实并不是牛市中没有赚到钱，而是因为在市场转势的时候，自己的防线崩溃了。

巴菲特就曾说过，做投资永远不要亏损。这里所说的"不要亏损"，并不是无时无刻都不亏损，而是指千万不要让自己出现"伤筋动骨"的损失！如果某只股票亏损了 75%，那么要再上涨 4 倍才能回本。相当于买一个年化收益率为 4.8% 的银行理财产品，并持续 30 年的复利才能回本；如果这只股票亏损 50%，你也需要买一个年化收益率为 4.8% 的银行理财产品，并持续 15 年的复利才能回本；就算年化收益率保持在 10%，也得持续 8 年的复利才能回本。这就告诉我们，一旦在投资中遭遇重创，你要在后面将近十几年的时间里都保持高收益，并且不能犯错，才能勉强回本。不得不说，这是一项十分艰巨的任务，或者可以直截了当地说，这几乎很难实现。

通过分析人性可知，一个人在遭受巨大的损失之后，很容易产生翻本心态，通常不可能保持淡定。当一个人在赌博中亏损程度扩大，反而会变得越来越冒险，去下重注押那些能赚到大钱的小概率事件。因为在输急眼时，即使之前一贯保守的人，也会变得更愿意承担风险，企图寻找更加激进的方式快速弥补损失。但这种行为往往会让他们输得更多，形成恶性循环。所以大家在做一个激进的决策前，一定要先冷静想一想，如果失败了，自己能否承担得起。永远不要假设自己可以轻松把之前的不良投资赚回来，这种想法很可能让你走上一条不归路。

在投资中，风险控制能力才是区分专业投资者和业余投资者的分水岭，而并不是比谁在牛市中买的牛股最多。仅凭牛市表现来断定一个人的投资水平是非常不准的。真正的高手，很多时候都是在牛市后期相对保守，跑输市场；在熊市的时候才大胆出击，超越市场。只有那些真正能够穿越周期的投资者，才能被称之为投资大师。

我们都知道巴菲特和比尔·盖茨就是好朋友，但巴菲特却没有买微软公司的股票，错过了这只超级大牛股，这件事几乎让他成为业界的笑柄。但这并不妨碍他成为股神。他被誉为股神的重要原因，就是巴菲特的资产很少受到重创，因为他的风险控制能力很强。在错过微软公司股票的同时，巴菲特也回避了无数多个科技股的风险。

1999年，在美国互联网泡沫中，很多散户甚至通过报纸叫板巴菲特，让巴菲特跟着他们学如何炒股。因为在大牛市中，这些散户的收益远远超越了巴菲特。但是仅仅过了一年，在2000年互联网泡沫破灭后，投资市场泥沙俱下、一片哀号。当年牛市中豪言壮志叫板的人，有些资产甚至跌去了八成，而此时巴菲特持有的股票组合却依然在上涨，这就是大师和菜鸟的真正差别。菜鸟即使凭运气在牛市中赚到很多钱，也只是幸存者偏差而已。每一次牛市过后，真正能拿走利润的，其实并没有多少人。等风口一过，凭运气赚的钱，也还会凭实力输回去，一切只不过是过眼云烟罢了。

截至2012年，巴菲特投资的56年中，只有2001年和2008年的收益是负的，其余54年都是正收益。他是怎么做到的呢？其实还是那个秘密，他有取之不尽的现金流，而且还经常手持大量现金资产，一旦市场回撤，发生巨大的风险时，巴菲特就去补仓。这样当市场修复后，巴菲特就会产生双倍的利润。所以持有现金，绝不是浪费收益，甚至还会让你的收益明显提升。防守稳健，反击才能够犀利。

所以做投资，防守要比进攻重要10倍，否则即便你能赚到很多钱，这些钱也能瞬间消失，甚至还让你欠上一屁股债。长期来看市场肯定会上涨，但问题就在于，它涨起来之前，我们能否确保自己还"活"在市场里。如果不能"活着"，那么以后的机会也都与你无关了。

一般市场行情稍有起色的时候，很多普通投资者就开始好高骛远，看不上8%~10%的年化收益率，也不想付出几十年的时间去等待，只想趁着行情好，一夜暴富，恨不得天天抓到涨停板都还嫌慢，这种心态真的要不得。当你在寻找快速致富方法的时候，其实留下的全是破绽。这就如同两个高手过招一样，我们看那些职业拳击手比赛时一定是先防守，在保护好自己的前提下，然后再靠着快速移动，寻找进攻机会，而且绝大多数进攻都是试探性的，即便不成，也能马上回到防守姿态。只有那些街头打架的，才会不顾一切想去击倒对方，甚至牺牲自己的重心去飞踹对手。这两个人要是碰上，顶多一个回合，业余选手就被 KO 了。这也是普通投资者在市场上经常亏损的主要原因，永远只想进攻不想防守。

那么正确的做法是什么？其实老齐在"知识星球粉丝群"给大家讲的股债组合，就是一种很好的风险控制手段。在市场上升的过程中，尽量跟住大部分收益，在下跌时只亏损一小部分。并且始终留有后手，利用进攻和防守的利差不断超越市场，这才是投资的正确方式。投资这条路，不怕慢，就怕方向错误。只有让自己避免巨亏，复利效果最终才能展现得淋漓尽致。老齐也经常劝我们的小伙伴，别总想着贼吃肉时的风光，也要多想想贼挨打时的悲惨。如果你光想着吃肉，完全没有防备，那么经历一顿毒打后你可能就再也站不起来了。相反，时刻小心防范，抗得住揍，这眼前的肉你才能够吃得到。

第六节　降低波动才能放大收益

波动同风险一样，很多投资者之所以不愿意考虑波动的影响，其实还是为了追求一夜暴富的快感，更倾向于投资那些走势大起大落的资产。因为只有大起大落的资产，才会在短期内带来快速的涨幅，能让大家体会到财富快速积累的快感。如果控制了波动，这种快感自然也就会失去。然而，股市投资真正结账的日子，是你带着钱永远离开的那一天。短期内财富在账面上的积累，只是市值而已。其实很多人在行情好的时候都会赚到大笔的金钱，但最终真正能带走利润的人，却并没有多少。只要你不离开股市，都属于在赌桌上数钱的人。

很多人认为，控制波动会降低自己的收益。其实不然，大家要知道，投资市场里，损失和弥补损失是不对等的。你持有的资产先涨 50%，再跌 50%，或者先跌 50%，再涨 50%，最后其实你都没有回本，而是亏损了 25%。这损失的 25%就是被市场波动消耗掉了。所以这就衍生出了一个道理：波动越大，你的收益就会越少！比如相同的本金，一个人的收益情况是：先涨了 50%，随后又下跌了 40%；第二个人的收益情况是：先涨了 20%，随后又跌了 10%。那么哪一个人的收益高呢？大家可以拿笔算一算。最终的结果是，先上涨 50%后下跌 40%的人亏损了 10%，而波动小的第二个人却赚了 8%。

由此可见，波动的确是赤裸裸的风险，会吞噬你的收益。有人可能会说当我股票上涨了 50%的时候就卖了它，价格到了低点的时候再买回来不就行了？但问题是你能判断出高点在哪里吗？人终究不是神，没有人能做到每次都把股票卖在高点上，反而因为你总是觉得要到高点了，所以总想减仓，这就很容易让你的投资出现中断，在上涨的中途提前离场。所以，不要小看对于波动的控制，绝大多数投资者赚不到钱的根源，都是因为在波动中拿不住，骂骂咧咧地离开股市，从而错过了后面的上涨机会。

波动除了会消耗你的收益，它对你心里的负面影响更是极大的。投资市场中的规律就是，波动越大的资产，通常越是赚不到钱，即便未来它能涨很多，你也很难赚到钱。这就是人性。为什么银行存款和国债能让每个人都赚到钱？因为它们没有波动。房子也让大家赚到钱了，因为它虽然有点波动，但你基本上很少关注，因此也感受不到。可是从股票中就很难赚钱，因为股票的波动大，又能轻易买卖。其实长期看股票指数是一直上涨的，但股市一波动，你就慌了，也很难坚定持有，最后股票投资就成了 7 赔 2 平 1 赚的游戏。

讲到这里，往往就会有人跳出来说，我一直死拿着股票不就行了！正如前面介绍过的，嘴上说的确实很容易，但投资中知行合一其实非常难，你的意志力在人性面前，通常经不起考验。当大家对市场悲观的时候，一方面资产损失会给你带来压力，另一方面一定还会有铺天盖地的坏消息压得你喘不过气，多数人都不是被"跌"跑的，而是被"吓"跑的。所以在市场上涨的时候考验自己的忍耐力，没有任何意义。

在市场波动面前，任何投资者都会出现情绪波动，那些大师级别的选手也不例外，因为大师也是人，不是神。唯一能让他们保持良好心态的就是用科学的策略去对冲风险。比如巴菲特，他的股票类资产比例从未超过 60%，始终留有 40%的债券和现金，而且他还有源源不断的现金流收入。当股市下跌时，他刚好可以抄底，所以他感到恐惧才怪呢。而不少普通投资者却恨不得把全部身家都押上，一旦市场下跌必然心态崩溃。如果让巴菲特压上所有资产，他可能也会崩溃。所以，我们和股神在心态上的差别没有那么大，真正的差别就是做法不同而已。

因此，又回到了资产配置的问题上，基金组合配置的意义就在于帮助大家降低投资的波动性，让心态尽量保持平和，面对市场的反应更加平静，这样才更有利于资产的复利增长。虽然指数暴涨暴跌很吓人，但配置组合却可以"一路小碎步"持续上涨。我们不必羡慕那些向我们炫耀牛市里收益赚了一倍的人，因为到了熊市他可能还会赔掉一半多。比如同样都是资产五年翻一倍，你是愿意接受资产每年上涨 15%，还是愿意接受四年不涨，最后一年暴涨一倍呢？很显然大家都非常希望是前者，因为这样我们更容易获得全部涨幅。而对于后者，五年后的结果虽然是一样的，但是估计 80%的人都会在前四年里因为看不到希望而放弃了。最后一定记住，投资都是反人性的，只有平平淡淡，低风险策略才能让我们赚到钱，那些追求大起大落、暴涨暴跌的投资者，基本都是以悲剧收场。波动低的收益率，才是我们能够拿得到的收益，那些大起大落之后的收益率，基本都只是营销的陷阱，是忽悠人的。

第七节　投资切勿盲目从众

在第一节我们就讲过，人类是群居性动物，所以人性的本质就是趋利避害，喜欢从众。看到别人买什么，我也买什么，这样心里会好受些，因为这样做能让你获得社会的认同感，别人觉得你做得对。在消费市场上这种行为或许很靠谱，比如在买黄瓜、挑饭馆的时候你可以相信群众，参考大家的评论去花钱，基本不会出错。但在投资市场上，从众行为却是极为有害的投资方式，总跟着别人的意图去投资，最后必然会亏损。恰恰相反，正确的思考方式是，大众化的偏见，才是我们的获利点。任何投资的东西，其价格都是投资者预期的反映，当所有人都想买一样东西的时候，价格肯定是贵了，不存在大家追着买价格还便宜的情况。

之所以会出现这种情况，就是因为生活中的"从众"和投资中的"从众"是有本质区别的。生活中从众的满足感是不排他的。这是什么意思呢？就是你能享受美食，别人也能享受美食，你获得的满足感，并不以牺牲他人满足感为代价。而投资中的从众则不一样，投资市场是人与人竞争的场所，是具有排他性的，你想低买高卖赚钱，那么就必须得有人高买低卖帮你承担损失才行。这也就注定了，在这个市场中只有少数人可以把钱赚到。股市不可能让多数人赚钱，因为少数人承担不起多数人的损失。

那么为什么多数人会高买低卖呢？他们一定有自己的道理，而且他们还特别愿意给你讲那些道理，试图说服你。甚至给你讲道理的还不是一个人，而是一群人，他们的观点通常一致。疯牛行情下他们会劝你赶紧入市，不要错过暴富的良机，而在大熊市底部，又会告诉你这是百年一遇的危机，千万不要投资。

所以想要做好投资，首先就是要远离这些人——人多的地方不去，贵的东西说破天我也不买。但是知道容易，想做到其实并不容易。因为当自己的观点不被大众认可的时候，多数人会感到恐惧和害怕，同时每天还会有坏消息不绝于耳，最后即使你的观点被证明是正确的，但中途也很难坚持下去，往往会产生错误的做法。而跟风投资，你会得到很多人的认同，即便赔了钱，也能找到各种推卸责任的理由，因为别人也赔钱了，所以"五十步笑百步"，别人也不会责备和嘲笑你，甚至还会和你一起同仇敌忾，咒骂这万恶的市场和狡猾的对手。最后大家形成共识，这次真不怪我们，就是怪市场。

所以就像老齐常说的，想要做好投资，首先不要把自己当成一个"正常人"。如果没有这个意识，没有主见，总是随大流，最终你一定是被收割的命运。我们看到很多厉害的投资大师都是远离喧嚣的，巴菲特住在不算繁华的奥马哈市，邓普顿也是如此，为的就是避免华尔街干扰自己的判断。金融行业是一个特殊的行业，在这个行业中，你越从众，就会变得越中庸。

相反，当群众纷纷"夺路而逃"的时候，往往也就预示着抄底的机会要来了。市场一旦发生了一致性预期，说明行情即将变化，这就是我们应该把握的逆向投资点。比如 2018 年年底的时候，股市一片萧条，大家都在谈论业绩"爆雷"，可能会让股市遭遇更差的一年。但也正是在这个时候，机会悄悄来临，随后市场就开始喷薄向上。

总之，大家一定要记住，投资市场是人与人之间的竞争，从来就没有大家都能赚到钱这个说法，我们要想赚到钱，就必须站到大众的"对立面"，抓住其他人犯错的机会。投资是反人性的，赚钱注定是孤独的。如果总想得到别人的认同，那么最好别去投资，因为会很伤钱。作为资产配置的投资者，我们必须心如止水，时刻以市场平均价值来看待资产的变化，不要相信什么资产能够永远涨或永远跌的鬼话。投资市场中最贵的一句话就是"这次不一样了"，因为你要为这句话付出惨痛的代价。市场可以疯，你也可以跟着疯，但内心一定要保持清醒。如果总想着占便宜，基本就离吃大亏不远了。

在股市里，保持独立思考是必不可少的，证券分析之父格雷厄姆说过，在华尔街想要成功，必须具备两个条件：第一是正确思考，第二就是独立思考。当你一无所有的时候，你的头脑就是你的资产。但是很可惜，一些人的头脑都长在了别人身上。他们总是看别人干什么自己就干什么，这种投资行为也会让他们失去唯一可改变命运的机会。但是独立思考也不代表我们要去做那个"杠精"。我们讲"不从众"，主要说的是去找到市场中的认知差、正确的非共识，也就是大家普遍都看错的那些情况。这种情况不常出现，但是一旦发现，就是我们获取超额收益的机会。比如 2007 年和 2015 年，绝大多数人都认为股市会一直上涨。而 2014年和 2018 年，绝大多数人都认为股市快完蛋了，这就是明显的非共识机会。

第八节　逆向投资，知易行难

在投资市场中，"韭菜"的特点往往就是，大家说什么就信什么，大家去哪儿，他也去哪儿，站在人群里就会感觉很踏实。但是现实情况永远是，少数人赚多数人的钱。股票市场不是静态场所，而是主观的，会受到投资者自身行为的反作用，所以站在人群中只会输得更惨。

我们必须要改变思路，找到市场中正确的非共识机会。真正有智慧的投资者都懂得逆向投资的道理。不过有意思的是，虽然很多人都知道这个道理，但很少有人愿意这么做，绝大多数人宁愿跟着大家一起犯错误，也不愿意一个人独自坚持正确的事情，这就是受社会认同心理作用的影响。宁可做别人眼中赔钱的聪明人，也不愿做孤独赚钱的"傻子"。我们经常能看到这种现象，当大家集中买债券资产的时候，通常预示着股票市场要到底了，而当大家集中投资股票、买新基金的时候，股市可能很快就会有"灭顶之灾"了。

为什么多数人做不到低买高卖、逆向投资呢？

首先因为投资是反人性的。每一次你感受到的风险和市场中的真实风险，往往是相反的。市场越涨，你越觉得安全，尤其在牛市末尾，总觉得赚钱最容易，最没有风险，因为几乎周围所有人都赚钱了。但其实这些钱仅仅是账面价值，是虚无缥缈的。当该买股票的人和不该买股票的人都冲进市场后，此时风险往往最大。而在熊市末尾，很多人又会觉得处处都是风险，因为不仅资产价格在跌，周围一定还会充斥着各种负面消息。但其实，当所有人都觉得市场风险巨大、慌不择路逃跑的时候，风险基本已经在低价中消除了，此时反而是一个千载难逢、闭着眼抄底的好机会。

所以在投资市场中，你看到的风险和风险下的收益只是镜像，它们是完全相反的。但可惜多数投资者，每一次在乐观中总能找到理由让自己更乐观，每一次在悲观中也总有理由让自己更悲观。最后的结果，就是在最该投资的时候避而远之，而在最不该投资的时候，却信心满满、孤注一掷，这种投资行为也让 90% 的人错过了真正的"底部"和"顶部"。所以，在投资中想取得什么样的收益，并不取决于产品，而是完全取决于自己的行为。

其次，即便能在正确的时间点以低估的价格买入，也并不意味着明天就会赚钱，甚至下一年也未必能赚到钱，也就是说，逆向投资最困难的点就在于要承受巨大的心理压力。别人都不看好的东西，你去买，很难得到他人的认同。如果都认同你，你也就不会遇到捡便宜的机会了，因为别人早就买入了，那么价格肯定也就贵了。由此可见，逆向投资需要巨大的信念，需要你不断坚持投资，最终才能让价值得以释放。这个过程看起来像是犯错，其实却是超前布局。

投资市场上的那些大师，往往都不是一上来就能赚到钱的，也不是一直都能跑赢市场的，他们更喜欢逆向布局，即先亏小钱再赚大钱。比如邓普顿就在 1939 年二战爆发后，逆向投资美国股市，买完股票之后，他也承受着巨大的压力，不仅坏消息满天飞，美国股市也是继续下跌了几年之后才开始上涨。所以逆向投资必须要和群体反向而行，当机会真正出现的时候，往往都会表现得很吓人，而且在买入后投资标的经常还会继续下跌。在开始时，这一切都像是自己做错了，需要投资者具备强大的心理素质来与天下人为敌，先成为别人眼中的"傻子"。而那些当下看似特别风光，追着热点跑的人，好像总能赚到钱，但如果把周期拉长，他们中的很多人反而会输得很惨。

所谓的价值投资，基本都属于逆向投资，因为不受欢迎的东西，才会有价值低估的可能性。而市场都去追捧的东西，价值往往都被透支了。所以价值投资大道至简，我们总是倾向于寻找复杂而深奥的投资技巧和方法，最后却发现，投资其实真正需要的是返璞归真，我们要考虑的无非就是好公司和好价格这两个因素。好公司如果没有好价格，也不会是好股票。

老齐之前就打过一个比喻。投资中的"葵花宝典"就是四个字：低点敢买！练会了这招，就可以称霸"武林"。但大家都知道，"葵花宝典"的第一页写的是"欲练此功必先自宫"，而"低点敢买"其实也是类似这个意思。想要称霸投资市场，就得敢于先承担亏损、不断买跌。此时，肯定会有人认为你很无知，你要承受来自各方的压力，但此时必须要有"自宫"的勇气和魄力，否则就练不成神功了。

如何才能做到逆向投资呢？

首先，投资中真正能赚到钱的，都是敢于在狂热中提前离场，并在危机中大胆买入的人。因此，逆向投资的第一步就是，要尽量成为大众观点的敌人，甚至自身的行为，还要违背自己内心的情感。当你走上逆向投资这条道路时，市场经常会把你搞得"体无完肤"，让你的心情极差，但这都是赚钱的必经之路，逆市操作需要你有巨大的魄力和接受被"骂"的勇气。

其次，要相信均值回归。普通投资者和投资大师的最大差别就在于，普通投资者"信邪"，而投资大师"不信邪"。投资市场中最贵的一句话就是："这次不一样了。"当遇到危机时，普通人总觉得这次比以往都严重，这次肯定是世界末日；而遇到泡沫时，又会说这次也不一样了，如互联网改变了世界、房子永远不会跌等。但投资大师们却始终相信：世界上根本就没有鬼，树也不可能长到天上去，不合理的价格终究会出现均值回归。

最后，就是目光要向前看，懂得延迟满足。别太在意现在和过往的业绩，要盯住未来的价值，投资是投未来，而不是投过去。也就是说，我们要买入将来会被别人喜欢的股票，而不是现在正在被别人追捧的资产。还要知道，逆向投资也并不是让你始终与别人唱反调，当一大群人正从电影院里跑出来的时候，并不是说你跑进去就是正确的，比如万一电影院着火了，跑进去就会有危险。所以什么时候能逆向思考，什么时候不能逆向思考，大家要有最基本的认知。一般来说，当大部分人短期内因恐慌或亢奋产生大众群体意识并失去理智的时候，往往就是逆向投资的最佳时机。

同时，我们还必须考虑概率问题，要选择大概率事件。比如邓普顿逆向投资美国股市，他赌的就是美国经济不崩溃，这个胜率是相当大的。再比如在 20 世纪 90 年代，你做空日本股市，其实赌的也是树不能长到天上去，这个概率同样不小。所以当我们获取一个信息之后，一定要先想一想，这件事在投资市场里大部分人是不是都知道了，他们是不是已经反应过度了？尤其需要注意那些大家产生一致性预期的事情。比如在 2018 年很多人都认为那一年要打"贸易战"了，甚至有人喊出"贸易战是新冷战的开始"的观点，这件事可能就是已经反应过度了。因为"贸易战"本身就与大经济趋势不符，也与两国利益不一致，世界一定是越来越融合、越来越开放的。后来的结果我们也看到了，2019 年后股市便开启了牛市行情。

对于任何一次正确的逆向投资，只有接受了眼前的失败，才会获得未来的成功，而不要只看到眼前的成功，却让自己永久失败。我们应该更多地想一想，你是愿意痛苦一时、开心一世，还是愿意开心一刻、痛苦一生？人其实都是倾向及时享乐的，所以才会什么涨得好就去跟风买什么，而那些被低估的、不断下跌的东西，则少有人问津。但如果站在预期收益率的角度来看，真正的低风险才有可能产生高收益。什么是低风险？就是投资那些已经跌无可跌的东西。什么又是高风险？就是即便投资标的还能再涨 20%，但你要承担它有可能亏损 50%的损失。

第九节　投资依靠的是策略而不是预测

投资中大家最容易陷入的一个误区就是喜欢听"预测"，而且一听预测就觉得是 100%要发生的事情，听到"看好"俩字就认为肯定会上涨，听到"不看好"就认为肯定会下跌。但其实并非如此，而且这种想法甚至很危险。

要知道，面对瞬息万变的市场，在预测这件事上任何人都没有超能力，即便让股神巴菲特来预测，他也不可能是 100%正确的。能在相当长的时间里预测正确就很不错了。比如巴菲特在 1996 年以后就看空科技股，他足足被骂了 4 年之后，才再度被封神。巴菲特最伟大之处其实并不在于预测，而是坚守常识，即绝对不相信世界上有鬼神之说。所以当别人冒进的时候，他才能始终克制；别人夺路而逃的时候，他又能逆市进场抄底。

大家平时可能总会看到一些公众号或者所谓的"大 V"，教大家通过技术分析或者其他方式来预测短期市场走势，这看着很神奇，其实到最后你就会发现，短期预测正确真的没有任何意义。因为预测的人太多了，做投资的人也太多了，总会有人的预测是完全符合当时的市场环境的，于是他就会凸显出来。如果因为一两个正确的预测，你就认为他是"大神"，可就大错特错了。比如 2014 年世界杯，德国队对巴西队的最终比分是 7∶1，这种极小概率的结果竟然都有人猜对，赔率高达 6500 倍，据说中奖者是一个荷兰人，他因为喝多了，就随便猜了一个比分，结果 200 欧元变成了 130 万欧元。但是你能说他很神吗？以后会听他的预测去买彩票吗？

这其实就是幸存者偏差，或者叫后视偏差，正是因为有些人预测对了，他才会跳出来，而当他预测错误的时候，他就会倾向于掩盖。你能听到的信息都是他如何过五关斩六将的故事，但其实他败走麦城的故事可能更多，只是他不会主动说。如果把这些都摆出来，你就会发现，所谓的预测，基本都是一半对一半错，谁也不会高明多少。

真正专业的投资者，并不是有超强的预测能力，而是懂得见招拆招。这就是老齐常说的：投资不是打板算卦，而是应对之道！想做好投资，我们必须依赖自己的策略系统，而不是靠预测！**很多人一直不明白，预测和策略到底有何不同？**

虽然策略也是基于预测做出的，但预测和策略最大的区别就在于，中间差一个概率，如果你想在投资中长期持续稳定盈利，那么你的操作也必须体现出这种概率。如果看不到投资背后的概率，只是一味地听预测，靠判断来指导操作，最后凭运气赚到的钱，也一定还会凭实力输回去。说得更直白一点就是，策略的核心作用就在于，始终能为自己的操作留有犯错误的余地，无论行情怎样变化，我都有应对之道。好比一支足球队去比赛，如果做预测的话，就只能让表面实力最大化，谁踢得好就让谁上，可能11个前锋都会派上去，但可能没人会跑位，也没人会防守，这基本就是平时踢野球的路数。而策略就不一样了，策略如同专业的球队，一定要找到球员间的互补属性，通过合理的搭配来尽量保证攻守平衡，实现保平争胜的目标。进多少球并不是最终追求，拿下比赛的胜利才是目的。

放到投资市场里看，比如资产配置、股债组合这都叫策略，有人可能会觉得股债组合不是也在预测市场吗？其实它还真不算预测。

预测一般是基于主观做出的，比如我觉得今年市场有机会，于是满仓股票，大举买入，而一旦市场走势和自己的判断不符，就会导致自己大比例亏损，这就是预测。

策略则是通过一些客观信号得到的资产配置方案，或者通过比较得出来的行动建议。比如指数在估值中位数，市场不上不下，情绪不温不火，那么我们的策略就是平衡配置，股债比例各占一半，说明此时自己对市场看涨的把握并不大，胜算可能只有五六成。所以策略不是由主观决定的，而是由客观数据变化带来的操作思路。

另外，策略的背后也一定要看到概率的变化，比如2015年，当所有人都狂热入市，风险越来越高，市场上涨胜算越来越低的时候，我们就可以把债券仓位提高到80%以上，此时主要采取防守策略，股票的仓位只保留20%。这么做的好处就是，如果市场大跌，债券仓位可以很好地帮我们控制损失，在极端情况下还能抄底。如果继续上涨，我们手里也还有 20%的股票可以获得利润，无论市场怎样，我都有应对之道。相反在 2018 年年底的时候，市场估值已经掉到了底部，对于上涨的胜算达到了八九成，那么我们就可以把股票比例提高到 70%，而债券只留 30%，仓位更加激进一些，但也并不是 100%满仓，因为胜算不是 100%，即便有 10%的概率下跌，万一在满仓时赶上了，估计绝大多数人也是扛不住的。

大家有没有发现，依靠策略做投资，我们几乎不可能满仓获得上涨阶段的全部利润，也很难空仓躲过下跌过程中的所有损失。但在每一次市场上涨的时候，却基本能获得大部分收益，大跌时则只亏损一小部分。最后长期算下来就会发现，自己就像一位马拉松长跑选手，中途不断超越那些百米冲刺者。

因此采用策略就相当于做大概率正确的事，它是一个长周期范围内的考量，即便短期判断失误，也不影响我们的长期盈利。资产间价格的比较以及背后的概率，大家一定要读懂，如果你看不到概率的变化，总拿预测当圣旨，说明你还没有领悟投资的真谛。

人终究不是神，不可能未卜先知，任何预测都不可能 100%正确。不要在意一两次判断结果的正确与否，把过程做对远比一两次结果正确重要得多。与其去考虑当前股市是牛市还是熊市，不如多想想此时风险和收益的关系，我们要做的不是祈祷自己投资的公司不出问题，也不是市场不会大跌，而是一旦市场大跌，当自己投资的公司出现问题的时候，我们都有应对之道。

我们要始终记住，投资是场马拉松，而不是百米赛跑。衡量一个人投资水平高低的标准，并不是比谁短期赚得最多，而是比谁能够长期持续稳定地赚钱。靠预测可能会帮你一时，但最终会害你一世。所以预测归预测，操作归操作，我们的操作不能建立在预测的基础上，而是要建立在策略上。

本节做如下总结，策略最大的特点就是：

（1）任何时候都要给自己留有退路。

（2）策略能看到投资背后的概率。

（3）策略不靠主观感觉，而是通过客观数据的变化做出应对之道。投资其实就像开车，我们不可能总预测前车在什么时候刹车，我们只要保持足够的安全距离，保持相对稳定的速度，在对方急刹车时，我们跟着刹车就好了。我们不要被每天来回波动的盘面扰乱了心态，做好配置抓住大方向就可以了。

第十节　心怀感恩，不要总想战胜市场

投资市场中绝大多数人总是相信人定胜天，相信自己可以战胜市场，获得超额收益。所以大多数投资者基本都是积极型的，想不断通过买卖操作获得更高的收益。这种积极的操作会给他们带来更多的满足感，而这些满足感甚至要比赚钱本身更让他们快乐。预测对一次行情，抓到一次涨停板，或者躲过一次大跌，每一次预测正确的操作都会让他们沾沾自喜，认为自己股神附体。

从老齐粉丝群里的提问中不难看出，很多人都有想迫切战胜市场的心理。比如有人会问：

为什么老齐预判 2021 年是防守之年却不让我们退出市场？

某某行业有机会，为什么不重仓多买？

判断有泥沙俱下，为什么不先空仓等待？

创业板之前涨这么高，为什么配置中还要留有仓位？

还有一些"此时要不要买""该不该卖"的问题。简单来说，大家之所以有这种心理，其实还是为了想抓住波段，不想错过任何一次涨幅，也不想忍耐预判中可能出现的下跌。

以上这些想法其实都是基于预测做决策，而根本没有考虑预测背后的概率，也没有想用策略为自己保驾护航。然而市场最快的涨幅阶段往往特别短暂，任何预测都不能 100%准确，如果总想依靠预测抓波段、进进出出，就很容易错过市场最大的涨幅。

"市场有效假说"认为市场永远是对的，但是还有一个市场先生理论认为，市场总会有一些小脾气，我们要想超越市场，其实就是要抓到市场先生闹脾气的机会。这种情况其实并不经常出现，甚至很少出现，所以"只有放长线才能钓大鱼"，最终才能超越市场。言外之意就是说，市场在大部分时间里是有效的，我们很难打败它。比如在估值不高不低，大家情绪稳定的时候，有人看多，有人看空，你根本不知道市场接下来会怎么走，此时通常没有多大的胜算，往往动得越多，错得越多。此时最该做的就是留在市场中，跟随市场获取平均收益，而不要想着击败市场。要先想着成为市场，这样至少你就站在了胜利者的一边。

而当市场出现极端情况时，情绪极度乐观或极端悲观的两个时间点才是我们

主动投资、出手战胜市场的最佳时机，但这种时刻非常少见，甚至可能只占 10%。这种情况也就是大家集体看多，或者集体看空形成一致性预期的时候，通常此时市场就开始变得无效了。情绪这个东西，一旦释放，很容易矫枉过正，此时我们只需要保持足够冷静就可以了。如果别人情绪上头，你比别人疯得还快，那就没办法了。所以投资其实最后比拼的就是谁心态更稳定。

怎么才能心态稳定呢？这就需要我们控制好仓位和预期，以及源源不断的现金流。所谓逆向投资、逆向思维，就是要抓住这 10%的时机，而并不是幻想要抓住每一个波段，这是神仙也做不到的事。能抓住一个大牛熊周期，熊市买入，牛市卖出，就已经很厉害了。

所以，不要总想着战胜市场。越急功近利，越容易犯错。武侠小说里经常讲无招胜有招，一旦你不出招，你就没有破绽可循，而一旦你先出招，别人就有破解你招数的办法。读者可能想不到，"投资"和"武侠"居然也是相通的，真正的高手就是不出招，通过资产配置先让自己立于不败之地，然后耐心等待市场犯错的机会，一旦遇到牛市的亢奋或熊市的恐慌，就是出手获取超额收益的最好机会。投资是一场修炼，不仅要学习操作，也要反复练习"躺下装死"的本领，很多投资者就是管不住激动的心和颤抖的手，结果都非常悲惨。

这也是老齐经常告诉大家的，要做一个佛系投资者，我们要对市场心怀感恩，感谢市场为我们带来的一切，而不是天天想着从市场中捞到多少钱。你越是和市场抢夺，就越会损失惨重。越想赚钱，越想占便宜，也越容易放大人性的贪婪和恐惧。相反，佛系一点，相信吃亏是福，往往能够做到人弃我取。

投资这个事，大道至简。一开始会觉得投资太复杂了，但越往后学，会越觉得简单。只要你降低欲望，放平心态，收益反而越来越好。在一个不断上涨的市场中，在一个只要你什么也不干，就能获得长期回报最多的地方里，绝大多数人却是亏损的，这是什么原因呢？就是每个人都觉得自己很聪明，总想赚一笔就走，越是这样赔得更惨，这都是人性的弱点使然。

投资市场其实很像一个霸道总裁，它可以给你钱，但你不能抢，一旦你天天想和它抢钱，它就会把你打翻在地。而当你心存感激、不争不抢，它反而给你派发大红包。

我们的努力，要多用在买入之前，多去研究市场、多做策略分析、多挑产品，而一旦买入之后，大家就应该佛系一点，能不看尽量别看。你看不看，它该涨还是涨，该跌也还是跌，越看越闹心，越闹心就越想操作。但是在一个均衡市场当中，其实你动得越多，错得也就越多。

第九章
看懂投资市场的规律

但行好事，
莫问前程！

随时接收老齐对投资市场的最新解读、行业分析，以及对宏观周期的判断；随时向老齐提问。

每年听老齐精讲50本财经书，已有近300本财经书可听可读。

《孙子兵法·谋攻篇》中讲，知彼知己，百战不殆。

这句话在投资市场里也同样适用，想要做好投资，我们既要了解自己，也要了解投资市场，更要看懂投资市场的规律。

投资市场始终是人与人博弈的场所，所以知彼知己才是制胜的关键。

第一节　投资市场反映的是预期

投资市场每天都处于波动中，很多投资者可能都会有一个错误的认知，认为股市是对事件的直接反映，公司好，股价就会涨；而公司不好，股价就会跌。长期来看确实如此，但就短期而言，事件本身其实对股市的影响并不大，关键是大家怎么想这件事。这句话是什么意思呢？老齐举个例子大家就明白了。

比如有两家公司，第一家公司很有实力，业绩也确实很好，大家都认为今年它至少能赚 2 亿元的利润，然而年报出来后，它只赚了 1 亿元利润。尽管公司依旧很赚钱，但不及大家的预期，那么它的股价很可能会大跌。这就好比是，你总认为自家孩子能考上清华大学或北京大学，结果孩子考到了其他 985 高校，你都会非常失望。不是孩子不好，只是他没有你想象得那么好。而另一家公司业绩一直低迷，大家都认为今年它还会亏损，但年报出来后，公司扭亏为盈，即使利润很少，这家公司的股价也很可能会迎来大涨。

在大多数情况下，股票短期价格的上升或下跌，都是由投资者想象中的企业发生了变化所引起的，而非企业自身发生了变化。投资一家公司，它现在赚不赚钱不重要，让人看到希望才重要。

为什么会出现这种情况呢？

原因就在于投资市场里的资金总会在不同的风格间流动。其实公司的业绩变化是非常缓慢的，但是大家的预期却变化得很快，觉得公司好就买，觉得公司不好就卖，可以说想象永远比现实变化得更快。这种变化的快慢，造成了预期和现实的差异。想象总要有现实作为支撑，当想象过于美好，现实跟不上的时候，就很容易让人感到失望，这时候资金就会撤离。相反，当想象过于悲观，现实却没有那么糟糕的时候，资金就会流入。也就是说，如果设置一个可量化的波动幅度的话，现实往往在 4～6 之间摆动，但投资者的情绪却在 0～10 之间波动，情绪的波动幅度远远大于现实的波动幅度。

这也提醒着那些总是凭感觉去做投资的人，人的感受本来就滞后于经济周期本身，而经济周期又滞后于股市，所以个人感受甚至可以当作反向指标来用。等你认为经济好的时候，股市基本就到顶了。

市场中的交易是由人完成的，人的行为才是市场最底层的逻辑。投资中要想赚钱，就必须走在别人前面，而不能跟在别人后面。跟在别人屁股后面买股票，永远都是"接盘侠"，投资任何资产都是这个道理。所谓投资之道，就是找到好东西，在大家都不看好它的时候买入，当大家都看好它的时候退出。我们在投资市场里，要打败的不是股票和公司，而是一个一个有血有肉有灵魂的投资者。

这就是说，在每一次买入股票前，你都应该想想，在我操作之后别人的预期是什么样的，如果有很多人在我之后会知道这件事，而且还都会表现得兴高采烈，那么我现在就应该买入。如果想来想去，自己就是那个最后激动的人，那么你只能是那个"接盘侠"了。

股市就是一场预期的博弈。想要赚钱，就必须站起来敢于做第一个鼓掌的人，让别人都跟在你后面操作。这就是老齐在粉丝群里总说的，要找到市场中正确的非共识机会，并且先人一步行动。而这个过程可能并不一定舒服，既然是非共识的机会，通常情况下需要先忍耐股价下跌，这也是一次反人性的考验。

因此想要做好投资，不光要有知识，更要有智慧。这里的智慧指的就是，不要盯住事件的直接反应，要更多地关注其他投资者怎么想这件事。当你看不清方向的时候，可以多想想别人现在正在干什么，以后别人会干什么？市场背后都是人性的博弈，把人性看明白了，也就读懂了市场。

▍第二节　最快上涨阶段通常是短暂的

大家都听过一句话：牛市赚了指数没赚钱。言外之意就是说，大盘指数一个劲儿往上涨，但投资者买的股票却没有让他赚到钱。其实大部分基金也有同样的情况，别看不少明星基金长期都跑出了年化收益率 20% 以上的傲人战绩，但真正在这些明星基金里，从头赚到尾的投资者可能连 10% 都不到，甚至还会有多半投资者在这些基金中赔了不少钱。

之所以出现这种情况，很大一部分原因是多数投资者总是热衷于短线操作，或者总想判断市场走势，市场涨了一段时间后觉得危险了，自己就想赶紧退出来，或者在下跌了一段时间后，觉得机会来了就要抓紧冲进去。他们每天精神紧张，有点小利就想落袋为安，而卖早了又后悔，总觉得自己必须要做对每一个波段，才算成功投资，最后的结果却是每一次都事与愿违。

股市短期涨跌其实都是随机的，没有人知道股市下一步会怎么走，明天是涨还是跌。对于每天由上亿个投资者交易的市场，神仙也猜不透大家是怎么想的。

但如果站在 10 年、20 年的大周期去思考，股市的长期收益率则十分确定，基本就是平均年化收益率10%左右，但并不是说每年都会为你带来10%的收益率，而是有可能前两年都不怎么赚钱，第三年却让收益翻了倍，最后平均下来年化收益率是10%。因为我们并不知道市场什么时候会兑现这个收益，那么最好的办法自然就是留在市场里，长期持有你投资的股票和基金。

在股市漫漫的历史长河中，最大的涨幅阶段往往都是短暂的，如果你总是频繁进出股市，很有可能错过最大的涨幅时机。在 20 年的时间里，如果你错过了30 天的最大涨幅阶段，最后总收益可能会减少一半。如果把股市的历史压缩到 1 天也就是 24 小时的话，那么最大涨幅阶段也就相当于其中的 10 分钟。所以有一句话就是：我们必须确保，在闪电劈下来的时候，我也在场。那么这也就要求我们均衡持仓要成为一个常态。除非极端高估，否则不要轻易离开市场。比如 2021 年，虽然老齐看空市场，提出防守策略，但是我们仍然保留了 4～6 成的仓位，一年下来，依旧取得了 2%的正收益。所以有的时候，防守不一定要全都卖出。降低仓位和调整结构，依旧可以起到很好的防守作用，这么做的好处就是，一旦我判断错了，市场向上反弹了，我们依旧有仓位，可以跟随市场。如果你完全退出，那么在市场掉头向上时，你就只能眼睁睁地看着市场的尾灯吃"土"了。

我们以创业板为例，如图 9.1 所示，2019 年年初到 2021 年年末的创业板，在将近 3 年的时间内翻了 2 倍，但其实这 2 倍的增长也仅仅就是 5 次拉升，而且基本都是急速拉升，只发生在短短的十几个交易日中。如果这些日子你没在场内，没有筹码，那么你的收益必然大受影响。如果你总觉得自己是股神，可以随意进进出出，最后很有可能就会错过市场最大的上涨红利期。

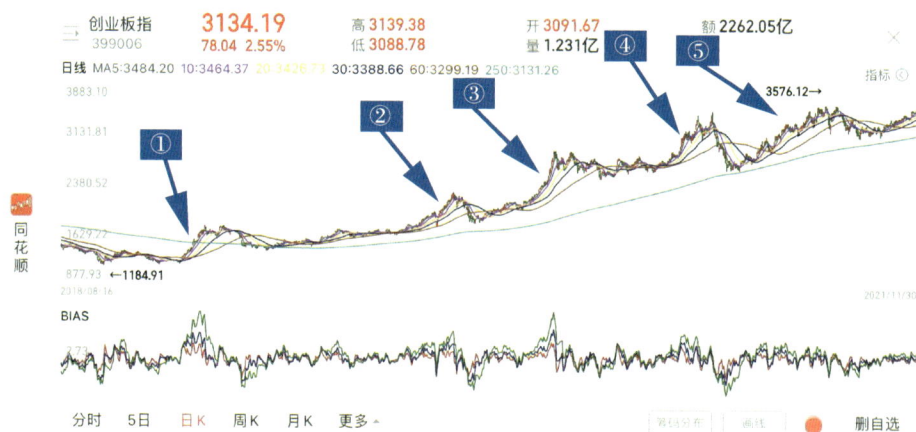

图 9.1

这就是老齐总说的，在没有足够空间、十足胜算的情况下，跟着市场调整就好了。因为有时候即便你在高点退出来了，但也并不知道什么时候才能在低点买回来。卖对了，买错了，依旧是损失。顶部一犹豫，底部一犹豫，再扣掉短期交易的手续费，最后就算一个波段操作对了，可能赚到的利差也微乎其微，同时还承担了巨大的风险。所以在股市中靠判断做波段，根本不现实。我们只要抓住大趋势，一直持有，其实用不了多久基本也就盈利了。做投资不要总想只赚不赔，这属于病态心理。投资盈利本身就需要时间的积累，如果只想赚稳定的钱，那么就只能存银行定期或买货币基金了。在没有绝对胜算的情况下，我们必须始终留在市场中，因为只有在市场中，你才有机会抓住最大的涨幅阶段。

无论是基金投资还是股票投资，重要的不是抓时机、押波段，而是买得便宜并且长期持有。只在市场过热的时候退出一段时间，其他时间都应该留在市场里。这就好比你家门口有一棵摇钱树，每天只有 10 分钟会掉钱下来，但你并不知道什么时候开始掉钱，反正只要你不在，钱掉到地上就会立即消失。其实我们的股市就相当于这棵摇钱树，但它比较恶劣，会经常放虫子下来咬你一口，九成的人被咬了一口后就马上跑了，最终也就错过了获得收益的机会。

▎第三节　投资市场中我们能赚哪些钱

对于大多数刚接触投资的读者来说，思想可能还只停留在赚买卖差价上，买了股票之后就盼望着它尽快涨起来，然后卖掉。这种想法其实是非常片面的，甚至可以说，这种投资方式也是最危险的。之前我们就有个比喻，去球场看球赛猜比分，我们要把注意力放在两支队伍的状态上，而不能只盯着记分牌看。投资也是同样的道理，如果看不到投资背后的东西，只盯着价格去买卖，那么和扔骰子赌大小，几乎没什么区别，短期一两次赌对，长期也必然还会输回去。

其实在投资市场中每个人都应该思考两个问题：**你到底在赚什么钱？你要赚的钱从哪儿来？**如果这两个问题你都想不明白，那么对不起，你压根就不会赚到钱，甚至你的钱还会被别人赚走。

在投资市场中，其实我们只有三种钱可以赚。

第一种是公司分红的钱。分红指的是，上市公司在盈利中每年按股票份额的一定比例支付给投资者的红利。简单来说，就是你投资这家公司，公司每年会从赚的利润中给你发点钱，这也是我们常说的股息率。这部分钱是确定性的收益，也是最朴素的一个商业常识，比如你开一家包子铺，需要先考虑到底多久能回本。一般的小本生意 3～4 年内能回本就算不错的了，而 3～4 年之后，你才会稳定地获得收益。这就要求我们，必须要投资那些能够赚钱，还得持续赚钱的企业，赚得越多越好，而且它还愿意从盈利中拿出一大部分作为分红。公司通过分红的方式给投资者派发红利，有助于提升投资者的信心，毕竟这部分钱确实是公司赚来的真金白银。只不过分红的收益一般不会太高，长期算下来也就是年均 3%～5% 的回报，个别公司能达到 7%左右。

分红的钱虽然占比不高，但它是一个十分重要的参考指标，因为这些钱都是公司的自由现金流。大比例分红的公司，虽然股价不一定是涨得最快、增速最高的，但肯定都是比较赚钱的公司。分红其实是投资者熊市里最好的保护伞，如果一家公司每年给你分红 5%，就非常有利于增强你长期持有的信心。但如果一家公司从来不分红，而一旦大跌，你就未必能拿得住。

所以熊市里一般都是一些高分红的公司率先企稳，就是因为大家觉得好歹有确定性的分红收益做支撑。如果对于赚差价，你没有信心，还可以多关注企业的红利分配。而且对于高分红的公司，还有一个好处，就是它跌下来之后，我们可以用分红接着买它的股票。这样就相当于变相抄底，红利再投资也是一个重要的收益部分。

所以站在分红的角度去思考投资，基本属于一个深度价值的逻辑，把这个逻辑想通了，几乎很难赔钱，因为你出手就是奔着养一只下金蛋的鹅去的。你是站在更长的周期去思考，这只鹅下多少蛋可以把买鹅的钱收回来，而不是考虑何时把鹅卖掉。

第二种是公司成长的钱。这部分才是我们应该重点关注的。有些读者可能不理解什么是公司成长的钱。你可以把公司想象成一个打工的上班族，它并不是一成不变的，而是一直在成长的，最开始大学刚毕业时月薪 3000 元，后来月薪 8000 元，慢慢月薪上万元，甚至年薪上百万元，那么大家对这个人的看法也会持续发生变化。公司也是同样的道理，只要经济不断发展，科技不断进步，那么对于上市公司的利润，大多数也是在不断增长的，股价肯定就会随之上升，它们赚钱越多，你持有的股票也会赚得更多，它们高增长，你也能赚到高收益。

老齐也曾告诉大家，企业的长期增长率几乎就等于你长期投资它的年化收益率。所以我们要想赚到更多的投资回报，就要找到一个每年快速增长的企业，而且增长还是可持续的。其实绝大多数企业都是在持续增长的，因为全市场的利润增长速度也在 10%以上。所以你的运气只要不是太差，总能买到成长股。公司成长的钱，是市场中主要的超额收益所在，那些投资大师们之所以成功，很多时候都是因为抓住了优秀的成长股，年化收益率甚至可以达到 20%～30%。如果我们没有大师这种选股能力，那么只持有指数，享受全市场的平均增长这块的回报，长期下来年化收益率也应该能在 8%以上了。

第三种是市场估值波动的钱。估值波动一般指的就是市场短期价格的变化，这种变化往往不是公司业绩改变带来的，而是投资者情绪引起的。在投资者情绪乐观的时候，估值就会提升，情绪悲观了估值就会下降，所以这部分钱并不稳定，经常大起大落。但这也正是绝大多数散户最想赚的钱，也就是所谓的低买高卖。他们通常不满足于获得市场长期的回报，并没太多耐心等着收取分红，也没有信心去跟随企业成长，就想赚一次差价就跑。但恰恰是这种心理，让很多人内心滋生了贪婪和恐惧的情绪，并在投资市场中被无限放大，导致他们经常被利益诱惑而蒙蔽了双眼，最终在高位追涨，而一旦价格开始回落，又会变得恐惧从而开始杀跌，终究难逃亏损的命运。

老齐常说，投资市场中的两大杀手就是贪婪和恐惧，现在有多贪婪，未来就有多恐惧。买的太贵本身就会让你万劫不复，而在便宜的时候不敢买，又会反过来让你错过唯一赚取超额收益的机会。人弃我取，这是投资的最高境界，虽然说投资者要摒弃贪婪和恐惧，但真正身处市场中时，大多数人都是无法战胜人性的贪婪和恐惧的。

如果不考虑情绪因素，长期来看，股票总体上提供给投资者的收益水平应该大致就相当于企业本身所发放的红利，也就是股息率，再加上企业的增长率，所以我们做投资，一定要重点看这两个因素。但是，如果把情绪因素加进来，就会发生一些变化，股票的估值水平可能在一定时间内，会明显大于红利和增长率的总和，这时候就说明股票已经被高估了，透支了未来的盈利，风险变得越来越高。相反企业业绩很好，但股价却很久没涨，这时候我们长期投资的胜算就在不断增加，未来的超额收益也会在时间中潜藏下来。

对于普通投资者来说，赚估值波动的钱是把握性最差的，但也并不是说一点钱也赚不到。这就需要我们抓住大势，小趋势中的估值变化很随机，短期投资者的情绪很难预测。但当极端时刻出现，投资者情绪失控，所有人都形成一致性预期的时候，赚估值变动的钱的机会往往也就来了。也就是我们要在群众集体悲观时买入，集体乐观时卖出，这样才能够做到低买高卖。

不过总的来说，估值波动这块的收益长期来看就是一个零和游戏，甚至是负和游戏。从别人兜里赚钱，并非易事，需要我们有足够的耐心等待一个千载难逢的机会出现。即便是巴菲特的老师格雷厄姆，也仅仅跑赢了市场 2%而已，所以那些天天喊着要让年化收益率达到30%，甚至本金一年就要翻倍的投资者，务必先想清楚自己到底有何能力和优势？

因此，想要在投资市场中赚到钱，就必须把投资的本质想清楚。自己到底要通过哪个途径赚钱。相比于每天去猜大家情绪，赚估值波动的钱，我们不如多考虑这家公司到底赚不赚钱，这家公司到底为大家解决了什么问题。如果一家企业没有帮用户解决痛点，那么这家企业就没有太大的价值，那些改变了人们生活的企业才是伟大的企业。我们投资要做的其实就是，把钱交给这些企业，然后让它们去改造世界。投资其实就是一个用今天的钱，换取明天源源不断收入的事情，所以重点在于后面的收入，而不是未来它能卖多少钱，如果能卖到更高的价格，那么应该感谢投资者人品爆发。或者说，只要你的目光是盯在现金流上，那么未来肯定会有一个巨大的资本溢价空间，相反你如果一直盯着资本溢价，反而往往得不到这种赚钱的机会。

第四节　投资市场的有效性理论

人们对市场是否有效的相关探讨，始终没有停止过。1970 年，美国一位著名经济学家尤金·法玛，提出了"有效市场假说"。他认为，在法律健全、功能良好、透明度高、竞争充分的股票市场，股票价格不断地反映了相关股票的所有信息，股市价格趋势无法预测，同时公司的股价已经正确地反映在市场中。也就是说，好公司肯定会有好股价，而业绩差的公司，则不会有很好的股价。公司的股价已经将所有关于公司的信息都包含了，比如公司的盈利前景、行业竞争力、成本估算等。目前的股价就是最公平、最准确的价格。这样的市场也被称为强有效市场或完全有效市场。

他还认为，在完全有效的市场中，任何买卖股票的行为都是浪费时间。因为当前的股价已经充分反映了当下所有信息，是最公平合理的。此时买卖股票，相当于在赌公司未来的不确定性。因为未来的信息都是未知的，可能是利好也可能是利空。在这种情况下买卖股票，无异于猜硬币的正反面。所以对于一个投资者来说，最好的策略就是买完股票就长期持有，什么都不做。

其实从美国市场的大量实证研究来看，即使是基金经理管理的基金，在扣除手续费等其他费用后，为投资者带来的回报可能还不及一个简单的市场宽基指数基金。这就说明大部分的基金经理确实无法战胜市场。

但是，我们也在其中发现了佼佼者，比如巴菲特、彼得·林奇、约翰·聂夫、邓普顿等，这些投资大师确实在较长的时间里跑赢了市场。这也表明，要想战胜市场，肯定还是有办法可循的。因此后来有人提出，"有效市场假说"关注了市场的方方面面，但却忽略了市场中最重要的一个因素，那就是人，或者说是人的情绪。毕竟市场是由人来交易的，人并非机器，人有喜怒哀乐、有恐惧和贪婪，每个人并不能一直处于理性思考的状态，这就导致了市场的波动。在市场明显的转折点上，多数投资者总会给出具有一致性且错误的结论，并且一次又一次地重复从前的错误。

我们必须辩证地看待"有效市场假说"，市场不是无效的，但也不是一直有效的。在绝大多数情况下，市场确实存在于有效的体系之下，这时我们很难战胜它。比如在股票估值不高不低的震荡股市中，根本无法预测市场下一步的走势，此时不如按兵不动，跟随市场一起波动，因为你一旦出手就随时有可能被它打败。在极端情况下，市场会被情绪主导，这时候我们就该意识到市场已经逐渐趋于无效。当市场形成一致性预期，投资者的情绪过于高亢或者过分悲观的时候，这时就是"市场先生"来给我们送钱了，也是我们出手操作、胜率最高的时候。

比如疯牛市中，很多成长股现金流都是负数，公司在实际经营中也没赚到很高的利润，但股价仍然被炒上了天，早已脱离了它的真实价值，这就说明它们的价格是非有效的，未来必然也持续不了多长时间。如果你能发现这种非有效的情况，也就能躲避不少风险，但可惜当大家身处当时的环境中，多数投资者都不愿意承认这种无效时刻，可能还觉得现在的价格很合理有效。

又比如发生股灾的时候，很多企业的经营状况其实根本没有发生很大的变化，但投资者却都在慌不择路的抛售，不少优秀企业的股价也可能被砸下去将近一半，这基本都是因为股市受到了投资者情绪的影响，并形成了情绪扰动，但此时往往是"黄金遍地"随便捡的机会。等股灾过后，投资者情绪逐渐恢复理智后，短期无效的价格自然也会慢慢回归到合理和有效的数值上。

所以，我们要做的就是，抓住市场无效的机会，通过市场的有效性去赚钱。这是什么意思呢？就是说，当大家都产生一致性贪婪和恐慌，市场失效时，才是我们操作买入卖出的机会，而且只有在市场无效的时候，我们才应该操作，而当市场有效时，我们最好的办法就是保持均衡配置。老齐的一个基金合伙人是社保基金理事会的投资经理，他的总结很精辟：社保基金之所以能取得不错的投资回报，这么多年最大的经验就是不折腾。这么多年来，只有两次大的卖出交易，分别是在 2007 年和 2015 年，而其他时候几乎都是只买不卖。

其实投资和下棋一样，你要想赢得棋局，就要充分利用好对手犯错的时候。对于同样的信息，绝大多数投资者可能会做出错误的解读，而这时候，往往就意味着市场无效发生了。我们要想赢得"棋局"，就要抓住这样的机会。

▎第五节 投资市场的均值回归理论

投资中多数投资者之所以不能躲避危机，就是因为不相信常识，总是认为这次不一样了。在市场价格出现明显错误定价并有极端情绪出现的时候，业余投资者总能通过假想找到各种理由，去解释价格变化的合理性，认为价格贵自然有它贵的道理，价格便宜也肯定是因为它没有价值了。他们并没有冷静分析，通过基本面客观引导价格。这些总去解释价格变化合理性的人，并非是真正的投资者。

真正的投资者永远是少数人，他们通常能够尊重事实，坚守常识，并不相信"鬼神"之说，更愿意相信概率，相信不合理的东西一定会发生均值回归。而且在多数情况下，真正的投资者都是要和大众逆向而行的。这些人往往能在危机中发大财，并慢慢修炼成投资大师。成为大师后，他们也不会刻意隐瞒自己的想法，在很多危机到来之前，都会提前告诉你。比如巴菲特早早就抛掉了中石油的股票，2000 年之前他始终在提示风险，建议大家不要触碰网络股。可是很多人却在指责股神。当 2015 年一波通过加杠杆的牛市出现时，大部分投资者却都相信 4000 点才是牛市的起点。每一次泡沫中，大多数投资者总能给这种不合理的疯狂，找到无数多个看起来十分合理的借口，然而等泡沫过后才发现，一切只不过是过眼云烟。但是这并不能让人们记住这个教训，下一次大家可能还会这么干，这就是人性。

其实所有的投资行为都是有概率的。比如根据市场经验来说，给公司多少倍的估值，往往就是市场对它的预期，认为它将以什么样的速度增长。如果你买了100 倍估值的股票，也就意味着公司利润每年要增长 100%，才符合市场预期，哪一家公司可能会保持这种速度增长呢？这几乎是不存在的。2000 年在美国股市的互联网泡沫中，有的互联网公司的市盈率甚至已经达到了 200 倍，当时竟然还有分析师说，互联网已经改变了世界，这些公司将继续维持高增长。事后有人简单地计算了一下，如果想要维持当时的估值水平，公司需要在未来几年找到 180 亿名用户才能创造出这些利润。这是什么概念呢？这相当于全球人口的 3 倍。也就是说，公司需要尽快坐宇宙飞船找到外星人才能实现这 180 亿名用户的目标。这一看就是不靠谱的，很快这些公司股价就暴跌了 9 成。其实有时候，做投资并不需要我们多么精于计算，只要拥有常识就能避免很多"坑"了。没根的树长不到天上去，没有业绩支撑，脱离了常识的投资，最终也注定会亏损。

这就是市场的规律，长期来看市场总会向均值纠正。时间越长，市场的涨跌幅度就越趋向于均值。所以均值就像一把标尺，指引着钟摆的那个中心点，钟摆脱离得越远，纠正过程往往就会越强烈。可惜多数投资者在经历了一段不正常的变动后，便会习以为常，认为钟摆这次只是出问题了，每当这种常识被忽视的时候，就会有人为此付出惨痛的代价。

均值回归，到底回归到哪儿？

很多人经常问，那些均值回归的基金，有的也还在上涨，并没有出现大幅下跌，为什么说它均值回归了呢？这就是大家的一个误区，均值回归，不一定会发生大跌，还有一种可能就是长期横盘，虽然也在涨，但是涨幅特别小，这也叫均值回归。什么是均值，0 轴并不是均值，均值是全市场指数的表现，而全市场指数，是不断向上生长的。这就注定了那些之前大幅跑赢市场的基金，会在后面慢慢地跑输，但跑输并不等于要一直亏钱。有人做过统计，以 20 年为周期，主动型基金是很少能够跑赢指数的。当然国内确实有些基金跑赢了指数，但其实这个数量极其有限，很多 20 年前的基金，现在已经根本不存在了。

该如何利用均值回归理论创造阿尔法收益呢？

其实还是老齐之前说的那句话，好基金买跌不买涨，只要它能保持风格，当它们表现不佳的时候，甚至在很长一段时间跑输市场的时候，我们可以多买一点，而当它大幅跑赢市场的时候，我们就要小心了。

那么我们以什么为基准呢？我们可以用基金 APP 建立一个沪深 300+创业板均配（比重各占 50%）的指数，如图 9.2 所示。理论上创业板的公司拥有更高的成长性，所以创业板的公司长期回报应该比沪深 300 的公司回报更高。

（1）当创业板指数跟沪深 300 指数水平差不多的时候，那么未来创业板的预期收益肯定更高，我们超配（增加仓位占比）创业板，比如在 2012 年的时候。

（2）当二者同向波动，跟我们的基准呈现发散状的时候，我们逐渐调回均配，比如在 2013 年下半年的时候。

（3）当创业板跑赢均值的幅度，小于沪深300跑输均值的幅度时，我们超配沪深300，比如在2014年的时候。

（4）2015年，重复第二步，回到均配。2016年再次开始超配沪深300，一直到2018年年底，创业板和基准走势基本黏合，与沪深300的差距也极小，那么此时就证明创业板再次被低估，我们开始重新超配创业板，2019年再回到均配。到了2021年其实沪深300明显走弱，所以这时候，应该风格逐渐再次偏向沪深300，我们应该超配沪深300。

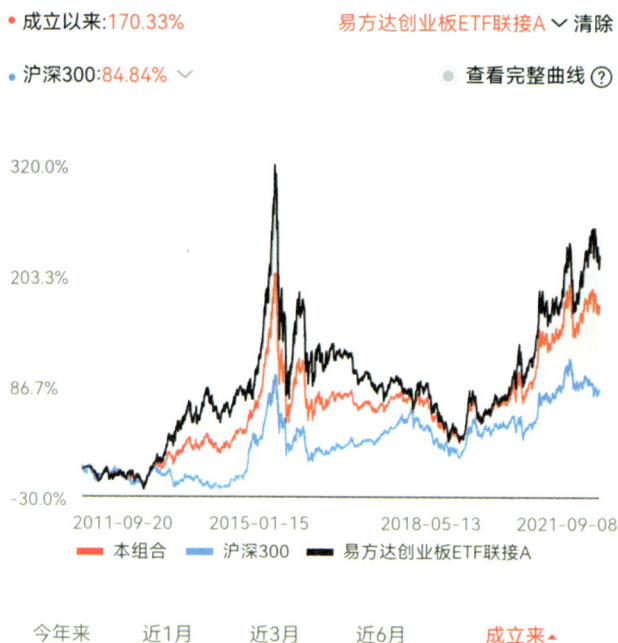

图 9.2

这就是一个极其简单的模型，它大概告诉你风格是怎样切换的，我们又该如何去观察。这个模型我们还有待优化，因为其中没有考虑中证500的风格。其实我们梳理一下，重大的变盘时间点只有五个。一是2012年年底（策略超配创业板），二是2014年（策略均配），三是2016年（策略超配沪深300），四是2018年（策略超配创业板），五是2020年（策略均配），其中2014年和2020年这两次是全面牛市，超配哪个都是对的，但是全面牛市之后，更可能出现的是均值回归，也就是之前涨的最好的产品可能要休息一段时间了。所以到了2021年年底，我们判断2022年，很可能就是风格切换的一年，成长要再次熄火，创业板也要开始回撤。相信大家拿到这本书的时候，市场上应该已经有了答案。

▌第六节　投资市场的底层逻辑：五种轮动

其实很多时候我们把投资想得太复杂了，既要选股也要选时，甚至还要做好每个波段，上涨要跟得上行情，下跌也要能够控制回撤，但其实投资真心没这么复杂，有时你把投资搞得越复杂，投资的收益也就越差。在老齐看来，投资市场的底层逻辑，无非就是五种轮动。

第一种轮动，大类资产轮动。

大类资产轮动，简单来说就是债券、股票和商品的轮动。它们之间的轮动顺序通常都是债券先走牛，然后股票走牛，股票走牛之后商品开始火爆，等商品行情结束后，最后用现金做防守，这也是一轮典型的经济周期，这也被称为美林投资时钟。言外之意就是说，我们在做资产配置的时候，就可以根据这种轮动顺序去选择侧重点。当看到债券走牛后，就可以适当增加股票资产比例，股票起来后就去配置大宗商品，等商品行情火爆后，就要考虑增加现金比例来做防守了，或者回到债券资产中布局下一轮债券行情。

大类资产轮动，也是五种轮动中相对简单和容易赚钱的方式。做大类资产轮动的代表人物比较多，比如桥水基金达里欧的全天候策略、耶鲁大学基金的大卫·斯文森，国内的一些养老基金、社保基金，还有国外的一些北上资金也基本都是这个资产配置的思路。

第二种轮动，风格轮动。

市场风格永远如春夏秋冬四季更替一样，成长风格和价值风格也永远会切换轮动，不是成长风格占优势，就是价值风格占优势。之所以会产生风格周期，这跟业绩、信心都有关系。经济好、业绩好的时候，大家信心更足，更倾向成长风格。当经济不好、业绩差的时候，大家什么都不信了，更愿意抱着业绩确定性更高的价值风格。风格周期一般是 3 年到 3 年半，这个非常明显。比如 2010—2012 年市场虽然都在跌，但是大盘股占优势；2013—2016 年，赶上了大牛市，股市普涨，但中小创明显占优势，涨幅更大；2016—2019 年价值股重新占优势，市场走出了分化，中小创持续下跌；2019 年之后，中小创持续走强。如果按照风格周期轮动的规律，这波风格周期将持续到 2022 年结束，市场风格将从成长风格转为价值风格。但是必须提醒一点，风格周期未必都是上涨的，也有可能都下跌，比如

2018 年，市场全都下跌，但是价值股跌得慢，所以仍然在价值风格周期。做风格轮动的好处就是可以大大提高资金效率，虽然抓不到热门，但是永远在强势的一端。如果你能把风格做对，其实就应该能打败 80% 的基金经理了，也能够完全超越市场，赚到超额收益。如果股市是平均年化收益率为 10% 的话，你至少可以取得 12%～15% 的年化收益率了。

第三种轮动，主题轮动。

这种轮动就需要把握宏观大趋势了，一个阶段涨幅最大的牛股往往反映了一个时代。比如过去 10 年，我们最大的经济趋势就是促进消费，所以过去 10 年消费热点相关股票都没少涨，格力电器、贵州茅台、伊利股份、云南白药，这些都是一段较长时间内的重点主题。美国也是一样，比如从 1990 年到现在，微软就是美国文化的代表。那么微软之前谁是代表呢？是菲利普莫里斯，这个名字你可能比较陌生，但是提到万宝路大家就都不陌生了。那么问题来了，过去谁最能代表中国制造？格力电器肯定算一个，过去 10 年格力电器涨了 50 多倍。那么未来呢？5G、人工智能、大数据这些高端制造业，肯定是我们中国的标志。因为我们拥有全球最多的人口、最大的市场，自然也拥有最多的数据，这些领域最先进也是非常正常的。同时，在美国没什么表现机会的产业，往往在中国照样能变成大生意。比如外卖、快递就是典型代表，在美国送外卖的成本可是相当高的。所以我们未来的主题，一定是高科技、高端制造、信息技术产业、人工智能等。

这种主题轮动如果做好了，基本就可以封神了。比如巴菲特和彼得·林奇，基本上就是主题轮动的高手，他们永远买当下最主流的东西。不过这种方法需要有足够的耐心和超强的心理承受能力。你看到好的东西，别人也看到了，那么震荡、换手就在所难免，要么你比别人看得早，要么你比别人坚定，否则也别想赚到钱。

第四种轮动，行业轮动。

这种轮动的难度属于投资行业的顶级难度了，一般人根本做不好。即便是最专业的机构投资者也基本就在金融、成长、周期和消费 4 大类行业中去把握轮动关系。比如熊市买金融行业吃股息，牛市买成长行业，牛市末期买周期行业，周期行业表现完了用消费和医药行业做防守。不过这只是理论上的行业轮动，但不是每次牛市都会表现得一模一样，所以其实想要做好行业轮动是非常困难的，它比主题轮动难得多，而且收益未必有主题轮动好。

最后一种轮动，个股轮动。

这种轮动基本是五种轮动里风险最高、收益最低，也是最难把控的。很多投资者总希望抓到一个大牛股，再抓下一个大牛股，恨不得天天涨停板，但显然这是不可能的。最终结果往往都是事与愿违。

其实我们只要把大类资产轮动做好，收益就非常高了，如果还能把风格轮动把握住，基本就已经是顶级的专业投资者了。富国天惠成长混合 A 的"大牛"基金经理朱少醒，就非常精准地把握了大小盘风格轮动，从而获得了 10 年年化收益率为 20%以上的傲人成绩，成为全国顶级的基金经理。如果要说句扎心的话，那就是股市其实是最容易赚取高收益的场所，甚至没有之一。哪怕只买沪深 300 指数，盯着市场整体估值，极度乐观时卖出，极度悲观时买入，中间不高不低就不动，基本上能顺利打败 80%以上的投资者，并跑出 10%以上的年化收益率了。在股市中赔钱就相当于淹死在半米深的水池中，明明站着不动就可以了，但很多人却非要在水里乱扑通，最后反而丢了性命。

所以做投资最重要的就是，守住能力圈，找对自己的位置，用自己能够驾驭的方法去投资，这样才能赚到钱。总想做个股轮动，最后就很容易在股市中成为散财童子。老齐建议大家，作为普通投资者，我们先做好大类资产轮动，顶多再做到风格轮动就不错了，而对于主题轮动，一般都得是专业投资者才能完成的任务，至于行业轮动，就暂时先不要想了。如果实在想尝试，可以拿出一小部分资金跟着老齐在知识星球"齐俊杰的粉丝群"里做行业定投，学一学行业分析逻辑，先慢慢找找感觉。

其实你也应该看出来了，这几种轮动的胜率是不一样的，大类资产轮动无非就是二选一，在绝大多数情况都是股债配置比例的问题。风格轮动也就是价值风格和成长风格的二选一，选对的胜率永远在 50%，再加上我们对周期的一些判断，可以让风格轮动的胜率提升到 70%～80%。但是再往下的行业轮动，那就是十或二十选一，个股轮动更是四千选一，它们的概率就越来越小。老齐见过的最牛的基金经理，可以把大类资产轮动和风格轮动做得很好，年化收益率就可以达到 15%～20%了，但至今老齐还没见过一个可以把行业轮动做明白的基金经理。我们之前一直说什么是运气，运气就是一直做大概率正确的事情，我们只去做大类资产轮动和风格轮动，那么我们的胜率就会一直很高，如果你贪婪了，想做主题轮动、行业轮动，甚至是个股轮动，那么失败是必然的，因为本身它们的成功就是极小概率的。

第十章
了解市场中的投资流派

投资流派，其实指的也是投资风格。比如我们经常会说，某只主动型基金是价值风格或者成长风格，其实买主动型基金，主要买的就是基金经理的专业选股能力，而基金经理选股的风格，往往也代表了他们的投资流派。那么在投资前我们首先也要清楚，自己到底是什么风格的投资者？是价值型投资者，还是成长型投资者，又或者是趋势投资者。

确定自己是什么风格的投资者，事关重大，千万别说自己什么都会，什么方法都用，这样通常会输得很难看。因为它们的操作方法根本不相同，比如价值型投资者，抓的是左侧买入，找到好公司后可能会越跌越买，而趋势型投资者需要在趋势明朗的右侧开始追击，靠的是止损来扩大胜率。如果你什么都做，那就麻烦了，有些人就是在股票跌了50%以后，说要学巴菲特长期持有，那不叫长期持有，那叫满仓被套。所以我们还是要选择一个适合自己的投资风格，否则可能会不知所措。这一章我们来了解下市场中的投资流派。

第一节　价值型投资

价值型投资的代表人物是本杰明·格雷厄姆，他享有华尔街教父、财务分析之父、证券分析之父的美誉，是全球顶级富豪之一巴菲特的老师。他将价值建立在实际的基础上，而不是对未来预测的基础上，所以只有当股票价格过低的时候，甚至低于净资产时，他才会去选择投资。也就是说，把公司出售，即便不考虑股票增值，把公司里的"桌椅板凳""锅碗瓢盆"卖了，也能把投资收回来。早期的巴菲特几乎就是遵循这一原则做投资的，这招也被称为"捡烟蒂"投资法。

价值型投资的特点如下。

（1）买股票本质是买公司的盈利能力，投资是为了公司的价值，而不是为了投机，一家公司之所以值得拥有，不是因为它的股票会涨，而是因为这家公司能够源源不断地产生利润。

（2）忽略市场的短期波动，有时股票市场并不能反映公司的真正价值，市场表现的只是当前公司股票的交易价格，而交易价格常常会偏离真正的价值。

（3）投资时要留有安全边际，给自己留出犯错的空间。安全边际是建立在正确的估值认知基础上的，要大概知道公司的价值在哪里。公司或行业都是有合理价值区间的，需要耐心等到公司股价或行业整体估值低于合理价值时，才算进入了低估区间。

但事实上，格雷厄姆的"捡烟蒂"投资法适用性并没有那么广，因为很少有股票会跌破清算价值。即使有那么一两只，也没法接受大资金的投资，而且清算价值有时候也并不靠谱。比如伯克希尔·哈撒韦的纺织厂，就是巴菲特用"捡烟蒂"投资法买入的，这家公司困扰了他十几年，巴菲特不断地往里"装"保险公司，才把它拖出泥潭。那些设备的账面价值看起来很值钱，但当卖出的时候，却发现没人愿意要。所以后来巴菲特再投资的时候，不仅要关注资产价值，更要关注资产的获利能力。如果资产没有获利能力，那么它再值钱也没用，这也是巴菲特为什么一直不喜欢买黄金，更不喜欢炒房的原因。巴菲特的老伙计芒格一开始也喜欢炒房，但后来真正让他发财的却是投资有价值的公司。

格雷厄姆的"捡烟蒂"投资法，算是比较极致的价值投资流派。一般现在的价值投资风格指的就是，追求股票价格在低于企业内在价值时买入，或在股价被相对低估，并在合理估值范围内时买入，在等待价值回归的过程中获利。简单地说，对于价值投资者来说，最重要的就是买得便宜，买入后时间就是你的朋友，有可能买完一两年都没什么起色，但每多等一年，价值的复利就会滚动一次，最终赚钱只是时间问题，关键就在于你是否有耐心，并且对这家公司有充足的了解和信任。可能有人会说，我看不懂公司价值，其实买指数也是一样的，因为指数是市值加权的被动策略，它即使不是市场中最好的公司，也是相对比较好的公司的组合，对于这些较好的公司，价值也都在实现复利增长。所以在相对成熟的市场中，长期下来基金经理一般很难跑赢指数。

现在随着投资市场的逐步成熟，机构投资者占投资市场的比例越来越高，在这个大数据时代，价值投资者也不可避免地面临一个问题，那就是严重被低估的好公司会越来越少，捡漏的机会不会经常出现了。因此价值型投资，现在也多被定义为：以尽可能低的价格，买入尽可能好的公司。

▍第二节　成长型投资

成长型投资的代表人物是菲利普·费雪，他是现代投资理论先锋代表之一，也被称为成长股投资策略之父，是华尔街极受尊重和推崇的投资家之一。成长型投资的理念是投资高成长型的公司，其理论是基于预判公司未来的盈利可以快速增长。比如公司利润的增速在50%以上，市盈率一般也在50倍左右。成长型投资的逻辑就是，市场会对一些跑得快的股票给予更宽松的条件，因为随着时间推移，投资越来越容易，企业的增长也会越来越快。之前大家基本都是从小生意起步，慢慢获得积累，偶尔才会拿出一些股权去做交易。而后来，随着资本越来越多，大家做生意的机会更多，也更加倾向于吸取更专业的经验，使公司的成长更迅速，发展更稳定。所以对于投资者来说，即便现在买的不那么便宜，但依靠公司未来的高速成长，也照样能支撑高估值，最终赚到钱。

成功的成长型投资，需要投资者能够预测新技术成功的机会、新市场的动向和新商业模式的演化，如果投资者没有把企业研究透，就很容易陷入成长的陷阱。也就是公司看起来好像很不错，但实际上没几年就变味了。有的公司只是因为站在了风口上，所以利润增长了，这其实和它们自己没什么关系，只是行业发展得好而已。最后风一停，掉下来摔死的都是飞上天的猪。解决这个问题的办法就是，保持平常心，不要特意去寻找成长型股票，当见多了这种风口上的公司，你自然就能分辨出来，哪些公司具有真正的潜力。

还有一位大师级人物在这里必须讲一下，他就是托马斯·罗·普莱斯，被市场冠以"成长投资之父"的美誉。他是普信集团的创始人，普莱斯曾经说过：

> 经过几年的思索，我现在越来越坚信，最好的投资方式是找到一个仍处
> 于成长周期内的产业，判定该产业内最具发展前景的公司，并长期持有
> 这些股票。

普莱斯对于成长型股票的定义是，该企业在收益方面表现出良好的长期潜在增长，并且根据研究，有长期持续增长的迹象。收益增长良好的企业的标准是超过经济增速，并且不是因为某个新产品带来的短期爆发，也就是增长必须具有可持续性。

1929 年开始爆发的美国经济大萧条深深地影响了普莱斯的投资风格，与其他人在经济大萧条后从此远离股市投资不同，他在那次危机里学到的恰恰是去股海逐浪的本事。普莱斯相信金融市场的周期性循环，在选股方面也显得与众不同，开创了成长型投资方法，专注于在发展较快的行业里挑选那些管理良好，且收益和股息预期增长率均高于通货膨胀或者经济整体增长的公司。普莱斯在公开演讲中，描绘出了典型的成长型公司特征。

（1）公司致力于研究开发，也就是要不断开发新产品，追逐高利润。

（2）公司经济实力雄厚，可以随时抓住机会，也能在经济不景气的时候扛过萧条期。

（3）公司要有合适的利润率，周转快的公司，6%的利润率就可以接受；周转慢并且营收少的公司，就需要 10%～15%的利润率。

（4）公司管理层和员工具有融洽的关系，工资总额在财报中相对较低。也就是说，人力成本不能占公司总支出的过高比重，而且要根据业务状况进行调整。

其实市场中一直有两种争论，是做价值型投资，还是做成长型投资？

早期大家都习惯于认同格雷厄姆的理念，寻找那些成熟产业中公司估值比较低且拥有强大自由现金流的公司，巴菲特就是这种理念的受益者，但随着经济大萧条的远去，越来越多的长期资金进入股市，推升了市场估值，价值型投资者基

本上已经很难买到估值低的公司了，所以成长型投资理论就开始大行其道，大家认为现在估值虽然高，但是如果能够可持续成长，高估值终将被持续成长消化掉。普莱斯、费雪、彼得·林奇，甚至后期的巴菲特，都是这类观点的践行者，这些大师也在市场中印证了自己的观点。

第三节　巴菲特式投资

巴菲特式投资可以分为以下三个阶段。

第一阶段：在早期师从格雷厄姆的许多年间，巴菲特一直采用格雷厄姆式的投资方式，即便宜就是硬道理。巴菲特遵循着导师的投资思想，在 1956—1969 年间，巴菲特合伙的公司取得了年化收益率为 32% 的高收益，同期标普 500 的年均涨幅只有 10%。在这期间最为经典的投资案例便是投资美国运通公司，美国运通公司因为色拉油事件股价跌幅超过 50%，但巴菲特经过分析后认为，事件的影响远远小于公众的预期，所以巴菲特投入重金，大手笔购买运通公司的股票，最终获利超过 1.5 倍。

不过随着美股的牛市高歌猛进，到了 1969 年，已经是富豪的巴菲特发现了一个问题，那就是股市中的股票市盈率普遍高估，便宜货捡不到了，值得投资的机会已经非常少了。巴菲特决定解散合伙公司，就在同一年，39 岁的巴菲特读到了费雪的著作《怎样选择成长股》。

第二阶段：真正推动巴菲特实践费雪理论的是查理·芒格。巴菲特说：

> 查理把我推向了另一个方向，而不是像格雷厄姆那样只建议购买被低估的股票，这是他思想的力量，他拓展了我的视野。我以非同寻常的速度从猩猩进化到了人类，否则我会比现在贫穷得多。

格雷厄姆主张用便宜的价格买入一般公司的股票，而芒格主张用合理的价格买入优质公司的股票。最典型的例子就是，巴菲特以并不便宜的价格买入了喜诗糖果，但却获得了更多的收益。当时他们发现，喜诗糖果拥有未加利用的定价权，也就是提高价格，却并不影响销量的潜力。于是芒格告诉巴菲特，以公平合理的价格买入一家优秀的企业，远比以低价买入一家普通的企业更靠谱。于是巴菲特也开始采用费雪的观念，从"捡烟蒂"转变为投资具有护城河的企业，跟企业一起成长。

第三阶段：在吸收了格雷厄姆、费雪以及芒格的观点后，巴菲特最终完成了多种投资知识的融合，找到了正确的滚雪球方式。虽然他被称作股神，但巴菲特其实很少在二级市场通过买卖股票的方式赚取差价，他都是用一级市场的思路在做投资。买入股票，基本上就是收购兼并一家公司，直到把自己"买进"董事会。他就是靠掌控着无数多家源源不断地为自己产生现金流的公司，给自己提供现金支持，从而继续收购低价优质的公司。只要公司不是涨得特别离谱，他都不会卖。他这种低买不卖、滚雪球的策略，让他的投资注定会成功。巴菲特不是基金经理，而是一个养"鹅"人。

能长期持有一家公司的股票的秘密就是，你要真的爱上你的投资，买入一家公司，那么就应该爱上这家公司的一切。比如巴菲特无论在哪里都喝可口可乐，吃喜诗糖果，那么你是否也能像他一样，为自己投资的企业产品代言呢？如果你超级喜欢它的产品，自然就能长期持有，这也是彼得·林奇投资的哲学，爱好是一切事业的基础。如果你根本就不爱，甚至都不清楚这家公司的主营业务是什么，那么显然也不可能获得高收益。为什么那么多人都能在房子上赚到钱，说白了就是喜欢自己的家，所以才能一直拿得住。那么想做指数投资或者基金投资，该怎么办？你得喜欢上股市，或者充分相信你的基金经理才行。

第四节 技术分析型投资

技术分析型投资是指以市场行为为研究对象，以判断市场趋势，并跟随趋势的周期性变化，来进行股票及一切金融衍生品交易的决策方法。自股票市场产生以来，人们就开始了对股票投资理论的探索，形成了多种多样的理论成果，其中经典的道氏理论，也被称之为"技术分析"的鼻祖。

创造了股票指数的祖师爷正是"道氏"，即查尔斯·亨利·道。他发明了道琼斯工业指数，并创立了著名的《华尔街日报》。他逝世后，《华尔街日报》的记者将其文章及观点编撰成了《投机初步》一书，从而为道氏理论正式定名。

道氏理论认为，股票会随市场的趋势同向变化，以反映市场趋势和状况，也就是说股价一旦形成某种趋势，将会在很长一段时间内持续这种方向走势。股价的趋势按时间长度主要分为基本趋势、次级趋势和小型趋势。长期投资者一般只关心基本趋势，也会关注次级趋势，而仅仅持续几天的小型趋势因很难被判断，所以对长期投资者无关紧要。

经历了长期发展和演变，现在的技术分析形成了众多的门类。以下列举几个。

（1）**K 线类**：主要为日本蜡烛图技术和酒田战法，二者可以说同宗同源，大同小异。

（2）**切线类**：切线类的技术指标研究的是价格变动中的节奏，主要包括趋势线、轨道线、黄金分割线等，它们主要研究价格运动的斜率以及支撑位和阻力位。

（3）**形态类**：主要包括头部形态、底部形态、中继形态，另外还有一些镶嵌在趋势中的小形态。

（4）**波浪类**：主要就是指艾略特波浪理论，当然许多人学习完波浪理论之后，会改造出带有个人特色的波浪理论，也就是所谓的千人千浪，它的研究内容也是价格波动的方向和空间。

（5）**指标类**：就是散户非常喜欢的 KDJ（随机指标）、MACD（异同移动平均线）、BOLL（布林线）之类的。

（6）还有一些其他的流派和理论，比如**均线理论、葛兰碧法则、缠论、江恩理论**等。

技术分析到底有没有用？市场上充斥着各种各样的声音，在这里老齐还是要再次提醒大家，技术分析的逻辑是建立在胜率的基础上，但这个胜率其实并不高，一般能有 50% 就不错了，要远比价值分析低很多，容错率也非常低。所以它更像一个必要非充分条件。

什么是必要非充分条件？通俗地说，就是下雨地面会有水，但地面有水不一定就下雨。放在技术分析中就是，市场大涨过后可能都有技术指标信号出现，但指标信号出现后未必每次市场都会大涨。也就是说，我们打开 K 线图往左边讲历史，基本上头头是道怎么讲都对，但往右边讲未来，却并没有太大的胜算。因为 K 线指标的本质，一定是股价率先变动，才带动了各项技术指标的变化，所以这些滞后的指标它只能解释股价，不可能指望用它们去预测股价。分析 K 线的原理，其实也是希望通过历史走势规律去预测未来股价的变化，这本身就有一定的概率，不可能 100% 正确，预测对一两次很正常，想次次对则绝对不可能。

所谓技术分析，其实就是在概率有利于自己的情况下，严格执行操作，用无数次小失败换取一次巨大成功，但这个过程是十分考验人性的，或者在某些极端时刻用技术分析来分析投资者情绪，通过量价关系看懂市场背后的人性（详见第四篇），而并不是平时散户们理解的通过 2 根 K 线图就能预测未来股价的走势，轻松做到低买高卖，如果总是抱着这种想法，早晚会吃大亏。

所以技术分析只是一种操作的手段，意义在于应对而不是预测，在于跟随而不是提前行动。目前技术分析已经发展到量化阶段，很多数学天才都借着技术分析的方式方法，开发了很多量化指标，让计算机来实现整个交易流程，通过概率去赚钱。所以大家千万别被技术分析所蒙骗，它不是预测的工具，而是策略的依据，它错误的概率非常高，你得能够对自己的操作进行反复实战，才能通过技术分析在市场上获利，所以技术分析中其实最重要的是策略，而并非是技术本身。

招式策略篇

成功投资就是把大概率正确的事反复做

- ➤ 基金定投策略
- ➤ 看懂财务报表
- ➤ 如何估值——投资中的经典指标
- ➤ 学会方法——参透投资的本质
- ➤ 投资的正道——资产配置
- ➤ 识别周期才能顺势而为
- ➤ 技术分析是应对之道

第十一章
基金定投策略

基金定投可能是大多数投资者最先接触到的投资策略。因为这套方法非常简单易行，没有多高的操作难度，投资者既不需要研究K线图，也不用关注财经新闻，在执行定投时也不用考虑市场价格，就是按部就班地执行就好。所以，它非常适合初入投资市场的新手。不过投资者要明白，投资市场终究是一个人与人竞争的场所，不太可能存在一种可以让投资者不用动脑子，就能一劳永逸赚到钱的投资方法。很多投资者对基金定投都存有较大的认知误区，认为只要给定一个投资标的，不管三七二十一，直接采用定投大法就能躺赢稳赚。这其实是一种非常错误的观念，定投策略也是有大学问的。来老齐这里学习的很多朋友，之前很多人都是接受了错误的定投理念，造成小赚大赔，最后损失惨重。本章老齐就来带领大家了解基金定投策略。

第一节 基金定投的优势

基金定投，通俗来说就是定期定额投资基金的一种方式，也可以理解为以不断买入基金的方式，来摊薄持仓成本的一种投资策略。

基金定投有哪些优势呢？

第一个优势是在实施定投策略期间，我们不需要考虑该在什么时候买入。注意这里说的是开始定投之后，不需要择时，而不是定投前不需要择时，具体原因老齐在后面章节里会给出解释。对于那些纠结是今天买还是明天买，老想猜测最佳买入点，并且一旦和自己预判不一致就感觉错失良机或让自己大幅亏损的投资者来说，定投策略或许是一剂非常好的"良药"。老齐总说，投资市场是一个反人性的场所，自身的感觉往往都是错误的。通过定投，可以改善总想猜高低点的贪婪心态，只需设置好程序，留下充足的现金，之后不断地投入就好了。

第二个优势就在于，它是一种让资金归集的有效方式。类似于一种固定的储蓄方式，它可以让资金积少成多。当你开始做定投后，长期坚持下来就会发现，竟然无意间攒下了一笔巨款，甚至还有可能产生一大笔额外的收益。这对"月光族"来说，基金定投能够帮助他们建立良好的理财习惯，而且定投策略也特别适合工薪阶层，因为大家每月都有收入，这本身就构成了基金定投的基础条件，不用担心中途因资金不足而断档，只需每月坚持下去就好。

这里老齐多说一句，不少投资者可能会纠结于是每月定投一次，还是半个月定投一次，抑或是每周定投一次。其实没有统一的规定，比较常规的做法是一个月投一次。不过如果遇到市场波动较大的时候，定投频率调整为两周一次，甚至一周一次，也不是不可以。比如，你之前设置的是一个月定投4000元，如果想改成周定投，那么就把4000元拆成4份，每周定投1000元就好。这种小周期定投在市场突然出现始料未及的上涨时，可能会比大周期定投收益高一些。但如果投资标的跌得比较惨烈，拉长定投周期肯定是更好的方式，它可以帮你拉开成本区间。不过没人能精准预测股市的短期涨跌，所以正常情况下按照一个月投一次的方式就可以了。

还有一种情况是某天投资标的突然出现了较大幅度的下跌，此时我们可以根据情况酌情加投一份。但老齐不鼓励用这种方法，除非是专业投资者，否则很可能驾驭不了，跟着老齐在 2018 年定投创业板的不少小伙伴就是这样，一开始觉得要抓紧定投，于是乱"开枪"，结果很快就没有了"子弹"，面对市场后期的不断下跌，心里越来越慌。还是那句话，如果后面下跌更猛烈，这种操作又出现了失误，自己承担后果就好。如果不想让自己那么心累，完全按月定投就足够了，既然我们选择了简单易行的定投策略，就尽量不要再加入自己的判断。这里提醒大家，经常改变自己的投资策略是一个非常不好的投资习惯！

第三个优势，也是最突出的一个优势就是，定投不怕下跌！因为越下跌，你的买入成本肯定越低，买入的份额也就越多，所以越是到底部，仓位就会越重。定投这种做法虽然不能让你买到市场的最低点，但总成本一定能保持在一个相对低的区域。况且投资者不是神，即便是股神巴菲特，也不可能每次都准确地预测到最低点。所以做基金定投的人都应该越跌越高兴，而不是越跌越心痛，因为一旦市场拐头向上，你就会有丰厚的收益，心态也会立马不一样。

因此，基金定投特别适合那些从未在股市上赚到钱，甚至之前还大笔赔钱的投资新手；也适合那些一买股票就跌，一卖股票就涨，自认为偌大的市场都在和自己作对的人，通过基金定投的方式，他们会慢慢品尝到投资理财的收益果实，从而对投资理财产生兴趣，增强投资信心，毕竟在投资市场中心态最为重要。

最后总结，定投是很容易赚到钱的，但关键是赚多少钱，如果方法错误，很可能定投 10 年，还不如去买国债划算。

第二节　基金定投的正确打开方式

上一节介绍了基金定投的优势，老齐最想说的是：基金定投并不是万能药！我们也绝不能采用无脑的方式去定投。不少营销机构或者理财经理经常会给用户灌输"定投是万能的"理念，但这其实是很多人对定投策略认识的最大误区，那些机构只是为了推销，让你多买基金而已。不去看市场的大方向，也不去分析自己投资的基金是什么类型，就认为随时随地都可以开启定投大计，是非常错误的想法。因为投资市场并不是一个静态的场所，即便一个策略再好，我们也要根据实际情况活学活用，这样才能发挥它的最大效用。无脑式定投或许长期也能赚到钱，但收益率没准还不如投资债券，最后耽误的是自己的时间和机会成本。

那么如何正确定投呢？

其实秘诀就是 13 个字：中位以下，左侧定投，止盈不止损！

首先让我们来了解什么叫作左侧投资？如图 11.1 所示，左侧投资指的就是在市场明显下跌趋势中，或上涨行情没有启动的时候提前布局的投资方法。有的读者可能会问，怎么分辨是在左侧还是在右侧呢？其实并不复杂，我们直接用眼睛观察就可以了，左边的行情走势一浪低过一浪，就是左侧行情，而右边的行情走势一浪高过一浪，则是右侧。实际投资中我们在观察左侧或右侧时，尽量将趋势看得长远一些，因为短期走势说明不了什么问题。

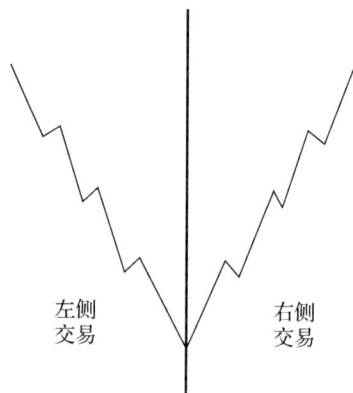

左侧
交易

右侧
交易

图 11.1

基金定投为什么最好从左侧定投？

大家稍微想一想应该也能明白其中的道理，如果采用基金定投这种方式，你的仓位肯定是一个由轻到重、慢慢加仓的过程。如果基金价格一直在下跌，你的持仓成本必然是一个逐渐降低的过程。而与之相对应的就是，在股市明显上涨的趋势中，你开始做基金定投，也就是在价格便宜的时候，你的仓位很轻，结果在股市涨上去，基金价格贵了的时候，你的仓位反而越来越重。上涨赚钱的时候仓位轻，而市场接近顶部，即将下跌赔钱的时候仓位重，最后的结果自然就变成了满仓迎接暴击。上涨过程中赚了小钱，下跌后却赔了大钱，这与定投的思路（见图 11.2）完全相违背。

所以进行基金定投最好就是在投资标的处于明显下跌趋势，并且估值偏低时开始。因为，此时你往往不清楚价格是否到底了，会不会还有"地下室"，又或者是"十八层地狱"。而最好的策略就是从"地板"上开始做定投，不断定投，假如最后基金价格跌到了"地下室五层"，如果采取定投的方式，最后你的实际买入总成本可能也就在"地下两三层"，万一价格真跌到"十八层地狱"，成本至少也能在“地下十五层”。以如此低的成本买入，必然会为未来的牛市打下一个非常好的获利基础。因为你的持仓总成本越低，未来的获利空间肯定也就越大。

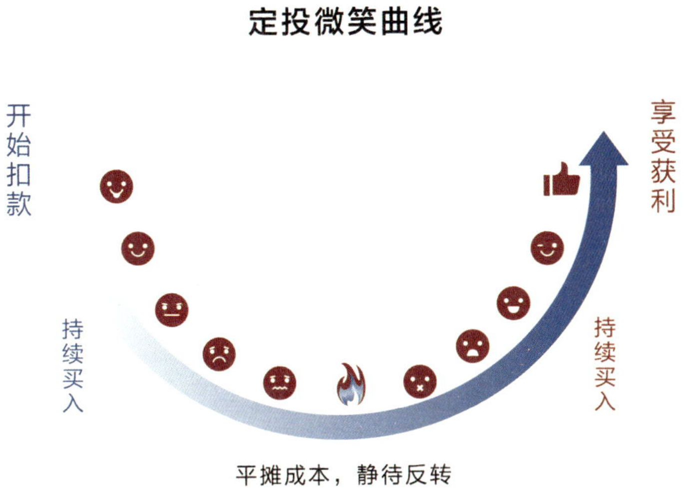
定投微笑曲线
开始扣款
享受获利
持续买入
持续买入
平摊成本，静待反转

图 11.2

有些不懂基金定投，或者看不上基金定投，甚至做定投还赔了钱的人，很可能就是在明显的大牛市末尾，看到身边张大妈、李大妈全都赚了钱，周围还有不少人喊着 4000 点才是牛市起点的时候，自己也冲进市场开始定投。结果一路定投，股价一路上涨，表面上看是赚到了钱，但其实成本却越买越高，最终自己一路加仓到很高的位置，市场正好接近了顶点，此时又舍不得卖出，结果市场暴跌，收益化为乌有。

对于一个真正成熟的基金定投投资者来说，他们从来都是喜欢市场下跌，如果一开始市场就涨了，他们反而会很沮丧。因为如果遇上大牛市，与其做定投还不如全仓一把买入这个投资标的。不少投资者在做了基金定投后，看到买入的基金出现下跌，就开始“骂街”，这都是因为他们完全没有理解基金定投的精髓。大家要明白，正是由于基金下跌，定投这种方式才能帮你摊低成本，跌得越多，你的成本才会越低。一旦市场趋势扭转，你就会因为低成本重仓而获得收益。虽然在开始的一段时间里亏了小钱，但长期来看却赚了大钱，这才是最完美的结局。

至于什么叫作中位数以下，说的就是整体市场估值，或者是一种风格的估值在中位数以下。比如 12345，这 5 个数字代表估值水平，数字 3 就是估值的中位数，在估值跌落到 123 区间，且方向向下的时候，我们就可以开始定投了。但如果估值上升到 45 区间，方向向上的时候，我们就不要开始定投了。注意，这里老齐说的是"开始"，如果你之前一直在定投，后来市场涨起来，方向向上了，那么依然要继续定投，不需要停止，直到止盈退出。

基金定投为什么要止盈不止损？

不少投资者可能会担心，采取定投策略后，如果一买就跌，那么这得跌到多深才算到头儿呢？我们以宽基指数基金为例，因为宽基指数就算跌下去，未来肯定也会涨回来。所以一旦你开始执行宽基指数基金定投策略，那么无论手中的指数基金表现得有多惨，你都要含着泪继续投下去。最终它会跌多久、跌多深，没人知道，但大家一定要知道基金定投最怕的就是止损，一旦你在下跌途中退出，这就是一个铁定亏损的策略，之前的所有坚持都将前功尽弃。

定投策略本身就是一个买跌的过程，如果没有这种抗压能力，也没有足够的耐心，那么最好不要开始。其实对于左侧定投宽基指数，只要坚持下去，几乎不可能赔钱。有数据统计显示，即便 20 世纪 90 年代，在日本史诗级的超级大泡沫崩盘的时候，定投日经指数的投资者，坚持 30 年后也能有 5%的年化收益率。有这个前车之鉴我们还有什么可怕的呢？

另外，老齐之前总说：定投不止盈，不如回家烤红薯！言外之意就是，如果你只是傻傻地定投，中途没有止盈退出来，那么或许最终你也能赚到钱，但是在经历了无数次的过山车后，最后的收益可能连投资债券都不如。也就是说长期不加思考地定投，其实效率非常低。

道理也很简单，大家现在都明白了左侧定投效率极佳，因为你的成本会越买越低。而与之对应的必然是，右侧定投效率极差，因为右侧定投时越买成本会越高，所以当市场反弹、一路上涨的时候，如果你还不考虑采用什么策略退出，那么最终的收益可能会十分糟糕。

我们来简单测算一下，从 2009 年开始，你定投沪深 300 指数基金，一直定投到 2019 年年底，最后发现定投 10 年的总收益率只有不到 40%，年化收益率也就不到 4%，对于这样的回报，相信没几个投资者会满意，如图 11.3 所示。

相反，如果我们从 2009 年开始定投沪深 300 指数基金，至 2015 年 6 月，在大牛市的高点止盈，那么定投总收益率可以超过 94%，年化收益率是 12%。这个回报相对来说还不错，如图 11.4 所示。

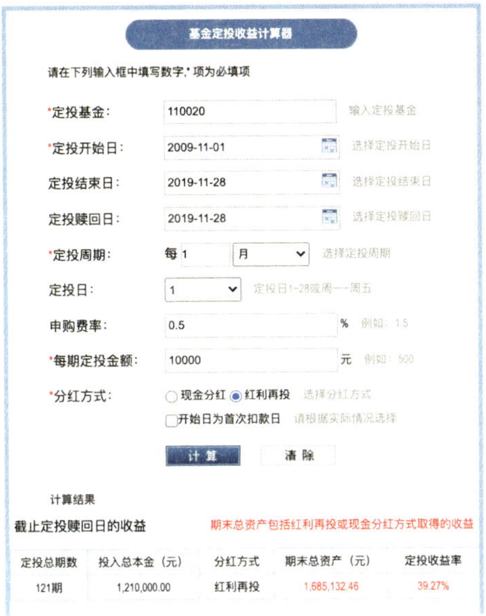

图 11.3

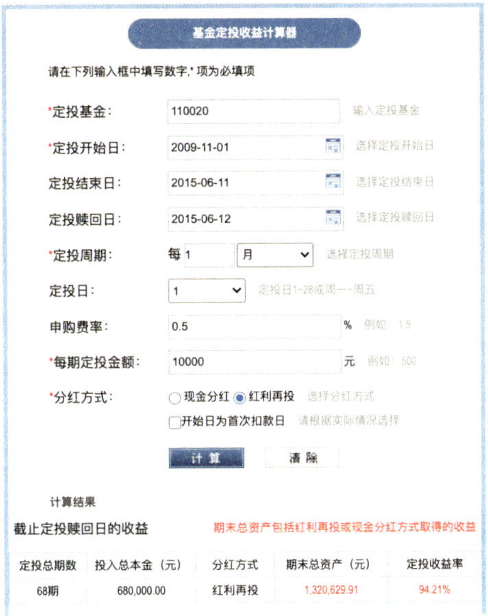

图 11.4

当然这只是一个粗略的测算，我们选取的 2009 年 11 月这个时点，刚好是该指数右侧高点，这个时点其实是不适合开始做定投的，另外投资者也不可能每次都准确止盈在最高点上。

不过这也再次证明：

（1）长期不加思考地傻傻定投，效率并不高。

（2）如果定投开始的时点选择错了，投资者可能要用很长时间去弥补亏损。

（3）即便在最高点开始做定投，也是有赚钱机会的，只是要降低盈利的预期。年化收益率 20% 达不到，那么年化收益率 10%，还是有机会实现的。一旦你发现自己定投的起点选错了，定投在了一个高点之上，那么就需要马上纠正止盈标准，降低年化收益率的预期。从原来的 20% 年化收益率止盈，换到年化收益率 8%～12% 止盈。具体多少，看你的错误程度。

我们可以简单总结如下。

定投策略只有在投资标的物处于阶段左侧下跌行情，且估值落到底部或低估区域时使用，这样才会获得更高的效率。虽然我们猜不到最低点，但通过不断地定投买入，最终可以帮助我们买在一个相对低的底部区域。一旦投资标的物进入右侧行情，定投效率则会变得极差。所以，对于那些在长周期范围内，始终能保持上涨的投资品种，并不适合做长期定投。当赶上市场熊市，投资标的物出现了左侧低估行情时，搭配使用，才会发挥定投的最大效用。

第三节　基金定投如何止盈

　　既然长期"傻傻"的定投效率不高，那么在基金定投中途该如何止盈呢？其实基金定投的止盈方法没有一定之规，一般老齐给大家的常规建议就是，设置一个止盈线：定投收益率达到 20%后，就可以全部赎回，止盈退出。

　　首先，为什么是收益率 20%呢？

　　这个并不是死规定，只是老齐的经验而已。这是根据基金定投的收益目标，即 10%～15%的最终预期收益率倒推出来的。这是什么意思呢？就是说做基金定投的过程肯定是一个慢慢加仓的过程，我们不可能保证每次都加到满仓时才正好达到止盈线，在很多情况下或许没投几期就达到止盈线了。比如我准备了 10 万元的资金，打算定投 10 期某基金，投了 5 期后，基金就突然涨起来了，投到 5 万元的时候我就赚到了 1 万元的收益，此时已经达到了 20%的收益率，那么我就会止盈退出来。而此时，这 1 万元的收益相对于我之前准备好的 10 万元总资金来说，其实也才有 10%的收益率。

　　上面这个例子也告诉了我们，一旦开始做基金定投，最"悲催"的情况就是刚定投不久，基金就涨起来了，而最理想的情况则是在自己投完了所有的筹码后，基金才开始涨起来。显然后一种情况会让我们赚得更多。如果你觉得不放心，把止盈线设为收益率 15%也是可以的，这样肯定会更保守。但是长期来看，你的最终实际定投平均收益率也会下降，估计也就能达到 8%～12%，如果你把止盈线设为收益率 10%的话，那么长期实际定投的平均收益率估计就只有 6%～8%了，与其这样你还不如直接买一只二级债基。一般情况下，除非发现自己定投的标的或者定投的起点出现了严重的错误，否则不要轻易下调止盈线。

　　其次，收益率 20%的止盈线怎么计算？

　　这个非常简单，我们打开自己购买基金的 APP，找到自己定投的基金，然后盯住它的账面收益率就可以了。当这只基金的账面收益率达到 20% 的时候，我们就要考虑全部赎回、止盈退出了。

这里有两点需要注意。

（1）定投时间如果没有超过一年，我们不需要自己去折算年化收益率，只需盯着 APP 里显示的收益率就行了，一旦收益率达到 20%，就一把赎回，全部卖出离场，没有达到则继续定投。

（2）如果定投时间超过了一年，收益率还没有达到 20%，比如赶上了熊市，定投两年之后才刚赚到 20% 的收益率，此时要不要赎回呢？这种情况就先不要赎回了。超过一年后，我们需要根据一年内达到 20% 的收益率，简单折算出超过一年的目标收益率。计算公式很简单，第二年的目标收益率是：

$$[(1+20\%)^2 - 1] \times 100\% = 44\%$$

也就是说第二年收益率达到 44% 后，我们再止盈退出。第三年的目标收益率是：

$$[(1+20\%)^3 - 1] \times 100\% = 72\%$$

因此，第三年需要赚到 72% 的收益率再止盈，以此类推第四年就要翻倍后再赎回了。如果超过四年，你还没有等到止盈的机会，那么就不要再折算了，要做的就是降低预期，后面一旦出现翻倍机会就立马退出。

另外还有一种止盈思路，大家也可以作为参考。如果定投到第三年，发现自己还没有赚到 72% 的止盈目标，我们可以把一年 20% 的目标收益率临时下调为 15%。也就是说，定投到第三年，你的止盈线可以从 72% 降为 52%（$[(1+15\%)^3 - 1] \times 100\% = 52\%$），赚到这个收益率后就赎回退出来。根据老齐的经验，如果在熊市中定投宽基指数，有很大的概率会让你获得超过 15% 的年化收益回报。

至于定投的期数，其实也没有强行规定，老齐给大家的常规建议是，把打算定投的资金拆分成 12～24 份，每月投入一份。如果赶上大熊市，定投一些宽基指数基金，把资金拆分成 24～36 份也都没问题。

老齐之前在知识星球"老齐的读书圈"里，还给大家介绍过一种更高级的定投止盈方法。使用这种方法的前提是大家需要对投资市场有一定的了解，能够依据估值和市场情绪识别出市场的大概疯狂程度，从而做好准备，随时离场。因为在一波行情的末尾阶段往往都是由情绪主导市场，市场会陷入一个群体亢奋的时期，这时候常常会有更大的涨幅出现。如果止盈早了，也可能会少赚不少，此时我们就可以通过技术指标，给自己系条保险带，然后与市场共舞。比如市场估值到了高估区间，我们就要马上停止定投，然后设定一个保险带：跌破顾比均线短期均线组止盈一半，跌破长期均线组全部走掉。如果是保守的投资者，跌破短期均线组就可以全部赎回撤退了（有关顾比均线技术分析，详见第十七章）。

这样做的好处是，有时候确实会让你多赚一些收益，但同时它也是一把锋利的双刃剑，如果市场涨幅不大，最后操作下来很可能就是坐了一次"过山车"，最终收益甚至还不如常规操作。如果你不会识别市场情绪，也不能坚守住这份操作原则，总是夹杂私人感情，最好就不要使用这种方法了。很多人明明设好了保险带，但市场跌下来之后又不舍得离场，总幻想市场能再涨回去，最后等来的就是价格越来越低，盈利越来越少。

第四节　基金定投止盈后投什么

一般来说基金定投止盈后，退出来的钱有如下几种处理方式。

第一种方式是，寻找新一轮左侧低估值的定投目标重新开启定投。这样做的好处是每次都只赚自己该赚的钱，止盈后基金又涨了多少，和自己没有关系，自己也再不贪心。这样长期坚持下来，你一定会有收获。因为在投资中，当你不再贪婪，不再为眼前利益斤斤计较之后，你会发现可以减少很多痛苦，而最后自己的总收益却不会减少。

第二种方式是，在右侧止盈一把赎回之后，如果投资标的仍然处于不太高估的水平，那么我们可以把钱重新分为 12～24 份，继续定投这只基金。有的朋友可能会有疑问，这种操作方式和不赎回它有什么区别呢？这个区别很大，因为你的仓位和之前完全不一样了。之前你可能定投到 7 成仓位之后，收益率就达到 20%

并止盈了。而当你重新定投的时候，仓位是很轻的，投完前几期估计仓位也不会超过30%。之所以这么做，就是因为我们在重新定投它的时候，这个投资标的很可能已经转为右侧趋势了，右侧定投效率很差，所以这个策略相当于是一种自我保护的方式，让自己从高仓位降到了低仓位参与，一旦出现错误也不会亏损太多，而如果后面还有"疯牛"行情，又会让你再多赚点儿钱。每当收益率达到20%的时候，你就止盈退出来，这套方法在不断地对你实行保护，避免你在错误的右侧行情下重仓定投，导致损失惨重。

第三种方式也是最常规保守的方式，就是止盈后直接转资产配置组合。因为大多数情况下，一旦我们定投止盈，就意味着市场可能已经开启一波上升行情，趋势进入右侧，估值也接近中位数的水平，所以转配置是最稳妥的一种方式。比如老齐在知识星球"齐俊杰的粉丝群"里分享给大家的几组配置组合，基金定投止盈后，就把资金按比例重新分配到组合中。因为配置组合无论是在左侧行情还是在右侧行情，一般都适用，不管行情如何变化也都有应对之道。资产配置的具体内容老齐在第十五章会详细讲述。

在明显的左侧行情中，通过使用定投策略，投资一些合适的标的显然会让我们获得更高的收益。也就是说，配置组合的特点是实力平均，而定投策略的特点则是左侧王者，如果我们想让自己的投资更加有效率，就可以等待某些投资标的物在明显左侧低估行情的时候，用部分资金去做王者定投，而当它们到了右侧行情之后，就尽快止盈转配置组合。这种方式可以让我们在配置的基础上多赚一些阿尔法收益。

基金定投其实就相当于兵法手册里的一种特殊策略，它不适合长期使用，只有在合适的时间、遇到合适的对手时才使用它，从而将投资效率更大化。投资的长期策略就是资产配置，也就是说资产配置组合相当于是我们的"大本营"，基金定投只是"骑兵"，一个兵团可以偶尔派"骑兵"出去偷袭一下，但不会天天派"大本营"出去偷袭别人。

最后一种情况就是，如果止盈退出后市场已经陷入"疯牛"状态，找不到什么价格被低估的投资品，那么我们拿着钱继续等待就好，毕竟投资市场中机会往往都是等来的，而不是追来的。

第五节 适合基金定投的投资品种

前几节介绍了对于一些长期上涨的投资品，做长周期定投其实是一种比较低效的投资方式。正确的做法应该是在它们跌入低估值区间，并且处于左侧行情时把握好机会。但前提一定是我们得有大概率的把握，这种投资品未来会涨回来。如果自己没有这种分析能力，对定投的标的物也不了解，就千万不要定投，因为你不清楚它未来会不会涨回来，定投到最后很可能就是越投越深，掉入无底洞，永无翻身之日。

什么投资品种在跌下去后肯定会涨回来？

首选的肯定就是宽基指数，定投宽基指数说白了就是在赌中国股市和中国经济都不会崩溃，这个赌注的成功概率至少有 99%。所以当宽基指数跌入低估值区间并且处于左侧行情时，定投宽基指数基金，应该会让投资者心里非常有底才对，因为现在宽基指数跌下去，未来它们肯定能涨回来。

如果定投的是行业指数基金，我们就必须先对这个行业的景气度做出初步判断。假如这个行业已经是夕阳行业，陷入了趋势性的衰退中，或者行业的基本面逻辑已经不存在了，那么这种行业肯定是不值得我们定投的。

定投主动型基金行不行呢？这个不好判断，还要具体情况具体分析。因为基金经理的能力和投资风格千差万别，尤其是那些明星基金经理，他们管理的基金在长周期范围内其业绩往往是不断上涨的，下跌后基金经理自我调整的能力较快，回撤控制能力较强，左侧定投空间不足。所以定投主动型基金并不是最好的选择。对于一些主动型明星基金，采用三次建仓策略，放在组合中长期持有更为合适。

至于债券基金，就更不要去定投它们了。道理很简单，因为它们基本没有左侧行情，就算有，时间也极短，根本不会给我们留下太多的定投利润空间，绝大多数债券基金的收益率曲线都是稳稳地在往右上角方向上涨。所以对于债券基金，最适合的投资方式肯定就是买入放在组合中，当作打底资产，然后长期持有。

最后大家可能比较关心的问题就是，股票能不能采用定投的方式投资？答案是：可以定投，但最好不要。因为非系统性风险太大，定投宽基指数基金赌的是经济不崩溃，但个股可就不好说了，因为定投股票前，你必须对这家公司了如指掌，了解它的合理价值和未来的发展方向才行。比如股神巴菲特就经常用这种方式去建仓，有时甚至一买就是好几年，因为股神也猜不到价格的最低点，但是这种定投方式可以让他买在一个相对底部区域，这就足够了。所以如果你了解公司的基本面情况，懂估值，会用估值判断股票的合理价值区间，那么可以尝试用定投的思路去建仓，投一年半载，真正的底部可能也就被慢慢买出来了。但是如果你不懂估值，也不了解公司真实情况，就千万不要以身涉险，踏踏实实赚自己基金定投的钱也完全足够。比如，你去投了某公司的股票，你以为越投越便宜，但突然爆出来这家公司因为财务造假，最后退市了，那么你之前的投入就全都打了水漂。所以股票定投这种投资方式，我们是极为不鼓励的。

第十二章
看懂财务报表

投资大师巴菲特主张，投资者应该把自己当成经理人，首先要深入了解一家企业的经营活动，然后再去投资。然而绝大多数人是不可能去企业实地调研的，对他们来说，如果想投资一家公司，最直观和最近距离接触到的材料就是财务报表。所以读懂财务报表的意义就在于，能够根据财务知识来判断哪些是对的、哪些是错的、哪些企业会越来越好、哪些企业会越来越糟糕。投资说白了就是投生意，而生意的运转在财务报表上大多会有所体现。我们要通过知识，把这份写满密码的财务报表还原成一个故事。

在面对大量的财务数据时，究竟该看什么？本章老齐就带着大家探索财务报表背后的故事。

第一节 财务报表基础知识

上市公司财务报表披露规则：上市公司的财务报表一年需要披露四次，分别是：一季报、半年报、三季报和年报。证监会要求上市公司的年报在下一年 5 月 1 日前披露完毕，半年报在每年 9 月 1 日前披露完毕，而季报一般就是在该季度的下一个月内披露完毕。

财务报表主要包括三张报表：资产负债表、利润表和现金流量表。

1. 资产负债表

资产负债表是由一个公式演化而来的，具体如下：

$$资产 = 负债 + 所有者权益$$

什么是资产？比如厂房、工具、设备、资金、存货，统统都算是资产，因为它们在未来能够增加现金流入。还有一种资产能够减少未来的现金流出，比如预付账款，好比你提前交了半年房租，这半年里你就不用再为住房花钱了，这也算资产。

负债就是公司对外承受的经济负担，包括应付工资、应付账款、长期借款等。

所有者权益，也叫股东权益，或者叫净资产，就是资产扣除负债后剩下的钱，这才是属于股东的。

一般资产负债表中，左边是资产，右边是负债和所有者权益。大家在行情软件里看到的基本都是竖版显示的，如图 12.1 所示，表中上面的部分是资产数据，下面的部分是负债和所有者权益数据，即上面是钱的去处，下面是钱的来源，来源里的负债就是企业向其他人借了多少钱，这些钱都是要还的，而所有者权益则是股东出了多少钱，这些钱是不需要还的。

2. 利润表

利润表，也叫损益表，它的表达公式是：

$$利润 = 收入 - 成本$$

收入主要是指营业收入，也就是做生意所获得的收入。而成本就是在从事经营活动中所消耗的原材料、人工成本、设备投入等，如图 12.2 所示。

按报告期	按年度	按单季度					
科目\年度			2020	2019	2018	2017	2016	2015 »»
货币资金(元)			88.10亿	83.56亿	63.66亿	67.28亿	72.11亿	59.19亿
预付款项(元)			1.74亿	2.23亿	2.20亿	1.96亿	1.51亿	1.79亿
流动资产合计(元)			185.60亿	177.74亿	155.81亿	150.06亿	149.51亿	125.32亿
长期股权投资(元)			2.07亿	2.00亿	2.06亿	9552.00万	1.02亿	4644.93万
无形资产(元)			12.71亿	13.37亿	12.20亿	10.98亿	11.48亿	11.79亿
非流动资产合计(元)			198.64亿	210.52亿	189.09亿	166.98亿	149.15亿	122.95亿
资产合计(元)			384.24亿	388.26亿	344.90亿	317.04亿	298.66亿	248.27亿
短期借款(元)			61.66亿	84.92亿	55.67亿	53.79亿	42.55亿	26.36亿
应付职工薪酬(元)			4.89亿	4.74亿	4.83亿	4.40亿	4.20亿	3.54亿
流动负债合计(元)			121.31亿	147.86亿	123.57亿	96.52亿	96.92亿	70.84亿
长期借款(元)			19.85亿	11.93亿	12.47亿	17.11亿	7.76亿	8.48亿
应付债券(元)			11.99亿	--	--	7.99亿	7.98亿	--
非流动负债合计(元)			47.01亿	26.71亿	19.43亿	30.47亿	21.36亿	13.28亿
负债合计(元)			168.33亿	174.57亿	143.01亿	126.99亿	118.27亿	84.12亿
实收资本（或股本）(元)			25.09亿	25.09亿	25.09亿	25.09亿	25.09亿	25.09亿
资本公积(元)			62.23亿	62.23亿	62.23亿	62.24亿	62.29亿	62.29亿
所有者权益（或股东权益）合计(元)			215.91亿	213.69亿	201.90亿	190.05亿	180.39亿	164.15亿
负债和所有者权益（或股东权益）合计(元)			**384.24亿**	**388.26亿**	**344.90亿**	**317.04亿**	**298.66亿**	**248.27亿**

图 12.1

按报告期	按年度	按单季度					显示同比
科目\年度			2020	2019	2018	2017	2016 »»
一、营业总收入(元)			**199.07亿**	**211.04亿**	**202.25亿**	**187.13亿**	**166.21亿**
其中：营业收入(元)			199.07亿	211.04亿	202.25亿	187.13亿	166.21亿
二、营业总成本(元)			171.38亿	179.21亿	161.55亿	152.12亿	128.26亿
其中：营业成本(元)			120.42亿	131.98亿	116.03亿	107.13亿	94.63亿
营业税金及附加(元)			1.98亿	1.98亿	2.03亿	2.00亿	1.74亿
销售费用(元)			14.74亿	14.82亿	14.68亿	12.74亿	11.85亿
管理费用(元)			20.77亿	21.85亿	20.63亿	17.97亿	23.92亿
研发费用(元)			8.16亿	8.13亿	8.88亿	8.03亿	
财务费用(元)			4.94亿	2078.90万	-1.20亿	4.19亿	-3.99亿
其中：利息费用(元)			3.55亿	4.33亿	3.67亿	1.82亿	
利息收入(元)			2.90亿	2.84亿	2.36亿	1.57亿	--
资产减值损失(元)			3097.40万	394.00万	2233.55万	511.07万	1122.46万
信用减值损失(元)			598.66万	2051.17万	2813.16万	--	--
加：公允价值变动收益(元)			-68.05万	-3574.76万	6389.35万	-1911.83万	277.67万
投资收益(元)			7099.71万	8237.80万	6.94亿	2339.10万	4195.63万
其中：联营企业和合营企业的投资收益(元)			1184.38万	-593.29万	374.40万	-601.65万	-11.29万
资产处置收益(元)			7511.77万	434.78万	-127.92万	-2621.80万	-1731.60万
其他收益(元)			3.53亿	1.82亿	1.47亿	1.91亿	--
三、营业利润(元)			32.67亿	34.16亿	49.73亿	36.70亿	38.23亿
加：营业外收入(元)			5762.80万	1.09亿	6068.74万	2717.21万	1.01亿
其中：非流动资产处置利得(元)			--	--	--	--	--
减：营业外支出(元)			2.15亿	2.94亿	7154.53万	1737.70万	381.15万
其中：非流动资产处置损失(元)			--	--	--	--	--
四、利润总额(元)			31.10亿	32.31亿	49.62亿	36.80亿	39.20亿
减：所得税费用(元)			5.11亿	3.33亿	8.55亿	5.31亿	7.77亿
五、净利润(元)			25.98亿	28.98亿	41.07亿	31.48亿	31.43亿

图 12.2

利润表里最容易隐藏信息，原因就是现实中没有收到的钱在这里也可以被计入收入，而没有真实花出去的钱也可以被计入成本。当然，也有可能是实际收到的钱没被计入收入，已经付出的真实开销却没被记入成本。很多人会奇怪，这样的表格还有什么意义。的确，利润表里隐藏了很多可以利用的做表技巧，这些技巧都是可以人为调整企业利润的。举个简单的例子，你自己开了一家小卖部，卖出去的商品全都是赊账销售，看似卖了很多商品，利润表里的利润金额也很高，但这些其实都属于应收账款，而自己并没有收到真金白银，未来是否能收回来都不确定。

3. 现金流量表

现金流量表是检验钱包真实状态的最好方法，它记录的是公司的现金流入和流出，它和利润表不同，现金就是现金，是没办法造假的，当然谁也不会傻傻地一直拿着现金，多少都会买些理财产品，毕竟理财产品的收益更高，理财产品这类投资都视为现金等价物，如图 12.3 所示。

按报告期 按年度 按单季度						
科目\年度	2020	2019	2018	2017	2016	2015 »
销售商品、提供劳务收到的现金(元)	203.85亿	226.28亿	227.29亿	204.82亿	172.82亿	147.43亿
收到其他与经营活动有关的现金(元)	7.84亿	6.74亿	5.37亿	4.68亿	1.90亿	1.12亿
购买商品、接受劳务支付的现金(元)	98.70亿	118.60亿	120.00亿	107.96亿	92.59亿	85.02亿
支付给职工以及为职工支付的现金(元)	40.09亿	44.73亿	38.36亿	33.74亿	28.71亿	19.77亿
经营活动产生的现金流量净额(元)	52.78亿	51.27亿	58.08亿	49.24亿	36.37亿	30.14亿
收回投资收到的现金(元)	--	--	--	--	--	--
收到其他与投资活动有关的现金(元)	36.76亿	39.34亿	20.66亿	3.07亿	3.17亿	5142.56万
投资支付的现金(元)	5800.00万					
支付其他与投资活动有关的现金(元)	30.50亿	43.00亿	23.15亿	5.90亿	2.00亿	
投资活动产生的现金流量净额(元)	-11.67亿	-31.25亿	-33.28亿	-36.42亿	-31.73亿	-30.16亿
取得借款收到的现金(元)	136.69亿	152.19亿	132.65亿	106.49亿	80.74亿	73.67亿
收到其他与筹资活动有关的现金(元)	30.00亿	17.00亿	3.00亿	--	12.00亿	1.71亿
偿还债务支付的现金(元)	175.72亿	146.37亿	133.42亿	99.89亿	75.54亿	72.36亿
筹资活动产生的现金流量净额(元)	-32.80亿	-1.16亿	-30.80亿	-14.56亿	4.24亿	51.08亿
(问财)汇率变动对现金及现金等价物的影响						
(问财)现金及现金等价物净增加额						
加：期初现金及现金等价物余额(元)	83.53亿	63.58亿	67.04亿	71.99亿	59.06亿	4.99亿
现金的期末余额(元)	88.08亿	83.53亿	63.58亿	67.04亿	71.99亿	59.06亿

图 12.3

现金流也是企业的生命线，绝大多数企业破产，其实并不是因为业务做不好，而是因为没有了现金流，导致企业撑不下去而破产。对于投资者来说，看企业是真赚钱还是假赚钱，是真增长还是假增长，其实最主要就是看它的钱包，看钱有没有流向它。比如，还是小卖部的例子，小卖部的利润就算再高，如果没有现金流，一样也经营不下去。把利润表和现金流量表一对比，就知道生意有没有问题了。

有些人可能理解不了现金流量这个概念，因为钱就是钱，而现金也是钱，怎么还有"流量"呢。其实流量是相对于存量而言的，资产负债表里的第一个项目就是货币资金，指的是存量的现金，就是说你的账面上现在有多少钱。而现金流量，是指你的资金增加了多少或者减少了多少，因为它有出有进，是个具有流动性的概念，所以称之为流量。比如你开了一家超市，当年的销售金额为 3000 万元，开店成本用了 500 万元。注意，销售的金额只是暂时归你保管，它并不完全属于你，因为你还要支付各种成本费用。在经营中，钱始终是流动的，很难固定下来，企业主只是金钱的"搬运工"，最后能拥有的少之又少。

企业的现金活动分为：经营活动、投资活动和筹资活动三类。

经营活动是指，公司发生的直接与生产、销售商品或提供劳务有关的一切行为。投资活动是指，企业长期资产的购建，以及不包括在现金等价物内的投资及其处置活动，比如买卖土地、厂房或者设备。筹资活动是指企业向外界筹措资金、支付现金股利或者购买公司股权等所发生的业务活动。

还记得资产负债表的公式吗？资产 = 负债 + 所有者权益。

而资产又可以分为现金和非现金资产，于是这个公式就变成了：

现金 + 非现金资产 = 负债 + 所有者权益

把非现金资产挪到等式的右边，于是公式变为：

现金 = 负债 + 所有者权益 − 非现金资产

这个公式的意义是，它告诉我们现金是怎样产生的，即负债增加或者所有者权益增加都会产生现金。也就是说，要么借钱，要么股东追加投资，要么通过经营获得了未分配利润。当然还有一项就是非现金资产的减少，即变卖家当也可以增加现金。

现金流量表中最重要的就是经营活动产生的现金流量。有几个科目大家一定要注意。应收账款的增加，代表你要收且还没有收到的钱增加了，它在现金流量表里是负的。也就是说应收账款增加，现金流入量反而越少；反之，应收账款减少，就代表企业收回了欠款，现金流量增加了。存货的增加，代表企业购买存货支付的钱增加了，现金流量也会减少。应付账款的增加，代表企业需要支付的金额增加了，但是还没有付出去，因此现金流量增加了，它的调整是正向的。所以理解现金流量其实特别容易，就是盯住企业手里的钱，不管企业未来是不是要付出去，只要手里面的钱流向企业，现金流量就增加，钱从企业流走，现金流量就减少。有很多网站可以找到上市公司财务报表，主要有三大网站：巨潮资讯网、上交所官网、深交所官网。投资者也可以用炒股软件查找比较详细的财务报表。

第二节　如何快速获取资产负债表信息

资产负债表就像一个家庭的总账本，它的主要作用体现在两个方面：钱的来源和钱的去处。负债和所有者权益代表钱的来源，资产代表钱的去处。如果用一个家庭做比喻，就能看出你们家有什么值钱的东西，你的钱之前都花在哪儿了，买了哪些东西，还能看出来你的钱是怎么来的，是爸爸给的，还是自己赚的，又或者是从别人那儿借的。

首先，看钱的来源，也就是看负债和所有者权益。所有者权益是股东出的钱，一般短期内不会有太大的变动，所以看钱的来源主要是看负债。在看负债的时候，要提这样几个问题：为何借钱，向谁借的，借了多久，利息是多少？其实那些做股权投资的投资者也经常会问这些问题。在看资产负债表的时候，就是要看负债的构成、预收款项的内容、缴纳的税收是否能够对得上。这里要特别提醒大家的是，一定要关注有息负债占总资产的比例，这个比例称作有息负债率。一般情况下，短期借款、长期借款、应付债券都是有息负债。此外，应付票据、应付账款、其他应付款，也都可能是有息的。好公司的有息负债率通常是比较低的，比如贵州茅台的有息负债率基本是零，如果公司的有息负债率超过了60%，说明这家公司的财务杠杆比例比较激进，在遇到一些特殊情况的时候，很可能会导致突如其来的风险。这就好比一个家庭有好几套房，每套房都很值钱，但它们都是贷款买的，每月月供就得几十万元，万一家庭收入来源出点儿状况，就很容易让这家人陷入困境。

其次，就要看钱的去处，也就是看资产。我们先看资产总计，即相比于年初资产增长了多少。这里主要关注四大方面。

（1）**生产资产占总资产的比例**。所谓生产资产，就是有形资产，包括固定资产、在建工程、工程物资等的总和，如果公司的生产资产在总资产中的占比较大，说明公司所属行业是重资产行业。从做生意的角度来看，重资产行业不如轻资产行业，因为投入资产过多，资产收益率可能就会低。而且最大的风险就是，一旦行业拐点出现，投入的资产退不出来，企业无法掉头适应经营变化，结果就很容易"死掉"。比如船舶行业，就是典型的重资产行业，一旦航运不好，就彻底"完蛋"了。如果还是周期类的重资产型公司，风险就更大了，比较典型的就是采矿行业、钢铁行业，"船大难掉头"形容的就是这些行业。

什么样的公司算是重资产型公司呢？大家可以用目标公司当年税前利润总额除以生产资产，这代表生产资产获取利润的能力。如果这个比率高于当年银行贷款利率的 2 倍，该公司基本属于轻资产型公司，如果达不到，就是重资产型公司。比如现在银行贷款利率为 5% 左右，也就是说生产资产的一年获利能力要超过 10% 才行，而像一些钢铁公司、铝业公司，算下来可能还不到 2%。

（2）**应收账款占总资产的比例。** 这个比例反映的是公司的财务是否稳健，以及业务的专注程度。我们可以用所有带"应收"两字的总和，减去应收票据里的银行承兑汇票的金额，再除以总资产，计算出这个比例。

首先，看这个比例的大小。如果比例过大，比如超过了 30%，说明这家公司的资产质量不佳，别人的欠账过多，有可能拿不回来。其次，看这个比例是否有大变动，一般来说，公司的总资产基本变动不大，如果应收账款变动很大的话，那么一定是销售环节出了问题，这可能是公司变坏的兆头。

（3）**货币资金与有息负债的比例。** 这个比例反映的是公司抵御危机的能力，特别是在经济逆周期时，谁手里的现金充足、负债少，谁抵御危机的能力自然就越强。所以关注公司到底有多少现金和现金等价物，以及对应的负债高不高，是我们投资一家公司的根本保证，如果负债过多，在央行加息周期中其步伐肯定会越来越沉重。

（4）**非主业资产占总资产的比例。** 这个比例无疑就是看公司业务是否聚焦，如果比例过大，说明公司很可能认为主业已经不赚钱了。如果公司自身都不看好主业，而且还在经营方向上徘徊不定的时候，我们当然是最好不要投资它。

老齐再重复一遍，资产负债表中我们重点关注：生产资产占总资产的比例、应收账款占总资产的比例、货币资金与有息负债的比例以及非主业资产占总资产的比例。这些比例计算出来后，要和同行的企业进行对比，也要和自己的历史数据对比，看它们是否发生了重大变化。

第三节　如何快速获取利润表信息

利润表就是损益表，它告诉我们企业今年赚了多少钱。相比于资产负债表的复杂度，利润表就相对简单多了。一般投资者最爱看的就是这张报表，但是这张报表的问题在于，它包含的不少项目并不完全可信。因为利润不等于赚钱，这就是利润表最大的问题，它是按照权责发生的原则计算收入和支出的，而不是以实际收支来计算。比如你找到一份工作，上班第一个月先贴了很多钱，只有在下个月才能领到这个月的工资。虽然有账面收入，但其实这个月你的收入是 0 元。

利润表也要关注以下四大方面。

（1）**营业收入**。分析财务报告中的营业收入时，重要的不是看那个数值，而是看它的增长。也就是判断一家公司的生意怎么样，赚了多少钱是一个方面，更重要的是看生意是否一年比一年好，所以这个增长就非常重要了。

一般营业收入的增长方式分为三类：潜在需求的增长、市场份额的扩大和价格提升。

潜在需求的增长比较好理解，说明这家企业的蛋糕做大了，它的产品需求人数增加了，持续性增强了。

市场份额的扩大，一般说明企业抢了别人的蛋糕，这很可能带来价格战和商业报复。

价格提升，这个方式会牺牲客户的利益，最终效果如何，就看客户会不会减少，当然还要看替代产品强不强。

总之看营业收入的增长，不能孤立地看，要和同行业进行比较。自身高增长意义不大，要比别人更强才能说明企业具备投资的价值，否则企业很可能就是因为赶上了一波行业潮流，其实并没有多大的竞争实力。比如在煤炭行业风光的时候，开煤矿的人都发财了，那么能说煤老板的公司都值得投资吗？或许它只是因为赶上了一轮强周期回归，在遇到宏观经济不景气时，企业会快速陷入困境。

当然，关于营业收入的增长，我们也不要过于乐观，它的增长如同考试成绩，从 30 分提高到 60 分容易，但从 60 分提高到 100 分却很困难。企业盘子大了之后，一家营业收入 10 亿元的企业，能始终保持 20% 的增长吗？这显然是不现实的，因为如果它能保持这个增长速度发展 70 年的话，就相当于全球 GDP 的总和了。

（2）毛利率。高毛利率的企业说明它有很强的竞争优势，一般毛利率在 40% 以下的企业，被竞争对手替代的概率会很大，很难形成自身的护城河，也不太可能基业长青。即使如巴菲特这样的神人，放弃了毛利率这个原则后都会损失惨重，他当年以 17 亿美元买入英国超市运营商特易购的股份，这是一个毛利率很低的行业，结果到 2014 年整个投资已经亏损超过 7 亿美元，最后只能割肉离场。虽然毛利率不是衡量企业的唯一标准，但在低毛利率的企业里能捡出黄金的事儿，连股神都办不到，大家也就别挑战这个高难度了。

（3）费用率。它指销售费用、管理费用和财务费用加在一起占营业收入的比例，这个指标反映的是公司的管理水平。费用率高和费用率剧烈变化的公司，说明管理可能比较混乱，不具备可持续性，尤其是销售费用高的企业更要注意。因为这种企业的营业收入基本都是靠销售费用"烧"出来的，这就表明企业如果遭遇资金困难可能会随时倒闭。另外，如果销售费用过高，我们就要对这家公司的市场份额以及用户黏性打一个问号。当销售费用减少之后，现有用户会不会流失、销售现状会不会崩塌，这是一个巨大的问号。比如很多游戏公司的营业收入看起来不错，但销售费用极高，这是因为很多公司在各大流量入口上大比例投放广告而导致的，一旦推广力度减弱，收入就会大幅下降。

此外，投资者还要关注管理费用，因为企业经常用管理费用来调节收入，比如实际经营情况是略微亏损，但企业却少记管理费用，让自己保持微弱盈利，然后几年后再人为搞一次恶性亏损，把之前账面上的利润都亏完，再重新玩儿这种套路。

这里老齐可以给大家一个参考指标，三费加在一起除以毛利润，比例小于 30%，说明这家企业不错，可以将其股票加入自选股中多加关注；如果这个比例超过了 70%，就可以把这家公司的股票从自选股里尽快删除了。

（4）净利润率。也就是净利润除以营业收入的比率，这是利润表里最重要的指标。它当然是越高越好，比如贵州茅台，这家公司的毛利率高达 90%，净利润率达到了 50% 以上，可以说现阶段在中国，没有任何一家企业能比贵州茅台更赚钱了。另外大家还要重点关注扣非净利润率。扣非净利润率通俗来说，就是扣除与企业经营没有直接关系的一切收入与开支后得到的利润率。这个指标更能反映企业的真实盈利能力，比如一家公司卖套房或者今年收到了政府补贴，这都不是常态收入，都需要剔除。巴菲特给的标准是扣非净利润率要大于 4%，但老齐认为这个标准有点低，最好是大于 10%，而且要连续几年都大于 10%，才能说明企业利润相当稳定，是一个比较好的商业模式。

介绍完这四大指标，分析利润表的工作基本就结束了，不过还有最后一步，就是要计算一个比率，也就是用我们下一节要介绍的现金流量表里的经营现金流量净额，除以净利润得出的数值。这个比率越大越好，大于 1 的企业基本都是好企业，道理很好理解，就是企业的净利润能变成现金。也就是说自己赚了很多钱，但一定要是能看得见、摸得着的钱才可以。

第四节　如何快速获取现金流量表信息

大家对现金流可能不是很了解，简单来说，现金流就好比是你银行卡里有多少流水，这个其实很关键，对于很多企业来说，没有利润并不是什么大不了的事儿，比如亚马逊就一直没有多高的利润，但它的股票 20 年里涨了几百倍，因为它手里有现金。但如果一家企业没有了现金，可能连今晚都撑不过去，所以我们也理解了这张报表的厉害程度，这是一张关乎企业生死存亡的报表。之所以单把现金拿出来做一张表，主要是因为钱和钱有本质的不同，比如一家企业年初有 1000 万元现金在手，年末有 5000 万元现金，你说它增加了 4000 万元，是很厉害吗？如果这些现金是赚来的钱，当然很牛，但如果是借来的钱呢？那就要另当别论了。因为 4000 万元到第二年就会产生大量的利息，如果这些钱在第二年赚不回利息钱，那么就变成了"净赔"。而现金流量表就是告诉你，企业的现金到底是从哪里来的。

对于现金流量表的分析，其实可以去老齐的读书圈里看一本书，书名是《手把手教你读财报》，老齐深入浅出地讲过这本书。以下就是对这本书里部分内容的总结——对于现金流量表拆解后的八种企业类型。

（1）**经营现金流、投资现金流和筹资现金流都是流入的企业**。这说明企业本身赚钱，投资也有收益，而且还向别人借钱，这个情况就比较奇怪了。而这类企业现实中还真存在，属于"奇葩类型"。它们可能随时要开展一场大规模的投资活动，要不就是在借着上市公司的壳搞钱，搞到钱之后，再给关联方使用，总之这样的企业比较可疑。

（2）**经营现金流和投资现金流流入，筹资现金流流出的企业**。这类企业属于"老母鸡型"企业，本身很赚钱，而且还能拿钱去赚钱。筹资活动现金流出有两种可能：要么在还债，要么在分红。如果是分红，说明这家企业还不错，应该是价值型的公司，值得投资。

（3）经营现金流和筹资现金流流入，投资现金流流出的企业。这类企业属于"疯牛型"，企业能够赚到钱，然后又愿意把赚到的钱拿出去扩张，说明它很看好未来的发展。另外，企业还能借到钱，说明外面的公司、机构或投资者也看好这家企业的项目。不过想持续高速增长，这类企业很容易出现资金断流的情况，有太多的企业往往都是"死"在了冲锋的路上，所以投资这类企业要谨慎，特别是那些打出多元化、国际化口号的企业，大家务必要小心。

（4）经营现金流流入，投资现金流和筹资现金流流出的企业。说明这家企业能赚钱，也能投资，还能够偿债或者回报股东，如果可以持续的话，这应该是最佳类型了。经营现金流流入要是能够覆盖对外的投资和分红，这就属于"现金奶牛型"。比如贵州茅台和格力电器两家企业，增长不见得很快，但股东每年都会有钱拿，这也是巴菲特最喜欢的企业类型。

分析完上面四类企业，我们应该知道要做什么样的投资了，至于经营现金流为负值的企业，我们基本不用去研究，也就是说企业本身是不赚钱的，全靠资本炒作活着，而投资这类企业的风险就太大了。比如经营现金流为负值、投资现金流为正值、筹资现金流也为正值的企业，大概率属于"骗吃骗喝型"。经营现金流为负值、投资现金流为正值、筹资现金流也为负值的企业就是"混吃等死型"。经营现金流为负值、投资现金流为负值的就更糟糕了，能融资到钱的企业也就是筹资现金流为正值的属于"赌徒型"，融不到钱还要还债的，也就是筹资现金流为负值的，属于"大出血型"。

第五节　净利润和现金流的关系

投资新手一般都习惯于看净利润，只抱着利润表看来看去，这是典型的业余投资者的行为。因为利润表是最容易做假的报表，只要调整收入或者调整费用，利润就出来了。我们要始终记住，利润只是一个数字，并不能帮你还清账单。如果只有利润，而没有经营现金流流入，这就说明利润不真实，是非常危险的。还是前文中的例子，如果开一家小卖部，老板全都对外赊账销售，所有人直接把店里的东西搬空了，而在利润表上仍然可以计入收入大增，利润也是非常高的，但这都是应收账款，经营现金流流入就是 0，这笔钱能不能收回来还不确定。所以企业的应收账款越多，收到的现金也就越少，而应收账款多，同时也说明企业对整个供应链的控制能力很差。

另外，我们要警惕那种利润很高，现金净流量却很低的公司，比如公司的利润是 1000 万元，现金净流入却只有 300 万元，这种情况有几种可能：第一，应收账款较多，企业还没有收回；第二，企业偿还了大量债务，导致现金没有装进兜里；第三，企业对外进行了投资。这时候就需要我们对照现金流量去具体分析钱到底去哪儿了。一般打开股票软件电脑版，按 F10 快捷键，都能找到非常详细的分析，这些分析对于普通投资者来说足够用了。

自由现金流也是衡量企业投资价值的一个重要方法，老齐在知识星球"老齐的读书圈"中讲过一本书，叫作《怎样选择成长股》。书里讲到两个概念，即防守型利润和进攻型利润。很多人都搞不明白，也不会算，其实告诉大家一个简单的方法：有自由现金流的公司，就一定有防守型利润和进攻型利润。

企业自由现金流量

= 息税前利润 ×（1 - 所得税税率）+ 当前折旧与摊销

- 营运资本增加 - 资本性支出

其中：

营运资本增加 = 本期营运资本 - 上期营运资本

想了解一家公司的自由现金流量，一定要看年度报告数据，而季度报告数据是没有参考意义的，只有年度自由现金流量是正数，才能说明企业有可以拿走的钱。如果不会算也没关系，可以在同花顺旗下"i 问财"网站中搜索各家公司的自由现金流量。这个数据基本正确，但也有个别数据可能有误。所以把自由现金流量当成唯一的投资依据肯定不妥，而如果当成参考指标之一，还是可以的。

本节主要内容总结如下。

（1）现金流量是装在兜里的钱，它比利润更加重要，现金流量是以银行账户为基准的，这个数据很难造假，而利润是容易被人为调节出来的数字，真实性和可信度要小得多。

（2）警惕那些利润和现金流量净额差别过大的公司，它们有虚增利润的可能性。

（3）自由现金流量，相当于赌桌上可以随时拿走的钱，有自由现金流量的企业，才能真正在生意中赚到钱，否则就只是空欢喜的游戏而已。

（4）要了解自由现金流量数据，就要看年度报告，季度报告中的数字可参考的意义不大。

（5）现金流量只适用于业务成熟的公司，对银行业和金融类公司不适用。因为它们的钱是工具，账面上是区分不出来的。对成长类的科技公司也不适用，在成长期间，它们没有现金流入，甚至消耗大量资金都是正常的。

第六节　财务指标分析

财务指标的分析过程，就像武侠小说里的降龙十八掌，是一套完整的套路。这些指标是大家在投资一家公司之前，必须要先找出来的。

第一，安全性指标分析。

所谓安全性，指的就是公司偿还债务的能力。这里有两个主要指标，一个是流动比率：

$$流动比率 = \frac{流动资产}{流动负债}$$

另一个是速动比率：

$$速动比率 = \frac{速动资产}{流动负债} = \frac{流动资产-存货}{流动负债}$$

很多教科书中认为，在流动比率等于 2，速动比率等于 1 时，是一个比较理想的状态，如果这两个比率过高，说明流动资产未能有效地被利用，安全性可能没有问题，但效率比较差。而如果这两个比率太低，企业则会出现偿债风险。另外还有几个财务指标大家一定要记住。

（1）资产负债率：

$$资产负债率 = \frac{负债总额}{资产总额}$$

它反映的是在总资产中有多大比例是通过借款筹集来的，同时它也可以衡量公司在资产清算时债权人有多少权益。通常来讲，一家公司的资产负债率应该控制在 50% 左右。从公司债权人的立场出发，公司的资产负债率自然越低越好，这样公司的偿债能力就有保证，借款的安全系数就高。从公司投资者的角度来看，如果公司总资产利润率高于借款的利息率，则资产负债率越高越好，也就是借钱越多，赚得越多。反之，则越低越好。

（2）净资产负债率：

$$净资产负债率 = \frac{负债总额}{所有者权益总额}$$

净资产负债率高，是一种高风险、高回报的财务结构，净资产负债率低，则是一种低风险、低回报的财务结构。

（3）利息保障倍数：

$$利息保障倍数 = \frac{息税前利润（EBIT）}{利息费用}$$

其中：

$$息税前利润（EBIT）= 利润总额 + 财务费用$$

这个指标反映的是企业支付利息的能力。利息保障倍数越大，说明企业支付利息费用的能力越强，反之亦然。

（4）现金及现金等价物与有息负债的比率，这个比率最好要大于 1，它考查的是公司到底有没有能力拿出还债的钱。

第二，盈利能力指标分析。

（1）营业利润率：

$$营业利润率 = \frac{营业利润}{营业收入}$$

它反映的是企业收入中到底有多少能转化成利润。一般来说，这个数字越大越好。

（2）毛利率：

$$毛利率 = 毛利润/营业收入$$

净利率：

$$净利率 = 净利润/营业收入$$

这些公式大家都不用记，在股票软件电脑版界面按下 F10 快捷键，查询到的财务数据里都有，大家只需要记住寻找毛利率高于 40% 和净利率高于 5% 的公司就好，这些公司的生意基本不会太差。

（3）净资产收益率：

$$净资产收益率 = \frac{净利润}{净资产}$$

这个指标非常重要，它就是我们常说的 ROE（Return on Equity，净资产收益率）。对于一个长期投资者来说，这是一个必看的指标。因为如果你打算长期投资一家公司 10 年以上，那么最后获得的年化收益率基本就是这家企业的平均 ROE，而几乎和你的买入价格无关。投资个股的话，我们就要尽量找高 ROE，且持续稳定的高 ROE 公司，长期持有下来，你的年化收益率基本就是这个数值。所以对于财务报告里面的数据，即使你不看其他数据，也一定要看这个数据。

（4）总资产收益率：

$$总资产收益率 = \frac{净利润}{平均总资产}$$

注意这里是总资产，和净资产就差一个字，这个比率可以体现财务杠杆因素的影响。比如只有一成的钱，借来了九成的钱，然后赚了一成，净资产收益率就是 100%，但其实总资产收益率也就 10%。所以如果两家公司净资产收益率差不多，那么肯定是总资产收益率更高的那家公司的盈利能力更强，投资者承担的风险更小。

第三，成长性指标分析。

首先，需要了解营业收入增长率，股票软件电脑版上单击 F10 快捷键可以直接查到，这个指标反映了公司业务能力的扩张速度。

其次，了解净利润增长率和扣非净利润增长率，它们反映了公司盈利能力的增长速度。

这两个指标是公司成长性指标分析中必须要了解的指标。我们常用的 PEG（市盈率相对盈利增长比率）估值方法，G 指的就是增长率的情况，通常保守价值型企业用利润增长率来算，初创成长型扩张中的企业可以用营业收入增长率来分析。根据市场经验来说，当一般公司的增长率为 20% 时，市场给出的合理市盈率估值水平顶多是 20 倍左右。如果此时公司的估值远高于这个数，那么说明股价很可能被严重高估了，未来大概率会发生回撤。如果一家公司的增长率为 100%，理论上可以给 100 倍市盈率的估值，但问题是这 100% 的增长率能维持多久，大家要在心里打个问号。

根据数据统计，一般情况下绝大多数企业的可持续正常增长率为 8%～15%，所以现在很多机构投资者的思路就是，找到持续以 15% 左右的增长率增长的企业。因为增长率太高的公司未必就好，这些公司要么是股价已经被严重高估，要么就是业绩增长不可持续，反而容易"踩雷"。

第四，管理水平指标分析。

衡量一家公司的管理水平能力，主要考查三个周转率：应收账款周转率、存货周转率和固定资产周转率，它们反映的是公司的营运能力。周转率就是指周转的次数，周转率越高，固定周期里周转的次数就越多，说明公司运转越高效，毕竟如果存货周期短的话，计提减值就少。

第七节　杜邦分析体系

对于企业的总体分析，经常会提到一个体系，叫作杜邦分析体系，它是美国杜邦公司开创的，现在全世界的价值投资者都在用它，它是通过净资产收益率计算公式的分解，来寻找驱动企业利润的关键因素，是一套比较高效的财务分析方法，如图 12.4 所示。

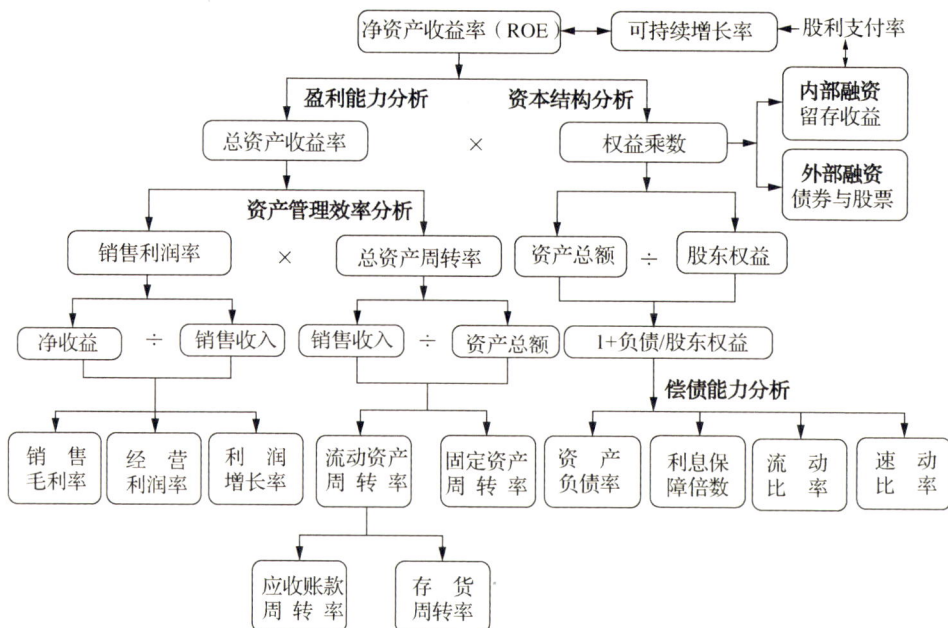

图 12.4

之所以说净资产收益率 ROE 重要，就是因为它和杜邦分析体系紧紧相连。

$$ROE = \frac{净利润}{净资产}$$

杜邦分析法把这个公式做了进一步拆解，分成了三个部分：

$$ROE = \frac{净利润}{销售收入} \times \frac{销售收入}{总资产} \times \frac{总资产}{净资产}$$

相当于在原有公式里加入了销售收入和总资产这两个指标，而连续相乘后就被约分了，但它却代表了特殊的意义。

第一部分，净利润/销售收入，这其实指的就是净利润率。第二部分，销售收入/总资产，这是指总资产周转率。第三部分，总资产/净资产，这是指财务杠杆比率。这确实是"高人"研究出来的，因为这三个部分正好代表了企业的三种发展模式。高产品净利润率是"贵州茅台模式"，高总资产周转率是"沃尔玛模式"，高财务杠杆比率是"银行模式"。

首先，"贵州茅台模式"，代表的是净利润率极高的发展模式，这类公司属于"现金奶牛""超级大白马"、超高产品附加值类型。

其次，"沃尔玛模式"，代表的是总资产周转率高的企业，这类企业的利润并不高，但周转效率很高，靠的是通过效率赚大钱、薄利多销。

最后，"银行模式"，这种模式利润不高，周转率也不快，但这类企业依靠的是高杠杆，也就是杠杆系数很高，这个杠杆系数把本来很低的利润给放大了。

所以对于这三类不同业绩驱动的公司，我们要区别对待。在研究"贵州茅台模式"的公司时，要警惕它的净利润率降低、品牌影响力降低；在研究"沃尔玛模式"的公司时，要警惕它的总资产周转率降低；而"银行模式"的企业最怕的就是杠杆下降、筹资困难，所以揽储困难是银行最大的利空。而我们在挑选股票的时候，也要先分清楚目标公司的增长方式，然后找出一家核心数据最高的公司进行投资。比如，在比较美的集团和格力电器时，一定要比较它们的利润率，而在比较国美零售和苏宁易购时，重点要比较它们的资产周转率。

通过杜邦公式的拆解，你一眼就能看出这是一家怎样的企业，它的净资产收益率到底高在哪个方面。巴菲特有句名言：

只投资那些傻瓜也能管理的企业，因为迟早会有一个傻瓜来管理它。

所以类似"沃尔玛模式"的企业，最好少碰，还是"贵州茅台模式"的公司更安全、保险一些。比如，巴菲特当年也曾背弃他的思路，投资了乐购超市，最后亏损了 7 亿美元，这就是血淋淋的教训。

如果说"沃尔玛模式"不好，那么银行的高杠杆模式好不好呢？这个不好说，可能在绝大多数的时候都很好，但也许就是在少数情况下会成为爆发危机的根源。比如美亚保险和雷曼兄弟，这些都是通过高杠杆模式赚钱的金融企业，它们每天都游走于高风险的边缘。中国有句老话是"常在河边走哪有不湿鞋"，所以最好别在繁荣期投资这些公司，因为繁荣期过后就很容易发生危机。反而在危机过后倒是可以考虑投资它们，危机没有把它们击倒，风险就已经带着杠杆成倍地释放了，未来一定会矫枉过正，投资成功的机会反而更大。所以股灾之后买银行股，通常是个比较明智的选择。

第八节　识别财务报告中的各种陷阱

第一个陷阱是，公司董事会、监事会、高级管理人员（简称董监高）大举卖出股票。这很可能说明公司自身出了问题，比如之前 A 股中某广夏的例子，当年某广夏的股价涨到 30 元/股以上的时候，该公司的董监高大量套现，持股比例从 7%跌倒了 4%。在媒体质疑它们销路有问题后，高管们的减持比例不减反增，持股比例再次下降到 1%，这种公司董监高大量套现的现象，绝对是个重要标志。所以在分析季报年报时，我们除要盯住公司的营运情况外，还要多关注股东的变化。

第二个陷阱是，董监高或者大股东占用公司资金。2000 年 5 月，某软件公司增发募集资金近 10 亿元，随后号称自己拥有 100 亿元资产、3 家上市公司，成为股市一霸，但董事长滥用经营控制权，大量占用公司资金。操作手法有以下三种：一是直接占用，关联公司之间大量的资金划拨；二是提供担保，由某软件公司用市值提供担保取得贷款进入关联企业；三是高价收购关联方资产，增发募集的 10 亿元就是去做这种收购了。2004 年，证监会的监管部门开始稽查某软件公司，后来该上市公司就被打上了 ST（Special Treatment，特别处理）的标签。

第三个陷阱是，公司更换会计师事务所，一般会计师事务所在审计财务报告之后，会出具标准的无保留意见、带强调事项段的无保留意见、保留意见、否定意见和无法表示意见的审计报告中的一种。只有标准的无保留意见的公司才值得我们继续往下看财务报告，被出具其他几类审计意见的公司可以直接排除了。所以，一般管理层会要求会计师事务所必须出具标准的无保留意见审计报告，而会计师事务所是不能随便签字的，否则就要承担责任。因此很多注册会计师为了自保会拒绝签字，因此会计师事务所就没法出具审计报告，而管理层只得更换其他会计师事务所。所以我们需要关注，公司是否更换了会计师事务所，如果出现这种情况，一般公司就会有严重的财务问题。

第四个陷阱是，公司频繁更换高级管理人员，特别是财务总监。比如 2003年西安某公司突然出现净亏损，同时大量违规担保也被曝光，2004 年该公司被特别处理。立案调查结果显示，它们数据造假长达 8 年之久。而这家公司几乎每年都要换一名高级管理人员，前后辞退过两名财务负责人和两名总经理。

第五个陷阱是，一家集团内部互相担保去借款质押。这种情况很可能就是要牺牲某些企业的利益来做利益输送，保全另一家企业。

第六个陷阱是，利润表中的非经常性利润占比大增。投资人买公司就是买生意，而生意是要靠主营业务收入来赚钱的，一旦一家公司的主营业务不赚钱了，通过卖房子、卖地来提高利润，投资者就要格外小心了。

第七个陷阱是，应收账款的异常变动。如果应收账款这个指标突然大幅增加，说明别人给公司打了很多白条，此时就要引起我们的注意。尤其是其他应收款的大幅增加，这种情况就更可疑了，而好公司的应收账款绝对是很少的。

总之，很多投资者把财务报告视为解释公司运营的唯一方法，这其实是一个严重的误区。财务报告只是提出问题的起点，而不是答案本身，它存在的意义是让我们去发现问题。当我们发现问题后，要去思考、去探求，只有这样才能发现企业到底是具备投资价值，还是在说谎。我们在研究企业的时候，应该先从企业所处的行业和自身业务入手，看它是否符合未来发展的大趋势，在天时地利人和都已经具备的情况下，再去看财务报告，所以财务分析只能起到辅助作用，是用来投反对票的，而不能成为我们投资决策的唯一依据。

而投资者也没必要像会计一样，知道每一个科目的意义，更不用知道每一笔钱的记账方法。投资者应该更像一个裁判，不用会踢球，只要会看球就好。对于看不懂的、问题太多的，就直接把它丢到一边，不参与就好了。我们不是警察，没必要抓到每一个做假账的坏人，我们只需要找到问题最小、财务报告最简单、生意模式最单纯的盈利公司就可以了。伟大的投资，往往都是简单的。如果对于一家公司，你根本说不出它是怎么赚钱的，那么它大概率也不会是一家好公司，就是这么简单。

第十三章
如何估值——投资中的经典指标

在知识星球"齐俊杰的粉丝群"里，很多朋友经常会问老齐有关估值的问题。所谓估值，就是投资者对于一家公司内在价值的评估。为什么大家都喜欢问估值问题？因为如果投资者了解了公司的内在价值，也就能大致判断公司的股价是否合理，有利于投资者做出正确的决策。不过老齐也发现，"如何估值"确实是多数投资者的知识短板，很多投资者并不知道平常说的一些估值方法到底该怎么用，以及哪些行业适用于哪种估值方法。

这一章老齐就来讲一讲各种估值指标的使用方法，希望能把估值这个问题给大家讲透彻。

第一节　市盈率的用法

市盈率（Price Earnings Ratio，PE），它的公式非常简单，就是：

$$\frac{股价}{每股收益} \quad 或者 \quad \frac{市值}{净利润}$$

PE 估值法是投资中最常用到的估值方法，它一度成为估值的代名词，平常我们所说的多少倍估值，基本指的就是市盈率。这个指标的最基本含义就是，投资一家公司，假设公司利润一直稳定，且该公司把每年赚到的利润全部用于分红，那么投资者大概多少年能收回本金。很显然需要的年数越少，估值就越低，而需要的年数越多，估值也就越高。但实际中，公司盈利并不一定稳定，通常也不可能把利润全部用于分红。所以市盈率只是看待问题的一种角度，而不是真正在实际中多少年能收回本金。

市盈率分类如下。

市盈率公式：

$$市盈率 = \frac{股价}{每股收益}$$

我们从股票软件中就能看到公司的当前股价，这是一个时点的值，是市场交易出来的价格，只有一种形式。但是每股收益的计算方法则有很多种，用哪种方法计算每股收益、用哪个每股收益值，都会影响市盈率的计算结果。于是就有了三种不同类型的市盈率，分别是：静态市盈率、动态市盈率和滚动市盈率。

（1）静态市盈率。静态市盈率使用的每股收益值是上一个自然年度的每股收益，是以年报数据来计算的。例如某只股票股价为 100 元/股，上一个自然年度的每股收益为 10 元，那么该静态市盈率为 100/10=10。因为在新的年报出炉之前，只能采用上一个年度的年报数据，这就导致了静态市盈率缺少实时性，参考价值相对较低。

（2）动态市盈率。动态市盈率使用的每股收益值是本年度预测的每股收益，是一个预测值。例如某股票价格为每股 100 元，第一个季度的每股收益是 1 元，预测本年度每股收益为 1×4 = 4 元，那么动态市盈率为 100/4=25。因为是预测数据，所以动态市盈率计算得到的数值可能误差较大，特别是公司遇到特殊事件或者存在淡旺季的情况，误差就更大了。

（3）滚动市盈率（TTM）。滚动市盈率使用的每股收益值是最近四个季度的每股收益。这种方式计算出来的每股收益都是基于最近一年的真实数据，所以滚动市盈率相对来说更具有实时性，可以反映出当年季报的相关数据。我们平时参考的市盈率基本都是滚动市盈率。

市盈率的优点如下。

（1）兼顾两个维度。市盈率里面的两个指标，一个是公司股价，一个是公司每股收益，它既反映了市场状况，又反映了公司的基本经营情况，所以市盈率估值法通常可以兼顾这两个维度，挑出估值较低的个股。

（2）用起来足够简单。市盈率只有两个指标，任何人都可以轻松算出来，而且还可以计算出多家公司的市盈率估值，用于同行业间比较。如果这些公司的业务没有太大的差别，那么显然市盈率越低的公司，越有吸引力。

（3）有效。市盈率既反映市场状况，又反映公司的基本经营情况，还得到了广大投资者的认可，所以市盈率也是所有估值指标中效果最佳的一个。特别是用市盈率反映宽基指数，非常精准，完全可以反映市场的高低位置，比如大多数时间股市的主要指数都是在 10～25 倍市盈率之间波动，当主要指数低于 15 倍市盈率时就可以大胆布局了，而高于 20 倍市盈率时就要小心了。

（4）市盈率量化选股策略也非常有效，有人对过去 40 年的股市进行分析，根据市盈率把市场上所有股票分为 5 组，市盈率最低组的综合收益最高，长期年化收益率达到了 15.2%，远高于市场平均的收益率 11.6%，而市盈率最高组的年化收益率只有 8.3%，数据差距非常明显。这主要就是因为，低市盈率代表了一种市场情绪，大家都不要的东西才会有捡便宜的机会。

市盈率的缺点如下。

（1）受利润的干扰太强。很多周期类公司的利润并不稳定，好的时候可以很赚钱，差的时候也能亏出天际，所以利润的大幅变化让市盈率往往很难保持连续。比如一家公司的股价是每股 10 元，每股盈利 1 元，市盈率不高，只有 10 倍，但明年它可能业绩骤降，每股盈利只有 0.1 元了，那么即使股价跌了一半，市盈率也能瞬间膨胀到 50 倍。表面上看比 10 倍高估了，如果你机械地按照市盈率操作，低估的时候买进，高估的时候卖出，反而会赔掉 50%。

（2）市盈率过度依赖企业利润。企业财务报告中的利润又是非常容易被人为操控的数据，做过财务的读者都知道，利润表中的数据其实并不可靠，因为能调节利润的因素太多了，比如卖一些资产，利润就增加了。所以一般谨慎的投资者都会使用扣非净利润来计算市盈率，但即便如此，利润也未必靠谱。

（3）市盈率对杠杆有盲点。比如同样赚了一倍，有的企业是全靠自有资金赚来的，有的企业却加了一倍的杠杆，靠借钱赚来的。那么这两家企业的财务状况在市盈率里是完全反映不出来的，实际上，显然是使用自有资金的那家企业更好，而借钱的那家企业风险要高得多。因为借钱的企业赚钱的时候能放大利润，赔钱的时候也会放大亏损。

市盈率怎么用呢？具体如下。

（1）既然市盈率对利润的要求较高，那么我们只能用它对那些盈利稳定的行业进行估值，比如医药消费、食品饮料等。也就是那些超市里、生活中能见到的，老百姓频繁消费的产品所属的行业，基本上都可以用市盈率法估值。而钢铁、化工、有色金属、新兴高科技、生物工程等行业，要么利润不稳定，要么可能没有利润，所以市盈率并不能准确反映这些企业的真实状况。甚至有的周期行业还要把市盈率当成反向指标，比如地产和钢铁，在市盈率最低的时候，可能正是业绩的巅峰，此时反而应该离场了，而在市盈率很高的时候，或许才是入场的时机。

（2）市盈率必须比较起来用。单看一家企业的市盈率数值意义不大。那么怎么比较呢？有两个维度，一是同行业公司间的比较，二是和企业的历史数据比较。如果这家企业的市盈率与同行比，数值较低，和自己的历史数据比，也处于历史较低水平，那么我们就可以说它是被低估了。需要注意的是，一般不跨行业比较市盈率，比如市盈率20倍的格力电器和市盈率100倍的科大讯飞就没法直接比较，非要比较就有点儿"关公战秦琼"的感觉了，意义不大。

（3）市盈率一定要使用年度每股盈利数据。如果使用季度的数据必须要还原，比如每个季度每股盈利1元，那么一年差不多就是4元，有的行业还会有季节性波动，这个因素也需要考虑进去，先预估出一个年度每股盈利数额，再去测算市盈率，或者直接用过去四个季度的数据来计算。

（4）做资产配置时参考指数市盈率。指数市盈率是资产配置过程中很好用的一个指标。比如通过A股各个宽基指数的历史市盈率走势，以及分位标准差等指标，我们一眼就能看出市场现在所处的位置。如果估值在历史中位数上方，我们就适当降低股票资产的投资比例，如果估值在历史中位数下方，我们就适当增加股票资产的占比，切换进攻队形。如果估值就在历史中位数附近，不高不低，在没多大胜算的情况下，我们就保持股债均配的策略，坚定持有，此时往往动得越多，错得也就越多。

第二节 市净率的用法

市净率（Price to Book Ratio，PB），公式是：

$$\frac{股价}{每股净资产} \quad 或者 \quad \frac{市值}{净资产}$$

最早用这个指标的是华尔街教父、巴菲特的老师——本杰明·格雷厄姆。他最擅长的方法就是"捡烟蒂"投资法，也就是在买入一家公司时，如果公司市值在这家公司的账面价值之下，那么就会非常安全，他所说的账面价值，其实指的就是公司的净资产。

这里的净资产，也叫所有者权益，是总资产减去总负债之后的净额。我们拿贵州茅台的资产负债表举例，每家上市公司的资产负债表在行情软件电脑端按快捷键 F10 就能查到，而且绝大多数的重要指标数据基本都计算好了，我们直接拿来用就可以了。

比如 2021 年年底，贵州茅台的股价涨回到了 2100 多元/股左右，每股净资产为 138.8 元，市净率是 15.26 倍，如图 13.1 所示。这也就意味着，假如现在贵州茅台不再继续经营了，进入了破产清算流程，那么你以 2100 多元/股购买的股票，就只能拿回 138.8 元的账面资产/股，相当于付出了 15.26 倍的价格，这个倍数就是市净率。所以简单来说，市净率就是你到底花了几倍的价格买入了这家公司的净资产。

市盈率(TTM)	53.07	市净率	15.26
每股收益	29.67元	每股净资产	138.8元
营业总收入	770.5亿	总营收同比	10.75%
归母净利润	372.7亿	归母净利同比	10.17%
扣非净利润	373.6亿	扣非净利同比	10.19%
毛利率	91.19%	净利率	53.02%
净资产收益率	21.68%	资产负债率	19.53%
商誉净资产比	未披露	质押总股本比	0.00%

图 13.1

当然了，账不能只这么简单地算，这个假设也不会成立，毕竟贵州茅台当前不可能破产，它还在持续赚钱，而且很赚钱。况且大多数资产也不能简单地算账面价值，它们往往还有更多的潜在价值，比如库存商品，有些企业的库存商品就不太值钱，像服装企业，一旦库存商品积压，能卖掉就算不错了。而贵州茅台却很神奇，库存商品不但能卖掉，而且价格还会上涨。所以仅用市净率估算贵州茅台的价值，是不太妥当的。

市净率的优点如下。

（1）比较稳定。净资产不会像利润那样忽高忽低，而且资产负债表也比较真实可信，不容易被造假，所以市净率的变化通常能够真实反映市场的高估和低估状态。比如同样是一批资产，如果第一年能卖 2 倍价格，第二年一下卖到了 4 倍价格，那么肯定是投资者情绪发生了变化。所以市净率看似有两个变量，但其实只有分子的价格变化较大，而分母净资产的变动并不大，通常还很有规律。

（2）净资产的变动一般不受周期影响。通常只有企业利润会随着周期变动而变动，净资产则受周期影响较小，即便有变化，也不会有特别大的幅度。

（3）简单有效。和市盈率一样，市净率也只有两个指标，而且都可以从行情软件上直接查到，计算也很容易。有人测算了近 80 年来，美国股市市净率选股策略的表现，市净率最高的组别收益最差，只有 8.1%，而市净率相对较低的组别，回报明显更高，年化收益率超过 12%，高于市场平均的年化收益率 10%。所以事实证明，市净率指标也同样有效，如表 13.1 所示。

表 13.1

十分位（10%）	10 000 美元的投资将增长至（美元）	平均收益率（%）	复合收益率（%）	标准差（%）	夏普比率
1（市净率最低）	74 047 642	15.94	11.33	29.26	0.22
2	200 324 516	15.74	12.68	23.73	0.32
3	149 183 701	14.83	12.28	21.58	0.34
4	66 442 393	13.59	11.19	20.99	0.29
5	41 728 068	12.88	10.57	20.55	0.27
6	31 212 269	12.52	10.18	20.55	0.25
7	15 157 464	11.65	9.22	20.90	0.20
8	10 270 496	11.13	8.71	20.91	0.18
9	8 789 844	11.09	8.51	21.57	0.16
10（市净率最高）	6 440 263	11.09	8.10	23.14	0.13
"所有股票"投资组合	38 542 780	13.06	10.46	21.67	0.25

市净率的缺点如下。

（1）市净率不反映公司盈利能力，它只能当成一个图便宜的指标。我们都知道，好公司的标准就是赚钱，不赚钱的公司就算资产再多，也不能成为一家好公司。当年巴菲特就吃了这个亏，他投资的伯克希尔哈撒韦纺织厂，就是用市净率指标选股买到的。巴菲特购买时想的是，把纺织厂拆了卖零件，自己都不会亏，但结果却是零件根本没人要。对于一堆不能赚钱的资产，它的账面价值往往也就不真实了。

（2）市净率估值方法对于创新型企业非常不友好。比如创业型公司，房子是租的，人是雇的，甚至连桌椅板凳都不是公司买的，那么这家公司的净资产可能只有账面上那几台电脑的价格，其他信息全都体现不出来。当年马化腾创建腾讯时，在一开始融资的时候，他找了好几家风投公司，这些风投公司都按照腾讯的账面净资产，也就是桌椅板凳等实物资产给腾讯估值，而根本没有考虑腾讯创造价值的能力，这显然是不合理的。所以市净率完全体现不出轻资产互联网企业的新经济优势。

（3）市净率不体现杠杆优势。对于那些高负债的企业，采用市净率估值容易判断失误。如果公司的业务模式已经成熟，盈利体系非常稳定，那么借钱发展肯定会增长得更快，全指望采用自有资金发展，增长速度显然会受限。

市净率使用场景如下。

（1）重资产公司，其资产越多，市净率就越稳定。比如钢铁、有色金属、煤炭、银行、化工、石油，以及一些大型的基建类企业，等等。

（2）盈利不稳定，呈现明显周期性波动的行业。市盈率无法对这些行业估值，那么就只能使用更加稳定的市净率进行估值。

（3）轻资产、新兴高科技行业，不适合用市净率估值。

（4）对于市场整体指数来说，市净率也相当有效，但它更适用于大盘股指数，中小创企业相对来说，净资产本身就不足，所以市净率无法反映其真实价值。

（5）市净率和市盈率其实要经常放在一起使用，因为二者都比较好算，市盈率不能反映的情况，通常市净率就可以反映出来。比如市盈率提升很快，但是市净率并没有上涨多少，我们把两个指标公式列出来，假设净资产没有太大变化，这就说明很可能不是市场反应过度了，而是利润不及预期。相反市盈率变化不大，市净率却提升很快，那么就是市场反应其实不小，只是被利润增长给抵消了。所以在投资前往往多看一个指标，就能多一份保险。

第三节 市销率的用法

市销率（Price-to-sales，PS），公式是：

$$\frac{股价}{每股销售额} \ 或者 \ \frac{市值}{主营业务收入}$$

一般来说，一家公司的销售额越高，它的市场份额也就越大，竞争能力就越强。所以同样的价格，如果买一家销售额更高的企业，那么买到好公司的概率也就更大。

市销率是肯·费雪发明的指标，他是投资大师菲利普·费雪的儿子，自己也是很优秀的投资家。老齐认为，市销率这个指标其实是很好用的一个数据，因为销售收入能够代表公司产品的竞争优势，也能反映该公司创造现金流的能力。因此其产品更有竞争力，也能创造大量现金流的公司，就有很大的概率会在未来的市场竞争中胜出。所以市销率非常适合于做同行业之间的比较，投资者能够迅速发现行业内最好的公司，特别是在那些没什么利润，但是强者恒强、集中度越来越高的行业中。比如，当年在做电商投资的时候，市销率是一个非常重要的指标。

把市盈率、市净率、市销率三个指标罗列出来，如表 13.2 所示，比较三个指标可知：市盈率的优点是，适用于那些利润稳定且利润持续增长的公司，缺点就是周期公司和亏损公司没办法使用。市净率可以估值周期公司，却不能反映公司盈利能力，最后很有可能买了一堆不赚钱的资产。市销率更看重企业的销售额，只要销售稳定，就可以通过市销率进行比较，它也适用于一些亏损的公司，或者利润不高的成长型公司，比如轻资产的新兴互联网企业，就比较适用于市销率估值法。但前提是销售额得有人相信，一般来说，可能只有在牛市大家才更愿意相信市销率。而到了熊市，估计没人相信市销率，这会儿大家更愿意相信那些有实打实利润的企业。此时可能就会出现市销率很低，但股价就是不涨，甚至还天天下跌的情况。

国内上市企业中，由于互联网类企业相对较少，所以国内的研究机构一般不太用市销率来估值。但在美股中，比如亚马逊这类互联网公司很多，这些企业就非常适合用市销率来估值。首先，亚马逊的利润很不稳定，甚至长期亏损，所以根本没法用市盈率估值。其次，亚马逊也没多少净资产，市净率肯定也不适用。毕竟它只有几百亿美元的净资产，无论如何也支撑不起它上万亿美元的市值。那么该怎么办呢？这类公司就只能用市销率来估值了，因为它的销售额相对来说更稳定。

表 13.2

方法	适用	不适用	缺点
市盈率（PE）	周期性较弱的企业、一般制造业、服务业	亏损企业、利润不稳定的企业、强周期类企业	（1）无法区分经营性资产和非经营性资产创造的盈利；（2）无法反映企业运用财务杠杆的水平；（3）利润容易被粉饰
市净率（PB）	周期性较强的企业、重资产型企业	初创期轻资产成长型企业、重置成本变动较大的企业	不反映资产的潜在盈利能力
市销率（PS）	销售收入较为稳定的企业、初创期轻资产成长型企业	销售收入不稳定的企业	（1）不反映企业营业收入质量（2）没有考虑负债对营业收入的影响

如果只看市盈率，没什么利润的亚马逊公司却有着 200 多倍的估值，这完全是没办法投资的。但如果看市销率的话，却只有 4 倍的估值，销售额巨大也就让人充满了想象的空间。一旦它未来成本改善了，很可能会让盈利突然跳升。比如 2017—2018 年，虽然亚马逊的股价涨了很多，但市销率的涨幅却没有那么大，这说明它的上涨还是有销售业绩支撑的，股价大幅上涨的同时，销售额的增长速度也很快，随后亚马逊的股价又涨了一倍。

市销率的优点如下。

（1）适用面比较广。一家公司可以没有多高的利润，但一定会有营业收入（简称营收），如果连营收都没有，那么我们就完全不用关注了。

（2）适应新时代和互联网时代经济。一般高科技互联网企业大多都具有轻资产、高营收、低利润的特征，这也是成长股的典型特点，在传统估值方法市盈率法和市净率法面前，几乎无效。

市销率的缺点如下。

（1）不反映负债的影响。公司用自有资金创造的营收和加 10 倍杠杆创造的营收相比，区别是很大的。在高营收下，可能反而带来更大的风险。

（2）不反映营收的质量。举个例子，有人做生意，卖 100 元面值的充值卡，标价只卖 50 元，理论上这个生意可以创造无限大的营收。因为对于客户来说这就是白占便宜，肯定是有多少要多少。但是在这么大的营收之下，对于公司来说却是巨大的亏损，卖一笔亏一笔，这种营收反而有毒。

市销率的应用场景如下。

鉴于市销率的优点和缺点，我们在使用市销率之前，一定要先看透这家企业生意模式的本质，你要先去了解它所处的行业。比如你看好亚马逊的电商模式，认为它现在烧钱发展只是暂时性的，未来只要停止扩张，不再进行市场推广，利润一下就会被释放出来。在这种前提下，你才能用市销率进行选择，而不是不假思索地用市销率。如果一家公司连生意模式都还没跑通，只是一味地烧钱谋发展，那么即便营收堆得很大，未来赚取不了利润，也是没有前途的。另外，采用市销率进行估值时也只能和同行业比较，比如亚马逊、京东和当当之间比较是可以的，但拿亚马逊和贵州茅台比就没有意义了。

第四节　市现率的用法

对于市现率（Price Cash Flow Ratio，PCF），大家可能比较陌生。市现率的公式是：

$$\frac{股价}{每股现金流}$$

一般来说，公司年报中显示的都是每股经营现金流，有的机构在计算市现率时也会通过"股价÷每股经营现金流"来计算，这样比较省事儿。但其实每股现金流和每股经营现金流还是有区别的，每股现金流不仅考虑了经营活动，还考虑了企业投资和筹资活动产生的现金流，相对能反应企业的真实现金流状况，不过这个指标不太好算。这里告诉大家一个办法，就是到"i问财"网站里直接搜索"某企业每股现金流"，能直接看到已经算好的数据。

市现率可用于评价股票的价格水平和风险水平，市现率越小，很可能表明上市公司的每股现金增加额越多，经营压力越小。有些专业投资者是比较喜欢市现率这个指标的，因为一些股价貌似并不便宜的企业，在经过市现率的比较之后，投资者会重新发现它的投资价值。

其实关于市现率这个指标，主要看的就是公司股价到底有没有反映现金的流入。有的公司利润不高，但是现金流却非常多，那么它的资本支付能力就强，可以去收购一些公司，做外延式增长。而有些公司利润可能看上去很高，却没多少现金流，这就需要掂量它的利润含金量了。这就好比一个销售经理月薪是 2 万～3

万元，月薪看上去很高，但他每月都要维护客户关系，不停地请人吃饭，这些都要从工资里出，最后发现他其实根本没剩下多少钱。所以每股现金流才是能够拿到手里的钱。

市现率的用法其实和市盈率、市净率、市销率是一个逻辑。市现率越低的公司，通过经营现金流收回成本的时间也就越短。市现率有时候比市盈率更加可靠，因为利润可以粉饰，但是现金流却很难造假，钱进来了就是进来了。

况且，很少有企业是因为不赚钱而彻底倒闭的，大部分企业都是因为资金链断裂，没有现金流而死掉的。比如要是用市盈率给亚马逊估值的话，几乎就没多大的投资价值了，但是亚马逊的现金流却一直很充沛，它也可以充分地利用这些现金流去进行再投资，扩大规模。

市现率的优点如下。

（1）企业现金流更加真实，不容易造假，同时由于现金流的客观性属性，市现率通常是可以去验证市盈率的，如果市盈率和市现率走势分歧较大，说明盈利可能不太真实。

（2）对于没有盈利且快速扩张中的企业，市现率提供了新的投资角度和投资价值。对于现金流的预测，其实比对利润的预测要更简单一些。

市现率的缺点如下。

（1）应用场景比较小，大家一般不太愿意计算公司的每股现金流，往往只有投资老手才会关注企业现金流的变化，而普通投资者不太注重这个指标。

（2）市现率计算比较复杂，一般只有年报中的每股现金流有价值，而季度报告中的数字参考意义不大，所以也影响了它的使用。

（3）通过数据测算，采用市现率确定投资价值的优势并不明显，选择市现率最低的股票组合，在历史不同时期的表现并不相同。特别是在牛市的时候，低市现率的股票还经常容易跑输指数。而到熊市，采用市现率投资可能才会更有帮助。

市现率的应用场景如下。

（1）对于利润不明确，且在扩张期的企业，不要着急否定，可以先算一下它的市现率，也许能发现特殊的价值。

（2）对于市盈率具备投资价值的企业，最好用市现率验证一下。把市现率和市盈率走势都调出来做个对比，从而验证盈利的真实性。

（3）越是熊市，低市现率越起作用，在牛市的时候，市现率可能没什么用。因为牛市里基本也没人关心每股现金流的表现。

第五节 企业价值倍数的用法

企业价值倍数估值的公式是：

$$\frac{EV}{EBITDA}$$

EV（Enterprise value）代表公司价值。其中，

$$EV = 市值 +（总负债 - 总现金）= 市值 + 净负债$$

EV 相当于比市值多了一项"净负债"。EBITDA（Earnings Before Interest, Taxes, Depreciation and Amortization）是息税折旧及摊销前利润，其中：

$$EBITDA = 营业利润 + 折旧费用 + 摊销费用$$

$$= 净利润+所得税 + 固定资产折旧 + 无形资产摊销$$

$$+ 长期待摊费用摊销 + 偿付利息所支付的现金$$

这个公式大家不用记，"i 问财"网站里可以查到。

20 世纪 80 年代，美国开始兴起杠杆收购的热潮，所以息税折旧及摊销前利润 EBITDA 也开始被广泛应用，它被大家视为衡量公司偿债能力的指标，非常适合那种前期投入巨大、回报期非常漫长的行业，比如酒店、公园、高速公路等。

其实企业价值倍数类似市盈率。大家都知道市盈率是市值/净利润，是用来衡量公司盈利能力的，也就是到底花了多少倍的利润，买到了这家公司。但是市盈率有一个严重的缺陷，就是不反映负债和杠杆情况。比如没加杠杆的公司一年赚100 万元，和加了一倍杠杆的公司一年赚 100 万元，是有本质区别的，显然没加杠杆的公司生意要更好，承担的风险也更小。所以企业价值倍数就相当于把杠杆和负债的因素都排除掉，剩下的就是更纯粹的，不加杠杆的生意所获得的倍数。

企业价值倍数估值最早是用于一级市场收购兼并的定价标准。因为一级市场基本上是协商出价，所以需要把所有的杠杆和负债都排除掉，再去出价。后来这种方法被沿用到二级市场即股市上，也就是说，如果要购买一家持续经营的公司，

需要支付多少钱，这笔钱不仅包括对公司盈利的估值，还包括需承担的公司负债。

企业价值倍数的优点如下。

（1）不受所得税税率不同的影响，使不同国家和市场上的上市公司估值更具有可比性。

（2）排除了折旧摊销这些非现金成本的影响，因为现金比账面利润重要，所以能够更准确地反映公司价值。

（3）排除了杠杆和负债的因素，能够更准确地反映生意的好坏。

企业价值倍数的缺点是： 计算非常复杂，没有那么直观。

企业价值倍数的应用场景如下。

（1）它如同一面市盈率的"照妖镜"。企业价值倍数会把那些善于利用负债、非常激进的公司过滤掉。这些公司在正常的时候利润很高，但是一旦遭遇风险，也会最先倒下，所以企业价值倍数相当于在价值之上分辨了风险，比如房地产行业。

（2）在重资产行业中，也适用于企业价值倍数。因为折旧和摊销占比过高，会缩减企业的利润率，扭曲真实的价值。比如钢铁行业、冶金业、制造业等。

（3）适用于那些经营活动现金流明显高于利润的行业。这些行业的价值通常都被折旧摊销这些非付现成本给干扰了。

（4）适用于充分竞争行业中没有巨额商誉的公司。

（5）不适合那些固定资产更新变化较快的公司。

（6）对于营业利润亏损的公司，这个指标自然也就没有作用了。

（7）对于控股结构的公司，估值效果很差。因为息税折旧及摊销前利润不反映少数股东的现金流，也不反映资本支出，会过高估计了现金。

企业价值倍数该怎么用呢？

我们可以通过"i问财"网站，把某一行业所有企业的价值倍数都找出来，然后进行比较。对于市盈率差不多的公司，如果企业价值倍数更低，则说明负债要少些，商业模式可能更好些。所以老齐的经验是，你在选出了几家公司之后，如果实在拿不定主意该投资谁，那就再用企业价值倍数筛选一遍。另外，我们一般在熊市的时候，才会用估值方法去选股，大牛市里看估值其实意义并不大，因为几乎没什么东西是便宜的。

第六节　PEG 估值的用法

　　PEG 估值法，号称是全球最牛基金经理彼得·林奇的绝招，所谓 PEG 值就是 PE 和 G 的比率。PE 就是市盈率，而 G 就是一家公司的净利润增长率。所以 PEG 估值法的公式就是：

$$\frac{市盈率}{净利润增长率}$$

　　一般根据市场经验来讲，公司市盈率估值是多少倍，市场便会预期它以什么样的速度增长。比如公司市盈率是 10 倍，那么它每年的净利润增速应该也保持在 10%左右才比较合理。如果净利润增速低于 10%，说明公司可能被高估了，而净利润增速高于 10%，则说明公司被低估了。也就是说，如果 PEG 指标小于 1，则说明公司具备投资价值，而且越小越好；如果大于 1 则要谨慎了，数值越大说明被高估得越多。

　　所以 PEG 指标不仅考虑了公司市盈率的高低，而且还兼顾了公司的成长性。也就是说，即便公司估值很贵，但通过自身的高增长，如果能化解掉这个高估值，那么公司也是值得投资的。比如一家公司的市盈率是 100 倍，如果按照市盈率来估值，肯定已经贵到天上去了，但如果它未来几年的净利润增速都是 100%，那么还贵吗？显然这时的股价就合理多了。因为按照正常发展，假设在股价不变的情况下，三年后该公司的市盈率将跌到 12.5 倍，这显然就进入低估状态了。所以这就是为什么很多公司被市场给予了高估值，就是因为它们增长得很快。

　　PEG 估值法的优点如下。

　　（1）既兼顾价格，又兼顾成长性，从二维视角评价公司。除了通过盈利和价格的层面发现公司价值，PEG 估值法还考虑了公司盈利的增长能力。遇到高市盈率的公司也不至于上来就一票否决。

　　（2）因为兼顾了利润增长因素，所以 PEG 指标可以让不同行业中，市盈率相差较多的公司有了横向对比的可能性。比如某传统行业 A 公司，市盈率只有 10 倍，而另一家科技行业 B 公司，市盈率有 40 倍。单比较市盈率的话，肯定是 10 倍的公司更具有投资价值，但是加上盈利增长因素后，传统行业 A 公司每年利润增速只有 5%，PEG 大于 1。而科技行业 B 公司，增速却能稳定在每年 50%，PEG 小于 1。那么即便 B 公司市盈率是 A 公司的 4 倍，显然也是 B 公司相对更具有投资价值。

PEG 估值法的缺点如下。

（1）因为 PEG 估值法公式中包含了市盈率，所以它的劣势和市盈率一样，受利润因素干扰较多，过度依赖企业利润的真实性，也不适用于利润不稳定的周期类公司或者亏损的企业。

（2）公式中的分母 G，即净利润增长率的持续性，无法测算。比如某公司一年赚 10 万元，但是去年该公司公布只赚了 5 万元，把剩下的 5 万元挪到今年一起公布，这样去年赚 5 万元，今年就赚了 15 万，净利润增长了 3 倍，那么这个增长率显然是不真实的。所以我们要提防那些故意改变业绩的公司，其实识别方法很简单，看一眼净利润的绝对值就知道了，之前一直赚 10 万元的公司，去年突然变为赚了 5 万元，今年又一下赚了 15 万元，我们一看就知道是怎么回事儿了，这15 万元的利润显然有水分。

PEG 估值法的使用场景如下。

（1）仅限于弱周期和业绩稳定增长的企业，一旦企业的增长不是线性的，而是爆发式的或者是波动的，这个估值方法就不准确了。比如你在买入的时候，恰恰是增长最快的时候，而一旦增长速度慢下来，就会发现价格越低，PEG 值反而会越大。

（2）用 PEG 估值法预测公司未来 1～2 年的利润增长作用不明显，最好能预判公司 5～10 年的利润增长，如果能看对这个趋势，剩下的基本可以说就真的是在地上捡钱了。这也是越来越多的基金超配成长股的原因，在高速增长中化解估值问题，已经成为中国 A 股的一道独特风景。中国经济本身增长就快，而在中国经济的大趋势中，增长快的公司会更多，这些公司被给予高溢价，也是正常的事情。问题的关键就在于增长是否真实、是否可持续，这就需要投资者对公司有相当强的把控力了。

第七节　不同行业间如何估值

一般来说，公司大致可以分为三大类：价值类、周期类和成长类。

价值类公司，相对来说最适合对其进行估值。估值手段可分为：PE、PB、PEG和现金流贴现。

周期类公司，在估值时要观察宏观经济周期变化对公司价格的影响，辅助以历史市净率的变化。

成长类公司，公司一般处于快速扩张期，投资者先要了解行业情况，做业务判断，辅助以历史市盈率、市销率的变化，以及 PEG 估值法。

分行业来看，基本的估值方法如下。

（1）银行业。它主要用市净率进行估值。当五大行市净率 PB 普遍降到 0.7 倍以下，或者股息分红率全面超越国开债利率时，通常预示着银行整体被低估了。

（2）证券业。它受到股市周期的强烈影响，具有极强的反身性，估值指标没有太大意义。通常大牛市来临时，才会有比较确定的表现机会，平时确定性不足。切忌牛市末期去追高，投资证券必须要判断股市周期，适合用右侧追击法（详见第十七章介绍）进行投资，不适合左侧投资。

（3）消费品行业。它的业绩稳定，现金流充裕。适合用 PE 或 PEG 估值法，市盈率要和利润增速对应，如果 PEG 值远大于 1，就要小心了。

（4）汽车行业。它是"消费+周期"型，要看乘用车销量数据。在扩张期，可以通过 PE 估值，类似消费股；在非扩张期，应该谨慎，对业绩增长要更加保守。

（5）新材料、科技行业。它们属于成长类，需要判断公司未来方向和发展轨迹，辅助以市盈率和市销率估值法。对这些行业不了解的投资者千万别投，这些行业的公司管理层未必都看得懂自家公司的业务发展方向，更别说普通投资者了。2010 年时的马化腾，估计也想不到今天的腾讯会发展成这个样子。

（6）医药行业。它类似消费品行业，要看公司自由现金流是否稳健，可以采用市盈率或 PEG 估值法。对 C 端的医药类公司比对 B 端的更好估值，对 B 端的医药企业，投资者必须充分了解它的产品，这需要强大的专业背景。另外，医药行业的周期，通常在整个市场最后端。也就是说，当全市场都没什么机会的时候，医药行业才会有表现的机会，否则就要靠事件驱动了，比如这次新冠肺炎疫情其实就极大地推升了医药行情，让医药的周期明显前置了不少。

（7）房地产行业。它受房地产政策周期影响，投资者千万不要被房价高涨期的业绩所迷惑，一般业绩会滞后于楼市周期，也就是商品房销量掉头大概一年之后，利润才会见顶。同样，商品房销量见底后，利润可能仍然会大幅下滑。所以关于房地产行业，投资者要更关注周期和政策，在房住不炒的大背景下，房地产行业很难有特别好的表现。在限购、限贷这些政策取消的时候，房地产就迎来了投资机会。

（8）文化传媒行业。它受到产业自身周期的影响，这个周期不确定，一段时间里如果没有好作品，全行业都会低迷。并且它具有一定反身性，在市场好的时候，更容易依靠外延式发展让业绩更出色。其逻辑是这样的，传媒行业必须要具备一定的估值基础，才能够对外并购，所以你会发现这个行业越涨业绩反而越好，越跌则业绩越差。业绩的参考性比较差。

（9）能源、有色金属、钢铁、工程制造、机械制造行业。这些行业主要受宏观经济环境影响，强周期来袭，业绩很快会达到顶点，而周期一过，业绩又会大幅下滑。所以这些行业需要宏观强周期推动，要看 PPI（Producer Price Index，生产价格指数）和铜价的表现，以及基础金属价格，辅助市净率估值。

（10）补贴行业。比如动漫、太阳能、环保等行业，根据老齐以往经验，依靠补贴的行业，很难做大，对于投资来说只能抓政策的短期刺激机会，所以这些行业不是适合长期投资的品种。

（11）航天军工行业。这个行业大家不了解就尽量不要投。因为你连它的产品可能都没见过，也基本没用过，哪有信心持有呢？

（12）传统家电、家居、建材行业。它们间接受到房地产周期的影响，业绩稳定的企业可以用市盈率或 PEG 进行估值。

（13）农业。它属于落后产能，没有调研能力的普通投资者尽量不要投。因为农业企业的财务报表数据很难辨别真伪，跑了几个扇贝，审计师也不能下水去核实。

总的来说，老齐比较喜欢的是消费股，能够用 PEG 进行估值的行业，都比较好算，而且业绩可预测性很强。周期性明显的行业，大家在对宏观环境判断有充分把握时，也可以投一些。一定要远离那些不熟悉、没把握、不确定的行业。还是那句话，股市里赚钱的机会有的是，我们不可能赚到所有的钱，找你看得懂的行业去投资。不熟不做，这是铁律。投资不同于高考，不是比谁会得更多，而是看谁能够赚到钱。

第八节 买个股前必备的估值模板

老齐创建知识星球"齐俊杰的粉丝群"的目的，就是为了能够教会大家如何做好投资，如何在 7 赔 2 平 1 赚的市场中让大家真正赚到钱。所以，老齐其实是不建议大家炒个股的，因为对于普通投资者来说，做资产配置要比炒个股更容易赚钱。但大家总是关心个股问题，非常想知道自己手里的股票到底值多少钱。老齐也能理解大家的心情，不过在粉丝群里，老齐早就不分析个股，也不讲个股问题了。那么在这本书里，老齐就给大家一个分析模板，实在想炒个股练手的，就把下面资料填全，这样基本就能知道公司值多少钱了。

第一部分，行业分析。

公司所在行业，以及行业属性，可以按照申万一级行业分类来做，其中行业要有划分，具体如下。

（1）估值简单。

消费类行业： 家用电器、食品饮料、纺织服装、医药生物、休闲服务、传媒和汽车。

金融类和公用事业类行业： 银行、非银金融和公用事业。

（2）估值困难。

周期类行业： 采掘、化工、钢铁、有色金属、房地产、机器设备、建筑装饰和交通运输。

科技类行业： 电子、计算机、电气设备和通信。

（3）尽量回避。

不可预测以及事件驱动类行业： 国防军工、商业贸易、轻工制造、农林牧渔。

其中，最好估值的行业是消费类行业、金融类和公用事业类行业，较难估值的是周期类行业和科技类行业，投资中要尽量回避那些不可预知的行业。

在这部分，你需要把要进行测算的公司所在的行业写出来，然后对这个行业做简单分析，具体如下。

（1）行业的产品是对 C 端的还是对 B 端的？

（2）行业的未来是成长的还是萎缩的？

（3）行业格局是红海还是蓝海（价格战频繁爆发的就是红海，待开发、竞争少的就是蓝海）？

（4）行业新入局者门槛高不高？

第二部分，公司分析。

（1）所在行业以及业务简介。

① 这家公司是做什么的？能不能用一句话说清楚它的业务，如果用一句话说不清楚，则说明公司的业务模式不清晰，至少主营业务不突出。

② 这家公司的产品是什么？你用过还是见过？是否有较强的市场竞争力？

（2）公司分类（在填写公司分类的时候，就应该思考它的估值方法了）。

① 缓慢增长型。这类公司重点看股息分红率。

② 高速增长型。这类公司重点看成长爆发力，抓业绩爆发期。

③ 稳定增长型。这类公司重点看利润增长率和市盈率的关系，也就是 PEG 估值法。

④ 周期型。这类公司要抓行业的周期拐点。

⑤ 困境反转型。这类公司需要找业绩的拐点，通常难度比较大，普通投资者只能逆向投资，找那些被市场错杀的公司。

⑥ 隐藏资产型。专业机构一般都找不到，普通投资者就更不要费力气了，因为不但需要精读财务报表，还必须实地调研。

对于普通投资者来说，建议只关注缓慢增长型、高速增长型、稳定增长型和周期型这四类公司。

（3）经营分析。

填写表 13.3 里的信息，在证券软件电脑端按 F10 键，就能找到详细信息，直接找到公司年度数据即可。

表 13.3

1	股价	
2	净利润	
3	非经常性损益	
4	每股收益	
5	总资产	
6	总负债	
7	净资产	
8	股本	
9	现金及现金等价物	
10	有价证券	
11	真实股价（股价-每股现金资产）	
12	滚动市盈率	
13	动态市盈率（当年利润）	
14	静态市盈率（7 年平均利润）	
15	最高市盈率	
16	最低市盈率	
17	市净率	
18	净资产收益率（15%以上）	
19	净利率（5%以上）	
20	毛利率（40%以上）	
21	未来 1 年业绩	
22	未来 2 年业绩	
23	业绩增长率	
24	PEG（最好小于 1）	
25	未来 2 年市盈率（15 倍以内）	
26	高管增持和回购股份	
27	商誉	
28	自由现金流（"i 问财"网站查询）	
29	年度经营现金流	
30	股息率	

第三部分，估值分析。

当你把表格 13.3 里的财务数据都找出来后，下面的估值分析就很简单了。

（1）缓慢增长型公司要计算它的股息率区间。比如银行股，一般股息率是 3%～6%，显然股息率到 6%的时候，我们就可以考虑买入，而股息率到 3%的时候，公司就不具备投资价值了。

（2）高速增长型公司要找业绩的爆发点，这个比较困难。因为一般当你看到公司财报中业绩数据大增的时候，这种利好基本已经反映在价格上了。所以要抓这种高增长公司，你必须得有超前意识，知道它下个季度的业绩情况才行。一般高增长的公司都得叠加周期才能预测，比如碳酸锂价格上涨，那么锂电池企业一定业绩大增，相反业绩肯定会下滑。而对于那些纯粹的高科技公司，很难预测它们的业绩，甚至连公司自身都不清楚在什么时候业绩会爆发。

（3）稳定增长型公司计算估值比较简单，就是用 PEG 来估值，如果 PEG 小于 1，就是具备投资价值；如果 PEG 大于 1，就是缺乏投资价值。这里面有两个重点：一个是增长率要稳定，另一个就是利润波动不能太大。另外，稳定增长型公司还可以用巴菲特三原则，也就是净资产收益率是不是大于 15%，毛利率是不是大于 40%，净利率是不是大于 5%。如果三个标准都符合，则说明这家企业还是不错的。

（4）周期型公司需要看对应的是什么周期，是受经济强周期影响，还是受房地产政策影响，又或者是受食品猪周期影响，这都是不同的。对于周期型公司，分析宏观周期走势，要比公司估值本身重要得多。

以上就是股票的主要估值思路，大家可以套用这个估值模板。投资这个事，就是勤能补拙，不能太懒，投资市场中获得的收益其实也是按劳分配的。与其总是瞎打听消息炒股，不如踏踏实实地把表格填好。大概只需两小时，你就能把一只股票分析出来了。

第十四章
学会方法——参透投资的本质

熟悉老齐的朋友都知道，我们在知识星球"齐俊杰的粉丝群"里，每周四都有一节学方法的课程，目的是通过简单有效的方法指引，教会大家如何分析市场、判别股市阶段性顶部和底部，并且通过科学的交易策略来增加我们的收益。因此，本章的主要内容分三大块：**怎么看、怎么买和怎么卖。**

第一节　股权风险溢价的用法

在投资过程中，大家经常听到一句话：资产间的价格都是比较出来的。那么有没有一个指标可以判断此刻的市场是投资股票划算，还是投资债券划算？有。这个指标就是股权风险溢价。

如图 14.1 所示，这是剔除了金融和石油石化板块之后的股市盈利收益率与市场无风险收益率的比值，即股权风险溢价在 2002 年至 2021 年的走势图。在过去 18 年的时间里，当股权风险溢价超过一倍标准差的时候，都是买入股票资产的好时机，而当股权风险溢价低于一倍标准差的时候，都是卖出股票资产的好时机。在这 18 年时间里，有五次买入机会，分别是：2005 年、2008 年年底、2013 年、2019 年年初和 2020 年年初。同时，有三次卖出机会，分别是：2007 年、2009 年和 2015 年年中。你如果抓住了这些买卖点，其实就能赚很多钱了。

股权风险溢价走势

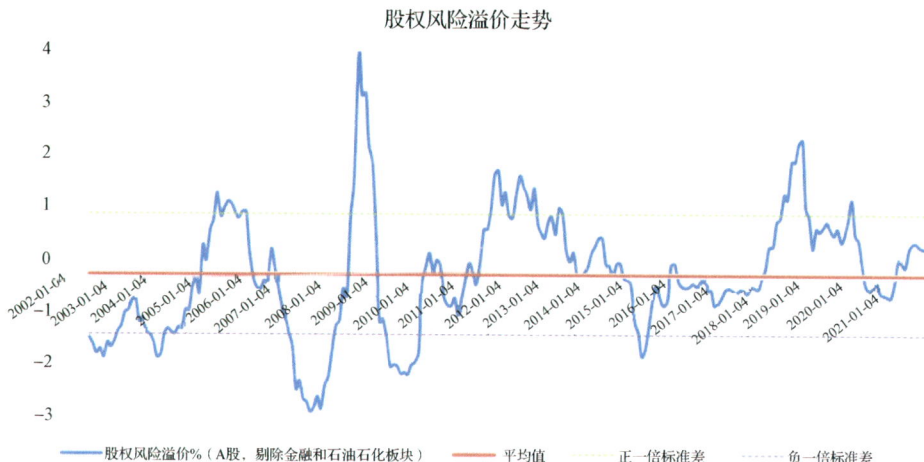

图 14.1

所以股权风险溢价其实就相当于我们的操作指引，股权风险溢价越高，说明股票资产的吸引力越强，当超过一倍标准差时就增加股票资产比重；而股权风险溢价越低，则说明股票资产的投资价值越小，当低于一倍标准差时就要考虑卖掉股票资产，或者降低股票资产配置比重；在其他时间，当股权风险溢价不高不低时，就持股不动。这就是最简单的投资策略。

如果找不到股权风险溢价走势图，也可以利用免费数据做一套预警系统。股权风险溢价无非就是看两个指标：市场利率和股市盈利收益率，市场利率是指十年期国债收益率，如图 14.2 所示，股市盈利收益率就是指股市市盈率的倒数。如图 14.3 所示，把几个历史低点找出来，比如 2005 年、2008 年年底、2014 年以及 2018 年年底，它们分别对应的市盈率是 13 倍、12 倍、9 倍和 10 倍，那么得到的倒数就是 1 除以这几个数，结果分别是 7.7%、8.3%、11%和 10%。然后去找对应的几个时点上的十年期国债收益率：2005 年的是 3%，2008 年年底的是 2.7%，2014 年的是 4.1%，2018 年年底的是 3.3%，那么用沪深 300 指数计算的股债比就得到：

2005 年：7.7%/3%=2.56。

2008 年年底：8.3%/2.7%=3.07。

2014 年：11%/4.1%=2.68。

2018 年年底：10%/3.3%=3.03。

根据上述四个数值，分析得出结论：保守来看，2.5 以上的股债比应该是一个被低估的市场数据。

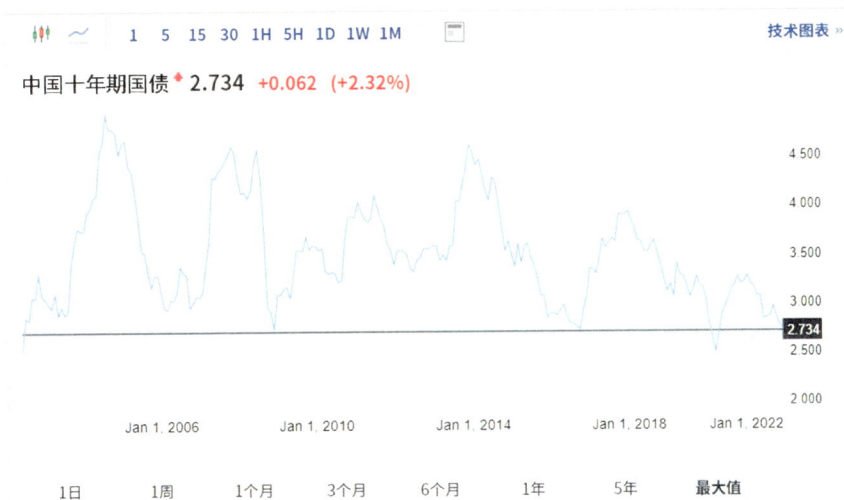

图 14.2

那么在什么时候应该卖出呢？我们找最近两次牛市估值的高点，2009 年是 31 倍市盈率，盈利收益率是 3%，市场利率是 3.5%，所以股债比不到 1。还有 2015

年 6 月份，市盈率是 19 倍，盈利收益率是 5.2%，当时市场利率是 3.6%，股债比也就 1.4 倍。

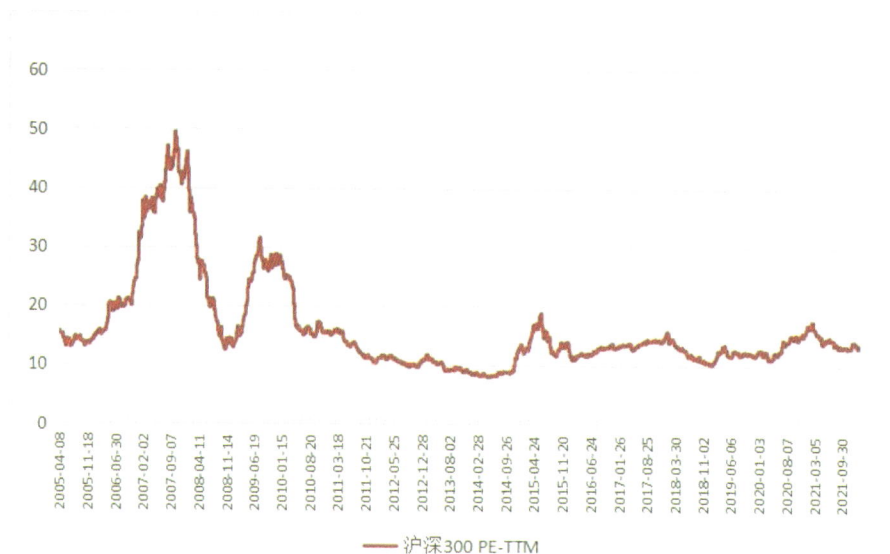

图 14.3

因此可以得到一个粗略且简单的体系，当股债比高于 2.5 时，就是市场的相对低点；当低于 1.5 时就要谨慎，可以预留出保险带；当股债比小于 1 时，就尽量不要再投资股市了。当然这套系统比较简陋，除了特别极端的信号，其他的信号也捕捉不到。

所以，我们通过股权风险溢价数据进行投资时，一般都是做大类资产配置时才使用，基本上很少用它调整资产，更不会依靠股权风险溢价主动去做波段投资，因为它的反应没有那么灵敏，它只会告诉我们极端的几个位置。不过，这几个位置也足够普通投资者使用了。如果没有极端时刻出现，我们通常不会离开市场。而这个极端时刻，也就是我们拥有巨大胜算的时刻，一般每 10 年可能也就出现 2～3 次。股权风险溢价的作用就是确保我们在极端情况出现时可以全身而退，同时它也能让我们在退出后，华丽转身回来抄底。能把握住大趋势，就能赚到不少钱了。

那么有人可能要问，在绝大多数时间里，股权风险溢价都在两个极值之间震荡，我们该怎么办？老齐经常说的一句话是，有多大胜算，下多大的注。投资时我们要避免非黑即白的思维，在买入和卖出之间，其实我们还有很多种选择，比如调整股债比例，当股权风险溢价偏向买入点的时候，我们就逐渐加大股票的配置比例。相反，当股权风险溢价接近卖出点的时候，我们就逐渐减小股票的配置比例，多增加债券和现金的配置比例。注意"逐渐"这两个字，它是一个慢慢调整、不断变化的过程。

第二节　看懂市场的流动性

股市的涨跌与市场的流动性息息相关。这个道理很容易理解，当市场流动性充裕时，市场估值就会上升，从而推动股价上涨，而如果流动性紧张，市场估值就会下降。老齐一般习惯用信用周期加货币周期来判断市场的流动性状况，只要它们二者不发生背离，基本就能有确定性的结论。那么怎么判断流动性状况呢？我们一般有这样几种方法。

1. 看货币供应政策

十年期国债收益率反映了市场资金成本。影响十年期国债收益率的因素众多，央行货币政策的方向往往会对市场利率起到直接主导作用。金融调控手段里的货币政策，指的就是通过调整存款准备金率、存贷款利率等手段影响市场利率，比如宽货币政策，就是指央行把钱发放到银行体系，通过降低存款准备金率和降息等手段，促使市场利率下行。反之，紧货币政策的结果就是市场利率上升。金融调控周期对于我们来说，也是投资的重要依据和指标。

一般来说，经济进入衰退期后，随着资金需求的减退，市场利率自然而然会进入下降通道，此时央行通常又会出台一些逆周期调节政策刺激经济，这些举措往往会加速市场利率下行，让债券市场率先进入牛市。

从过去十几年的十年期国债收益率走势图中，可以清晰地看到货币周期的运转轨迹，如图14.4所示。十年期国债收益率代表了市场资金的活跃程度，宽货币市场利率下行期一定有利于债券市场的表现，但是对于股市的影响并不直接，股市往往要等到宽货币进入尾声，才会有所反应。加息周期也是如此，连续加息有时也挡不住股市的牛气冲天。所以股市对于货币政策的变化，往往慢半拍。2014年和2019年，都是货币宽松走到"半山腰"之下的时候，股市行情才开始启动。所以货币政策对于股市的影响是一个从量变到质变的过程，在货币宽松的"半山腰"以下，往往行情都还不错。

中国十年期国债收益概览

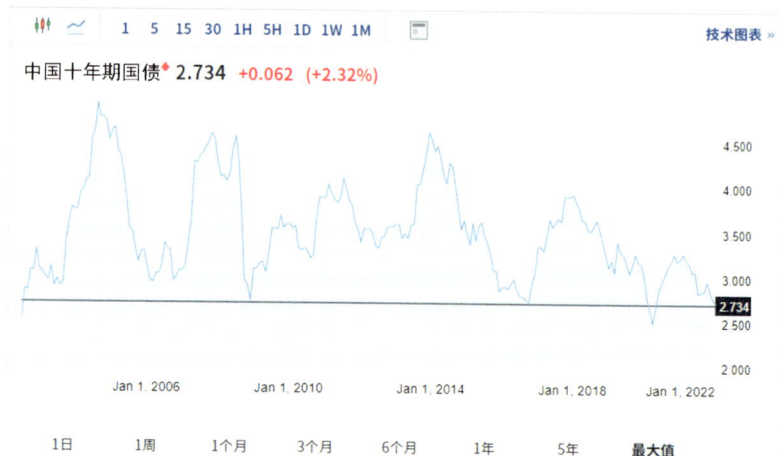

图 14.4

还有一个更直观的指标，那就是 M1-M2 增速差，如图 14.5 所示。这是货币供应量的活化指标，这里先普及三个概念——什么是 M0、M1 和 M2。

图 14.5

M0 = 流通中现金，即在银行体系以外流通的现金。

M1 = M0 + 非金融性公司的活期存款。

M2 = M1 + 非金融性公司的定期存款 + 储蓄存款 + 其他存款。

大家可以简单理解为，M2 比 M1 多了一笔定期存款，所以 M1 比 M2 更活跃。

当 M1-M2 增速差上升时，说明市场资金变得活跃，大家把钱从定期存款中取出来，跃跃欲试，大家对市场经济乐观，经济活力较强，股市表现通常也不会太差。相反，M1-M2 增速差下降，则意味着市场资金并不活跃，大家对经济信心不太足，货币中即将准备投资的钱正在逐渐减少，因此投资市场的表现可能也会比较差。

M1-M2 增速差的走势跟市场行情基本同步，甚至还能提前一点。这个指标特别有用，能帮助我们抓住那些大趋势的拐点。当增速差长期向上或向下，然后发生转折的时候，市场跟着转势的可能性就非常大。比如 2019 年，M1-M2 增速差见底开始回升时，股市随后也开启了 2 年期的牛市行情。

另外，我们还可以通过观察社会融资这个指标来判断信用周期，如图 14.6 所示。社会融资数据（简称社融）代表的是全社会贷款和融资的需求。主要包含：银行贷款、政府债融资、企业债融资、非标贷款融资和股票 IPO 这几部分。社融和 M2 走势基本差不多，社融反映的是资金需求层面，M2 反映的是资金供给层面，它们就像一枚硬币的正反面。社融上升，说明资金需求回升，经济活力较强。社融下降，则意味着需求不足，说明大家对经济的预期不好。所以，只要社会融资数据保持向上，就代表整个社会基本信用政策宽松，那么股市就不会太差。

图 14.6

比如 2019 年在行情启动的时候，社会融资数据就是向上的，后来大盘在一个区间调整了很久。到 2020 年，新冠肺炎疫情来袭，社会融资数据全面提升，说明市场流动性十分活跃，所以 2020 年年初，当新冠肺炎疫情发生，股市暴跌的时候，我们完全可以逆势加仓。在这种情况下，牛市通常还有下半场，果然当年 7 月股市又大涨了一波。这都是流动性宽松政策下估值拔高带来的市场上升，信用周期的准确度一般较高。而 2021 年，社融规模其实在一路下降，所以 2021 年开年第一天，老齐就坚定地提出全年防守的理念，认为 2021 年不会有特别好的全面性机会。相反 2022 年，社融已经筑底回升，那么也就意味着 2022 年机会将重新回归市场。

2. 看基金发行量

如图 14.7 所示，基金发行量一般是一个反向指标。基金发行量大，说明市场货币的"流动性"可能突然在某一个点集中募集，必然会造成后面的货币流动性枯竭。也就是说，基金发行的份额不能太大，如果突然放量特别大，然后又极度萎缩，那么就意味着市场出现了问题。老齐说过，通过基金发行量来做波段，其实胜算还是比较高的，当行情特别好，基金发行量特别大的时候，我们就要意识到，这可能是一个阶段性的顶点了。

图 14.7

对于发行得特别好的基金，如果你持有的话，可以稍微减持一些。远的不说，2020 年 7 月是新基金发行高点，当时好几个产品一天内募集了百亿元，2021 年春节之前就更不用说了，基金管理人当时都被神化了。我们就认为，2021 年市场该跌了，但没想到却跌得那么快。不过基金发行量这个指标是一个滞后指标，很可能在你拿到数据的时候，市场已经开始调整了，所以它只能作为辅助工具，用于验证市场。

3. 看市场成交量

上述两点都是场外流动性的判断方法，场内的流动性也值得我们密切关注，如图 14.8 所示。我们主要看市场成交量，每一次市场底部基本都是持续缩量，甚至是地量水平，也就意味着，在当时的时间点，市场已经跌无可跌；反过来，在一个阶段的时间点上，市场出现天量，甚至量能出现顶背离，那么在这个阶段之后，流动性可能马上就要枯竭，后面将是漫长的调整。所以我们一般都会主动寻找市场调整后的地量机会，然后争取多加一点仓。2020 年和 2019 年，老齐带着粉丝群里的小伙伴通过判断天量和地量（天量和地量的概念详见第十七章第四节）抓到了市场中的两次机会，往后的市场大家也可以通过这个量能来观察。

图 14.8

一旦场内出现地量，说明流动性枯竭，如果还能确定场外的流动性持续宽松，那么这其实就是投资的最好时间点。2018 年年底曾经出现过一次这样的机会，2020 年新冠肺炎疫情发生后又出现过一次。

第三节　股票赚钱所需的三个变量

第二节介绍了流动性对市场的影响，那么具体到股票市场，影响股票投资的因素有哪些呢？如图 14.9 所示。一共有三个，具体如下。

（1）每股收益增长率。

（2）市场估值变化率。

（3）股息率。

三因素影响股票投资收益

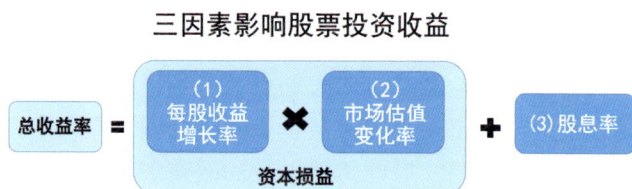

图 14.9

每股收益增长率和市场估值变化率相乘得到资本损益，所以我们想赚钱，必须抓住这几个变量，这里面最容易抓到的是股息率，其次是每股收益增长率，最难抓的就是市场估值变化率，因为这完全靠市场交易得出结果，它受上亿名投资者的情绪影响，所以根本不可控。

我们把市场获利的三个变量进行拆分，从 1900 年至 2018 年，投资标普 500 指数的年化收益率为 9.8%，其中每股收益增长率贡献超过 5%，股息率贡献超过 4%，而市场估值变化率贡献仅有 0.4%，如图 14.10 所示。这就告诉我们，从长周期来看，市场估值水平几乎变化不大。比如在 1929 年给市场 20 倍的市盈率估值，那么现在基本也还是这样估值的水平。这中间有亢奋的时候，给到过 80 倍的市盈率估值，也有悲观的时候，给到 10 倍，但是总的来说，15～20 倍就是美股的估值中间区域，它总是围绕这个数据上下波动。所以如果我们长期投资一项资产，持有不动，估值变动对我们的影响其实并不大。而每股收益增长率和股息率才是真正影响绝大部分投资收益的关键变量。

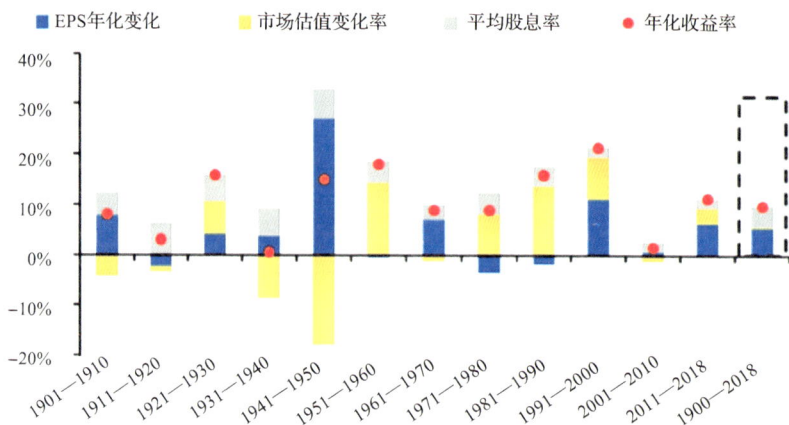

图 14.10

老齐写这本书的时候正好是 2022 年 1 月中旬，在这个时间段，A 股中很多银行股的估值都比较低，大部分银行的市净率都跌破了 0.7，如表 14.1 所示。那么问题来了，这样低的估值会不会影响银行的实际业务呢？

表 14.1

证券代码	公司名称	收盘价	股息率(近12个月%)	市净率PB(LF)
601328.SH	交通银行	4.81	6.70	0.46
601169.SH	北京银行	4.59	6.65	0.45
601988.SH	中国银行	3.14	6.38	0.49
601288.SH	农业银行	3.01	6.23	0.52
601818.SH	光大银行	3.44	6.18	0.50
601398.SH	工商银行	4.73	5.68	0.59
601077.SH	渝农商行	3.97	5.68	0.45
600000.SH	浦发银行	8.72	5.59	0.46
601229.SH	上海银行	7.29	5.56	0.57
601998.SH	中信银行	4.74	5.46	0.45
600016.SH	民生银行	4.00	5.42	0.35
601939.SH	建设银行	6.11	5.42	0.62
600015.SH	华夏银行	5.78	5.29	0.38
600919.SH	江苏银行	6.73	4.88	0.65
002807.SZ	江阴银行	3.94	4.64	0.70
601916.SH	浙商银行	3.56	4.57	0.61
601997.SH	贵阳银行	6.77	4.50	0.53
600928.SH	西安银行	4.40	4.39	0.72
601009.SH	南京银行	9.80	4.15	0.90
601963.SH	重庆银行	9.18	4.14	0.75
601166.SH	兴业银行	21.24	3.88	0.72
002958.SZ	青农商行	3.96	3.85	8.96
601825.SH	沪农商行	6.86	3.83	0.72
601658.SH	邮储银行	5.64	3.79	0.82
002966.SZ	苏州银行	6.96	3.50	0.72
601838.SH	成都银行	13.83	3.36	1.14
601665.SH	齐鲁银行	5.75	3.21	0.99
002948.SZ	青岛银行	4.49	3.16	1.04
600908.SH	无锡银行	6.00	3.06	0.85
601860.SH	紫金银行	3.42	3.00	0.79
603323.SH	苏农银行	5.52	2.81	0.75
601128.SH	常熟银行	7.47	2.72	1.01
002839.SZ	张家港行	6.24	2.62	0.95
600036.SH	招商银行	49.34	2.61	1.72
600926.SH	杭州银行	13.76	2.60	1.15
601187.SH	厦门银行	7.09	2.58	0.94
002142.SZ	宁波银行	37.66	1.24	1.67
000001.SZ	平安银行	16.98	1.10	0.97

数据来源：Wind，截至 2022 年 1 月 13 日

对银行来说，越是在逆周期环境下，银行就越重要。未来的业务会出现一定扩张，至于有人担心银行的坏账率上升会带来不好的影响，其实这个担忧已经反映在了银行股的价格当中。现在是经济最悲观的时候，自然对于坏账的担心也是最多的时候。一旦经济转好，坏账问题就不是问题了，因为银行已经计提了足够多的准备金。

2021 年年底，银行股的估值确实越来越低，显然这里面又出现了预期差的问题，这就是一次估值偏低而逻辑向好的机会，这次银行 ETF 的净值是从 1.38 元跌

到现在的 1.21 元附近，下跌幅度达到 12 个百分点，如图 14.11 所示。如果银行恢复之前的估值，那么就意味着后面要上升 14 个百分点。如果用一年时间涨回去，那么就是 14 个百分点再加上 5 个百分点的股息，一年的回报率就是 19%，如果用半年时间涨回去，那么年化收益率就要接近 30%。最极端的情况是，经过 3 年才涨回去，相当于每年 4 个百分点的涨幅，再加上 5 个百分点的股息，这就达到了年化收益率 9%。所以 2021 年年底对银行业的投资就是一个确定性很高的事情。这就是通过拆分收益变量，计算预期收益率的方法和过程。更何况一些银行的增长幅度并不差，根据券商的业绩预测，有几家银行的增速都在 10%以上。也就是说，你除了可以赚到一笔估值回归的钱，还能赚到一笔业绩增长的钱。投资赚钱，或许就是这么简单。

图 14.11

简单总结一下，一旦我们发现一个板块或者行业处于历史最低估值水平的时候，那么就赶紧找到对应的股息率，并确定它们的业绩是否还会增长，如果股息率和业绩增长都确定，那么把这二者相加，就是我们未来的预期收益率。这是一个难得的投资机会。

第四节　从两个维度感受市场风格变化

市场风格可以用两个维度来进行刻画，分别是大盘与小盘，以及价值与成长。在牛市阶段，通常成长与小盘风格占优势；在熊市阶段，通常大盘与价值占优势，这主要是源于投资者的主观偏好。因为在经济向好、工业企业利润向上的时候，企业业绩弹性更足，所以越小的东西涨得越快，也越有想象空间，此刻大家更在乎企业的增长率。同理，当经济不景气、企业业绩下滑过快，低于估值预期的时

越努力，
才能越幸运！

随时接收老齐对投资市场的最新解读、行业分析，以及对宏观周期的判断；随时向老齐提问。

每年听老齐精讲50本财经书，已有近300本财经书可听可读。

候，成长就很容易让人失望，反过来大家又去抱价值的"大腿"。

如图 14.12 所示，老齐一般习惯用创业板和沪深 300 走势分别代表成长和价值风格。可以很明显地看到，从 2013 年开始，市场出现了一波成长周期，一直到 2015 年，成长开始乏力。接下来成长和价值替换，从 2016 年到 2018 年，价值明显更占优势，虽然 2018 年全年熊市，两种风格都在下跌，但创业板杀跌更厉害，价值相对更抗跌。随后市场风格再度发生转变，2019 年之后又是成长占优。所以我们看到，成长和价值的风格轮动，大概是 3～3.5 年一个周期。但这个时间周期也不是每次都特别准确，总有前后错位的情况发生。毕竟市场是由人交易出来的，最后还要分析情绪的变化。

图 14.12

我们可以简单地根据沪深 300 和创业板的指数变化，来判断市场风格。但是，这种方法背后也存在成份股重叠的问题。比如，随着创业板不断发展，很多公司相继纳入沪深 300 指数，如迈瑞医疗、东方财富等，而沪深 300 里也不全是价值股，它还包含了成长股以及周期股，从某种意义上说，我们可以把它看作是全市场的基准。

更精准的判断方法是可以用市场上的成长和价值指数来判断。比如，国证成长（代码 399370）和国证价值（代码 399371），在一般的炒股软件里，将两者叠加上就可以了，如图 14.13 所示。

至于大盘和小盘，其实是相对概念，这个指标也是随着股市成长不断变化的。感兴趣的读者可以用上证 50 和中证 1000 来对比，大家会发现大小盘指数也是有非常明显的风格切换的。

图 14.13

这背后的原因很简单，大市值公司往往规模大，业绩比较稳定，受到整体宏观经济的影响较小，而小市值公司业务比较单一，往往在市场炒得最火热的时候发力更猛，当大家炒完大市值成长股，就去炒小市值成长股，因为乐观，所以继续乐观。但是，这些小市值公司因为业务单一，所以受宏观经济和市场的影响较大，特别是容易受到流动性和市场利率的影响。比如在 2016—2017 年去杠杆的时候，市场利率很高，小盘股受到的影响极大。

但是，老齐也要告诉大家，除市场情绪以外，大小盘相对估值、盈利增速也有很大的区别，所以我们一般判断完价值和成长风格以后，就尽量不做选择，保持均衡就可以了。

第五节　消费和社会消费品零售数据的关系

之前，老齐在知识星球"齐俊杰的粉丝群"里给大家分析消费行业的时候就说过，投资消费类企业一定要关注社会消费品零售总额（简称社零）这个数据。社会消费品零售总额反映的是企业通过交易，所出售的全部产品以及餐饮服务的总金额，这里也包括了电商商品销售的零售额。这个指标其实反映的就是大家的消费能力和意愿，以及企业经营到底好不好，尤其是那些下游企业。社零数据大幅增加，代表消费繁荣，大家都在努力花钱，如果这个数据持续下降，说明消费要出问题了，大家花钱的欲望越来越低。那么社零数据背后到底有怎样的投资机会呢？

首先，从社零总额的绝对值数据来看，你看不出太多的规律，基本都是两头高中间低，每半年间隔会出现一个低点，春节前后一般是高点。一直以来，这就是我国社会消费的重要特征，每年进入 11 月之后，双十一、双十二，再加上元旦春节双节，都会极大地拉动社零数据，如图 14.14 所示。

其次，再来看比较值。由于 2020 年新冠肺炎疫情的原因，这个数据出现了明显的中断，我们把它分成两部分，疫情前和疫情后，分别如图 14.15 和图 14.16 所示。疫情前，社零同比数据（社零增速）从 2017 年第四季度一直跌到 2019 年的第一季度；2019 年全年，社零同比数据先涨后跌。但在绝对值数据那张图里（见图 14.14），却看不出消费很弱。

社会消费品零售总额：当月值

图 14.14

社会消费品零售总额：累计同比（％）

图 14.15

我们再来看一个指数，如图 14.17 所示，它就是易方达消费行业股票基金（简称易方达消费，基金代码 110022），这只基金是用来跟踪中证内地消费主题指数的，我们可以非常明显地看到几个时间段的变化。

社会消费品零售总额：累计同比（%）

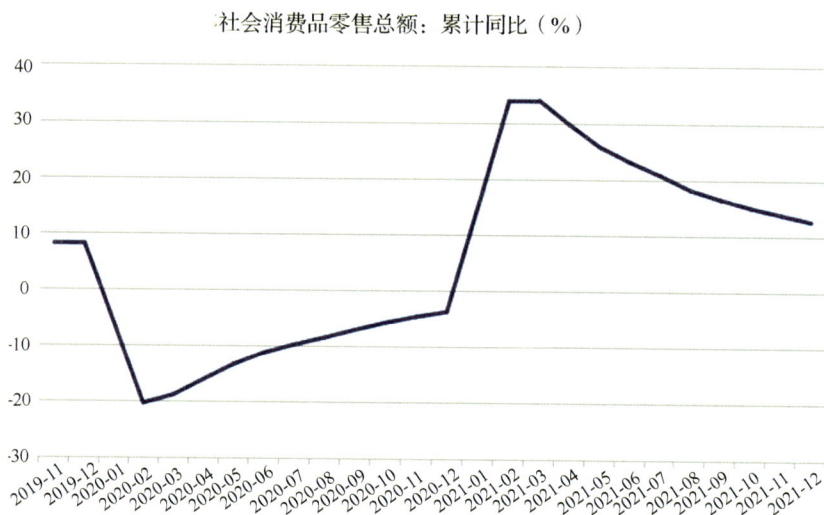

图 14.16

图 14.17

（1）从 2017 年年底到 2018 年年底，当社零同比数据持续下降的时候，易方达消费也在下跌。

（2）2019 年一季度社零同比数据触底反弹，易方达消费也开始快速反弹。但 2019 年下半年，社零增速又下降了，易方达消费行业股票也不涨了。从社零总额的绝对值来看，数据还是不错的，只是增速下降了。同时，又赶上股市行情不错，所以 2019 年下半年，消费行业只是涨幅不大，并没有大跌。

（3）2020 年初期，新冠肺炎疫情来袭，消费行业也跟着社零同比数据快速下降。但是我们看到从 2020 年 2 月底开始，社零同比数据就开始反弹了，而易方达消费在延后了一个月后，在 3 月底也开始强劲反弹，如图 14.18 所示。

（4）这一波上涨持续到了 2021 年 2 月底，而社零同比数据也恰恰是从 3 月份开始掉头向下的，一直跌到 2021 年年底，这两个数据也没有止跌。

所以我们总结，消费行业的投资和社零数据的增长率高度统一，当社零增长率扩张的时候，消费行业表现通常都会比较好，当社零增长率下降的时候，信心就容易缺失。

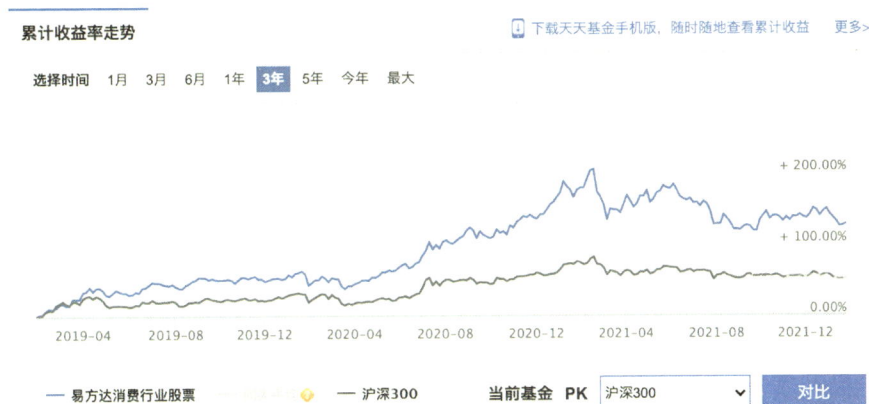

图 14.18

那么我们在什么时候能抄底消费行业呢？需要具备以下几个条件。

（1）消费行业的核心——食品饮料跌到估值合理范畴，至少是估值中位数以下。

（2）社零同比数据低位走平，比如出现 2019 年的那种情况，起码有下跌反弹的迹象了。

（3）情绪充分释放。消费 ETF 基金或者是白酒 ETF 基金，价格一个月不创新低，甚至不再反映利好消息。

如果站在 2021 年年底这个时间节点来看，要实现上述条件，估计还要再等一段时间，老实说，消费行业可能并没有调整到位。特别是经过 2019—2020 年连续两年的消费牛市，有太多公司的估值需要时间来消化。所以说，尽管消费行业已经暴跌了一半，但起码在 2021 年，还不具备超配消费行业的时机。什么时候可以再抄底，这就要看社零数据在什么时候开始见底回升。等社零反弹了，再去配置也不迟。

第六节　一套完整的买入逻辑

投资市场上有一句话很经典，叫作"筑顶一天，筑底一年"，所以一直以来，老齐都劝告大家投资建仓千万不要着急，一定要慢慢买，宜慢不宜快，千万不要主动去接市场的"飞刀"。因为在下跌过程中，市场往往会有很多"鬼故事"出现，绝大多数人以为自己抄到底部了，但其实只是抄在了"半山腰"。为什么会出现这种情况呢？就是因为预期发生了变化。当市场大涨的时候，你觉得某个投资标的特别好，想买但是没机会，后来市场一跌下来，你马上就觉得抄底的机会来了。但其实，你此时对它的估值和分析都是基于它最好的基本面做出的，而下跌通常又是短而急促的。一般来说，在这种情况下，基本面坏消息往往都还没有暴露出来，所以价格自然也就没有到底。

正是鉴于很多朋友存在着这样的思维盲点，老齐给大家梳理了一整套买入的逻辑，目的就是在尽可能规避风险的同时，增加大家抄底的成功率。

第一，什么产品可以一把买入？一定是 100%确定的产品。什么产品能有 100%的确定性？肯定是低波动产品，比如国债和货币基金。市场利率如果开始从高位回落，纯债价格跌不动了，我们当然可以一把抄底，因为纯债长期来看是不可能赔钱的，我们有 100%的把握。比如广发中债 7-10 年国开债指数基金和易方达中债新综指基金，都属于纯债类产品，我们该出手时就出手，离底部差一点也没有太大关系。因为对于纯债来说，只要不是买在了加息周期的起点，基本不会出现什么损失。

第二，3 个月分批买入（每月固定一天买一份）。用这种买入方式的，基本都是低波动产品，或者是主动管理回撤的那些主动型基金。比如一些明星基金经理管理的产品，这些基金本身就是在主动控制回撤，如果一段时间内表现不佳，风险基本已经被释放了一部分，即便未来继续回撤，回撤的空间也没有那么大了。这种明星基金连跌半年的情况，其实是极为罕见的，所以我们通过三个月分批买入的方式，相当于拥有了一个极大的抄底概率，虽然不能做到 100%抄底，但也至少有80%以上的概率能够买在低位。即便遇到了超级大熊市,买完之后再跌10%也就到头了。

除明星基金之外,在知识星球"齐俊杰的粉丝群"里,老齐给大家做的这些配置组合也要用三个月分批买入的方式来建仓。通过这种建仓方式,会让你拥有一个比较平均的成本,不太可能都买在市场高位,也不太可能都买在市场低位,成本更"平滑",心态也会更好,省去了很多人总想猜市场,总想抓最低点的贪婪想法。同时这种建仓方式也起到一个缓冲作用,避免自己情绪起来,头脑过热,一下全都买在阶段高点,最后导致心态大崩。由于我们已经通过资产配置将风险降低了一半,因此除非是市场整体过热阶段,在其他任意时候,配置组合都可以通过三个月来分批建仓,我们不必去揣测最佳时机,况且本身就没人能猜准最佳时机。我们只要把握住大趋势,知道配置组合长期上涨就足够了。把过程做对,远比预测对一两次结果重要得多。

第三,10~12个月分批买入(每月固定一天买一份)。这主要是基金定投的思路,之所以要这么做,就是我们预计投资标的可能之后还要再跌一年多,或者至少一年内不会大幅上涨,当我们认为投资标的的估值已经绝对被低估的时候,就可以使用这种基金定投的方法。

比如2021年下半年,保险行业的估值,PEV(Price to Embedded Value,内含价值倍数)已经降到了历史最低点,那么未来3~5年内,估值几乎没有了太多下跌空间。如果估值下行空间已经被封死,未来3~5年的投资收益基本就是企业的ROE(Return On Equity,净资产收益率)。有些好公司的ROE能达到18%~20%的水平,整体ROE也有15%,所以这种抄底的把握性是很强的。保险行业之所以被低估,只是因为现在市场不是它的风格,投资端的因素也对它不利,而且市场情绪普遍看空,有可能还会再打出一个更深的黄金坑来,所以我们以一年为买入周期,足够用了。

第四,24个月分批买入(每月固定一天买一份)。这是一个标准版定投法,一般估值跌到中位数以下,并且是我们看好的趋势性行业,就可以通过这种方式操作。这样操作的主要原因是,怕错过布局好行业的机会。比如2021年遭遇暴跌的中概互联(境外上市的中国互联网企业)基金,以及老齐最早带大家抄底的诺安成长混合基金。

但需要注意的是,定投也是需要随时转变的,当极低估值出现,把整个下跌空间锁死之后,我们也可以转为10个月定投。因为对于投资标的的上涨的胜算把握更大了,转为10个月定投后相当于后面的定投加快了速度,因此摊低成本的速度也更快了。

第五，48 个月分批买入（每月固定一天买一份）。这种买入方式一般都是针对投资标的估值仍然处于"半山腰"，整体估值依旧偏高，甚至距离中位数还有一定的差距，并且坏消息也都没有被释放出来的情况，属于是投资确定性最低的一种买入方式，一般适用于那些符合未来发展大趋势，我们不得不配，但没多大胜算的产品。正常来说，此时我们应该再观望一段时间，但如果你就是管不住手，非要抄底，那么就只能在策略上给予一定的限制，用 48 个月分批买入的方式去定投。其实 48 个月的定投策略，是从倒金字塔建仓模型演变而来的，也就是说，一开始少买，越往后买得越多。如果未来估值跌到了中位数以下，我们就可以转为 24 个月定投策略。如果继续跌到了极端水平，还可以转为 10 个月定投策略。相当于后面的资金越来越多，可以确保价格跌下来之后，你也能摊低成本。

我们简单总结一下，高估状态下抄底用 48 个月的倒金字塔定投策略，合理估值用 24 个月的标准定投策略，而极低估值下可以采用 10 个月定投策略防止短期情绪波动。对于明星基金以及老齐给的配置组合，这些大概率赚钱的产品，只要是逆向机会，3 个月分批买入，基本上问题都不大。对于完全没波动的纯债，才可以一把买入抄底。请大家注意，这种方法仅适合左侧买入，因为价值投资，先有估值，再主动买跌，它不适用于周期股，以及券商这种右侧追击行业。

▍第七节 一套完整的卖出逻辑

图 14.19 是一张散户心理变化图，基本刻画了普罗大众的心理，那就是每一次心中想的都是低买高卖，但操作下来却发现每一次都做成了低卖高买。所以老齐常说，如果你不主动学习，不主动"洗脑"，你就不可能克服人性的弱点，你的预测顶多能和隔壁王大妈吹个牛，而真正操作起来就会发现其实根本赚不到钱。股市投资中有这样一句话，会买的是徒弟，会卖的才是师父。那么我们应该在什么时候卖出自己的投资标的呢？

第一，市场估值被严重高估，脱离了合理价值区间。在知识星球"齐俊杰的粉丝群"里，每周五老齐都会给大家一张各大主流指数估值表，如表 14.2 所示。比如沪深 300 指数的合理市盈率大概在 29 倍以内，但其实这种大盘股只要超过 20 倍就已经算被高估了。比如标普 500 指数，在 2021 年年底这个时间点，它已经严重超出了合理市盈率范围，所以我们是不配美股的，因为它已经被绝对高估，即便它持续上涨，我们也是坚决不碰的。注意，这里有一个重要的投资者思想，就是不以结果为导向，而以过程为导向，把过程做对了，结果自然也就错不到哪儿。相反，如果结果对了，但过程错了，那么凭运气赚到的钱，最后还会凭实力输回去。

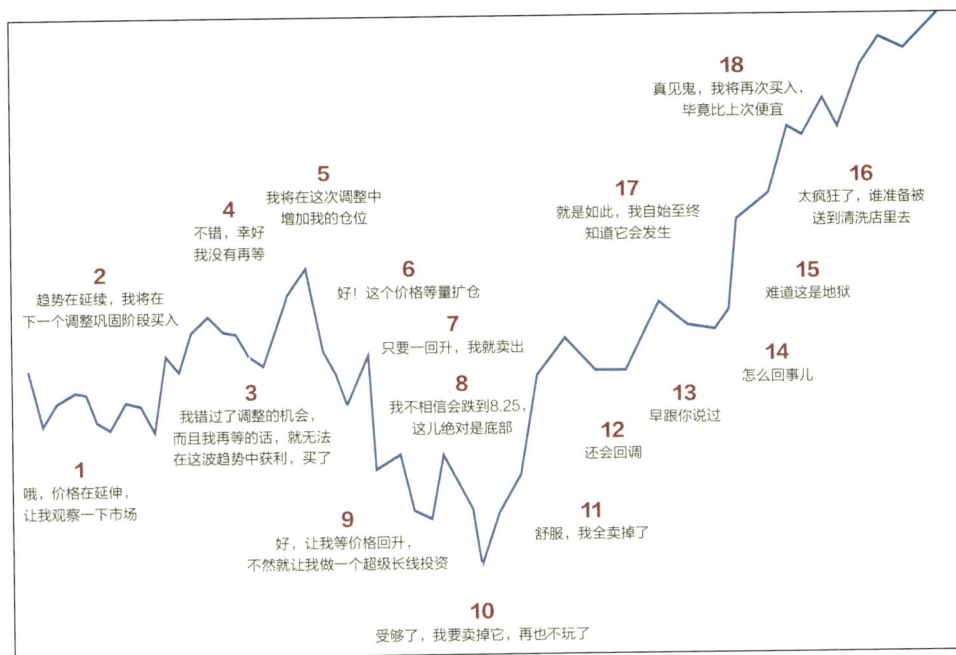

图 14.19

表 14.2

日期 2021-12-24	点位	市盈率	合理市盈率	分位 标准差	市净率	盈利 收益率	ROE	股息率
上证 50 指数	3290	10.26	7～23 倍	56%	1.50	9.75%	14.59%	3.52%
中证红利	5156	11.31	7.5～22 倍	50%	1.28	8.84%	11.30%	3.45%
沪深 300 指数	4921	15.25	8～29 倍	58%	2.02	6.56%	13.25%	2.83%
中证 500 指数	7278	33.20	20～90 倍	49%	3.33	3.01%	10.04%	
创业板指数	3297	80.93	28～130 倍	70%	8.46	1.24%	10.45%	
恒生国企指数	8201	7.11	5.5～17.5 倍	47%	0.75	14.06%	11.52%	
恒生指数	23223	10.50	7～19 倍	52%	0.91	9.52%	8.64%	2.43%
普标 500 指数	4725	40.81	12～24 倍	100%	5.34	2.45%	13.09%	

　　第二，投资者情绪极度亢奋。市场是由人组成的，人是市场的核心要素，如果大家还在买，那么市场就能上涨，如果大家都已经买完了，市场就不会再涨。在每一次牛市的顶部，都是最不该投资股票的人全去买了股票，那么市场也就见

顶了。当每一次历史大顶到来的时候，都会出现质疑的声音，比如"自己的投资收益已经战胜了巴菲特，投资大师也不过如此"等，包括老齐粉丝群里的一些小伙伴，当有人质疑老齐的组合跑不过他们的投资收益时，或者有人开始给老齐推荐股票时，此时基本行情也就要到顶了。在市场盘面上也会出现明显的信号，就是成交量出现天量。如果和第一个因素叠加，市场估值又高，投资者情绪又疯狂，那么我们就要转入防守了。

第三，远远超越自己的目标收益。比如老齐的年化收益率目标一般就定在10%～15%，因为老齐知道自己吃几碗干饭，也认为这个收益率是自己的真实水平体现，如果达到这个目标就非常知足，如果远远超出这个目标，则会感到恐惧。比如 2015 年，其实自己就有赚够的心态，为什么会在 2015 年减仓？除前两个因素之外，就是因为只用了不到 3 年时间，老齐就实现了翻倍的收益，而如果按照年化收益率 15% 计算，应该是 5 年后才翻倍，所以老齐就决定退出来休息两年。因为市场出现这么高的估值，投资者情绪又那么疯狂，肯定难以持久，到时候可能还会有捡便宜货的机会，于是就心安理得撤了出来。知道自身的能力圈在哪儿很重要，你要是总觉得自己是股神在世，每年都想翻倍，那么最后必然被市场"收割"。

第四，找到更好的投资品种。新投资品预期回报率至少要高出一倍以上，比如老齐在 2016 年以后就卖掉了房子，因为预期回报很低了，反而暴跌之后的 A 股的预期回报更高，所以老齐把所有的经历和资金都用来投资 A 股，这几年的收益也远远跑赢了房价的涨幅。

第五，周期结束，趋势结束。如果你在买入时做出的判断是基于趋势，那么当趋势发生逆转的时候，你就要小心了。比如在 2018 年老齐反复提到的猪周期，当猪周期引起投资者高度关注后，趋势也就行将结束，我们对猪肉类公司的投资就可以止盈了。宏观经济周期也一样，等趋势结束，我们也会止盈周期类投资，对于周期行业的投资，我们的行动一定会比其他人的反应更早。这是老齐的一贯作风，先知先觉者吃肉，后知后觉者挨打。

第六，投资标的质量突然变差。比如公司出现了财务造假情况，这种情况一般提前预料不到，出现后投资者只能认赔出局，因为投资的逻辑消失了。

除了卖出逻辑，老齐也为大家整理了一套牛市止盈方法，希望能帮助大家在牛市里赚足收益，然后全身而退。

第一种方法是，顾比均线止盈法（相关技术分析详见第十七章第一节）。这种止盈法一般要满足两个条件：一是过热，二是高估。当两个条件均满足的时候，说明市场被情绪所主导，我们可以跟着疯一回，抓住最后一波涨幅，但自己的内心不能疯，要时刻保持清醒，知道现在已经该离场了。比如 2017 年年底的沪深300，当时周期不支持，但市场过热，估值过高，所以就很有必要随时止盈。当时老齐提醒大家，沪深 300 跌破顾比均线，坚决止盈。粉丝群里最早的一批朋友应该都还记得，当时止盈后大家就拿着现金，在 2018 年下半年才逐渐返回市场做定投。这种方法的原理就是，市场亢奋，行情被散户情绪主导，而这种情绪通常会遵循技术分析，所以既然市场已经被技术分析占领，那么我们也用技术分析来拆招，这样往往更加有效。

　　这种方法主要适用于指数基金，看它的指数点位即可。指数破位，基金就止盈，我们尤其要注意创业板。2015 年，顾比均线止盈法就是投资者的救命稻草，在 3200 点不止盈，基本就很难再离场了，如图 14.20 所示。

　　第二种方法是，最高点下设 8%止盈法。 一般我们在右侧追击券商行业的时候，都会用到这种方法，即前面最高点位下跌 8%后止盈。那么为什么是 8%呢？因为下跌 8%，加上各种手续费，要通过上涨 10%才能弥补。这种止盈方法一般适用于短期涨幅较大的行情，特别是那些已经远离顾比均线的行情，比如图 14.20中 2015 年的创业板走势，如果用最高点下设 8%止盈法，那么投资者在 3700 点时就要跑了，这比顾比均线的 3200 点更加敏感。

图 14.20

　　老齐的经验是，顾比均线止盈法和最高点下设 8%止盈法，这两种方法可以搭配使用，在指数没被高估，涨幅也不厉害的时候，激进一点，谁离得远就用谁来止盈。而当涨幅巨大，越是在高位的时候，投资者则越要保守，在明显被高估的情况下，就看是顾比均线止盈位离得近，还是最高点下设 8%止盈点离得近，这往往能让投资者多赚 10%的利润。

第三种方法是，**多次平均止盈法**。这种止盈方法更简单，一旦市场被高估，比如股债比接近 1，这时候就要启动多次平均止盈法，我们在建仓的时候用了 3 个月买入，在卖出的时候，也同样可以采用 3 个月卖出，先卖掉三分之一，后两个月持续卖出。这么做的好处就是不去判断，也不祈求卖在最高点上，但是一定可以卖在相对高位上。

其原理就是，一波疯狂的牛市很难在高位持续 3 个月，最后的主升浪顶多持续 3～6 个月，所以采用 3 个月平均卖出的方式，基本能卖在一个次高点上。而且我们心里也会很舒服，一旦下跌，自己已经止盈了一部分，而继续涨，手里也还有仓位，所以无论怎么做，都是对的，也能治疗我们的贪婪和恐惧。

2015 年，老齐在撤出牛市时，用的就是这种多次平均止盈法。当时从 2015 年 3 月底开始撤出，到 5 月底基本撤完。其实，即便我晚撤一个月，从 4 月开始撤出，6 月底撤完，结果也差不太多。这就是策略的力量，我们不要总去迷信个人的判断。

第四种方法是，**周期结束综合止盈法**。基于周期买入的投资产品，比如猪周期，以及有色金属、钢铁、煤炭这些强周期行业，一旦周期结束，无论是否赚钱，也无论赚多赚少，全要止盈。当然这种方法也可以和顾比均线止盈法及最高点下设 8%止盈法综合使用。

第五种方法是，**多次平衡止盈法**。在牛市不断上涨的过程中，我们不断地进行再平衡，实际上就是卖掉股票、买入债券的过程。这个止盈法的优势就是不会犯原则性的错误，当你没有把握的时候，就可以使用多次平衡止盈法。比如 2020 年年底，市场大涨之后，如果你觉得自己的组合偏差过大，可以做一次平衡止盈，守住一定的利润。即使判断错了，你的损失也很小。未来如果有调整，可以在缩量的时候再进行平衡。这样就实现了牛市中的低买高卖，会增厚组合收益。这里有个压箱底的技巧，老齐也毫无保留地告诉大家，我们以后在操作多次平衡止盈法时，可以用次天量-地量的策略模型。

天量大家是不知道的，只有过后才能知道，但是次天量我们是能把握的。那么什么是次天量呢？当下一次出现高点，但是量能没有之前的高点量能大时，这就是次天量，如图 14.21 所示。这时候，往往就是市场要调整的标志，可以做一次平衡止盈。老齐也讲过，前面天量的 30%，基本就是地量，一旦这个地量出现，十有八九就是调整结束，可以再做一次平衡买入，这样你就实现了低买高卖。

图 14.21

　　当然，如果你觉得太复杂，不做这个中途的平衡操作也可以。上升途中的平衡，顶多增加年化 1%～2%的收益，其实意义也不太大。把牛市顶部和熊市底部的平衡做好，就足够用了。老齐并不主张平衡过多，因为这样会激起你内心的贪婪。

第十五章
投资的正道——资产配置

多数投资者可能都有这样一个习惯，就是凭感觉一次性满仓，感觉市场要涨了，就赶紧冲进去，感觉市场悲观了，就赶紧卖出，这种投资习惯其实是投资中的大忌。想要投资赚钱，无非就是经历一个低买高卖的过程，那么如何才能做到低买高卖呢？显然靠预测是不可能实现的。

对于未来的事情，即便是股神巴菲特去预测，也不会有多高的胜算。我们要知道，一买一卖才是一次完整的交易，如果你的每次交易都达不到一个很高的胜率，那么连续做对的成功率自然就会呈几何级递减。所以，如何才能在市场中赚取稳定收益？历史上很多伟大的投资大师又用了什么方法，让他们得以长期战胜市场？这一章老齐将详细介绍这种投资方法——多元化资产配置。它才是实现低买高卖的关键。

第一节　多元化资产配置

常用的大类资产基本可以分为以下几种：债券、股票、商品和现金。这些资产在不同的市场环境中表现往往不尽相同。比如，股票资产在通货膨胀（简称通胀）初期，或者在温和通胀环境下，通常会有不错的表现。而有些资产则在通胀后期，或者在高通胀环境下，又会一路上涨，如大宗商品。还有些资产会在反通胀，甚至通货紧缩（简称通缩）环境下遥遥领先，如债券类资产。

这里老齐多说一句，判断通胀一般看 CPI（Consumer Price Index，消费者物价指数）就行，1%～3%之间的通胀基本属于温和的低通胀环境，如果低于 1%就会有通缩风险，如果高于 3%，那么就会面临通胀风险。所以针对不同的环境，一般情况下也要对投资策略进行相应的调整。当危机爆发、大部分资产都在贬值的时候，还有一种资产会成为我们的避险工具，那就是黄金。

由此我们可以看到，不同资产的作用是不一样的。股票的作用一般是参与经济增长，赚取长期收益；债券的作用则是做波动性保护，在通缩环境中，当股市一片惨淡的时候，债券依然能给我们提供稳健收益；商品、黄金则更像是我们的守门员，投资它们其实并不是为了赚钱，而是当股票和债券相关性趋同的时候，让它们来帮助我们平衡资产相关性，防止造成较大损失；现金资产则是后备军，虽然不产生多少收益，却意味着我们具有抄底期权，有现金，我们就可以在下跌过程中随时出手抄底。

那么正确的投资做法就是，这些资产我们都要考虑持有一些，只是时期不同，比例会有所不同而已。**学会把收益分散到各种市场环境中，是一个成熟投资者应有的表现**。成熟的投资者都是靠系统和策略去赚钱的，这样他们的心里会很踏实。只有业余投资者才会急功近利，总想把所有资金全压在一只股票上赌一把，最后往往是十赌九输。

在分配好资产后，当投资组合中某项资产价格大幅飙升，超过一定比例后，我们还可以调整配置策略，降低这块热门资产的比例，转而买入那些不热门的资产。所以说，只有资产配置多元化，你才有调整的空间，而且由于有仓位做保证，这样的操作基本永远都不会做错。所以我们要做的就是，根据这些资产的特征，构建一支有战斗力的球队。可惜现实中，很多人组建的球队都排出了奇怪的阵型：派 5 个前锋、5 个中场球员上场，完全不派后卫；有的甚至干脆派 10 个前锋。他们自认为把鸡蛋放在了不同的篮子里，分散了风险，比如买了 10 只股票，或者 10 只股票基金。但这种做法其实说明，他们根本没有理解分散投资的含义，他们做得更多的是分而不散——看似买了很多资产，却都承担着同一类风险。比如，你乱七八糟买了 10 只主动型股票基金，结果这些基金持仓都是大盘蓝筹风格，这就相当于买了 10 个鸡蛋，每个鸡蛋都放在不同的篮子里，但这些篮子却都放在一个车筐里，车翻了照样没有一个鸡蛋会幸免。

▌第二节　为什么要做资产配置

耶鲁大学捐赠基金的掌门人，也是国内高瓴资本创始人张磊的老师大卫·斯文森曾说过，我们一般有三种途径可以降低投资风险，增加财富收益。第一种是精选优质股票；第二种是选择最优时机；第三种是资产配置。而在这三种途径中，最重要的就是资产配置，它几乎具备了压倒性优势。其原因就是选股和择时的不确定性非常大，绝大部分人都把握不好，还会因此赔掉很多钱，所以我们必须通过资产配置进行安全保障。

首先，精选个股对于绝大多数散户来说，其实无异于一条华山之路，会有无数多的艰难险阻等着你。除要应对市场带来的系统性风险外，还要应对公司个体的非系统性风险，比如业绩不确定、财务造假等，必须对企业有很强的把控力才行，大机构有时候都难免会中招，对于散户投资者而言就更难了。而且市场上很多公司所属行业都具有非常高的专业门槛，如果没有强大的企业调研能力，是根本看不懂的。买了自己看不懂的股票，完全不知道最终它要去哪儿，这种没有方向的投资，和扔骰子赌大小没有什么区别。

其次，择时在投资中确实是一个关键因素，在错误的时机买入好公司股票也照样会带来亏损。在大家情绪高涨的时候，我们就要相对保守，少买股票，而在大家情绪低落的时间段，我们就要激进一些，多买股票。但说起来容易，做起来其实很难。因为情绪高涨不代表股市立马会跌，甚至还会继续上涨，过早离场也会错失不少收益。情绪低落也不代表股市马上会涨，很有可能还会下跌，筑底很长时间。如果我们能完全掌握情绪，实现成功择时，其实也就不用研究组合了，直接投资一只股票，肯定收益最高。但问题是，没有人能精准择时，越是专业的投资者，越不会去择时，因为择时其实就相当于去猜测所有投资者的情绪变化，这是非常难的。你猜一个人的心思尚且不易，更不用说那么多投资者了，所以择时的胜算并不高。老齐的观点是，择时会有一些机会，但是这些机会不会频繁出现。有时候在几年时间里，也未必能出现一个有胜算的择时机会。

这时候我们就需要通过资产配置组合来自保，比如自己组合中的股票市值都翻倍了，就可以减少对股市的依赖，把部分本金逐渐转移到更加安全的债券资产上。这样进攻防守两不误，如果股市再涨，自己只不过少赚了一点。如果股市下跌，由于股票资产里剩下的大部分都是之前的收益，所以也不会赔太多钱。这就是资产配置的好处，它让我们具备了一定的容错率，也就是说给我们留有犯错误的余地。之前自己投资股票，对了吃肉，错了挨打，但现在通过配置的方式投资，对了还是吃肉，错了也不会挨毒打甚至还能吃一点肉，这就是一种理念上的进步。

最后，很多人都知道长期投资能赚钱，但股市并不是线性上涨的，也不会因为你持有 20 年，就在第 21 年肯定会涨，而是一切皆有可能，有时候市场可能就是 10 年里都不怎么上涨。美国之前就曾出现过 17 年股市低迷的情况，1982 年的道琼斯指数就比 1965 年的时候高了 1 个百分点，我们的 A 股最近十几年其实也没怎么涨。面对这种环境，我们除了等待毫无办法，再伟大的人也不可能左右股市。所以我们必须把困难考虑得多一点，确保自己在最困难的环境之下，依然有其他收益可以获得。比如美股在 2000 年大跌的时候，投资债券就有收益，在 20 世纪 70 年代股债惨淡的时候，黄金又在大涨；2008 年金融危机，股债黄金都在大跌，而现金资产收益率却大幅提升。我国也一样，2018 年沪深 300 跌幅将近 30%，但债券却走出了大牛市，不少长债基金在 2018 年都取得了 10%以上的收益。因为这些大类资产总会形成轮动上涨，当一类资产大涨之后，就会有其他资产非常便宜，之后就是价值回归的过程。而当我们把资金分成若干份，每一份对应一类资产，并做相应投资之后，就让资产间形成了对冲关系，降低了波动，最终获得整个组合长期上涨的效果。

有人可能会觉得，债券比例高了，遇到行情好的时候会影响总体收益，这一点是肯定的。但你有没有想过，首先你不知道行情在什么时候会涨，其次你还要考虑清楚投资理财的目的到底是什么，是为了将利益最大化，还是通过投资理财创造财富，最终获得生活上的自由。如果因为风险和波动把生活搞得一团糟，让心情很差，那其实也失去了投资理财的意义。

所以大卫·斯文森的结论就是，我们每个人都应该做一个佛系的投资者，配置好自己的资产，然后不猜测、不预判，跟随市场波动，享受资产长期上涨带来的收益，这才是投资的根本之道。精选个股和精准择时，很多时候都是白费力气。对于每个人来说，未来都是未知的，而资产配置则是投资中唯一确定性的因素。

在专业的投资机构，往往做大类资产配置的经济学家们才是最值钱的，像桥水基金创始人、投资大师瑞·达利欧，他的秘密武器也是资产配置。

有数据显示，投资组合中91.5%的收益率受到了资产配置的影响，只有4.5%的收益率取决于产品的选择，1.7%的收益率取决于时机，也就是择时，另外2.3%的收益率受其他因素的影响。换句话说，只要我们能把股票、债券、商品和现金这四大类资产研究明白，倒腾清楚，基本就足够了，哪怕在其他方面犯了错误，也对最终收益影响不大。比如老齐，只研究资产类别以及风格周期，也就是拿"91.5%+4.5%"的部分，把这些部分研究清楚了，就获得了 96%的收益因素。而剩下那4%的部分，老齐认为实在没有必要再去耗费精力。你如果想把这4%的部分研究透，可能需要耗费近80%的精力，其实性价比非常低。

第三节　让资产配置起作用的条件

诺贝尔经济学奖得主、现代投资组合之父马科维兹的投资理论就是多元化分散投资，这才是唯一免费的午餐。从长期来看，资产配置会降低投资者风险，提高潜在收益。不过多元化，绝不代表单纯的投资数量多。上一节我们也提到，很多投资者买了一堆股票或者股票基金，看似做了资产配置，分散了投资，但其实这些资产却承担着同类风险，最后根本没有起到资产配置组合该有的作用。

想要让资产配置发挥作用，需要具备下列几个条件：**第一个条件，也是很重要的一点，就是各类资产之间的低相关性。**也就是说，投资组合中各个资产或者投资标的的表现期，尽量不集中在同一时间段，最好是处于轮动上涨状态，并且在某些时刻能够存在抵消关系，从而降低投资组合整体的波动性。如果我们能把波动对冲掉，那么整个投资组合最后体现出的就只有成长性了。因为经济始终是在不断发展、滚滚向前的。投资组合的原理就是，通过不同资产波动的相互抵消来趋利避害。既然投资市场中的波动会让绝大多数投资者心态崩溃，赔钱离场，那么我们就尽量降低这个波动的影响，保留组合的成长性。

其实从另一个角度来看，资产配置就是平衡你自己能承受的损失。比如，你觉得自己能承受20%的亏损，但一般人往往都会高估自己的风险承受能力，实际上可能只能承受 10%，所以我们就要想办法把投资组合的整体回撤尽量控制在10%以内，那么如何控制呢？这时候首先要考虑到最差的情况，比如2018年大熊市中，大盘跌了25%，那么对于一个实际只能忍受10%亏损的人来说，投资组合中的股票比例应该最好不超过 40%（10%÷25%），剩下的 60%都应该考虑更安全、更稳妥的债券类资产。这样即便在大熊市中，市场暴跌 25%，但你只有四成的股票仓位，你的投资组合的整体回撤也才只有 10%，而且投资组合中还有大量债券类资产可以随时卖出，用于抄底。这种资产配置的方式可以有效地帮你留在市场中，而不至于在市场最便宜的时候让你控制不住情绪"割肉"离场。

专业的投资者都清楚市场的规律，也知道股市迟早会涨回来，所以风险承受能力也就更强。而且他们基本不做小择时，反而更愿意去拥抱下跌，因为对于每一次市场大跌，他们都有后手可以补仓，获取超额收益。因此在熊市里，他们可以选择更激进的仓位，而随着牛市的到来，又会把配置中的股票仓位逐渐降下来，长此以往操作下来，这必然是能赚到钱的策略。

资产配置发挥作用的第二个条件，就是选择的资产必须是长期不断上涨的，且风险回报是相对稳定的。大家不能为了找低相关性或者负相关性的投资品，而选择一个价格长期下跌的资产。另外，那些风险回报不确定的资产也不该出现在配置组合中，比如彩票。所以只有长期上涨的资产组合在一起，低相关性或负相关性才会发挥出最大作用，才能在整体组合始终向上的过程中，帮你消除波动，最终获得稳定的收益，而不是把波动消除后收益却变成零。

这也告诉我们，只有投资组合的整体业绩才是大家需要关心的。单一资产在某一时间段不赚钱这都是正常现象,这说明你的资产配置组合正在发生对冲碰撞，为你消除风险。如果所有资产在某一时段全都大涨，那么反而有问题了，说明这种资产配置组合根本就是无效的，等这波行情过后，这些资产大概率又会全部大跌，最后你依然会被这种大波动吓跑。

所以大家在做好正确的资产配置后，完全不用在意某个资产或组合中的某只基金短期没跟上节奏，不赚钱。就以股票、债券、商品和黄金这些大类资产来说，短期来看它们可能各有各的问题，但长期来看它们却始终在上涨，只是各自表现的周期并不相同罢了。比如 20 世纪 70 年代，在美国市场上，黄金的表现最好，到了 20 世纪 80 年代黄金开始下跌，股票涨得最猛，到了 2000 年后股票表现不尽如人意，但此时债券表现却还不错。所以这就是资产配置的逻辑关系，我们唯一要做的就是把它们放在那里，等待它们自然生长。这里老齐多说一句，在绝大多数情况下，靠简单的股债模型都可以获得稳定的收益，只有特殊的 10%～20%的时间，才需要搭配商品，特别是对黄金的使用。这也是桥水基金创始人瑞·达利欧的绝招，他发现只有当股 6 债 4 的标准组合大跌的时候，黄金才会大涨。

　　资产配置发挥作用的第三个条件，就是要在途中做合理的再平衡。 监督权重比例的变化，通过资产间价格的比较，来客观实现低买高卖（详细内容见本章第十三节）。

　　资产配置发挥作用的第四个条件，就是需要投资者具有一定的知识储备和掌握一定的投资技巧。 投资者能力的高低，也会对收益结果产生很大影响。如果投资者能够识别经济周期大环境，根据不同的周期调配不同的兵力部署——什么时间适合进攻，什么时间该防守，什么时间又该攻守平衡、伺机而动都心中有数，那么他一定可以取得不错的收益。这种排兵布阵的能力肯定需要知识储备做支撑，而超额收益往往也是从这里诞生的，这才是投资的顶层智慧。

　　总之，资产配置并不是越复杂越好，复杂了反而可能会扼杀收益；也不要企图让所有资产在某一时刻全部大涨，单个资产在某阶段的亏损，本身就是资产配置组合整体最终赚取收益过程中的必要损耗。有了这种对冲关系为你保驾护航，长期坚持下来你就会发现，投资风险降低了不少，但收益反而增加了。

▌第四节　股票资产的表现期

　　在经济繁荣时期，最好的投资方式肯定是持有股票资产，但是股票资产最大的特点就是波动大，稍有风吹草动，可能就会让你损失惨重。比如 1982—2000 年，美股迎来了历史上最大的一波牛市，但这中间美股也一样经历了 20 世纪 80 年代初人们对它的怀疑，以及 1987 年的股灾、20 世纪 90 年代初的衰退、1998 年的危机。即便股市表现很好，如果没有做资产配置，最终估计很少有人能将自己手中的股票持有到底。

　　在知识星球"老齐的读书圈"里，老齐曾经讲过一本书，里面列举了 1980—2000 年间，美国在这 20 年大牛市中各个资产的收益表现情况。其中股票类资产的年化收益率将近 18%，扣除通胀因素，实际的年化收益率也有 13.3%，20 年间上涨了 12 倍，表现最为出色。表现次之的是长期国债，年化收益率达到 10.7%，扣除通胀因素后是 6.4%，20 年间上涨了 3.4 倍。表现第三的是现金类资产，这里指的不是纯现金，而是货币基金、银行理财、国债逆回购，等等，它们的年化收益率也有 6.9%，扣除通胀因素后是 2.8%，20 年间涨了 70%。表现最差的就是黄金，年化收益率为-2.3%，再加上通胀因素，实际每年亏损 6.1%。所以很显然，这 20 年间股票的收益肯定是最高的。

不过我们现在往回看，分析这些数据其实都是后视镜理论，如果当时有这种上帝视角，那么其他资产都不用买，只要全仓股票，然后长期持有，中间不管如何大跌大涨，全都不为所动，最后收益肯定是最高的。但大家也知道，这种情况根本不可能出现，仅 1987 年美国股灾的那一天，崩溃的人就不在少数，很少有人能做到不为所动，真正一直持有。所以没人能有这种上帝视角，也不可能有人能预测出大牛市在什么时候启动，又会持续多久。

如果有人判断错了，赶上美国 20 世纪 70 年代大通胀的时候，大量买入了股票资产，那么他从 1972 年持有到 1979 年，7 年的时间，虽然最后名义年化收益率是 5.1%，看似赚了钱，但扣除通胀因素后，股票资产的实际年化收益率其实只有-2.8%，相当于 1 万美元投资进去，7 年后只剩下了 8000 美元。而且在大通胀时期，债券的收益也不会太好，7 年之后实际年化收益率比股票还惨，是-4%。但是，同期黄金的年化收益率却高达 20%之多，可以说，美国在 20 世纪 70 年代大通胀期间的投资收益基本都是依靠黄金来赚钱的。有数据显示，在这期间，大宗商品的年化收益率也超过了 15%。所以也就意味着，我们只要配置 20%的黄金或者大宗商品，就基本可以实现正收益。

从 2000 年互联网泡沫破裂到 2009 年，在这将近 10 年的时间里，美股的表现也是非常惨淡的。股票类资产的实际年化收益率是-3.4%，这段时间黄金的表现依然不错。没有了大通胀，债券类资产的收益也回正了，平均年化收益率达到了 5%。

通过上面的数据分析我们可以看出，如果周期选择错了，重仓股票资产也会损失不小。而在现实中，实际情况往往更惨，即便是在长期大牛市中也有太多人赚不到钱，甚至还会赔掉很多钱。这主要就是因为股市波动太吓人，每个人对自己的风险承受能力其实都是高估的，以为自己能持有 10 年，以为自己在面对 30%的下跌时内心毫无波澜。其实这些所谓的信心全都来自股市现在正在上涨，当上涨这个基础不存在了，信心也就瓦解了。一旦遇到大风险，市场中到处都是悲观的消息，大家就以为世界末日要来了，满脑子想的就是低位"割肉"离场，而长期持有这个理念早就被抛在了脑后。

老齐经常说一句话，很少有人是被跌跑的，大部分人最后都是被这些坏消息吓跑的。因为这就是人性的特点，大多数人都是正常人，所以肯定躲不掉。大家一定要找自己最了解的、不考验人性的方式去投资，这样才能拿得住。资产配置就是这种方式，永远给自己留有后手，投资组合的目的也是为了让你先拥有市场整体收益，而绝不是要急功近利地打败市场，博取超额收益。总想当"出头鸟"，那么在投资市场中就很容易"挨揍"。

因此做投资，不要总希望每年都成为最好的那一个，我们一定要成为那个长期的优秀者，投资是为了在市场中持续地赚到钱，而不是蒙对一次就"股神在世"，蒙错了就"泪流成河"，长期跑在前面才最重要。老齐发现，很多朋友连基金种类都还没分清楚，张口就想要年化收益率 20% 以上的收益，这就属于无知者无畏了。这种人的最后结果通常是，不但没赚到钱，反而还会遭遇巨亏。

要想战胜市场，一定要先学会敬畏市场，确保自己在不输的情况下，再去想赢多赢少的事。

第五节　债券资产的表现期

债券，其实就是借贷，它和股票资产不一样，股票不需要还本，而债券是需要还本付息的。债券资产看似很简单，但其实债券市场却是最复杂的领域之一，主要就是因为债券种类划分方式非常之多，具体如图 15.1 所示。

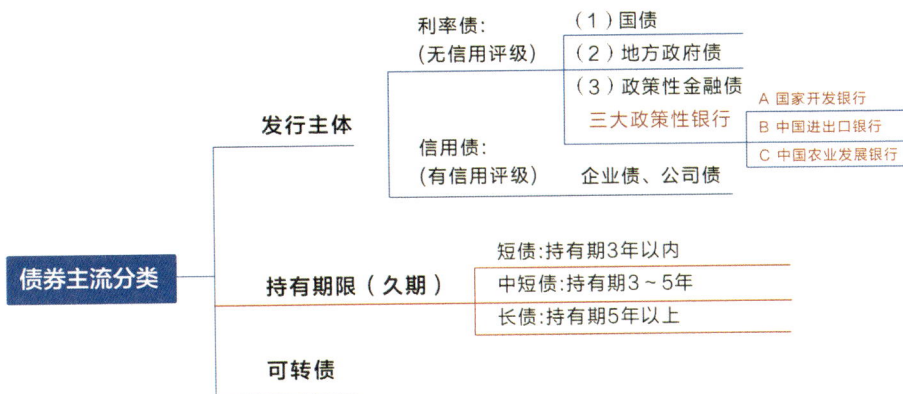

图 15.1

在债券众多的分类中，国债应该是最安全、最稳妥的利率债，基本不可能违约。如果连国债都违约了，那么你的钱估计放哪里都不会安全。在 2008 年的金融危机中，当美股大跌的时候，美国国债涨幅甚至超过了 30%，几乎抵消了金融危机所带来的大部分负面影响。为什么在这个时期国债会有这么大的涨幅呢？就是因为大家觉得，在百年不遇的大危机中，金融系统要崩盘了，金融市场也要崩了，没有什么投资品可以值得相信，甚至避险资产黄金都在跟着下跌，所以大家全都去哄抢最安全的国债。2011 年，在欧债危机爆发的时候，全球股市下跌了 15% 左右，此时的国债也出现了大涨。

由此我们可以得出一个结论，一旦市场发生重大危机，最安全的国债可以成为我们的避风港。这是因为，一方面，受到市场追捧，资金推动上涨；另一方面，国家降息拯救经济，市场利率下降，也会进一步刺激国债上涨。当股票市场发生股灾的时候，除非赶上大通胀后的股债双杀，一般来说，债券资产会呈现出负相关性，可以帮我们起到一定的对冲风险作用。

债券也分为利率债和信用债。

利率债指的就是国债、地方政府债、政策性金融债，等等，它们一般没有信用风险，也就是不会出现不还钱的情况。但利率债会存在利率风险，即市场利率上升，债券价格就会下降，反之亦然。所以当出现大通胀的时候，债券价格表现不会太好，甚至当出现恶性通胀的时候，债券资产可能比股票资产表现还要差。这就是因为在大通胀期间，市场过热，资金需求格外多，所以市场利率通常会快速拉升，从而导致债券价格大幅下降。

不过此时，短期债券往往能产生正收益，因为短期债券持有期限短，大家基本都是拿到还本付息的，因此它不会受到市场利率升高的影响。但长期债券就很惨了，回报率基本都是负数。比如在 20 世纪 70 年代，美国的通胀率普遍超过了10%，债券资产的实际收益率也降到了年化收益率-4%，在这 7 年时间里，债券属于表现最差的资产，同一时期只有黄金表现出色。

既然大通胀不利于债券表现，那么反过来，通缩期自然就会利好债券资产表现。因为当市场利率下降时，大家都去争抢票面利率更高的老债券，债券价格自然也就水涨船高了。所以持有期越长，也就是久期越长的债券，价格变化也就越剧烈。这就告诉我们，一旦经济衰退，在通缩期间，市场利率大幅下降，我们就应该把久期加上去，多持有长期债券。而一旦经济过热，在通胀期间，市场利率上涨，我们就应该把久期降下来，尽量持有短期债券。

除了利率债，还有很多公司债、企业债，这些属于信用债，它们是有信用风险的。有的企业债收益很高，可一旦遇到风险，投资者也是会血本无归的。所以在危机中，我们尽量选择利率债，因为这些信用债有可能会和股市一同下跌，无法起到对冲作用。比如在 2008 年的危机中，虽然国债大涨，但高等级信用债也是下跌的，有些公司"爆雷"了，跌幅程度甚至不比股市的小。

不过出现这种危机毕竟是小概率事件，在绝大多数情况下，债券和股票都可以形成很好的互补关系。至于到底哪种资产表现得更好，主要还得看市场周期。在繁荣期，肯定是股票表现更好；在衰退期，通常是债券表现好一些。但经济长期肯定是向好的，我们要做的就是配置好资产，在面对不同的周期时，全都有应对之道。

第六节 商品资产的表现期

商品指的就是大宗商品，这里包含了四个大类别：一是工业金属，比如铜、铝、锌、铁、铅，等等；二是贵金属，主要就是黄金、白银；三是农产品，比如玉米、大豆、棉花、小麦，等等；四是能源品，原油、煤炭、天然气都属于其中。一般在实际投资中，为了更有目标性和针对性，我们通常会从商品中拆分出黄金、原油，以及有色金属这三个比较有代表性的投资标的。

大宗商品都是以美元计价的，在国际市场上，追踪大宗商品的指数叫作路透CRB（Commodity Research Bureau，美国商品调查局）指数，如图 15.2 所示。世界上所有的投资机构都会依此来判断商品的周期。

图 15.2

大宗商品往往也代表了经济的周期，因为它包含了各种资源品，只要世界经济进入繁荣期，需求旺盛，这些资源品的价格也会大涨，从而带动商品指数上涨。大宗商品虽然是以美元计价的，但和中国需求也有很大的关系，由于我国经济飞速发展，主动进行了产业升级，从之前的简单劳动密集型转变为高端制造业，全球制造业也在大量向中国转移，所以中国对原材料需求的增加，也在全球大宗商品需求中占据了主导力量。2007 年就流行过一句话：中国需要什么，什么就会被买出天价。

从路透 CRB 指数走势图中可以看到，2014 年国际大宗商品价格出现了暴跌，原因就是全球经济下滑。而 2015 年商品价格也没有起来，这说明了一个什么问题呢？说明 2015 年爆发的牛市，其实根本就是"大水牛"，经济没有起来，股市却冲上了天，主要原因就是当时互联网配资大行其道，资金泛滥，大量资金把股市推了起来。但是后来我们也看到了，如果没有经济内核作为支撑，爬得越高就会摔得越狠。2015 年的股灾也让不少投资者损失惨重。2020 年后，路透 CRB 指数迎来了一波强劲的反弹，这就是一个典型的经济复苏周期，作为经济的先行指标，我们的 A 股在 2019 年后也走出了两年的牛市行情。而这两年的牛市和 2015 年的大水牛肯定是不一样的，是有内核作为支撑的。这也再次告诉我们，做投资不是凭感觉、靠拍脑门决定的，而是一定要看到投资内在的本质，那就是周期和业绩的变化。

由此我们可以得出结论，大宗商品往往是经济的滞后指标，它一上涨基本说明经济已经复苏了，甚至到了过热、通胀的阶段。经济过热、通胀高起的结果就是原材料以及劳动力成本都会走高，央行为了防止经济过热，可能也会采取加息等措施抑制需求，这对于股市和债券市场都会形成较大的压力。所以大宗商品的表现期通常在股市之后，一旦你看到通胀率攀升，市场中出现"煤飞色舞"的行情，煤炭、有色金属这种强周期品种暴涨过一轮后，就要考虑降低股债比例，多想想防守的事了。

影响大宗商品的另一个因素就是美元，因为大宗商品是以美元计价的，所以它们互为对手盘，具有负相关的属性。美元贬值有利于大宗商品价格向上，美元走强也会对大宗商品的价格起到抑制作用。不过它们之间的负相关性并没有那么强。大宗商品的最终价格还要取决于需求，也就是经济周期。假如经济周期结束，对于大宗商品价格的压制力一般是会大于美元贬值的助推力的。所以如果赶上美元升值预期，再加上经济周期结束，那么大宗商品价格必定是下跌的。

这里老齐多给大家普及一下，关于大宗商品中众多资源品的触底反弹顺序。一般来说，糖是最快的，第二是铁矿，第三是石油，第四是铅，第五是黄金，最后是铝和铜。而到顶的顺序，铜往往是最快的，接下来是糖、黄金、铅、石油、铝和铁矿。所以老齐一般习惯用铜价作为商品周期的指示灯。因为在触底反弹时它的顺序靠后，铜价涨起来基本就能确认大宗商品开始反弹了，而在触顶的时候，铜又是最敏感的，能帮我们保住更多的收益。晚启动早到顶，这样才会给我们的投资带来更多确定性。不过在实际投资中，我们一般不会直接单独去投资铜，而都是通过场内有色金属 ETF 或者场外有色基金去捕捉经济周期。2020 年，在"齐俊杰的粉丝群"里跟着老齐投资有色金属的朋友，一轮周期过后至少也有 50% 以上的收益了。

第七节　黄金资产的表现期

黄金其实属于大宗商品中的贵金属。因为总有不少朋友问老齐，能不能长期投资黄金，收益是不是不错？所以本节我们就单独讲讲黄金。

在《股市长线法宝》这本书中，美国的西格尔教授曾展示过一张大类资产走势图，如图 15.3 所示。从图中我们可以清楚地看到，在 1802—2002 年这 200 年的历史中，长期持有黄金的收益率甚至还不如国债高。所以巴菲特也经常说投资黄金不算投资，因为大黄金不会生出小黄金。言外之意就是说，黄金没有成长性，更没有创造利息的能力，价格走势完全取决于供需关系。当大家情绪最激动，恐慌大蔓延的时候，黄金就会达到阶段最高点，所以它只能当作一个避险的工具。

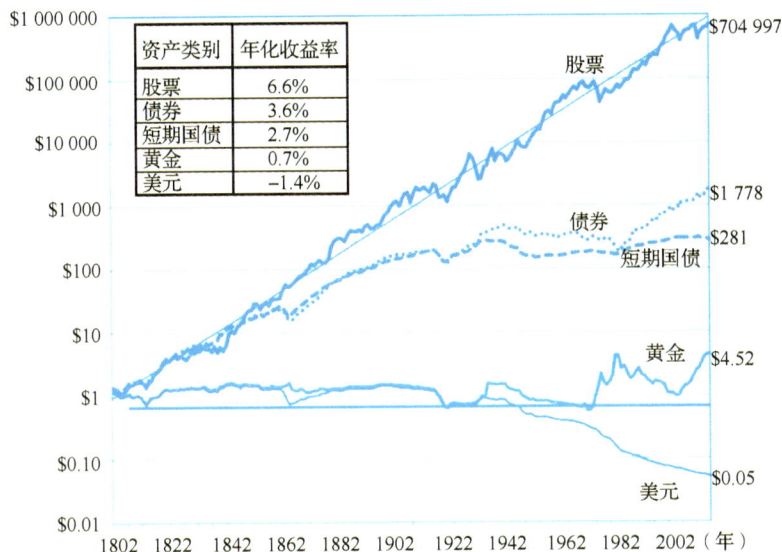

资产类别	年化收益率
股票	6.6%
债券	3.6%
短期国债	2.7%
黄金	0.7%
美元	−1.4%

图 15.3

从图 15.3 中还可以看出，黄金的第一波大涨其实正是发生在美国大通胀时期，即 20 世纪 70 年代，当时美元与黄金脱钩，布雷顿森林体系解体，黄金才开始了大幅上涨。而这段时期恰恰是股债组合的低迷阶段。在美国大通胀时期，股债的实际收益相当惨，都为负数，黄金刚好成为很好的避险工具。

但是投资黄金的风险也很突出，那就是在世界和平、繁荣回归时，它基本就没有多大的投资价值了，投资者都会纷纷避开黄金，黄金价格也会大幅下跌。比如 1982—2000 年 18 年的美股大牛市中，黄金的实际年化收益率为-6.1%。毕竟从全球长期趋势来看，科技不断进步，生产力也会越来越高效，所以世界的大趋势肯定还是向前发展的，危机时刻终究是短暂的。因此，长期投资黄金其实效率很低，压根就是一个十分低级的错误。

影响黄金价格的因素也有很多，其中一个因素就是美元。黄金之所以比较喜欢高通胀环境，主要也是因为黄金和美元的关系大概率为负相关走势，不过它们之间的负相关性并没有那么强，有时候确实也会出现黄金、美元同涨同跌的情况。所以我们不能完全凭借美元涨跌去判断黄金的走势。

根据老齐的经验，目前黄金和美债收益率的负相关性反而更强。也就是说，在美债收益率下降的过程中，黄金通常会有表现的机会。如图 15.4（a）（b）所示，我们能看到美债收益率从 2018 年 10 月开始下跌，到 2020 年 7 月截止，刚好完美对应了这波黄金的牛市。而一旦世界秩序恢复，其他资产收益能力提升，投资黄金的意义也就没那么大了。比如美国长期国债就是典型的既安全又稳定的资产，一旦它的收益率回升，那么大家买黄金的必要性就降低了。所以用美元去判断黄金的走势，不如用美债收益率来判断更为稳妥一些。

总之，黄金其实就相当于我们在下雨天出门带的那把雨伞，晴天的时候一般用不到，但是万一赶上暴雨天，它却能派上大用场。所以在资产配置中，黄金只是我们的一种保险工具，而不能把它当成高收益产品，不能指着它去赚大钱。配置黄金或者大宗商品，主要也是为了给股票和债券避险，在股债双杀的极端情况下，可以帮助我们有效控制整体的回撤幅度，起到平抑波动的作用。但毕竟危机时刻不是常态，所以在绝大多数情况下，投资黄金都是没有多大作用的，长期重仓黄金更是错误至极，只有在关键时候，它才能帮你避免灭顶之灾。

这里再介绍几种黄金的购买方式。一般来说，主要有三种方式：一是去金店买，二是从银行买，三是购买黄金 EFT 基金。在这三种购买方式中，主推大家选择第三种，也就是购买黄金 EFT 基金。因为在金店买的实物黄金，每克黄金一般都要加收手续费，虽然提供回收服务，但也还会再收一笔费用，相当于双向收费，一买一卖就损失了不少。另外，实物黄金储藏也不方便，还容易丢失和腐蚀。而银行卖的那些贵金属产品，成本也很高，一般会将黄金做成精致的小金猪、小貔貅等，这些实物当成收藏品或者作为礼品，送人比较合适，用于投资的话，基本就不用考虑了，因为加工费很贵，赔钱概率大，赚钱概率小。除了这种实物黄金，银行一般还有一种贵金属账户，可以直接买卖黄金，不用涉及实物交割。和纸黄金一个道理，这种方式虽然交易起来方便了很多，但问题还是手续费并不便宜。而第三种方式，购买黄金 ETF 基金，成本则是最低的，相当于我们把钱给了基金公司，基金公司帮我们去投资黄金，手续费最低，交易也最为便捷，显然这种方式更为理想。

（a）

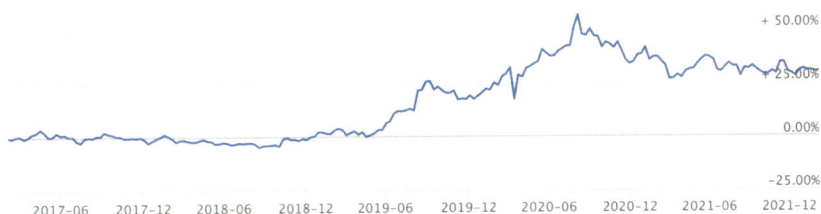

（b）

图 15.4

可能有的朋友唯一担心的就是，买了这种黄金 ETF 基金，万一赶上非和平时代，基金卖不掉了怎么办？如果是这样的话，完全没起到避险作用，不如买实物金条放手里踏实。有这些想法的朋友，就纯属于想多了，如果真有这么一天，那么你手里的金条也是一样卖不出去的，因为到那时候大家可能都靠抢了。

第八节　现金资产的表现期

提到现金资产，不少人可能会嗤之以鼻，因为大部分人都会把现金和资产概念相对立，认为只要是投资，就一定要买点东西。所以现金也是最容易被大家忽视的一种资产。但其实持有现金也是一种投资方式，它本身就是一类资产。特别是在流动性收紧的衰退初期，高通胀被压制，商品暴跌，股市扭头向下，债券也还处在熊市，此时则是现金为王的时刻。因为所有资产都以现金计价，所以理论上说，现金和资产是负相关的，资产贬值，现金相对就会升值。

但现金最大的天敌就是通胀，如果不是因为通胀的影响，持有现金类资产肯定是一种非常好的投资方式，不仅保险，而且流动性还好。但如果叠加通胀因素，现金则会被一点点"融化"掉。

这里老齐还要多说一句，我们国家的通胀率平均每年约为 3%～4%。也就是说，你的投资年化收益率只要超过 5%，基本就能够实现增值了，做个简单的债基组合，其实就能轻松达到这个收益率。但是通胀对大家心理的影响却更大，正因为有了通胀这把"刀"悬在上面，大量投资者才会去盲目乱投资，最后财富其实并不是被通胀吃掉，而是因为投资者害怕通胀，乱投资损失掉的。这就好比是，通胀是一个火烧梯子的过程，大多数人不是因为爬得不够快，而是因为爬得太快，结果一脚踩空，掉入了火海。这也告诉我们，投资切勿步子迈得太大，通过稳健的投资组合打败通胀其实是非常容易的。

现金除了在股债商品三杀的时候，能够帮助我们对冲风险，它还有另一个大作用，就是在市场出现某些极端情况时，可以让我们有出手捡"黄金"的权利。持有一定比例的现金，就相当于拥有了一个抄底的期权。可惜绝大多数投资者都放弃了这个权利，也不知道怎么使用这个权利，总是动不动就把现金都用光了，甚至满仓股票，这样做最后往往就意味着悲剧随时会发生。大家都熟悉的股神巴菲特就是依靠所投资的那些公司，每年源源不断创造大量现金流，给他做保障，所以巴菲特永远都可以抄底。

那么我们这里说的现金资产，就是指傻傻地拿着钱吗？当然不是，现金资产也有多种不错的选择，并非指的是钞票本身。比如我们熟悉的货币基金、国债逆回购等，都是既能够保证流动性，也是基本安全的现金资产。其实理论上说，短期债券也更贴近现金类资产，因为它几乎总是在上涨的。所以在实际投资中，我们完全可以把短期债券基金当成现金资产来用。

总的来说，现金资产的功能一般就是在高通胀见顶回落，股票、债券、商品出现三杀的情况下，现金资产可以帮助我们稳定组合波动。但从通胀率走势图中可以看到，如图 15.5（a）（b）所示，美国其实在 20 世纪 70 年代的大通胀期过后，几乎就再没有出现过特大通胀了。中国在 2001 年加入 WTO 组织，被纳入全球化后，也没有发生过大的通胀，即便是最严重的 2007 年，通胀率也没超过 10%。所以从世界层面看，现在最大的问题其实还是通缩，而非通胀。

（a）

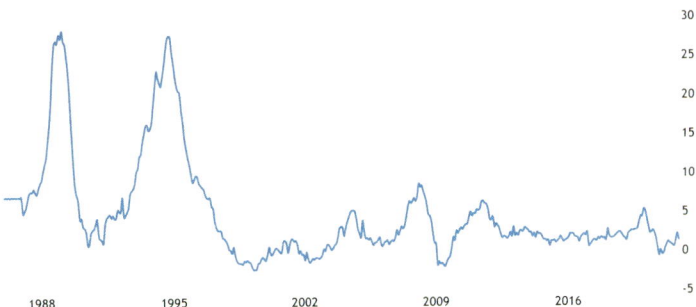

（b）

图 15.5

既然特大通胀很少出现，这就说明股债双杀的情况并不常见。一般来说，在小通胀之下，现金防守和债券防守的效果差别不会太大，所以我们平时用的股债模型基本没有问题，不容易被击穿。但是长久来看，现在我们也不得不面临一个问题，那就是在负利率时代，长债收益率越来越低，债券资产的回报也越来越差，和现金资产的回报其实也差不了多少，比如2020年，美债收益率就很低，最低的时候只有0.5%，这时候持有债券资产就很不划算了，因为未来只要利率稍微一涨，涨幅就会很大，那么美国的这些债券价格就会暴跌。所以在这种时候，宁可持有现金也不要持有债券。如果站在长周期的维度来考量，债券资产的比重应该越来越低才对。未来可能大家要更加习惯在股票资产和现金资产之间做切换。

第九节　股债之间的相关性

资产配置的核心，其实就是找到那些相关性不高，并且都是长期上涨的资产，让它们形成投资组合，通过投资标的之间的相互关系来平滑波动，最终让我们的收益变得更加稳定。因为在投资市场中，没有人能准确预测股市繁荣期何时出现。尽管股票长期收益最高，但它却极其不稳定，有时候一年就可以翻倍，有时候一年又能亏损一半，这就造成了绝大多数投资者根本赚不到钱。

在股市中多数投资者很难做到知行合一，大家通常不是被跌跑的，而是被吓跑的。风平浪静时，很多人觉得自己可以承受50%的损失，一旦市场开始下跌，坏消息遍地时，估计连10%的跌幅都受不了。因为人的本性都是厌恶风险的，所以想要赚钱，就必须改变这种糟糕的体验，这就需要在组合中引入低相关性资产，帮助我们降低波动所带来的负面影响。

先解释相关性的概念。

衡量相关性的数值一般在-1～1，相关性为-1时，说明两种资产走势完全负相关，也就是A涨10%，B跌10%；A跌5%，B涨5%。而数值在+1的时候则说明两种资产完全正相关，走势一模一样。如果相关性为0，则说明两种资产完全不相关，走势相互独立，大于0就是正相关，小于0就是负相关。所以相关性数值越趋近于0，则说明资产间的相关性就越低。

在这些相关性模式中，零相关相对来说是一个最好的组合方式，如果是完全负相关的，也就意味着我们在规避风险的同时，也规避了收益。这种组合虽然可以完美保值，却很难增值赚钱。而在现实中，我们其实很难找到完全负相关或者不相关的资产，并且在不同时期，资产间的相关性往往也会发生变化。比如，黄金和美元基本就是负相关的，但在某些时刻它们也会同涨同跌。

实际投资中，我们目前最常用的大类资产就是股票和债券。未来可能会是股票和现金，之前总有人认为，股票和债券是负相关的关系。其实从严格意义上说，股票和债券并不是负相关的关系，只是在一定时期会呈现出负相关性，它们呈正相关关系的时候甚至比负相关的时候更多，只不过正相关性比较低而已。

我们看下面的表 15.1，这是 1926—2006 年美国各类资产 1 年期回报的相关性数据。如表 15.1 所示，横坐标与纵坐标交汇的数字，代表的就是两类资产间的平均相关性。我们只看蓝色框里的 8 个数字，从这些数字中就能看出各类债券和大小公司股票的相关性都很低，尤其国债几乎和股票不相关。这就告诉了我们债券和股票的涨跌关系并不大，并且债券和股票都属于长期上涨的资产，所以完全可以把它们放到组合中，利用它们的不相关性帮助我们平抑风险。不过这些数值只是一个长周期范围内的平均值。

表 15.1

项目	大公司股票	小公司股票	长期公司债券	长期政府债券	中期政府债券	美国国债	通胀国债
大公司股票	1.00						
小公司股票	0.79	1.00					
长期公司债券	0.19	0.08	1.00				
长期政府债券	0.12	-0.02	0.93	1.00			
中期政府债券	0.04	-0.07	0.90	0.90	1.00		
美国国债	-0.02	-0.10	0.20	0.23	0.48	1.00	
通胀率	-0.02	0.04	-0.15	-0.14	0.01	0.40	1.00
序列相关性	0.03	0.06	0.08	-0.08	0.15	0.91	0.65

股债在各个时期到底有怎样的相关性？

这要看大环境，在不同经济周期环境下，股债往往会呈现出不同的相关性。比如在美国 1972—1979 年这 7 年大通胀期间，股债的平均相关性是 0.5，这算是比较高的相关性了，所以这段时间股债表现都不好，但黄金却和股债呈现出了负相关性，表现出色。而 1980 年以后，股市逐渐开启"慢牛"行情，股债的平均相关性是 0.32，基本正常，这段时间里股债双牛。1990 年以后，股市大牛行情加速，股债相关性也回到了 0.54，股债双牛进一步演化。但是当临近 1999 年互联网泡沫期时，股市陷入疯狂，以及 2000 年互联网泡沫破裂后，股债的相关性则瞬间跌落为负数，最多时到了-0.83，几乎完全呈负相关。也就是说，当股市临近疯狂的时候，债券表现并不好。但在泡沫破裂、股灾爆发的时候，债券却有正收益。这里需要多提示大家一点，2000 年股灾发生时并不是大通胀环境。最后综合 1972 年到 2011 年这 40 年的时间，股债的平均总相关性是 0.06，可以说股债几乎不相关，也就是股票好不好，和债券没有太大的关系。

所以，我们可以总结如下。

第一，在市场利率快速上升和下降的过程中，股债相关性往往会比较高：要么股债双杀，要么股债双牛。在市场利率快速拉升的大通胀期，容易发生股债双杀。而在市场利率下降的过程中，则容易发生股债双牛。

第二，当市场利率趋稳后，股债相关性就会下降，甚至几乎不相关。

第三，一旦市场发生危机，只要不是大通胀环境，股债就会明显走出负相关走势，也就是股票涨、债券跌，或者股票跌、债券涨。

综合来看，第二种情况，即市场利率趋稳的时候，肯定是常态，也就是说在一个相当长的时间范围内，股债的相关性都是比较低的，所以股债模型在绝大多数时间里都是有效的。而对于第三种情况，即危急时刻，股债更能形成很好的对冲互补关系。只有在第一种情况下，某些特定时期，股债相关性较高，组合未必有效。但是在这种情况里，有一半情况是股债双牛，这肯定是我们更乐于看到的结果。所以对于这三种情况，有两个半都适合用股债配置。只有一个时间段，那就是市场利率快速拉升的大通胀期，可能会形成股债双杀，但在这个时期商品和黄金可能又会帮我们起到一定的对冲保护作用。这就是资产相关性的作用，能让我们面对市场不同环境时，做到心中有数，知道如何应对，我们的心态也会更平稳。

第十节　股债组合的好处

熟悉老齐的朋友都知道，在知识星球"齐俊杰的粉丝群"里，老齐会给大家一些资产组合配置方案。其中，绝大多数组合其实都是基于股债逻辑搭配的。当你理解了股债组合的原理后，你就会发现，做投资会非常踏实，因为它几乎是一个肯定赚钱的策略，比瞎炒个股的胜算要高得多。投资中，策略和方法才是我们长期盈利的保障，而不是靠预测。策略和方法正确了，即便今天没赚到钱，未来也早晚都会还给你。而如果方法和策略错误了，那么即使这次凭运气赚到再多钱，未来也一定还会凭"实力"输回去。

股债组合的精髓到底是什么？

首先，股债组合的第一大好处，就是可以帮你控制风险，降低波动，稳定心态。

大多数投资者其实都知道，长期投资能赚钱，但"长期投资"这四个字，说起来容易，做起来却非常困难。其中很大一部分原因就是：拿不住。为什么老齐一直不建议大家只买一只基金，或者只买股票类资产，就是因为波动太大。投资是反人性的，如果你只持有一只基金，由于波动过大，通常都是在上涨的时候，就想落袋为安，到了下跌的时候，又想赶紧止损。所以你每天都会产生好几个卖出的念头，因此稍有风吹草动，一定拿不住。

这就是投资市场的规律：对于波动越大的东西，能赚到钱的人也就越少。在大风险面前，几乎很少有人能纹丝不动，即便这个投资标的未来涨得再高，也和你没太大的关系。比如比特币，动不动几个月就翻一倍，但最终能赚钱离场的人，估计连 5% 都不到。因为当你投资的东西跌了 50% 之后，你是不可能无动于衷的，这是人性使然。有的朋友可能会说："我没问题，我扛得住。"那只能说明你投入的不够多。1 万元跌 50%，和 100 万元跌 50%，你的心态是截然不同的，任何不谈仓位的收益都是没有意义的。比如有些人总说，我能抓到很多大牛股，结果一看都只买了几千元，这基本都是蒙的。投资不重仓，很难赚到大钱，不敢重仓的投资，也不叫真的看好，顶多算运气好。为什么散户炒个股很难赚大钱，说白了就是波动太大，最后根本拿不住，大波动之下自己也不敢下重注。

所以想要真正做到长期投资，我们就要想办法，尽量减少下跌的幅度和时间，让自己投资的东西经常上涨，把反人性的东西逆转过来，让它符合人性特点，这样我们的心态就会好很多。而股债组合的意义就在于此，股债搭配就是一种控制风险、降低波动的手段。在市场大起大落中，不会让你每天都感觉在坐过山车，你的组合波动也要远远小于市场波动，通过股债间的相互关系把上涨变为常态，让下跌成为偶然。看到一个经常在涨的东西，你才会更有耐心地拿住它，留在市场中，最终享受到市场长期上涨带来的回报。

举个例子，你把钱存在银行，不会天天问银行它们把你的钱投资到了哪里，就是因为你相信它们到时候一定会还本付息，所以最后也就懒得关注了。其实我们通过合理的资产配置，也可以搭建这样一个结构，每年都至少保证投资能带来正收益，而且还是不低于银行存款的收益。在股市好的时候，配置组合能跟上大部分涨幅，也能获得 10%～20% 的回报，这其实是完全可以做到的。做这样的投资，你就会很踏实。

所以想要长期获取高回报，唯一有效的方法就是控制风险。一旦风险来了，很少有人能够真地坚持下来，多数人是赚不到钱的，主要就是因为不敢重仓，或者拿不住。而股债组合恰恰能帮你克服这两点，让你心态平和地留在市场，同时踏踏实实地重仓。

其次，股债组合的第二大好处，就是攻守平衡，可以利用进攻和防守的利差去超越市场。

大家要知道，在投资市场中，如果你全部持有股票资产，第一年先涨 50%，第二年又跌了 50%，最后可不是刚刚回本，而是亏损了 25%。道理很简单，100万元涨 50% 是 150 万元，150 万元再跌 50%，可就是 75 万元了。所以在投资市场中，损失和弥补损失是不对等的。但如果你做了股债组合，第一年股市大涨了 50%，由于你有债券仓位，可能只赚了 30%，但第二年股市跌 50% 的时候，你或许才跌了 20%。最后细算下来，竟然还有 4% 的收益，而全部持有股票则会亏损 25%。

所以利用进攻和防守利差超越市场的意思就是，在股市上涨的时候，尽量跟住市场不掉队。而在下跌的时候，只承担市场平均亏损的一小部分，最后长期坚持下来，这种策略必然会跑赢市场。

单看某一年，可能有时候股债组合的业绩会非常差，但只要把周期拉长一些，你就会发现，它就像一名长跑选手，慢慢地超越那些短跑选手。投资也更像是一场马拉松比赛，而不是百米赛。那些多次穿越牛熊的明星基金，基本都是靠这种方式长期跑赢市场的。比如老齐粉丝群中的"442 组合"方案，就是一个债 7 股 3的配置，该配置只用了 3 成股票仓位，最大回撤也基本很难超过 5%，平时看似慢慢悠悠，没多大的惊喜，但长期却跑出了 8%～10% 的年化收益率。所以股债搭配策略，其实一点都不慢，关键就在于你是否有耐心。

投资组合的目的，是让我们不再去揣测市场时机，不再急功近利总想要出击去打败市场，而是让我们更信奉佛系投资，我们只是被动接受市场信息，做应变调整。最后在不知不觉中，收益反而大幅跑赢了市场。

股债组合的第三大好处，就是可以让我们留有大量后手随时抄底。

为什么巴菲特总说，别人贪婪我恐惧，别人恐惧我贪婪。并不是股神真的对大跌不恐惧，而是因为他永远让自己手中保有大量的安全资产，以至于在市场大跌，遍地出现便宜筹码的时候，他有足够的能力去抄底。但通常在这种时候，普通投资者则都是满仓被套牢。比如 2018 年大熊市中,在市场价格极度便宜的时候,有多少投资者已经打光了自己的子弹,被套其中,甚至因为恐惧,最后"割肉"在了地板上。

全都持有股票,不仅会让你在这种暴跌中损失惨重,而且一定还会影响你逢低买入的信心。很多人就经常倒在熊市末尾的黎明前,因为扛不住无休止的下跌,卖在了次低点上。卖完之后股票继续下跌,会让他们感觉还不错。但很快熊市结束,市场反弹,此时他们由于惊魂未定,多半是不敢马上回到市场中的。等确认机会来临了,其实最好的涨幅阶段往往已经过去了,再进入市场后,又是高位接盘。如此循环往复,只会越赔越多。

所以在投资组合中留有债券资产,不仅能稳定你的情绪,还能让你始终留有后手。一旦股市跌幅过大,或者当股灾发生、遍地黄金时,其他投资者都被跌得信心全无,此时我们就可以出来干活了,卖掉部分债券资产,去抄底股票资产,这才是真正的低买高卖,等牛市回归后必然增厚你的收益,让你快速跑出对指数的优势。如果只持有股票资产,在股市大跌 30%后,得再涨 42%才能回本。但此时,如果有债券可以进行补仓,同样的跌幅可能涨 20%就回去了。

这里以易方达安心回馈混合(基金代号 001182)基金为例。如图 15.6 所示,这只基金基本就是一个债 6 股 4 的配置。从图中可以看到,2018 年,这只基金该跌还是跌,但是回撤幅度明显要比指数小得多。而到了 2019 年 2 月,市场开始回暖,易方达安心回馈混合基金竟然已经收复了 2018 年全年的跌幅,创出了新高。但此时,沪深 300 指数却还在深度回调中,累计收益相差了 20%多。如图 15.7 所示,我们能直观地看到,直到 2020 年 7 月,沪深 300 才创出 2018 年之后的新高(此基金分析仅作为思路展示,不构成投资指导建议)。

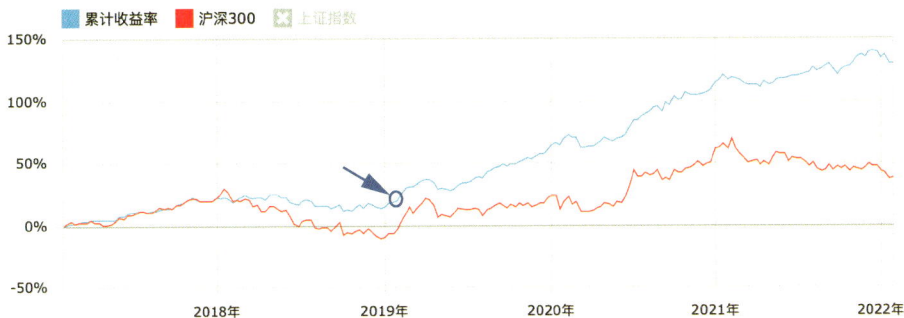

图 15.6

图 15.7

通过对比，大家应该就能深刻地感受到，留后手补仓和没后手被套的差距是有多大了。所以一旦你知道了资产配置的赚钱逻辑和原理，压根就没必要惊慌。即便市场大跌，指数一时半会儿涨不回来，但你的股债组合由于有后手抄底，也都会很快涨回来。反而市场跌得越狠，股债组合超越指数的空间也就越大。一场腥风血雨过后，我们随时转守为攻。

第十一节　如何搭配适合自己的股债比例

资产配置组合中不同的股债配比，往往会产生不同的收益结果，以及带来不同程度的波动风险。所以在排自己的投资阵型前，我们必须要与自身条件相结合。这里有两个非常重要的因素，每个人做投资前都必须想清楚。

第一，资金的投资期限是多长，也就是说我多久用不到这笔钱？

第二，自己到底能忍受多大的回撤损失？

老齐总说，自古华山一条路，想让你的钱不缩水，股市几乎是你唯一的出路。长期来看，股票资产的收益率肯定会远远超越其他投资品。但股市最大的特点就是波动大，短期不确定性很高。根据美国西格尔教授的数据统计，如果仅持有股票指数 1 年，那么和扔骰子赌大小没多大区别，赚不赚钱基本靠运气。但如果持有股票指数 5 年或者 10 年，波动风险便会呈现明显的下降趋势，收益的确定性也会更高。甚至持有 20 年后，任意时点买入股票指数，都不太可能会赔钱。所以这就告诉我们，我们的投资期限越长，自己的这笔钱越久用不到，那么组合中的股票资产比例就可以相对高一些。而投资期限越短，股票资产的配置比例则应该更低，更倾向于持有债券或现金资产，因为短期现金和债券的安全性要比股票资产高很多。

比如投资期限在 1 年以内，建议你只持有货币基金或做短期低风险的银行理财，因为谁也不能保证股市一年内会涨。如果投资期限在 1 年以上，可以采用债9 股 1 的配置。投资期限在 2 年以上，可以用债 7 股 3 的配置。如果投资期限能拉长到 5 年以上，那么股票资产反而会越来越安全，我们就可以考虑债 6 股 4，或股债均配的策略。还有些朋友手里有笔钱，可能一二十年都用不到，这样就更好了，把组合中的股票资产比例提高到 60% 以上，甚至提高到 80%，也是没有太大问题的，但最好不要满仓。

当然除了投资期限，自身的风险承受能力也是另一个重要因素。做投资组合前，必须先对自我进行评估。知己知彼，不仅用于兵法上，投资市场上也同样适用。但很可惜，至少有 7 成的投资者既不知己也不知彼，2 成的投资者能知己但不能知彼。这里的"彼"指的就是市场运行规律，其实相比了解市场运行规律，了解自己并没有那么困难。但大多数人却偏偏喜欢自己欺骗自己，明明没有承担风险的能力，但看到别人赚钱之后心里就痒痒，于是重仓冲进市场。结果股票一下跌就坐立不安，最后在半山腰"割肉"离场。

所以我们总说，投资市场中没有最好的产品，只有最适合自己的产品。想获得高收益，自然要承担相对更大的波动，如果对自己不了解，再好的策略或产品拿不住，最后也是白搭。

一般来说，想要获得 5%～7% 的年化收益率，基本只要承担很小的波动风险就能实现，比如老齐在知识星球"齐俊杰的粉丝群"里给出的"3331 组合"或者不赔钱组合方案，这种债 9 股 1 的搭配，一般回撤不会超过 3%，长期持有的话，收益非常稳定。但之后每增加 1 个百分点的预期年化收益率，你可能都要面临增加 5%～10% 的回撤损失风险。换句话说，想要达到年化收益率 12% 以上，你至少要做到在市场大跌 30% 的时候，心态不慌才行。想要在市场中赚钱，一方面肯定是投资期限越久越好，另一方面就是自己必须能扛揍。能扛住多少揍，就能吃多少肉。如果不扛揍，想每年至少都取得正收益，还不如踏踏实实做个稳定组合，起码每年还能有 5%～6% 的稳定收益。

其中，影响风险承受能力比较关键的一个因素就是年龄。

比如你的年龄是 20 多岁，那么就可以稍微激进点，股票资产比例达到六七成都是可以的，因为此时反正本金也不多，而且你有很长的周期可以等待，可能还有一份稳定的薪资收入，并不会受现金流的影响。而年龄在 30～40 岁时，配置思路就要逐渐走向均衡了，比如股债均配的策略。年龄到了 40～50 岁时，配置就要开始偏向保守，因为这可能是一个容易发生中年危机的年龄段。想破除中年危机的困局，就得想办法通过投资为自己再创造一份稳定的现金流收入，最理想的情况就是这部分收入与工资收入差不多，相当于多了一份保障。如果到了60岁，这是将要退休的年龄，那就要回归保守了，此时保值和流动性才是关键，增值已经不那么重要了，我们必须要多找一些有现金流的资产。晚年是否幸福，很大程度上取决于能产生多少稳定的现金流。

一般有一个简单的公式，就是100减去你的年龄，得到的数字就是你应该配置股票的比例，比如你的年龄是60岁，那么股票投资比例就不能超过40%，而如果你只有20岁，那么股票比例反倒可以接近80%。

当然，年龄只是一个可参考的维度，风险承受能力肯定还要结合每个家庭、每个人的具体情况而定。比如对于一个两年后等着买房落户，给子女上学的年轻人来说，这笔买房款肯定是没有任何风险承受能力的。而如果有一位65岁的老人，他的四个子女每月给老人的生活费有2万多元，显然这位老人的风险承受能力会更强一些。所以年龄只是个基准，在这个基准上，我们的资产组合还要结合收入情况、流动性以及期限等因素，再进行一定比例的调整。

每个人的投资需求都是不同的，有的人是为了财富增值，有的人只是为了保值，有的人可能忍受不了任何的亏损，而有的人损失30%都能接受。所以投资前，先了解自己、认清自己，这才是重中之重。什么是好的投资组合？并不是收益最高的组合就是最好的，而是适合自己的，能够满足自身需求的才是最好的组合。

最后给大家简单总结一下。

（1）如果你的投资期限很长，比如一笔钱10年、20年都用不上，而且你也有一定的投资知识储备，能够忍受15%，甚至20%以上的回撤波动，那么你可以把组合中的股票配置比例提高到60%～70%。

（2）如果投资期限在5～10年，你能够承受10%～15%的回撤损失，那么用债6股4的配置比较合适，或者用股债均配的策略。

（3）如果投资期限在2～5年，你能忍受5%～10%的回撤损失，那么就用债8股2或债7股3的配置策略。

（4）如果投资期限只有1～2年，或者3%以上波动你都扛不住的话，比如一些买房款、养老钱无法承受任何损失，那么就用债9股1的配置策略。

（5）最后，如果投资期限在1年以内的，无论你能承受多大亏损，还是踏踏实实买货币基金为好，因为谁也不能保证股市短期会涨，我们做的毕竟是投资而不是赌博。

这些针对不同情况所做的配置比例，其实老齐在知识星球"齐俊杰的粉丝群"中都给出了对应的具体资产配置方案，读者可扫描图 15.8 中的二维码，下载知识星球 APP，进入"齐俊杰的粉丝群"，找到相应搭配方案。

图 15.8

另外，如果投资期限和风险忍耐度不匹配，那么就以最保守的为准。也就是说，如果投资期限很长，但自己扛不住多大的波动，那就不要挑战自己了，就选适合自己风险承受能力的股债配比就好。或者自己确实能抗住大波动，但无奈钱过不了多久就要用，那也不要去赌股市短期会涨，就踏踏实实选对应期限的组合，哪怕收益少点，确保能赚到钱也比亏损赔本强。

所以安全投资总共就分三步。

（1）确定你的钱多长时间不用。

（2）根据时间范畴和自身风险承受能力，选择适合自己的股债配比。

（3）买入后耐心持有。

最后老齐强调一点，一般来说投资者都会对自己过度自信，比如认为自己承担 30% 的回撤不会有问题。老齐强烈建议你把这个数字除以 2，也就是说，你认为 30% 的风险没问题，那么你的实际风险承受能力就是 15%。

第十二节 如何搭配靠谱的基金配置组合

在老齐的粉丝群里，很多小伙伴都很好奇老齐是如何配置基金组合的，为什么老齐搭配的基金组合表现都不错，尤其在震荡市场中更会明显跑出优势。大家其实也想学会这套配置方法，万一哪天自己单独面对投资，也好有个策略方案可以依靠。

其实搭配一个有效的基金组合并不难，关键在于以下三要素。

（1）分资产。

（2）分风格。

（3）走势尽量不相关。

首先，分资产。分资产指的就是各大类资产比例要分配清楚，比如对于股票、债券、大宗商品、黄金，你要想好分别配置多少比例。这里老齐多说一句，其实在 20 世纪 70 年代之后，世界范围内基本没发生过全面的大通胀。就算有，也只是局部地区的偶然事件，主要原因就是该地区没有被纳入全球化而引发的。之所以被纳入全球化的国家很少出现大通胀，主要有两个原因：一是发展中国家提供了廉价商品出口，所以即便货币超发，但是商品也基本不会大涨价；二是生产效率大幅提高，物质极大丰富，东西多了，就很难形成稀缺性，所以最后涨的都是资产，比如房子和股市。我们会发现，日用品其实很少出现大幅涨价，农产品价格偶尔涨一涨，但也基本都是周期性的，不会形成持续的大涨。

既然没有全面的大通胀，那么股债双杀的效果也就非常有限，所以我们在配置基金组合时，大部分时间只用股债资产搭配，其实就完全可以应对了。等遇到特殊情况再考虑配置一些大宗商品也不迟，而且就算配置大宗商品，比例通常也不会超过 20%。因为我们并不把大宗商品作为主要收益来源，大宗商品的作用还是在特殊情况下用来对冲股债波动性的，它只是充当一个守门员的角色。

如何确定股债比例？

如果直接用指数基金来搭配，比例一般很好确定，因为指数基金很纯粹，仓位和风格跟踪更精准，针对性也更强，投资者可以主动实现自己的想法。比如，如果想构建股债均配的基金组合，那么直接买 50% 的纯债基金和 50% 的股票指数基金就可以了。老齐在粉丝群中介绍的"DIY组合"方案，就是用指数基金构建的，所以资产比例关系非常清晰，调整起来也会更精准。

而如果用主动型基金搭配的话，就要了解每只基金的股票持仓状况了。用每只基金的股票仓位比重，乘以这只基金在组合中的占比，然后把结果加总，就能计算出组合中具体的股票占比。想要什么样的股债配置，就要去寻找什么样的基金。进攻阵型最好不要超过债3股7的配比。股票仓位超过7成后，效果未必更好，一般债4股6是黄金进攻比例。防守阵型或者投资期限短的，可以用债9股1或债8股2的配置策略。平衡阵型就采用股债均配或债6股4的配置策略。因为主动型基金持仓比例并不固定，基金经理往往会根据市场状况，在一定范围内调整股票仓位。所以最终算出的资产组合股债比也只是一个大概数据，不过基本上是八九不离十的，不会有太大的变动。

当然，我们还要看当时市场的估值状况，如果市场被低估，我们可以激进一点，如果市场被高估，则可以保守一点。如果你也不知道市场是被低估还是被高估，那么还是照例均衡配置就可以。

构建基金组合时，要率先把股债结构想清楚。一般来说，股票仓位每增加10%，组合的最大回撤可能也会增加 5%～10%。因此，投资前必须先问清楚自己，投资期限是多久？到底能承受多大的风险？如果扛不住 20%的下跌，就最好不要配60%以上的股票资产。不少投资者总是习惯买很多只股票型基金，结果一算，组合股票仓位都快到80%～90%了，但其实自己连10%的波动都扛不住，最后就很容易心态崩溃，"割肉"离场，倒在黎明前的黑暗中。

这里老齐还要多说一点，用主动型基金构建组合时，3～6只基金比较合适。因为有统计发现，当只持有一只混合型基金的时候，往往波动风险相对最高，随着持有基金数量的增加，组合风险得到分散，风险收益性价比随之提高。但当基金品种超过一定数量后，风险基本就不会再降低了，反而买得越多，业绩也就越平庸。一般来说，持有 10 只以上主动混合型基金，其组合的收益几乎就趋近于大盘指数了。与其这样，还不如直接买一只指数基金更划算。一只指数基金不仅方便管理，而且管理费还便宜。因此，我们在买基金时，不要为了买而买，而是应该带有目的性地购买。如果把组合买成了"一锅粥"，那么组合的优势特点也就消失了。

其次，分风格。市场风格的划分在第十四章第四节介绍过，一般可以用两套维度来进行刻画，分别是价值和成长，大盘和小盘。一般当经济好、企业业绩好的时候，大家信心更足，想象力更丰富，更倾向成长风格。而当经济不好、企业业绩下滑的时候，大家没信心了，就更愿意抱着业绩确定性更高的价值风格。市场风格轮动大概是以 3~3.5 年为一个周期，但对于这个时间周期，并不是每次都特别精准，最后还是要参考当下市场的情绪。

老齐一般习惯用沪深 300 指数和创业板的相对走势来划分价值和成长，不过沪深 300 指数里也不全是价值型企业，还包含了成长型企业以及周期型企业。从某种意义上说，我们可以把它看作是全市场的基准，只是相比于创业板来说，它更偏向价值而已。

在粉丝群里，老齐曾给了大家这样一张表，如表 15.2 所示，这张表体现的是各大指数的权重，它明确地告诉我们，现在市场中这些指数的风格划分。上证 50 属于绝对的大盘价值，沪深 300 则相对均衡，创业板指数现在偏向中大盘成长，而中证 500 则更小一些，基本上是小盘价值和小盘成长。

表 15.2

	总市值 800 亿元以上的成份股数量占比	总市值 200 亿~800 亿元的成份股数量占比	总市值 200 亿元以下的成份股数量占比	消费板块权重	科技板块权重	金融地产板块权重	制造业板块权重	能源与材料板块权重
上证 50	96%	2%		32%	7%	43%	9%	8%
中证 100	95%	5%		37%	8%	36%	8%	10%
中万大盘	80%	20%		34%	14%	28%	14%	10%
沪深 300	55%	44%	1%	32%	14%	30%	12%	13%
创业板指数	20%	40%	40%	37%	25%	6%	25%	5%
中证 500		50%	50%	25%	17%	8%	16%	30%
中万小盘		12%	88%	24%	22%	6%	21%	27%
中证 1000		9%	91%	26%	25%	2%	22%	25%

笼统地说，目前市盈率超过 30 倍均值的企业，基本都算是成长型企业，市盈率低于 30 倍均值的则是价值型企业。有人也会用更加复杂的算法，比如看企业的成长性，来判断企业到底是价值型还是成长型——超过 20% 的增长认定为成长型，低于 15% 的增长认定为价值型。其实这种判断方式不是很科学，而且也很麻烦。老齐一般不这么算，到底是成长型还是价值型，说白了是市场说了算，那么市场投票的结果就是看企业的估值，企业说自己具有成长性，这不算数，需要市场承认才行，如果都没到平均估值水平，那么就说明市场压根不承认企业的成长性。

我们如果用指数基金构建组合，最简单的方法就是，股票部分沪深 300 指数和创业板指数各配 50%，相当于风格均配。而用主动型基金搭建组合的话，识别风格可能就没有指数基金这么容易了。我们需要了解组合中每只基金的股票持仓，最重要的是要了解这名基金经理的投资风格是什么类型，像有的基金经理持仓很分散，这就不太好识别了，这种风格就属于均衡风格。

我们随便以两只主动型基金举例。通过韭圈儿 APP 简单查看基金持仓行业的具体情况（具体方法详见第七章八节），如图 15.9（a）（b）所示，图 15.9（a）中这只基金的持仓风格相对均衡一些，食品饮料和医药生物加在一起占了 30% 之多，更倾向弱周期的价值风格。而图 15.9（b）的这只基金持仓里，化工和电子占了近 50%，相对更偏向成长和周期。所以这两只基金的风格差距还是很大的，如果把它们组合在一起，应该可以形成不错的对冲互补作用。当然关于持仓信息，我们要多往前看几个季度，甚至看之前几年的，因为一期持仓信息往往代表不了基金的风格，有可能下个季度风格就大变了。老齐一般更习惯于将基金在各个阶段的走势分别与指数做对比，比如如果走势和沪深 300 基本趋同，那么它就是倾向于价值的；如果和创业板基本趋同，它就是对应了成长。通过这个方法基本能判断出一只基金的风格，或者它在某一阶段的风格表现。我们在配置组合时，就要按照这种思路，尽量寻找风格不同的基金，把它们组合在一起，形成互补关系，进而起到平抑组合整体波动的作用。

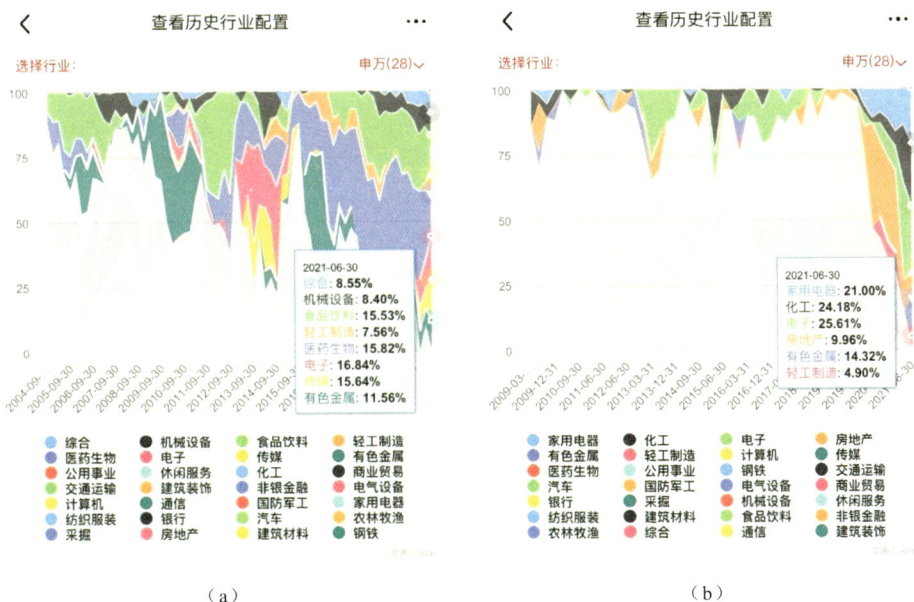

（a）　　　　　　　　　　　（b）

图 15.9

最后，走势尽量不相关。这就是说组合中的基金相关性越低越好，基金之间尽量不要出现同时大涨大跌的情况。这一步其实也是在印证前两步，如果把资产和风格区分开，那么基金的走势基本就不会太趋同。一般可以通过基金软件中的PK对比功能，把组合中基金近几年的走势图放在一起对比一下。如果这些基金在长期上涨的大趋势中，基本不在同一时间段集体大涨大跌，甚至有些基金走势还比较分化，此起彼伏，说明配置的组合是相对有效的，正是因为各个基金上涨和下跌阶段不尽相同，反而给整体组合增加了足够的稳定性。

为什么老齐一直不建议大家只持有一只基金？就是为了防止单只基金在某一阶段突然"哑火"，即便是明星基金也不可能始终都在上涨——有过五关斩六将的时候，就有败走麦城的时候。在有些阶段，市场行情明明很好，但这只基金就是不涨，如果你只持有这一只基金，看到别人的都在上涨，自己的却纹丝不动，内心估计也是一万匹羊驼在狂奔了。

人性的趋利避害总会诱导我们追涨杀跌，因此我们就要借助组合的力量，找到那些长期都是上涨趋势，只是上涨阶段各不相同的基金，把它们凑成一个"拼盘"，组合在一起平抑风险，降低组合整体的波动。哪怕一只基金短期"哑火"，其他基金也能继续带队。也就是说，不管谁表现得好，最后组合都能稳稳前行。因为市场风格永远在风水轮流转，所以每只基金就像铁路警察一样，各管一段。每只基金都有自己翩翩起舞的季节，没有哪只基金会一直幸运，也没有哪只会一直点儿背。我们只需要关注组合的整体收益就好，而完全没必要抱怨其中某只基金短期不表现。搭配基金组合，就好比去饭馆吃饭点菜，荤素搭配好才是一桌好菜，如果一桌10盘菜都是红烧肉，也就失去了搭配的意义。投资也是一个道理，如果组合中基金都同时大涨大跌，那么我们还不如只买一只。

第十三节　如何做好资产配置动态再平衡

动态再平衡的意思，就是把资产配置组合恢复到初始比例的动作过程。它的原理其实就是，不相信树能长到天上去，经济和市场永远都是周期性摆动的。那么我们就可以利用这种摆动，通过再平衡实现增厚收益的效果。

举个例子，假如你用了股债均配策略，股债各投资了50万元，正好赶上了大牛市，股票这部分一年涨了40%，而债券那部分一年只涨了4%。那么到第二年，你的账户里股票部分就变成了70万元，而债券部分只有52万元。这时候进行动态再平衡，意思就是把你的两部分资产加起来，总资产是 122 万元，然后除以 2，让它们的比例继续相等，也就是各为 61 万元。换句话说，就是你需要卖出 9 万元的股票资产，然后用这部分钱买入债券资产。

相反，如果赶上了市场大跌一半，股票部分只剩下了 25 万元，而债券部分涨了 6%，变成了 53 万元，那么你的总资产就是 78 万元。这时候动态再平衡的结果是，股票和债券资产各占 39 万元，也就是你要卖出 14 万元的债券资产，去补股票仓位。这就是再平衡的操作。

每一次再平衡其实都是削峰填谷的过程，也是在帮你控制风险，客观实现低买高卖的过程。因为平衡过程中你并没有去判断市场，而是通过资产间价格比较来做出决策。这也是很多投资大师们买入卖出的依据，所以从长期来看他们总是正确的，而很多散户们在做决策的时候却总是靠拍脑门胡猜，最后在大多数情况下做出的决策都是错的。

不过大家要清楚，动态再平衡只能帮你客观实现低买高卖，并不能保证每次都准确卖在最高点或买在最低点，所以我们的心态一定要平衡。有可能市场 5000点才到顶，但在市场 4000 点时动态再平衡策略就让你减仓了。不过凡事总有两面性，想要持续稳定盈利，就要牺牲一些利益，任何策略都不可能让你每次都抓到最佳买卖点。

很多富豪请专业团队为他们打理财富，这些团队基本都是优先选择股债平衡的策略。因为这个最简单，保障性也更强，最重要的是，能够摒弃人性弱点，熨平人性的贪婪和恐惧。正确的策略坚持做，有可能某几次是错的，让你损失部分收益，但长期下来一定是有效的。对于任何波动中的市场，做了平衡策略也会比不做要强。

投资市场中并不是非黑即白，只有买入和卖出、持有和空仓这么简单。在大多数情况下，其实可以通过仓位的变化来调整组合。想要成为投资市场上的最终赢家，我们一定要改掉判断市场、一把梭进出的习惯，这是一个非常坏的习惯。在每次一把梭进出的时候，其实你都是在赌市场未来的方向，但赌博这种东西是典型的输家游戏，可能会赢得一时，而做多了一定会输光离场。

再平衡多久做一次？什么时候做再平衡更合适呢？

一般来说，操作再平衡的方法有两种：一种是时间再平衡，另一种是价格再平衡。

时间再平衡的意思就是说，每年固定一个时间，无论资产比例如何，都要做一次再平衡，把资产恢复到初始比例。至于一年选几个时间点，选哪天做平衡，这个没有一定之规。通常来说，再平衡的频次不要过于频繁，否则会增加进出成本，另外就是操作过多，反而会依赖判断，违背了再平衡的初衷。采用时间再平衡法，一年最好不要超过两次，一次最好。至于选什么时候，自己定个日子就行，比如要是做两次平衡，可以春节后一次、国庆节后一次。如果选择一次再平衡法，每年年底或者年中做平衡都行。

价格再平衡法，指的是当组合中某项资产比例偏差过大时，才进行平衡，否则就不调整。至于比例偏差多大进行平衡，这也没有强硬规定。老齐一般习惯于当某项资产比例变动超过了 20% 时，就做一次再平衡。比如初始股债比是各 50%，结果股市涨太好，股债比变成了 70%：30%，那么我们就做一次再平衡。

价格再平衡法的劣势就是比较迟钝，除非遇到大牛市，否则基本很难做调整，有可能好几年才会触发一次平衡操作。如果是偏保守型的投资者，也可以把这个变动比例设定为 15% 或 10%，但是比例越小，操作起来可能也会越频繁，最后效率反而更低。总之，无论是价格再平衡还是时间再平衡，它们都具有强制性，也就是说，满足条件就要操作，就算后面被验证错了，比如卖出后股价仍然在上涨，那也要接受结果。

其实对于这些再平衡方法，没有谁一定比谁好，凡事都有两面性。如果赶上市场剧烈波动，肯定价格再平衡法更好些，但如果是涨幅比较大，且持续时间比较久的行情，那么时间再平衡法或许能让利益更大化，不过毕竟没人能准确预测出市场走势，所以两种平衡方法各有利弊。

老齐其实建议不要频繁地去做再平衡，这将严重影响你的总体投资回报。当投资者非常兴奋，都要买股票的时候，你做一次再平衡，或者当投资者都非常郁闷，纷纷骂股市的时候，你再做一次再平衡。当市场方向不明，位置不高不低的时候，其实应该尽量减少操作。

老齐还是要再次强调，这些方法并不能保证每次都让你准确买卖在最佳高低点上。而且当每次做再平衡的时候，其实都是一次反人性的操作过程，你会非常不情愿，因为你要卖掉涨得好的资产，然后去买涨得不好的资产，从而导致收益降低。更不好的体验是，操作再平衡之后，通常涨得好的资产可能还会继续上涨，跌得多的资产也还会继续下跌，这是一种煎熬，但是错过的这些收益恰恰就是你长期盈利的保障。

理解了再平衡的原理，会让我们的投资组合更加高效，也会让我们在投资中更加游刃有余，可以让我们利用资产间的动态比例关系，客观实现低买高卖，而不再是凭感觉和情绪去预测市场，拍脑门做决策了。投资要干的就是把大概率正确的事反复做，这样你就成功了。

第十四节　财富自由配置方案

在第一章，我们讲过财富自由的概念。很多人之所以不相信自己能实现财富自由，就是因为对钱没有清晰的概念，也没有目标和规划，同时也不去思考现金流方向，最终给自己带来了大量的负债。而一旦某天工作停止了，收入断流了，自身的这台印钞机也就熄火了，生活瞬间就会变得窘迫，很有可能会陷入中年危机中。

所谓财富自由，其实就是你的资产积蓄产生利息的能力，能够覆盖你生活成本，此时你就已经实现了财富自由。也就是说，我们需要创造出一台除自身之外的自动印钞机，每月"印"出的钱完全可以满足我们的生活开支，哪怕现在原地辞职，立马退休，未来也可以衣食无忧、养老不愁，而这就是财富自由。

在了解了基金组合、资产配置策略后，我们自己就可以制造出一台既可以碾压通胀，又能提供稳定现金流的印钞机。这套财富自由配置方案非常简单，只需要三个步骤。

比如一个家庭有 300 万元的积蓄，想过上每月开销 1 万元的生活。那么我们就可以把这 300 万元简单划分为三个账户。

第一个账户里，预留出一年的生活开支。 对这个家庭来说，也就是预留出 12 万元。这笔钱可以放到基本安全，且可随时支取的货币基金账户中。这个账户几乎没有波动风险，至于收益，也暂且忽略不计，这个账户里的钱就是用于近一年的家庭开支。

第二个账户里，预留 10 年的开销。 也就是这个家庭要预留出 120 万元。这个账户的作用是，一年后当这个家庭花光了第一个账户里的存款时，他们就可以从这个账户里取钱了。这笔钱可以投资到收益相对稳定、回报也更高的债券类基金中。比如老齐在粉丝群里给大家提供的"3331 组合"方案。这种配置组合长期收益非常稳定，收益曲线基本就是一条稳稳的斜线，始终在往右上角的方向上涨，持有 1 年以上也几乎不会赔钱。如果以 10 年为周期的话，从过去 10 年的历史成绩来看，平均年化收益率在 5%～8%，如图 15.10 所示。

图 15.10

买完后我们完全不用关注这个账户短期的涨跌，从第二年开始，每年从中取走需要的生活费即可。如果按最保守的年化收益率 5%来计算，这个账户最终被取空大概需要 15 年的时间。当然，这只是按照 5%的年化收益率来计算的，如果按照图 15.10 中"3331 组合"近 10 年的平均年化收益率 7.62%来计算，这个账户可以支取 21 年。

最后一个账户里，把剩余的资金都放在这里。300 万元减去前两个账户的资产总和 132 万元，就是 168 万元。因为前两个账户里的钱可以够这个家庭 16 年的开支，所以这部分资金几乎 16 年里都不会用到。

在《股市长线法宝》这本书中，美国著名的西格尔教授就曾做过一项统计研究。股市长期一定是随着经济螺旋上涨的，但短期波动巨大，持有时间越短，风险就越高，而持有时间越长，收益确定性则越高。在任意时点投资股票指数，并持有 20 年之后，几乎都不可能会赔钱，如果把周期拉长到 50 年，股市的收益率甚至是一个常数，在不考虑通胀的情况下，平均年化收益率就是 10% 左右。

所以我们就可以把第三个账户里的钱，投资到收益更高的权益类市场中，因为几乎 16 年的时间都不用关注它，所以我们完全可以用长周期来化解权益类市场短期的高不确定性。比如根据老齐在粉丝群里给出的"5 个 2 组合"方案，这笔钱就可以投资到这种波动相对较大、长期收益也更高的股债配置中，如图 15.11 所示。按 16 年平均年化收益率 10% 计算，16 年后当前两个账户里的钱都花光之后，第三个账户里的 168 万元已经变成了 771 万元，如图 15.12 所示。这就是复利所带来的核爆威力。

图 15.11

图 15.12

当前两个账户里的钱花完后，就可以把第三个账户里的 771 万元再次按三个账户重新分配一遍。而且在再次配分时，我们完全可以按每月 2 万元的生活标准重新计算账户金额，这足以帮助我们抵御通胀的影响，同时还能大大提高我们的生活质量。

如此循环往复，每过 16 年重新分配一次账户，通过这套科学的投资理财配置方案，相信我们完全不用再担心通胀，也不用天天守在 K 线图前盯盘，总想着去抓一波大机会。如果你的积蓄足够了，那么创造出一台碾压通胀的永续现金流印钞机就是这么简单。而且这个方案还是按最保守的 4% 的安全平均回报率计算的。其实如果按这个方案分配的话，用 5% 的安全回报率来计算，问题也不大。也就是说，想实现每月开销 1 万元的财富自由生活，那么用一年总开销 12 万元除以 5%，基本上 240 万元就可以实现。所以大家可以赶紧算一算自己想实现财富自由，到底需要多少钱？用自己的理想年开销除以 5%，就是大概需要的金额。或者用现在的积蓄乘以 5%，就是目前每年能创造的永续现金流。其实在一些大城市，卖一套多余的房子，基本就实现财富自由了。

大家可能最担心的就是，最后一个账户里的资金长期下来没有取得 10% 的平均年化收益率，万一遇到极端情况，比如股市 16 年没涨怎么办？其实这十几年，我们的股市也没怎么大涨，但老齐粉丝群里的"5 个 2 组合"和"3322 组合"却依旧跑出了 10% 以上的年化收益率。这也告诉了我们，通过科学的资产配置策略，就算 10 年股市不涨，组合收益也依旧稳定，而且 20 年不出现大牛市的股市，历史上也从未发生过，那么我们还有什么可担心的呢？如果你更加谨慎，害怕前 16 年内通胀会影响自己的生活水平，你也可以灵活变通，把账户 3 里的钱多往账户 2 里分配一些就好，最后对结果基本也不会有太大影响。

在知识星球"齐俊杰的粉丝群"里，老齐还给大家总结过财富自由方案的高级用法。比如有的朋友平时就有稳定现金流收入，足以保证生活开销，那么就不需要先预留第一个账户里的钱了，因为确实耽误了效率，这些账户反而可以倒着分配。具体如何操作，感兴趣的读者可直接扫描图 15.9 中的二维码入群，在粉丝群里搜索"让中年危机变成财务自由！再谈财务自由方案的现实应用"即可找到。

第十六章
识别周期才能顺势而为

做投资的人都清楚，投资不是投过去，而是投未来，但预测未来绝非易事。所谓预测未来，其实都是基于数据的分析。我们只有比别人知道更多的有效信息，看得更远，才能增加预测未来的稳定性。就像农民伯伯了解二十四节气歌，那么在种地这件事上，他肯定比基金经理预测得准。做投资也一样，预测虽然不太靠谱，但并不意味着我们要放弃思考。预测的唯一基础其实就是周期。

老齐总说，识别周期才能顺势而为，有些事情注定会发生，只是时间不确定。那么懂周期，起码让我们知道自己正处于什么位置，在这个位置投资什么资产对我们最有利，然后识别出一个大概，从而提高胜率。做投资，胜率思维很重要，概率对你有利，时间就会给你最终的胜利。其实只要能把握住大趋势，基本上就能把利润放大到极致，至于中间那些小趋势，往往都是诱惑。投资中小趋势做多了，反而容易迷失在大趋势当中。

这一章老齐就带着大家了解什么是周期，我们又该如何通过周期指导投资，提高胜率。

▎第一节　什么是周期

　　周期就如同春夏秋冬四季更替一样，它也会按照潮起潮落、顺时针的顺序进行。老齐一般习惯于从两个维度看待周期，一个是经济周期，另一个是金融周期。

　　经济周期指的是，一国经济活动沿着经济发展总趋势所呈现出的有规律性的扩张和收缩。简单来说，就是国民总收入、总产出以及就业情况出现的周期性波动。经济周期是由人们做出的大量经济决策造成的，当大家认为经济预期向好的时候，就会扩大产能，加码生产，结果供大于求，产品库存就会过剩，然后转而去库存，经济开始滑坡。当公司大量裁员，减少产能一段时间后，产品供应又不足了，这时候经济往往也就触底了，大家又会重新开始生产补库存。因此，经济始终在这种波动中前行。

　　但经济周期的转向并不一定平稳，因为人的情绪并非总是理性的，兴奋过头就很容易摔大跟头。我们都听过一句话，叫作"衰退始于繁荣"。比如美国"柯立芝繁荣"[1]之后所造成的 1929 年大危机让美国经历了长时间的大萧条，居民生活苦不堪言。

　　为了抑制这种兴奋过头的行为，或者在人们伤透了心后想再次激发人们的热情，央行便会站出来，通过控制货币供应量、加息降息调节贷款基准利率等手段，即通过逆周期调节政策，来改变人们的预期，从而让经济波动更加平稳，由此也产生了金融周期。简单来说，金融周期就是央行调控出来的一只"有形的手"，用它去对抗经济周期这只"无形的手"，如图 16.1 所示。央行的主要任务有两个：一个是经济过热时，抑制通胀；另一个是在经济不好时，提供必要的流动性支持，间接提供更多就业机会，刺激经济向好发展。

---

[1] 第一次世界大战后，美国的经济得到了飞速发展。这一时期，恰巧在总统柯立芝任期之内，所以美国这一时期的经济繁荣又被称为"柯立芝繁荣"。此时正值资本主义世界相对稳定时期，英、法、德刚经历一战，经济处于停滞或恢复状态，便于美国经济势力向外扩张。美国国内通过技术革新，固定资本革新和企业生产及管理的合理化，生产和资本的集中程度空前加速，经济发展迅速。但由于股票投机成风，繁荣本身带有一定虚假性，使这种繁荣孕育着新的危机。

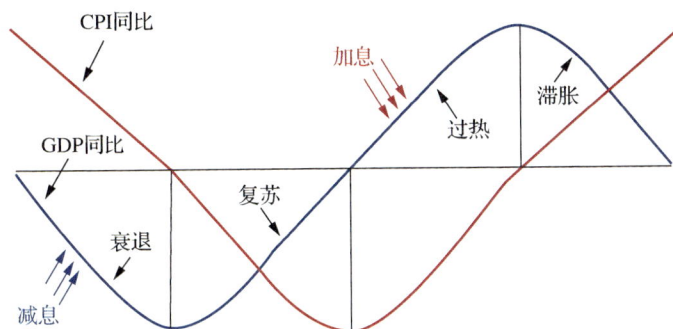

图 16.1

　　季节有春夏秋冬四季，经济有衰退、复苏、过热和滞胀四个阶段。在这个基础上，金融会通过货币和信用两大手段来进行逆向调节，进而形成与之对应的四个金融周期，嵌套在经济周期中。这四个周期分别是：宽货币紧信用、宽货币宽信用、紧货币宽信用、紧货币紧信用。而股市的牛市，则一般会发生在经济的复苏和过热阶段，以及金融的宽信用周期内。所以通过识别周期、定位周期，有助于提升我们对市场分析的把握程度，从而提高投资决策的胜率。

　　很多人都喜欢问这几个问题：我现在该怎么办？下个月我要采取哪种投资策略，以及投资什么资产？在回答这些问题之前，首先我们应该给自己定位——现在正处于什么周期，这才是最关键的。比如明明都到冬天了，你却不知道，还在拼命种西瓜，这就属于自讨苦吃。老齐总说，看懂周期，就像我们开车使用导航一样重要，有了导航我们才知道自己在哪儿，也才能知道将要往哪个方向去，以及前面的路是否拥堵。如果不懂周期，就相当于深夜里我们在一条没有路灯的乡间小路上开车，没有导航，就只能纯靠运气了。

　　不过必须承认，投资市场中的周期有时的确有随机性，因为影响周期的因素太多了，所以在理解周期的时候，我们一定不要钻牛角尖，不要太教条。周期只能给我们提供一个大方向，但它并不是精准地图，每个周期都可能会有特殊性，有时甚至还会出现"倒春寒"——因一些特殊事件倒退一个周期。因此我们必须结合具体情况来具体分析。而且周期在转换时，我们不要总以为是 V 形反转，总想精准判断去抓那个拐点，这就属于"走火入魔"了。周期转换其实更像是一个圆形，而非正方形有棱有角。在投资市场中，要始终记住：宁要模糊的正确，也不要精确的错误！

第二节 经典的经济周期理论

自 19 世纪以来，人们在探索经济周期问题时，根据各自掌握的资料，提出了不同长度和类型的经济周期。一般来说，有四大类经济周期值得大家关注，时间跨度从长到短依次是康波周期、库兹涅茨周期、朱格拉周期和基钦周期。

1. 康波周期

康波周期由苏联著名经济学家康德拉季耶夫于 1926 年提出，这是一种时间跨度为 50～60 年的经济周期。康德拉季耶夫在考察资本主义经济时发现，全世界的资源商品和金融市场都会按照一个 50～60 年的周期进行波动。

多数康波理论研究者认为，自工业革命爆发以来，已经走过了四轮康波周期，目前我们正处于第五个波长中，如图 16.2 所示，图中可以清晰地看到春夏秋冬的交替，而且四轮康波周期的起点基本都以一个突破性的技术作为标志，因此四轮康波周期也分别代表了四个不同的时代：第一轮康波周期是工业革命爆发时期，即蒸汽引擎和棉花时代，第二轮康波周期是铁路和钢铁时代，第三轮康波周期是电力与重工程时期，即电动工程时代，第四轮康波周期是石油产品和汽车时代，目前我们正处于第五轮康波周期中，也就是信息技术互联网时期，即信息与通信时代。未来第六轮康波周期会不会是人工智能、纳米生物技术时代，目前不得而知，让我们拭目以待。

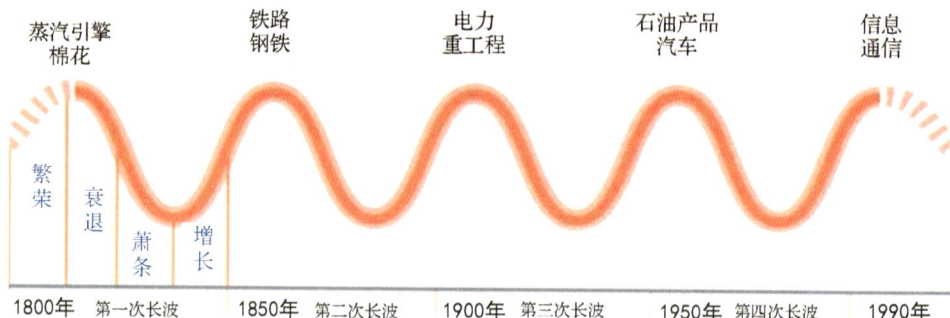

图 16.2

但由于每一轮康波周期实在过于漫长，所以一些经济学家认为，它缺乏足够的理论支撑。而且时代在发展，每个周期的主要参考数据也在变化，早期主要参考农业数据，后来开始参考工业数据，到了 21 世纪，互联网数据又成为主要影响因素。既然产生康波周期的原因就是创新性技术革命带来的时代变革，那么如今科技发展越来越迅猛，时代变革会不会也因此提前？康波周期又会不会因此缩短？这些都是有可能的。所以如果我们不是经济学家，就没必要刻意去钻研康波周期，理解大概含义，能做到心中有数，就可以了。

2. 库兹涅茨周期

库兹涅茨·西蒙是一位美国经济学家，1930 年他在收集了大量数据，并对 60 多个工种的价格数据进行研究后，发现经济中存在一种 15～25 年不等，且平均为 20 年左右的长周期波动，通常是 15 年上涨、5 年下跌。这种波动在美国的建筑行业表现得尤为明显，而建筑业又与房地产业息息相关，所以后来库兹涅茨周期也被用来描述建筑业和房地产业的兴衰波动，因此也被称为"建筑周期"或"地产周期"。而地产的变化，往往又与人口繁衍和迁移密不可分，所以库兹涅茨周期在某种程度上也反映了人口周期。

地产周期的规律，一般是从房租上涨开始的，然后房租上涨带动房价上涨，贷款意愿增加，信贷支持，房屋被大量建设，供不应求。房屋开工数往往直接反映经济的强劲程度，在经济繁荣的时候，房价上涨得更厉害，这让资本更加乐观，房子不仅是用来住的，还要"炒"上一把，这也加速了房地产开发的节奏，促使开发商更加积极地盖房子。而当房价过高，超出大家的承受能力后，需求降低，购买力下降，导致房屋滞销。房子在建设过程中，开发商很可能遭遇银行信贷收缩，导致后续资金乏力，市场经济开始萧条，股市崩盘，最后的结果很可能就是一栋栋烂尾楼出现。当房地产业冷却后，市场利率下跌，反过来又会降低企业负债压力，改善营商环境，从而迎来新的复苏。所以地产周期也是在周而复始地前进。

在我国，由于房地产市场起步较晚，相关的数据资料积累时间不长，还不足以对库兹涅茨周期提供实质性的证据支持。不过有观点认为，在 1998 年福利分房停止后，我们的地产周期也正式开启了。但其实大家普遍感觉房价上涨是在 2004 年以后，如果按照库兹涅茨周期平均 20 年来算，现在这一波周期已经走到了尾声。

3. 朱格拉周期

朱格拉周期是 1862 年由法国经济学家朱格拉提出的，他认为资本主义市场经济中存在着 7～10 年的周期波动。朱格拉周期主要是基于设备投资维度来分析的，所以也被称为"投资周期"。朱格拉认为生产力水平反映了制造业企业的核心竞争力，而生产力的提升是一个持续的过程，需要企业不断对设备进行更新和再投资。因此这种周期波动是以设备更替和资本投资为主要驱动因素的。

简单来说，就是机器设备由于受磨损折旧、技术替代等因素影响，往往会存在一定的更新周期。当机器设备开始大量更新换代时，固定资产投资将大幅增加，从而推动经济快速增长，进入繁荣期。随着机器设备更新完成，固定资产投资回落，那么经济周期将转为衰落期。设备的周期性更新换代，带动了固定资产投资的周期性变化，最终产生了 7～10 年的朱格拉周期。这一周期在资本主义世界表现得尤为明显，几乎每十年就会发生一次危机，大家普遍认为这一周期与资本支出周期密切相关。其实这也与资本市场高度契合，资本市场 10 年出现一次大的起落，都与朱格拉周期有关。

4. 基钦周期

基钦周期是 1923 年由英国经济学家约瑟夫·基钦提出的一种为期 3～4 年，也就是 40 个月左右的小经济周期。基钦在分析了美国与英国 30 年的数据后，发现除在大周期之外，对国民收入有重大影响的经济指标，如存货、物价、就业等，每隔 40 个月左右的时间也会出现一次有规则的波动。

基钦是从微观的角度去观察企业生产和库存变化的。当厂商生产过多商品时，就会形成存货从而减少生产，经济向下波动。当库存减少时，厂商又会加大生产，经济向上波动。从这一现象出发，基钦把重点关注对象放在库存上，认为存货的变化，能够体现出市场供需和预期的变化，进而导致经济波动。所以基钦周期也被称为"库存周期"或"短波理论"。

基钦周期理论的内在基础是，商品需求的冲击是被动的、外在的，而供给库存的调整则是主动的、内在的。因此需求和供给的不同变动也让库存形成了四个周期性阶段，分别是：主动去库存、被动去库存、主动补库存和被动补库存，它们也分别对应了经济周期中的四个不同阶段，即衰退、复苏、过热和滞胀。

实际上，这四大类周期并不是孤立存在的，而是相互影响、层层嵌套，将古往今来的经济形势演变紧密地编织在一起。下一节老齐就带着大家了解这些周期是如何相互产生共振作用的。

第三节　周期嵌套理论

周期嵌套理论，是奥地利经济学家约瑟夫·熊彼特提出的。熊彼特认为，外部因素（货币政策、信贷政策）是导致经济波动的重要根源，不过即便排除外部因素，经济仍然会呈现周期性规律。因为经济发展中始终存在着创新活动，它将刺激需求。但也正是由于企业家的这些创新活动，经常让经济脱离供需均衡的轨迹。当不少人看到有利可图时，纷纷模仿这种创新模式，从中出现了大量与创新无关的投机活动，进而导致经济过热，当繁荣过头时就会进入衰退期，甚至形成经济危机和萧条。熊彼特将这些与创新无关的投机活动称为"从属波"，并因此形成了他的周期嵌套理论，具体模型如图 16.3 所示。

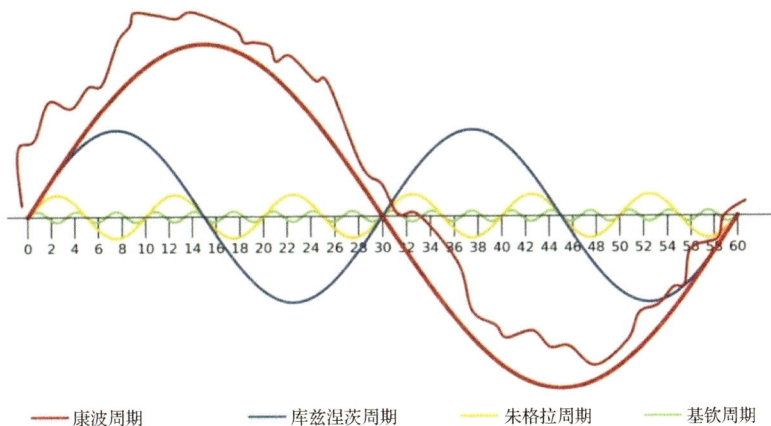

图 16.3

熊彼特认为，经济的变动主要受康波周期、朱格拉周期和基钦周期共同作用的影响，此外也包括库兹涅茨周期。这些大小周期之间的相互交叉和交错，其实就类似于地球的公转和自转。当周期重合且方向一致的时候，称为周期共振，这时候周期往往会爆发出更大的威力。比如历史上一些长时间的萧条或者大危机，基本上都是由三大周期共同向下而带来的影响。还有另一种情况，就是当大周期向下，但中小周期向上时，这时候周期的影响力通常不会太大，因为它们之间的力量会相互抵消。这种相互抵消称为周期冲突。

通常来说，2~3 个基钦周期会构成一个 7~10 年的朱格拉周期，2 个朱格拉周期大概是 1 个库兹涅茨周期，而 2 个库兹涅茨周期又会对应 1 个康波周期。这四大周期类型构成了宏观经济的基本周期分析逻辑。因为它们的波长各不相同，所以就会有波峰、波谷的共振，这种共振则会让经济的抖动更加明显。

从一些学者对美国经济的历史数据研究结果来看，从 1994 年以来，美国大概经历了 6 个基钦短波周期和 3 个朱格拉中波周期。最近两个完整的中波周期分别是 2001—2009 年，以及 2009—2019 年。一般来说，短波周期结束时的杀伤力可能不会很大，但对于中周期的下跌，我们就要小心了。比如美国 2000 年泡沫破裂和 2008 年次贷危机，都是中波周期上的危机。

总之，大周期会影响小周期的上限，我们可以多关注周期共振的时间点。比如 2008 年、2018 年，市场不好，这些情况都曾出现过。而在 2028 年，有可能会再次出现，有人认为 2030 年之后，康波周期会转为上升期，届时会有大周期向上共振的行情出现。不过随着技术进步，创新速度越来越快，周期本身也会越来越短。让周期缩短的这个因素我们并不知道如何衡量，因此我们总说，周期只是给我们提供了一个大方向，但它无法变成精准的地图。如果站在大周期角度来指导投资，早一年晚一年很可能会谬以千里。

所以，大家能把基钦周期看明白，其实就很不错了。基钦周期对衰退也有预测作用，如图 16.4 所示，2002 年、2009 年、2016 年和 2018 年年末，这些时间点都是库存周期的低点，也都是市场发生较大动荡的时候。同时，这也意味着第二年就会有明显的机会出现，因为在这个时候，往往会有积极的央行政策出现。

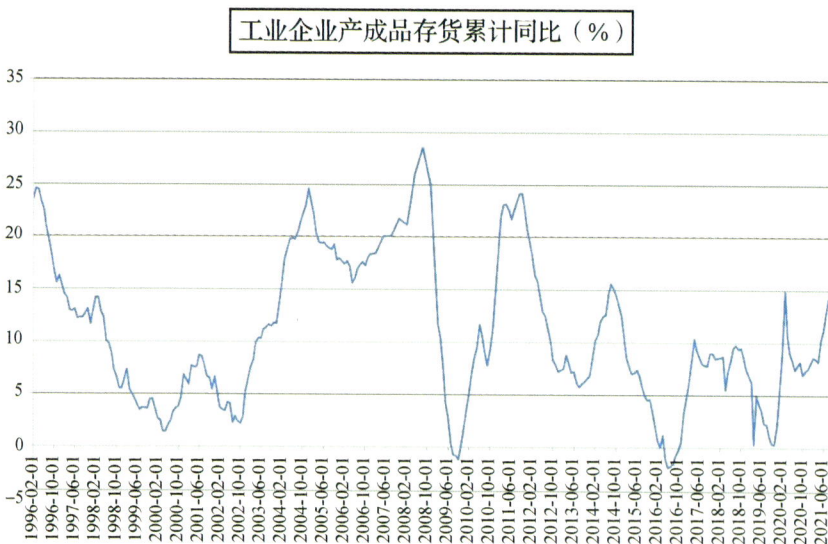

图 16.4

第四节 详解库存周期

基钦周期就是库存周期，本章第三节我们已经简单介绍过，它是约瑟夫·基钦提出的一种为期 3～4 年，也就是 40 个月左右的小经济周期。一般在周期的不同阶段，由于需求和供给的不同变动，会让企业库存形成四个周期性阶段：主动去库存、被动去库存、主动补库存和被动补库存，如图 16.5 所示。

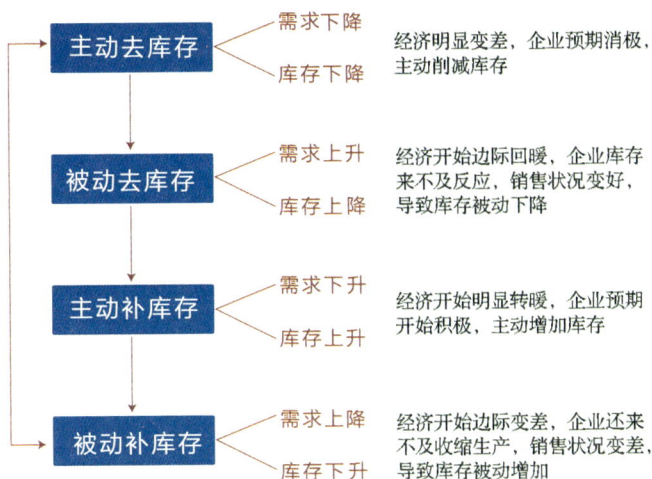

主动去库存	需求下降 库存下降	经济明显变差，企业预期消极，主动削减库存
被动去库存	需求上升 库存上升	经济开始边际回暖，企业库存来不及反应，销售状况变好，导致库存被动下降
主动补库存	需求上升 库存上升	经济开始明显转暖，企业预期开始积极，主动增加库存
被动补库存	需求上升 库存下升	经济开始边际变差，企业还来不及收缩生产，销售状况变差，导致库存被动增加

图 16.5

（1）主动去库存阶段。在这一阶段，通常经济处于衰退期，企业预期消极，经营者觉得做什么生意都不太赚钱，市场需求持续收缩，产品价格显著下降。为了应对这种变化，企业自然会主动降低产能，减少产品生产，于是库存出现回落，基钦周期进入主动去库存阶段。这个阶段可以总结为：需求下降+库存下降。

（2）被动去库存阶段。在这一阶段，经济基本从衰退期逐渐转为复苏期，前期相对萎缩的市场需求已经悄然回升。但是要知道，企业的生产计划调整是具有滞后性的，不会有人或企业能够精准捕获周期转换的拐点，绝大多数情况都是在需求增加后，企业才会察觉到。因此，在这一阶段就会出现企业销售状况改善，产品价格回升，但企业的生产速度还来不及对销售状况变好做出反应，所以库存继续下降，基钦周期进入被动去库存阶段。这个阶段可以总结为：需求上升+库存下降。

（3）主动补库存阶段。在这一阶段，经济进入繁荣期，所有人都感知到经济状况变好了，企业彻底确认了市场需求回升，产品价格提升，销售状况变好，盈利预期改善。企业的生产计划调整也基本落实到位，于是企业开始加大生产，增加库存，基钦周期进入主动补库存阶段。这个阶段可以总结为：需求上升+库存上升。

（4）被动补库存阶段。在这一阶段，经济已经过了繁荣的顶点，开始边际变差，进入滞涨期。市场需求已经悄然回落，产品价格逐渐下降。但是由于企业生产计划调整具有滞后性，所以通常来不及收缩生产，供给增速大于需求增速，因此会出现库存继续增加，企业利润回落的现象。基钦周期进入被动补库存阶段。这个阶段可以总结为：需求下降+库存上升。这一阶段过后，经济又会进入衰退期，企业开始主动去库存，如此完成一轮完整的基钦周期。

为什么要关注库存周期呢？

一般来说，一轮市场行情或者一些与周期性相关的板块，往往会在被动去库存阶段，也就是经济复苏期触底反转，并在主动补库存阶段，也就是经济繁荣期加速上行，甚至在主动补库存阶段经常会产生较高的超额收益。换句话说，周期板块要出现一轮大行情的必要条件就是，经济处于主动补库存阶段。说得通俗一点就是，企业因为发现产品很好卖，库存已经不够卖了，所以会加大生产，企图获得更多的利润，在这个阶段，企业利润会有明显提升。那么，投资的收益当然也不会差。

从图 16.6 中，我们可以看到补库存的周期，在 2006 年、2009 年、2014 年、2016 年以及 2020 年都出现了比较好的行情。只有 2003 年比较特殊，主要是因为当年股权分置改革前，股市自身出现了很大问题，因此补库存周期并没有反映在资本市场里，但后来在 2006 年的大牛市当中，收益也被叠加了进去，所以只要补库存周期一直持续，市场行情基本不会太差。

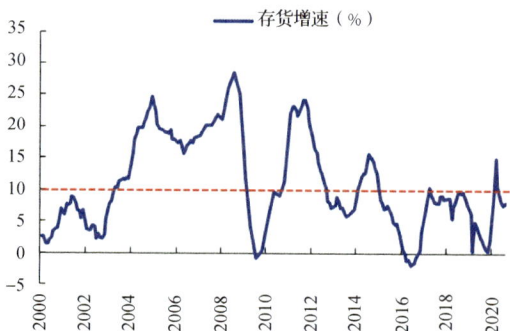

图 16.6

不要考验人性！
人性从来都经不起考验。

主动补库存之后的一个周期，就是被动补库存，这是什么意思呢？就是说企业加大了生产，但是市场并没有之前预计得那么好，所以库存开始增加，产品开始积压，这个时候其实也就意味着企业业绩达到顶峰。接下来就是主动去库存，也就是说企业先不生产，而是去消化库存，在这个阶段企业的利润肯定是明显下降的。

所以，我们在投资中要明显地避开这个周期。当存货周期大幅向下，企业消化库存的时候，市场通常都没有多好的表现，比如 2008 年、2012 年、2015 年和 2018 年。我们一定要等存货周期见底，企业开始补存货的时候再出手。在知识星球"齐俊杰的粉丝群"里，老齐在每周二的宏观课程中都会对存货数据进行实时公布和分析，这是我们判断周期的重要依据。

第五节　经典的美林时钟

美林时钟是资产配置领域的经典理论，也是我们做大类资产配置的底层框架。它是由美林证券在 2004 年的一份报告中提出的。该机构基于美国 1973—2004 年 30 余年的历史数据进行分析研究，将经济周期与大类资产及行业轮动联系在了一起。

美林时钟使用了经济增长率（GDP）和通货膨胀率（CPI）两个宏观指标，通过这两个维度去识别美国实体经济在各个时期所处的阶段。GDP 和 CPI 两者一般是正向关系，但它们的变化会有先后，比如经济预期向好时，GDP 增速会率先反弹，而后带动 CPI 上涨。

按照这个理论，美林时钟把经济活动分为经济衰退期、经济复苏期、经济过热期和经济滞胀期，如图 16.7 所示，并且在每个时期都有一种大类资产的表现明显优于其他资产。具体表现分别是经济衰退期对应债券资产，经济复苏期对应股票资产，经济过热期对应大宗商品资产，而经济滞胀期则是现金为王。所以把握好美林时钟的逻辑框架，非常有利于投资者在不同的经济阶段找到有利于自己的投资标的，从而提高胜率，最终让投资者在周期的变换中获利。

美林时钟四个时期的具体特征如下。

第一，经济衰退期。这一阶段的最大特征就是需求不足，经济减速，GDP 下滑。表现出来的就是，企业业绩下行，利润骤减，失业率增加，居民收入下降，社会整体消费能力下降，大家对市场的预期一片悲观，开始为未来担忧。代表物价水平的通胀率也会下行，CPI 指标走低。

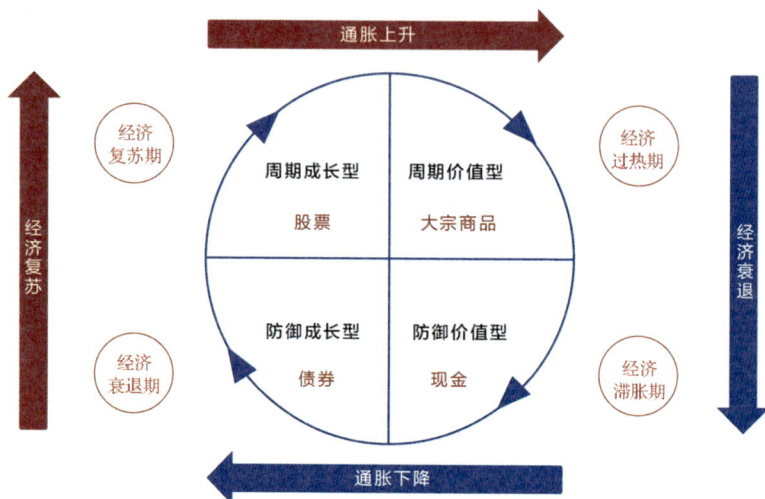

图 16.7

随着经济不断下滑，大家感到做生意越来越不赚钱，自然会降低对资金的需求，市场利率往往会一同下降。央行在经济和物价双双不断走低的情况下，为了应对经济下行的压力，通常也会考虑启动逆周期调节政策来刺激经济，比如动用降息、降准等手段。这些积极宽松的货币政策，在某种程度上会加速市场利率的下跌。

结合我们之前讲过的债券投资逻辑，因为市场利率和债券价格之间是明显的负相关关系，所以在经济衰退期，在市场利率大幅下降的情况下，债券资产通常会迎来牛市行情。此时股票和大宗商品基本处于熊市，在这个阶段，大类资产中的债券回报相对最优。

第二，经济复苏期。这一阶段的特征就是，需求悄然回升，市场利率见底回升，工厂开工，企业投资增加，企业利润提升，经济活动逐渐活跃，GDP 抬头上行，并且增速逐渐加快。

但是由于经济刚从衰退期中走出来，所以大家对市场的信心并没有完全恢复，大众情绪只能说基本稳定了，甚至有人对已经复苏转好的经济还抱有悲观态度，不敢过于乐观，大家也都在尽量规避风险。因此，居民消费意愿虽然在增强，但增速较慢，物价指数 CPI 通常继续保持在较低水平。

尽管居民感受不到，但企业会在低利率环境下受益。随着流动性的持续改善，企业获得贷款的成本会更低，从而带来更多的业绩。企业开始逐渐扩张，并提供更多的就业机会，生产、销售等一系列指标，包括原材料价格等，都会出现上涨。与此同时，也会有更多的资金愿意进入投资市场。

如果站在投资者的角度来看，经济复苏阶段往往是投资股市的黄金时期。因为股市并不是经济的直接反映，而是反映的预期，所以在一个高度市场化的国家，股市并不只是经济的晴雨表，而是投资者预期的晴雨表，会先于经济有所反映。大家的感受往往会和真正的经济周期差一个时段，比如 2022 年年初，你感觉经济很差处于衰退期，但其实经济已经开始复苏了。

在衰退期，经济环境恶化，大家普遍预期太差，市场通常在低位。而到了复苏期，企业业绩逐渐改善，出现一点意外惊喜就会改变大家的预期，而且积极的政策也会助力复苏，货币不断释放，流动性增强，此时股市就已经在低迷中开始上升了。因此，在这一阶段，大类资产中的股票回报相对最优。

但多数普通投资者却察觉不到这个信号，大家太相信自己的感受，而不注重对数据的分析。比如，2019 年就是一个典型的经济复苏周期，当时大家都不敢去投资，认为经济很差，但其实持续两年的大牛市已经悄然启动。所以大家千万不要凭感觉做投资，你对经济的感受甚至可以当成反向指标，比如当你觉得经济很好，股市投资很安全的时候，可能恰恰是股市进入了过热期。此时的投资，非但不安全，甚至很危险。这就是股市反人性的地方。道理都懂，但很多人永远突破不了心里这条线。

第三，经济过热期。这一阶段的特征就是，经济一片大好，大家觉得做什么生意都很容易赚钱，情绪开始亢奋，逐渐相信经济繁荣，甚至觉得未来将越来越好。企业投资活动持续增加，GDP 增速继续上升。

这一时期最重要的标志就是价格上涨，通胀逐渐高起。一方面，企业觉得做生意有利可图，都在抢购材料囤货，加大生产；另一方面，经济繁荣，居民收入增加，消费能力提升。所以无论是原材料还是产成品，它们的价格都在上涨。大家对未来的经济环境的信心越来越足，资金需求也越来越大，因此市场利率也会跟着一起上涨。这一阶段表现出 GDP 和 CPI 都在上升。

在经济过热期，通常来说，股市表现依旧不错，不过最抢眼的应该是商品。之前我们详细介绍过商品，商品主要包含四大类：工业金属、贵金属、农产品和能源品。这些基本都属于经济的基础资源品，所以只要经济进入繁荣期，需求旺盛，PPI（Producer Price Index，生产者价格指数）不断走高，就会带动商品价格大涨，因此商品大涨往往也代表了强周期的回归。所以在经济过热期，大类资产中的商品回报相对最优。老齐给大家一个简单的工具，一看到"煤飞色舞"的行情，也就是当煤炭和有色金属的股票大幅上涨时，你就应该意识到，经济开始过热了。在这样的时间段，后面的市场明显是风险大于机会。

尽管经济依旧在增长，但市场出于对经济过热的担忧，风险其实已经在逐渐累加了。因为物价和市场利率的上涨，会造成企业成本大幅上升，企业利润也开始受影响。最后很多人会发现，预期中的企业业绩持续向好并没有发生，虽然企业仍然能赚钱，但实际上它已经跑不赢大家想象中的那家企业了。

而且在这一阶段，金融政策方面也会逐渐从中性变为紧缩，央行随时会出台一些逆周期调控政策，抑制通胀。比如 2007 年就是典型的繁荣期，央行不断加息抑制通胀，企业业绩虽然在增长，但明显跑不过投资者的预期了——梦想再大也跟不上心中的增长。此时投资者的想法都是根本不相信股市会跌，大家都在畅想着上证指数冲到 1 万点。

第四，经济滞胀期。这一阶段的特征就是，经济见顶掉头向下，GDP 下滑。需求增长到达瓶颈期，同时高成本让企业业绩变差，利润开始减少。由于前期投入太多，企业库存增加，商品积压，企业投资回报率降低，但生产计划通常来不及及时调整，原材料价格仍处在高位，物价指数 CPI 也依然较高。

在繁荣期的末尾，为了防止经济过热，央行往往会通过加息等手段来应对。此时政策应该还在持续紧缩，表现为市场利率不断提高，直到市场利率接近顶峰，股市通常会率先下跌。因为之前大家的预期还很高，所以此时就很容易失望，而越失望，股价就越低。最后大家会发现，这一阶段几乎全是坏消息，同时不少人的情绪也在逐渐转变，一个明显的特征就是，各类资产价格在此期间开始下跌，甚至发生股债商品三杀的情况。在这一阶段，现金类资产是最好的防守武器，比如货币基金在这一时期的收益率可能反而会上升。所以在经济滞胀期，大类资产中的现金资产相对来说防守效果最好。当看到市场利率，也就是十年期国债收益率有明显下降倾向之后，我们可以开始逐渐地回补债券，特别是对长债的配置。

以最近 5 年来说，从 2018 年第二季度开始，市场就进入了一个结束衰退、准备转向复苏的时期，所以我们应该及时地回补长期债券，如图 16.8 所示。

经济滞胀期过后，经济环境越来越差，企业利润再次大幅骤减，失业率增加，大家预期一片悲观，于是经济再次转回到美林时钟里的经济衰退期。这就是一轮完整的美林时钟运转规律，也代表了一轮经济周期波动。其实经济波动和跑步有些类似，当你全力冲刺的时候就很容易累，然后你就要逐渐降低速度，甚至完全停下来休息，而当你休息够了，又可以逐渐恢复速度甚至再次冲刺。虽然速度有快有慢，但你始终在这种循环规律中不断前行。

中国十年期国债收益率概览

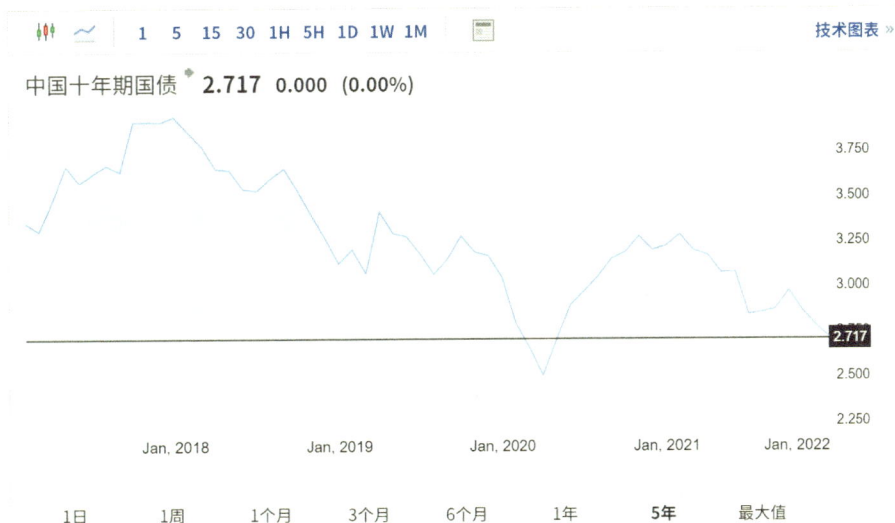

中国十年期国债 **2.717** 0.000 (0.00%)

图 16.8

｜第六节　一轮经济周期中的行业轮动规律

本节我们来了解经济周期中的行业轮动规律。老齐总在粉丝群里说，定位周期就和开车用导航一样，你要先知道自己在哪里，然后要去往何方。第五节介绍的美林时钟把经济分为四个阶段，分别对应了四种适合投资的大类资产。而在这四个阶段中，不同行业间往往也存在着对应的表现期。但行业轮动把握起来其实非常困难，本节老齐就带着大家一起来梳理。

第一阶段，经济衰退期。在这一阶段，经济环境恶化，资金需求降低，市场利率下跌。央行通常会出台逆周期调节政策，释放流动性，市场利率会进一步走低。一般来说，此时股票整体处于下跌趋势中，不过一些行业可能会率先有所表现，比如公用事业类和银行类，这种由流动性驱动的行业，往往会得益于市场利率下跌。在公用事业类板块里，比如高速、港口、水利、电力、天然气等，这些行业都是资本密集型的，简单来说就是项目投入巨大，企业靠借钱为生，所以企业的经营状况对市场利率十分敏感，如果市场利率下降，盈利预期就会发生明显变化，有助于企业释放出大量业绩，因此一旦市场利率走低，这些企业的投资价值可能比债券更具有吸引力。所以在衰退后期，我们一方面要关注债券，另一方面就要关注这些公用事业类企业，当它们不再创新低时，可能就说明股市快到底了，如图 16.9 所示。

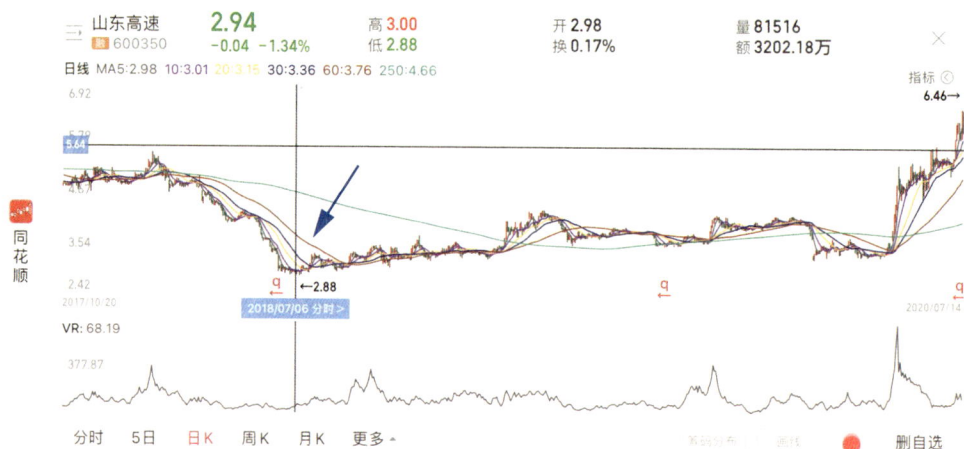

图 16.9

当市场利率筑底时，一般银行类股票也会开始筑底。银行的业绩稳定，通常会有不错的股息率，所以在熊市里买银行类股票是十分安全的，至少比把钱存在银行要划算得多。

第二阶段，经济复苏期。这一时期，经济向好，工业复苏，企业利润增加，就业机会增加，大家工资涨了，消费支出也开始增多，市场利率从底部抬头。这一阶段被认为是股票的黄金投资期，股市整体会有不错表现。而最受益的可能就是证券保险类、信息技术类和工业类板块，比如计算机和运输行业等。因为这些行业属于业绩驱动型，需要依靠涨价扩大利润，所以必须有经济周期回归作为配合。另外，大家消费支出增加后，日常消费和可选消费类行业，像食品饮料、家电等行业，通常也会有不错的表现。比如 2020 年的经济复苏期，食品饮料行业就走出了非常好的行情，如图 16.10 所示。

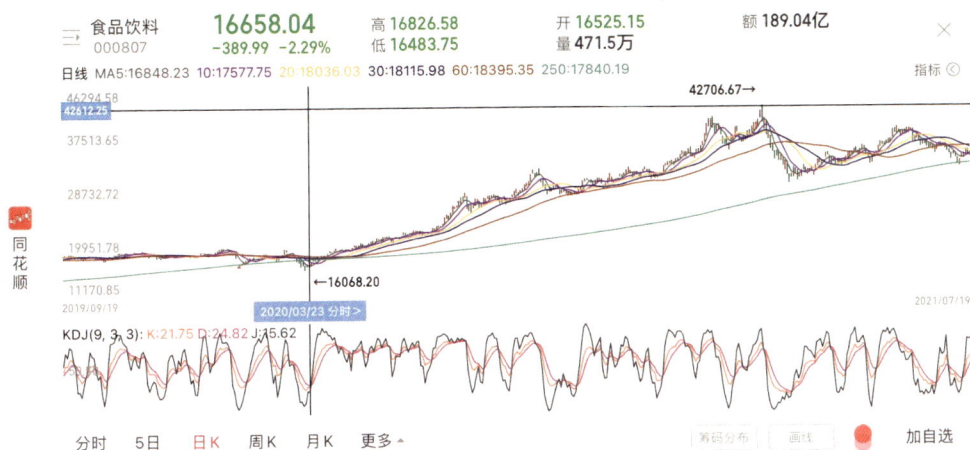

图 16.10

相对来说，经济衰退期有所表现的公用事业类和银行类股票涨幅就会偏弱，因为之前刚涨过，一些大机构也会从这些行业里退出来，寻找涨幅更快的板块。

第三阶段，经济过热期。在这一阶段，商品价格大涨，出现通胀，市场利率也越涨越快。此时公用事业类这种利率敏感型行业上涨基本见顶，甚至已经出现下跌。但是和商品有关的周期类行业，如能源板块却迎来了大涨，比如钢铁、有色金属、煤炭这些强周期原材料行业，都会有很强劲的表现，它们也被称为经济周期后期领导板块。

与此同时，科技股也可能会在这一阶段爆发，这一阶段很容易产生情绪驱动行情，大家都觉得经济很好，科技已经改变了世界，价值股无法再编造玄幻故事解释股市，只能靠科技股来上演科幻传奇。比如，2007 年和 2015 年的"疯牛"市都是如此，所以一旦看到科技股"上天"，以及"煤飞色舞"的行情出现时，我们就要考虑降低仓位，做防守了。一轮牛市里，科技股往往就是"火上浇油"的那个，因为它们最具有想象空间，业绩增长也最快。而 2021 年，所谓的科技行情，则主要集中在新能源、芯片、半导体等行业。

第四阶段，也就是经济滞胀期。如果通胀加剧，央行就会采取手段打压通胀，市场利率达到顶峰后见顶回落，经济也在下行，这就是明显的牛市结束信号。这时几乎所有股票都在下跌，尤其周期行业的股票可能会出现暴跌。如果是保守型投资者，此时应该更多地拿着现金做防守。如果非要投资，可以以日常消费行业为主，它们往往受经济波动影响较小，比如医药这种典型的刚性弱周期行业，这类股票先不说有多好的表现，但起码能少跌一些。

当然，老齐在这里介绍的只是行业轮动的大致规律，并不是绝对的，因为市场不一定总按套路出牌，我们还要结合具体情况对症下药。比如在 2021 年，按理说周期结束后，医药这些弱周期行业应该会有所表现，或者相对抗跌，但由于新冠肺炎疫情的发生，医药行业之前涨得过猛，业绩和估值双高，所以它们增长就没那么高的确定性了，很可能市场会跳过食品饮料行业的周期，直接转到公用事业类和银行类行业。因此，当我们对某一阶段没有把握的时候，就多往前走一步，到前面去等行情就好了。

本节总结如下。

（1）在经济衰退期，公用事业类和银行类行业可能会率先走出行情，市场利率下跌，会对这些重资产行业构成利好。

（2）经济进入复苏期，信息技术类企业和工业类企业在业绩驱动的行情下，有利于兑现利润，它们利润增长的速度较快，所以更具有想象空间。

（3）在经济复苏期，大家涨工资后，消费行业也会有起色。这个行业兼具成长性和稳定性，所以会更受青睐。

（4）到了经济过热期，商品大涨，强周期资源股会迎来"煤飞色舞"行情，一些中小创科技股也会在这一阶段形成情绪驱动，一飞冲天。

（5）最后在经济滞涨期，市场普跌，大家被中小创科技股伤透了心，资金可能又会回到必选消费行业中，所以食品饮料行业通常都是后大盘而见顶。但如果整个市场全都在下跌，这类股票也不可能一直扛着，比如 2007 年的贵州茅台，大盘是 10 月见顶回落，而贵州茅台坚持到了 12 月。

（6）至于军工类、农业类这些行业，周期属性并不明显，往往都是事件和概念驱动，当事件过后，该兑现业绩的时候，可能股票就要大跌。所以这些行业并没有规律可言，在投资方面，老齐也十分不喜欢这几类行业。

如果我们把市场简化，分为金融、成长、消费和周期四大类别的话，那么一波行情的演化路径就是，从金融止跌，一波行情就开始了，之后工业企业、制造业和消费行业接力，在高潮的时候，成长打开想象空间，高景气、高科技往往推动行情走向极致，最后周期行业收尾。一波行情进入疯狂阶段后，开始崩溃。所以周期和成长这两块大家要格外小心，它们一动，即便我们不跑，也要系好安全带。比如 2021 年下半年，老齐在粉丝群里一直在强调防守，说市场可能将有一波泥沙俱下发生。在 2022 年年初，果然开始出现，这波泥沙俱下之后，市场就开始重新进入一个循环。

第七节　普林格周期六阶段配置思路

在知识星球"老齐的读书圈"里，老齐讲过一本书，书名是《积极型资产配置指南》。传统的美林时钟把经济周期分为四大阶段，而这本书的作者马丁·普林格，则把经济周期扩展到了六个阶段，如图 16.11 所示，其实普林格周期就是把美林时钟做了进一步拆解，并结合了金融逆周期调控分析，让资产配置有了更为细化和可操作性的方案。读书圈里的朋友对这本书的反应比较强烈，这一节老齐就带着大家来了解普林格周期六阶段的特征，以及每个阶段分别适合做什么比例的资产配置。

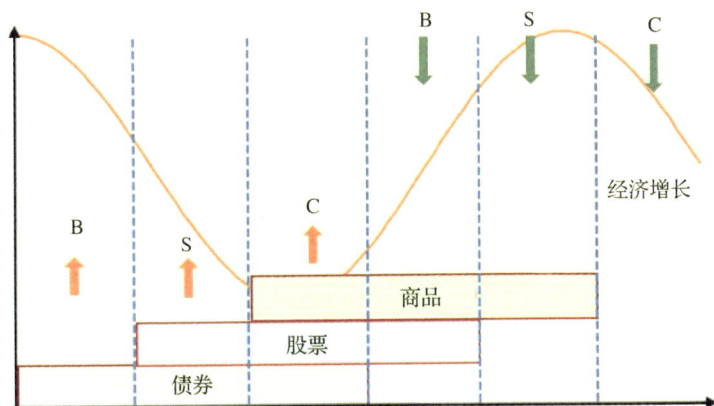

图 16.11

阶段一： 这一阶段对应的是美林时钟里的经济衰退期。所以这一阶段的特征就是，经济环境恶化，通胀下行，大家都觉得经济环境太差，做生意赚钱太难，于是对资金需求也就没那么强烈，市场利率也开始下行。央行一般会通过调控货币的流动性来刺激经济，为市场注入活力，市场利率继续走低。这一阶段只有债券处于牛市中，股票和商品都处于熊市中。注意这里所说的股票熊市，不代表它会百分之百下跌，只是说表现机会不大，在没有绝对胜算的时候，我们还是要保留部分仓位在股票资产上。

在配置思路上，尽量多配债券，少配股票，商品暂时不配，比例可以控制为债 7 股 3。在这一阶段，可以尝试在债券资产上加一些久期，也就是多配些长期债券，因为在市场利率大幅下行期，长期债券表现都会不错。另外，这一阶段还可以多留意可转债。如果此时股市处于明显大熊市中，估值也不高，那么可转债往往是一个防守反击的利器，因为可转债下有债券保底，大熊市中在股性消失后，会率先止跌，等市场行情回暖后，又可以用股票属性去赚钱。不过如果股市下跌不多，估值也没降下来，那么可转债赚钱的确定性就没那么高了。

阶段二： 这一阶段对应的是美林时钟里的经济复苏初期。此时的特征就是，通胀基本到底，市场利率也在底部，债券已经明显走出牛市，但是上涨速度会逐渐趋缓，不会像阶段一涨得那么快了，而且随着债券价格上涨，我们可以逐渐降低一些债券资产比重，或者降低债券久期。一般来说，从阶段一到阶段三，债券的表现都不会太差，只是涨幅会越来越平稳。

此时，经济其实已经开始触底反弹，这一阶段是我们配置股票的最佳时期。本章第五节我们就说过，股市反映的是预期，只要有点逆周期调控带来的乐观预期，或者企业出现盈利改善的苗头，股市就会开始上涨。尽管一些公用事业类和银行类企业在阶段一的末尾也能盈利，它们或许会率先有所表现，但如果投资者下手过早，可能还是会遭遇不少损失。所以即便我们看到一些明显的确定性信号，比如银行业市净率普遍降到了 0.7 倍以下，一些企业的股息率超过了 6%，估值到了历史底部，我们也不要操之过急，此时可以通过定投的方式缓慢布局。特别是保守的投资者，也可以等到阶段二再出手。不过还是那句话，没有人可以精准预判周期转换的拐点，所以这种做法也很可能会错过底部区域。

在配置思路上，这一阶段可以提高股票资产比例，保持股债均配，商品还是暂时不参与。在股票部分的配置上，在没有明确识别风格周期前，尽量大小盘均配，不做明显倾向，这时候最重要的是佛系，动得越多可能反而错得越多。

阶段三： 这一阶段对应到美林时钟里，基本就是经济复苏的末期。此时通胀开始上升，经济也明显好转，市场利率从底部抬头上升。债券的表现期基本到了尾声阶段，价格已经上涨乏力。而股市则明显进入了右侧行情，并且上涨比较快的可能就是对预期更为敏感的成长股。由于经济复苏、物价上涨，这一阶段商品价格也开始从底部有所起色，对应的周期类行业，比如钢铁、煤炭、有色金属等，我们也可以多加关注。换句话说，当我们看到商品价格开始上涨时，基本就可以确定阶段三已到来，实体经济已经发生了实质性改变。而这一时期的股市基本属于普涨阶段，一般也是牛市的中段。

在配置思路上，这一阶段可以采用债 4 股 5 商品 1 的比例。在股票部分的配置上，也可适当增加少部分对通胀敏感的周期类行业，以及中小创的比重。除了应对通胀，老齐之前在粉丝群里也告诉过大家，还可以用有色金属预警债券，一且发现有色金属行业很赚钱了，就可以适当削减债券的持仓，防止债券熊市的到来。

阶段四： 这一阶段对应到美林时钟里，就是经济过热的初期。这一阶段的特征就是，经济大好，股市大涨，周期品大涨，市场利率提升。看到经济不断向好，央行态度也会从刺激经济转向防止通胀，之前的一些流动性刺激政策开始减弱，不再宽松。随着市场利率的上涨，此时债券明显进入熊市，股市由于流动性减弱，可能也会发生变化，不再是普涨，而是出现结构分化，由预期驱动转向业绩驱动。比如，信息技术类、工业类、消费品行业以及强周期行业等表现依旧不错，但之前对市场利率敏感的领先行业，如公用事业类和银行类行业可能已经开始下跌。大宗商品则会因为实体经济的火热而继续大涨，彻底进入商品牛市。

在配置思路上，这一阶段可以采用债4股4商品2的比例。对于债券部分，之前我们讲过，它是有票息收入的，所以即便短期回撤，也不改变长期上涨的趋势，因此在没有出现市场利率急速大幅拉升，特大去杠杆紧货币周期时，我们不用完全撤出债券部分，债券波段操作空间十分有限，当没有明显胜算的时候，控制好仓位比例就好。此时，可以考虑降债券久期，多配短期债券或者持有现金资产，因为市场利率走高对短期债券有利，对长期债券不利。这也告诉我们，当你判断出未来物价走低，市场通缩的时候，就可以多配些债券，而且多配一些长期债券；相反，如果你认为市场未来出现通胀，物价上升，就少配长期债券，多配短期债券，债券仓位不宜过多。

阶段五： 这一阶段对应到美林时钟里，基本就是经济过热的末期。在这个阶段一般伴有物价上涨，通胀高起，大宗商品价格大涨，市场利率大幅提升，触及顶部。央行可能也会采取加息等措施，抑制经济过热。因此在这一阶段，随着流动性减少、需求减弱，宏观经济边际效应会逐步收敛。这也预示着一轮经济周期基本到顶。债券继续下跌，商品还在上演最后的疯狂，随时可能大跌，而市场预期又会让股市早于实体经济触顶，所以这一阶段能够上涨的股票品种已经越来越少，可能就只有和商品有关的周期类行业或者给人无限遐想的科技股了。这就告诉我们，当观察到商品类周期股涨不动了，科技股开始调头的时候，就应该收手了。

在配置思路上，这一阶段可以采用债6股2商品2的比例。债券要以短期债券为主，股票配置以大盘价值、防守型为主，我们不要再去追热点、热门了。此时股市基本进入了牛市末尾期，如果这个阶段再眼红杀进去，很可能就会成为最后的买单者。

阶段六： 这个阶段对应到美林时钟里，基本就是经济滞胀期。这一阶段的特征就是，通胀见顶高位回落，经济减速下行，市场利率也呈现出见顶回落趋势，大宗商品下跌，股市下跌，债券处于熊市。

这里可能有人会问，市场利率下跌，不是利好债券吗？为什么不去投资债券呢？的确，市场利率回落对债券有利好作用，但这里我们要注意的是，如果此时市场利率太高，可能也会有"爆雷"的风险。本身就赶上经济下行，市场利率还这么高，付着高息又面临经济环境恶化的企业，是否还能按时还本付息呢？这确实不好说。一旦"爆雷"，大家又会卖债券，也会导致债券价格下跌。而且资产都是有比较的，当市场利率过高，现金资产和债券收益差不多的时候，自然是选择现金资产更好一些。因为现金资产既有流动性，又很安全。所以投资债券，最好等市场利率从高点回落一段时间，债券牛市确立后，我们再布局债券，这样胜算会更高。

在配置思路上，这一阶段可以考虑债 8 股 2 或者债 9 股 1，不配商品。债券尽量以短期债券为主，当看到十年期国债收益率出现明显下降时，再逐渐地加久期，也就是变成长债，这么做往往会有更高的收益。

这就是一轮完整的普林格周期六阶段。通过对周期的分析我们可以看到，阶段二至阶段四，就是我们持有股票资产应保持佛系的时候，而阶段六则是一个该回避的时段，阶段一是我们提前布局股票资产，明显有胜算的时候，如图 16.12 所示。熟练掌握周期规律，会让我们事半功倍，获得更多的收益，同时大幅降低风险。而不懂周期的人，往往眼前一片漆黑。

	股票	债券	商品
第一阶段	↓	↑	↓
第二阶段	↑	↑	↓
第三阶段	↑	↑	↑
第四阶段	↑	↓	↑
第五阶段	↓	↓	↑
第六阶段	↓	↓	↓

图 16.12

第八节 一轮金融周期如何运转

大家现在都知道了美林时钟把经济周期划分为四个阶段，可分别简称为：衰退、复苏、过热和滞胀。那么为了降低经济周期波动所带来的巨大影响，央行也会伸出一只"有形的手"，通过调节货币和信用来进行宏观调控，以此对抗经济周期这只"无形的手"，而宏观调控所产生的周期波动，就叫作金融周期。金融周期也分为四个阶段，分别是：宽货币紧信用、宽货币宽信用、紧货币宽信用和紧货币紧信用。这四个阶段也对应嵌套在了不同的经济周期中，如图 16.13 所示。

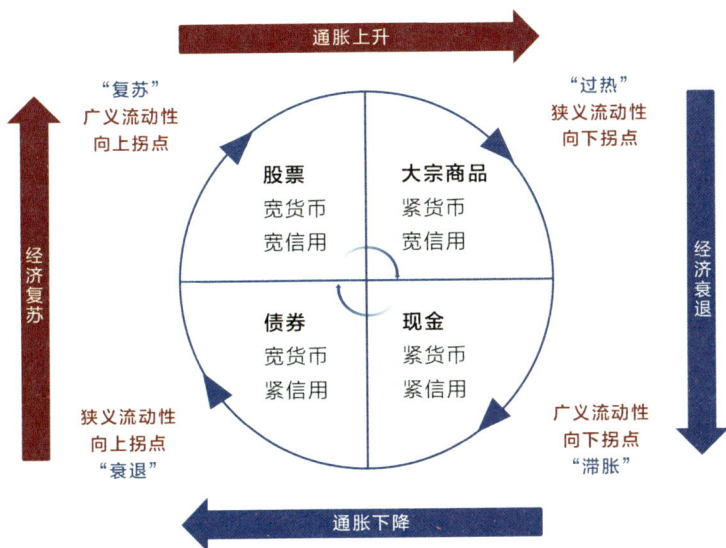

图 16.13

一般来说，股市的牛市通常会发生在经济的复苏和过热阶段，以及金融的宽信用周期。所以通过观察金融周期，有助于我们增强对市场分析的把握，多一个指标角度同时印证，才能让我们的决策胜率更高。

首先，这里先解释一下，宽货币就是货币政策宽松，央行"开闸放水"，把钱先注入商业银行体系的过程，金融体系流动性充裕，带来的结果就是市场利率不断下行。与之相反，紧货币就是央行"拧紧龙头"，减少基础货币供应，商业银行中可支配的钱相对减少。那么什么是宽信用？简单来说就是让资金离开银行体系，流入到实体经济的过程，从而推动社会融资增长。从宽货币到宽信用，往往需要一个传导过程，宽货币是宽信用的必要条件。也就是说，要先有宽货币，才能出现宽信用。

宽货币和宽信用的最终目的都是为了刺激经济，其中，宽货币是央行的一种手段，而宽信用不仅是一种手段，还是一种结果。因为宽货币的效果，只需要央行一方就可以控制。但宽信用的效果，则需要三方合力才能起作用，也就是说不仅要有央行发力，还要有实体融资需求和商业银行风险偏好回升作为配合。所以宽信用不是一蹴而就的，而是需要有一个过程。

从资产配置的角度来说，宽货币带来的结果是市场利率下降，进而我们可以得知，债券在宽货币周期通常会表现不错，此时股市可能还来不及反映。而宽信用的结果，则是商业银行对外放贷增加，市场需求回升，市场利率上涨，股市往往会迎来表现机会。

介绍完货币和信用的基础概念，我们回到金融周期。

第一个阶段，宽货币紧信用。对应到美林时钟里，一般就是经济衰退期。央行意识到经济环境恶化，看到企业利润下滑，为了应对经济下行压力，就会考虑"开闸放水"，实施宽松的货币政策，为市场注入流动性，希望给企业提供更多、更便宜的资金，帮助企业渡过难关，其目的是想要达到"宽货币+宽信用"的效果。但是这些钱要先注入金融机构中，而由于信用货币派生状况还要依赖于社会融资需求和商业银行的行为，此时经济环境不好，市场需求往往并不能立马扭转，商业银行从风险角度考虑，也不太愿意大量放贷。所以很难立马产生宽信用的实际效果，因此金融周期在这一阶段就会出现宽货币紧信用的情况。也就是说，央行会先把资金投放到商业银行体系当中，但是商业银行并不能快速地把贷款投入实体经济当中去。

在这一阶段，由于市场需求本身不足，再加上央行货币政策宽松，所以市场利率下降会非常快，那么债券资产在宽货币紧信用这一阶段，往往就会迎来牛市行情。此时由于有效需求不足，实体企业都在观望，所以股市通常不会有大的起色。但是随着市场利率不断下降，以及央行不断出台各种逆周期调节政策，比如多次降准、降息，通过这些手段，也会逐渐引导货币向实体经济传导，信用效果走向宽松。

这里老齐再补充一点，在需求严重不足的时候，仅靠宽货币刺激来实现宽信用的效果可能并不理想，这中间还需要有宽财政的支持。所谓宽财政，指的就是政府主动花钱，比如我们知道的减税降费或者基础设施建设。当企业和居民信心严重不足时，企业不愿意贷款扩大生产，居民也不敢产生太多消费，这时候就需要财政方面先打个样，靠政府投资带动就业，带动投资，带动消费。政府一般会通过发行债券的形式来募集资金，而政府债的最大买家也基本是商业银行这些金融机构，所以这就相当于银行把钱借给了政府。既然企业和居民不愿意贷款，那就政府借钱直接花，从而达到刺激经济的效果。

那么政府会把这些钱花在哪里？和欧美日这些国家直接把钱补贴给企业或居民不同，我国政府主要会把钱花在基础设施建设上。相比于宽信用，宽财政的效果可能更直接、更有针对性。在经济不好、消费信心不足的时候，积极的财政政策会给市场带来更多的信心和机会。比如 2022 年年初，就处于这一阶段，货币已经开始宽松，但是信用还没有起飞。所以股市整体上还不会有多大的反映，但一些逆周期的行业，比如银行类和基建类行业会有一些小动作出现，至少是提前止跌了。

第二阶段，宽货币宽信用。对应到美林时钟里，就是经济的复苏期。在积极的货币政策引导下，加之经济自身已经触底，大家的预期逐渐转好，部分企业拿到了更低成本的贷款，盈利不断改善，社会融资需求也开始悄然回升。商业银行看到，企业做生意有利可图了，需要贷款的人越来越多，于是逐渐降低贷款门槛，放贷的意愿也越来越强烈。此时，宽松的货币政策加上温和的通胀，造成信贷持续扩张。于是在金融周期上，就形成了央行真正想达到的"宽货币+宽信用"阶段。

这一阶段由于信用货币不断扩张，货币流通速度加快，市场中的货币供应总量也会开始增加，更多的资金会进入实体经济，从而提高劳动生产效率，经济处于明显复苏时期。股市在这一阶段，自然会迎来不错的表现。尽管这一时期政策并未收紧，但是随着经济复苏，大家对资金的需求会越来越旺盛，所以市场利率很可能会出现由降转升的情况。债券表现就不会像前一阶段那么亮眼了，走势会趋于平稳，回归中性。总的来说，这一阶段会呈现出一个股市牛市、债券市场震荡的局面，如图 16.14 所示。

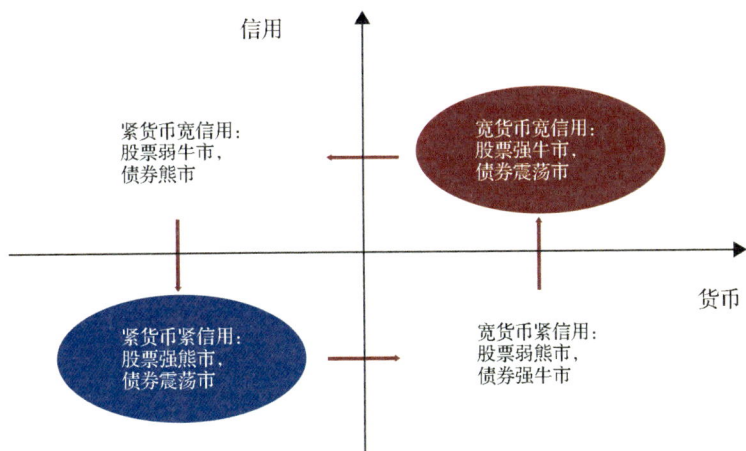

图 16.14

第三阶段，紧货币宽信用。对应到美林时钟里，往往就是经济的过热期。在这一阶段，经济环境好转，企业生产平稳有序，信贷规模不断扩张，央行自然不会再猛踩油门，前期宽松的货币政策会逐渐回归中性。而当经济越来越好，大家情绪开始亢奋，企业投资活动疯狂扩张，都在抢购原材料时，物价自然会呈现出快速攀升趋势，作为观察通胀率的 CPI 指标，很可能也会快速拉升。央行看到经济明显过热，出现了通胀趋势，便会采取紧缩的货币政策，比如通过加息、提高准备金率、提高再贴现率等手段，企图收回市场中的流动性，抑制大家过热的情绪，阻止通胀的势头。但由于政策传导具有滞后性，而且此时大家往往并不相信经济会回落，对资金的需求依然比较旺盛，商业银行看到企业做生意依旧赚钱，也并未感受到风险，所以还在不断地进行信用扩张。因此，信贷活动会受惯性影响尚未进行调整，于是就进入了紧货币宽信用时期。

在这一阶段由于央行不再放水，但市场对于资金的需求依然很强烈，所以市场利率往往会出现大幅拉升的情况，那么在紧货币宽信用阶段，债券资产就会进入熊市行情。股市在这一阶段一般还会有所表现，甚至有些行业的股价涨幅还不小，但是毕竟流动性在收紧，所以上涨的确定性已经越来越弱，内部结构也会出现分化。

老齐提示大家，一旦听到政策上提到去杠杆、加息或收缩资产负债表，这基本上就是一个紧货币的明显标志，2022 年年初，美国就进入了这样一个阶段，所以之后的美国股市和债市都有风险。

第四阶段，紧货币紧信用。对应到美林时钟里，一般就是经济的滞胀期，或者是经济滞胀到衰退的阶段。随着央行持续收缩流动性，市场利率越来越高，资金成本越来越贵，企业利润不断被压缩，需求也会开始回落。有的企业借了高利率贷款，但生意却越来越不景气，导致容易出现违约情况。当银行注意到越来越多的企业经营陷入困境后，就会变得小心翼翼，甚至提前收回贷款，提高审核门槛，信贷活动收缩，整个经济也开始出现严重下滑。此时，金融周期进入紧货币紧信用阶段。

在这一阶段，股市可能会出现大幅下跌情况，我们应该尽快切换到防守姿态，等待政策和经济回暖。而对于债券这部分，由于市场利率过高，经济下滑，不少高利率信用债可能也会出现"爆雷"情况，价格大跌。但是等这段"爆雷"时期过后，市场利率逐渐下行，债券反而会迎来机会，此时我们可以多加留意，准备布局债券行情。

这就是一轮完整的金融周期运转规律，它和经济状况紧密联系在一起。不同的经济环境也会产生不同的金融调控政策，进而形成不同的金融周期阶段，嵌套在不同经济周期中。了解周期的规律，对周期进行大致的定位，就相当于在市场上多了一个指示灯，我们做投资决策时也会更加有据可依。

如何判断货币和信用的松紧？

判断货币的松紧，最简单的办法就是盯住十年期国债收益率，也就是市场利率。市场利率从相对高位下行阶段就是宽货币周期，上行阶段则是紧货币周期，如图 16.15 所示。

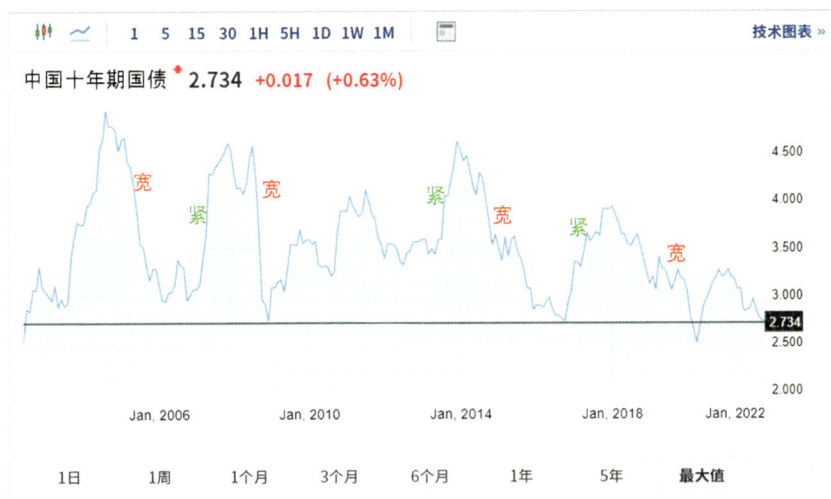

中国十年期国债收益率概览

图 16.15

判断信用的松紧，最好用的指标就是社融存量同比。一旦社融存量同比指标上升，就是一个非常明确的宽信用周期。

如图 16.16 所示，最近几次宽信用周期出现在 2009 年、2012 年年中—2013 年年初、2017 年以及 2020 年。在这几次宽信用周期中，股市整体表现都不错。唯一不同的是，2013 年的股市涨的不是大盘，而是创业板。

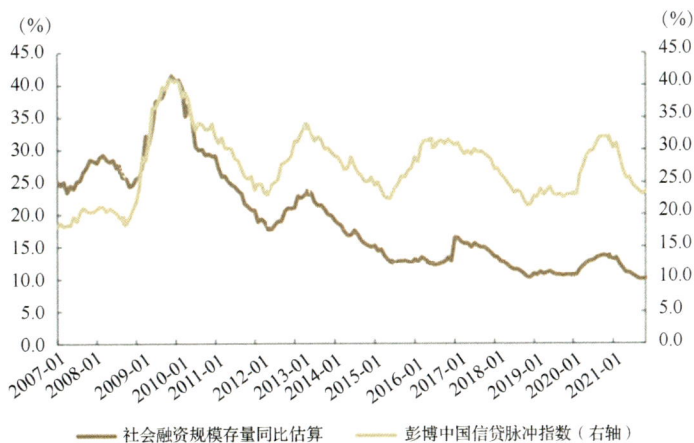

图 16.16

第九节　用两组指标参透经济周期

经过前几节的学习，大家应该对周期运转规律和大类资产配置有了深入了解，但可能还有些读者不知道该如何识别周期。老齐在知识星球"齐俊杰的粉丝群"里曾教过大家，通过两组简单实用的指标来参透经济周期变化的规律。在绝大多数情况下，这两组指标对经济周期的反映还是比较准确的。

第一组指标是 PPI 和铜价。PPI 代表生产者价格指数，它是对那些原材料、工业金属和能源品的综合反映。这些生产资料的价格要是贵了，说明开工生产的企业增多了，经济就要复苏了。而金属铜就像是获得了经济学博士学位的金属，它是所有商品中反应最灵敏的。所以当这两个指标同时上行时，基本就能判断强周期的到来。相反，当这两个指标开始回落时，也基本预示着周期结束，我们要尽快撤出有关周期行业的投资。

离我们最近的一波强周期，就是 2020—2021 年这次，如图 16.17（a）（b）所示。2020 年之后为了应对新冠肺炎疫情的影响，央行不断释放流动性，经济出现了明显复苏。从图中我们可以看到，2020 年 3 月，PPI 和铜价几乎同时起飞，所以那些强周期资源股也在这一时期开始迎来大涨。在"齐俊杰的粉丝群"里跟着老齐布局有色金属行业的朋友，这一轮强周期过后至少也有 50% 以上的收益了，如图 16.18 所示。

不过这轮强周期行情也遇到了一些特殊状况，那就是供给端限产让 PPI 持续保持在高位，也让强周期行情往后延长了一段时间。但是铜价在 2021 年 5 月其实就已经见顶，所以当这两个指标在高位，出现背离走势的时候，也是在提示我们风险来临，意味着周期可能即将结束。

熟悉老齐的人都知道，我们所有的提醒都是事前进行的，在 2021 年上半年，老齐就在粉丝群里提示大家，注意周期风险，让大家尽快撤出周期行业的相关投资。尽管后面又错过了不少涨幅，但对于周期这类行业，我们只赚上半场的钱就够了，把下半场的风险让给别人。下半场行情看似有肉，却十分凶险，稍不留意就会被深套。专业的投资者通常都会考虑风险和收益的性价比，只有业余投资者才会去追这些没有确定性的"博傻"机会。这些都是出于策略层面的考虑，判断有时候会出现错误，但策略不容有失，判断对了可以多吃肉，即便判断错了，也有汤喝，这就是判断和策略的区别。果不其然，2021 年 9 月之后，周期股便出现了大幅回撤。

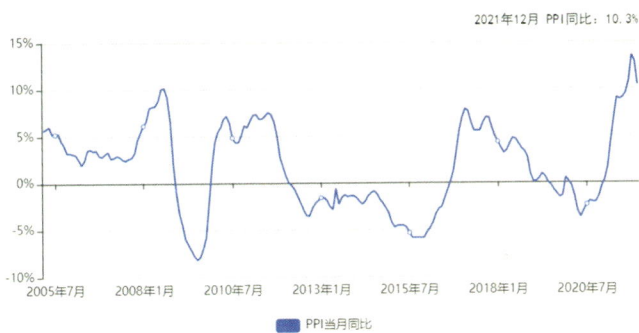

（a）

（b）

图 16.17

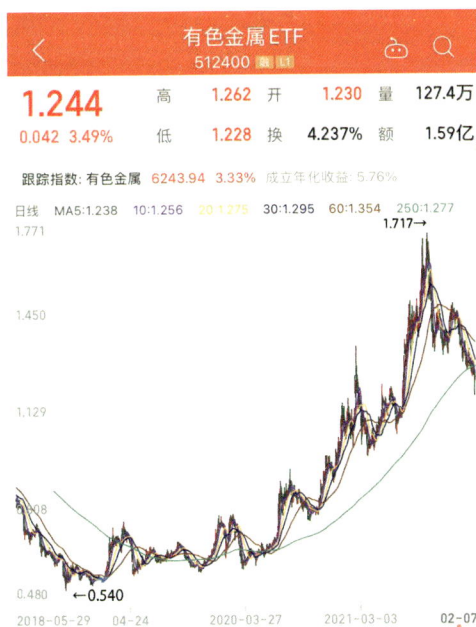

图 16.18

综上所述，我们可以通过 PPI 和铜价指标监测强周期的动向，捕捉相关行业的投资机会。对于强周期行业的投资，周期回归是第一保证，没有周期的配合，再好的基本面也作用不大。但对于周期投资，我们千万不要太贪心，周期启动后，是有确定性投资机会的，把握好了可以给我们增加不少收益，但如果贪心，被套后动辄可能会损失一半，周期类行业往往前面拉升得越快，后面就会跌得越狠，这点大家务必小心。

除了 PPI 和铜价的组合，另外还有一组指标组合，也可以帮助我们参透经济周期变化，那就是 PPI 和社融的组合。社融代表的就是社会融资需求，具有民间的自发性质，大家对钱的需求增加了，愿意借钱的人更多了，说明大家预期转好，经济就会有起色。相反，如果没人愿意借钱，那么经济也就转不起来了。所以社融和经济的关系非常密切。

PPI 和社融组合在一起是什么意思呢？一般我们会得到以下四种情况，如图16.19 所示。

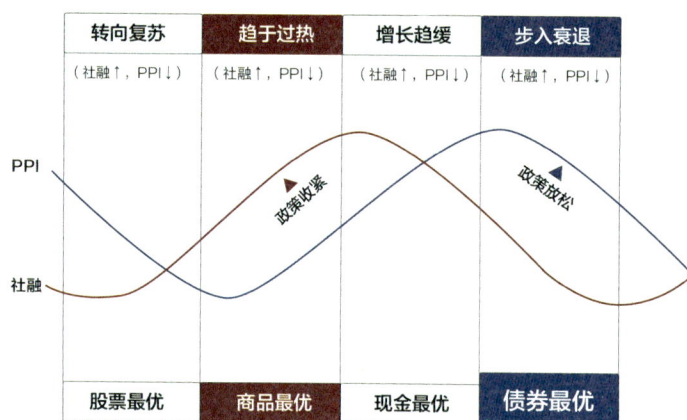

转向复苏	趋于过热	增长趋缓	步入衰退
（社融↑，PPI↓）	（社融↑，PPI↑）	（社融↓，PPI↑）	（社融↓，PPI↓）

（图中标注：PPI、社融、政策收紧、政策放松）

股票最优	商品最优	现金最优	债券最优

图 16.19

（1）社融增加，PPI 下降。此时经济一般处于复苏期，这一时期是投资股票的最佳时期，这时候整个股票市场因为之前的悲观气氛，通常处于一个被低估的位置，但是预期已经越来越好，市场有底部抬升的迹象。

（2）社融增加，PPI 上升。这种情况基本预示着经济进入了过热期，通胀开始上升，大家都在争抢资金和原材料，市场利率也开始拉升。这时候商品通常会爆发牛市，出现"煤飞色舞"行情，但整个股市已经变得非常危险。

（3）社融减少，PPI 上升。这个阶段一般处于经济滞胀期或者经济衰退初期，此时经济增长已经停滞不前，但资源品价格却依然居高不下，这一阶段的最佳策略就是逐渐降低股票仓位，清空商品资产，切换防守姿态。如果通胀率过高，甚至可以回到现金资产中做防守。

（4）社融减少，PPI 下降。这就是典型的经济衰退期特征，不过在这个阶段，一般来说政策会开始放松，市场利率逐渐降低，债券牛市启动，而股市还在阶段底部。所以在这一阶段尽量多配债券资产，如果投资者有足够耐心，也可以开始提前定投股票资产。

这就是经济周期，它非常有规律，永远是债券先动，股票随后，商品第三。当商品大涨后，股市基本就快结束了。

总的来说，金融市场是由人组成的，这也就意味着它永远是周期性波动。趋势不可能一直持续，而是有进有退、有盛有衰，盛极而衰、否极泰来，这是市场永恒不变的规律。但其实人都是"不长记性"的，虽然历史总在重复，但大家总会受情绪的影响，觉得这次不一样了。当市场大涨的时候，乐观的情绪会让投资者认为经济将持续繁荣，股市会一直上涨，而当市场大跌的时候，悲观的情绪又会让投资者认为经济即将崩溃，危机即将到来。但周期的规律其实永远存在，它是由人的天性决定的，人们的情绪总是从一个极端跑向另一个极端，带动着投资市场的价格摆动，永不停止。因此，当大家听到周期规律中断这种言论，市场中投资者对周期规律失去了敬畏之心时，就必须让自己眼前一亮了，很可能市场的转折点即将出现。

如果你还想进一步了解与周期相关的知识，可以到知识星球 APP 找"老齐的读书圈"，我们至少讲过 5 本以上有关周期知识的经典著作。其实投资没那么复杂，把握好周期，你将避免 80% 的错误，而赚钱只是捎带手的事。

第十七章
技术分析是应对之道

一提到技术分析，很多朋友都能猜到老齐的态度了。之前我们说过很多次，技术分析并不是预测的工具，而是策略的依据，错误的概率其实非常高，你得有钢铁一般的意志力。也就是说，你使用这套交易系统去做投资，可能 100 次交易中 55 次正确、45 次失败。而在 55 次正确的交易中，要将收益提升到足够高，在 45 次失败的交易中，则要及时止损，把损失降到最低，这样才能赚到钱。

但人不是机器，多数人很难具有这种钢铁般的意志力，在连续出现几次错误后，就会怀疑这套方法有问题。所以技术分析其实最重要的是守纪律，并非是技术本身。正经的技术分析应该是量化策略手段，其意义在于应对，而不是预测，在于跟随，而不是提前行动，这才是技术分析的精髓。这和老齐之前说的一句话基本吻合——投资不是打板算卦，投资是应对之道。

本章我们主要介绍顾比均线系统、850 日和200 日均线、右侧追击策略、天量地量的应用，以及量化策略。

第一节　顾比均线系统

顾比均线是老齐看盘最常用的一套均线系统，主要用来跟踪趋势和研判市场情绪。它是由交易大师戴若·顾比研究发明的，这组均线可以用于发现大趋势，抓住那些模糊的正确。所以记住，这套方法绝不是精准的，但它能够保证你吃鱼吃中段。上涨时黄色线为短期均线组，紫色线为长期均线组；下跌时蓝色线为长期均线组，绿色线为短期均线组，如图 17.1 所示。

图 17.1

老齐通过顾比均线做得最多的就是止盈。比如在一波大涨之后，股价已经被明显高估，我们就系上"安全带"和市场共舞，当跌破顾比均线长期均线组时，我们就卖出，基本上不是卖在最高点，也能卖在次高点。如图 17.2 所示，图中展示了 2019 年猪周期止盈点。

但这里需要注意的是，使用顾比均线止盈有两个关键词：一个是高估，一个是一致性预期。也就是说，在满足了这两个条件后，才适合用顾比均线止盈，而不是所有跌破顾比均线的情况都要止盈。其原理就是，当市场过热，行情被散户亢奋的情绪主导时，这种情绪通常会遵循技术分析的思路。因为这时候再和他们讲估值、讲价值，已经没有意义了，所以既然市场已经被技术分析占领，那么我们也用技术分析见招拆招，这样往往更加有效。

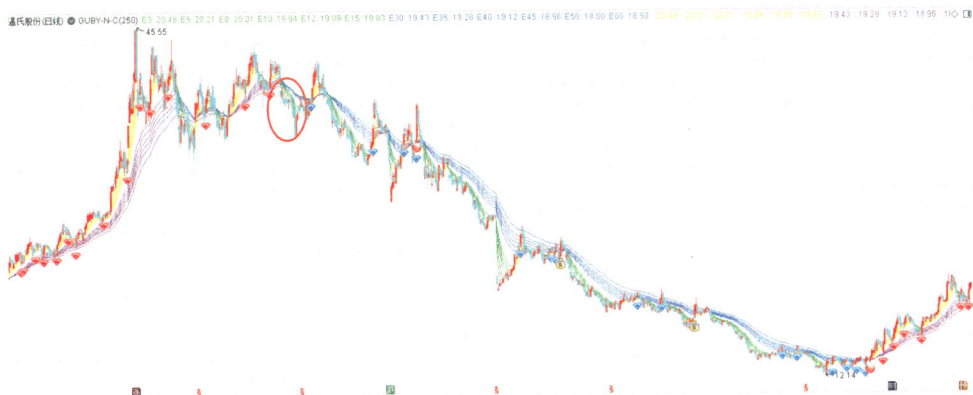

图 17.2

　　大家务必记住，一致性预期越强烈，技术分析的胜率就越高。所以反过来，如果在市场不高不低的时候，千万别用技术分析，这时候技术分析的胜率不会高于也不会低于 50%，连当反向指标的机会都没有。

　　除了止盈，老齐还用顾比均线判断长期投资的入场点位。一般来说，拥有价值的企业，基本都是那些能够不断成长的企业，这些企业才具备长期投资的潜力。但有时候算这些企业估值很麻烦，需要一些简单的办法做分辨。顾比均线的月 K 线长期均线组，就是一个很好的参考标准。这些优质的企业往往都会遵循长期均线组缓慢向右上角上涨，而像周期类的企业就做不到这一点，它们受宏观经济的巨大影响，所以周期类企业并不具备长期投资的价值。

　　如图 17.3 所示，这是伊利股份的月 K 线走势图（仅作教学展示，不构成投资建议），可以看到这种弱周期行业企业的股价基本会呈 45°有规律地向右上角上涨。而每次股价跌落到月 K 线图长期均线组附近，基本就是一个价值合理区。但是这种方法并非是真理，只是一个经验技巧，甚至偏玄学，所以肯定会有不准的时候。总的来说，如果是弱周期"现金流奶牛"企业，我们其实不用太过于担心，只要品牌足够硬，基本面逻辑没有变，它们早晚都会向上涨，无非就是时间问题。所以不要追高，跌破长期均线组，可能大概率是一个机会。不过老齐也要提醒大家，这招虽普遍适用，但并非绝对适用，因为它没办法防范公司个体因基本面变化而引发的非系统性风险。

　　老齐的做法是，平时就会把一些基本面十分优秀的好企业挑选出来，放入自选股中，其实数量并不太多，根据我们比较严格的基本面指标，全市场能够长期投资的企业大概也就 100 多家。隔一段时间后，我们完全可以打开 K 线图的月线走势图，大概花费 20 分钟就能看完这 100 多家企业的股价走势。如果发现有企业有如图 17.3 所示的这种股价走势曲线，就要格外留意，很可能出现了买点。然后我们再去研究这家企业近期的基本面是否改变，如果基本面没变，那么就是很好的买入机会。换句话说，要先确定基本面没问题，才能用顾比均线的月线走势去验证。

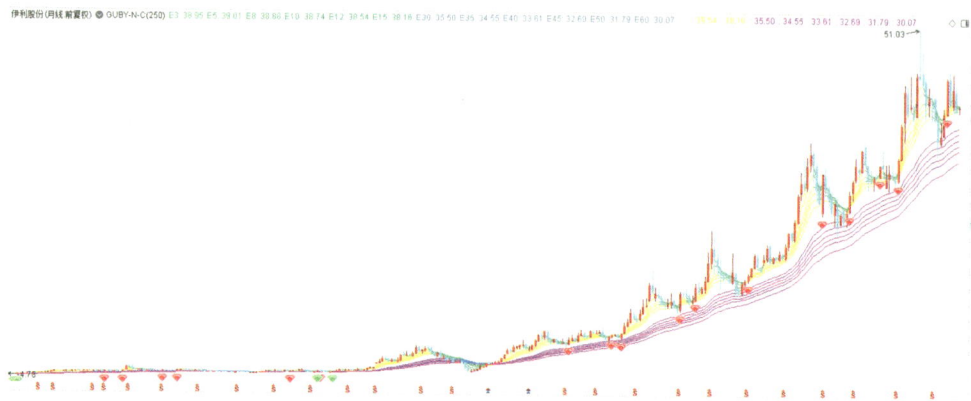

图 17.3

第二节　850 日、200 日均线策略

850 日和 200 日均线，这两类指标在一般的看盘软件中均可设置，其核心意义在于周期回归。

先介绍 850 日均线，老齐在知识星球"老齐的读书圈"中讲交银国际董事总经理洪灝的新书《预测》时谈到过这个方法，它对于上证指数来说，有很好的均值回归效果，可以用它来预测大趋势。

这条均线对大周期的市场把握还是比较准的，如果市场点位超过这条均线过多，就很可能会回撤，而如果跌破这条均线过多，也很可能会上涨。比如历史上的两次大牛市，都是指数超过均线一倍之后发生的崩塌。而当指数点位低于这条均线 20% 时，也就意味着未来将有比较好的投资机会。比如 2005 年和 2008 年，还有 2012 年和 2018 年，这个系统都发出了很好的买入信号，如图 17.4 所示。

这个均线系统背后也包含着周期的道理。比如 850 日线，按照每个月 20 个交易日计算，就是 42 个月的月线。所以在月线图中，42 个月是有指导意义的，代表了一个 3.5 年的小周期。那么改变时间单位，比如 42 周、42 天甚至 42 分钟，也同样对指数价格有指导作用。比如，标普 500 近几年的上升，几乎都在沿着 42 天线进行，而大的下跌则止于 850 日线。因此，均线系统并不只是多少个日平均这么简单，其背后还蕴藏着一个周期变化的理念，可以极大地修正我们的交易系统，让我们的投资更有把握。

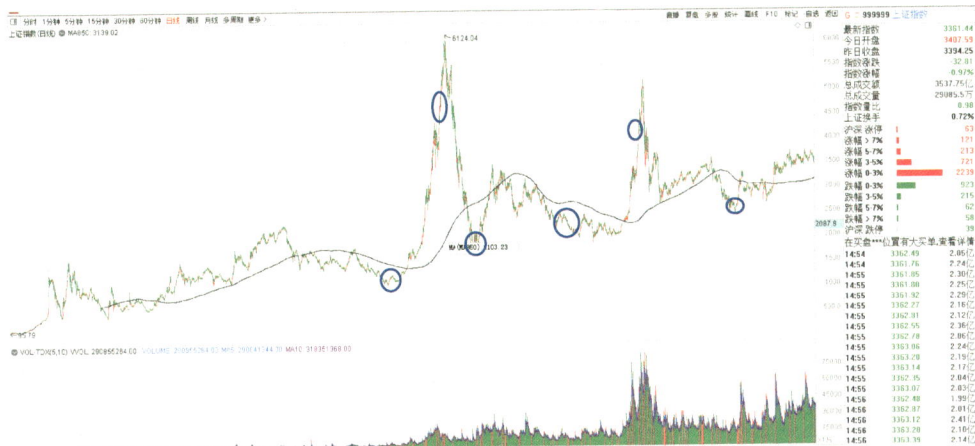

图 17.4

另外一个均线方法，就是华尔街比较出名的 200 日均线买入卖出法。这个方法简单到让人怀疑人生，它就是"如果道琼斯指数收盘价高出 200 日移动平均线 1 个百分点，那么就买入；如果收盘价低于 200 日移动平均线下至少一个百分点，那么就卖出"。

这个方法虽然简单，但是在 1886 年 1 月至 2012 年 12 月这漫长的 100 多年里，它的年化收益率达到了 9.73%，而同一时期买入指数并长期持有的年化收益率则为 9.39%。也就是说，这个择时的技术分析策略有优势。

老齐用沪深 300 进行了简单测算，如图 17.5 所示，其中那条绿色线就是 200 日移动平均线，在绿线上方 1 个百分点就买入，在绿线下方 1 个百分点就卖出(这里只是大概测算)。2005 年年底，大概是在 900 点买入；而卖出是在 2008 年 2 月的 4500 点，本金一下就翻了 5 倍，之后一直空仓。2009 年 3 月，2500 点买入，持有 1 年；2010 年 3 月，3200 点卖出，赚了 28%。

不过之后就没那么乐观了。2010 年 10 月，3150 点买入；2011 年 5 月，3000 点左右卖出，亏损了近 5%。而之后的 2012 年和 2013 年，这套方法发出的都是错误信号，但所幸赔得不多，大约是 5% 的损失。2014 年 8 月，2300 点买入；2015 年 8 月，3750 点卖出，赚了 54%。2016 年 8 月，3400 点买入；2018 年 5 月，3800 点卖出，赚了 11.7%。2019 年 2 月，3500 点买入，一直持有到 2019 年年底，赚了 11%。

图 17.5

所以我们大概能看到，最终收益是赚得多赔得少。在差不多 15 年的时间里，这套方法发出过 3 次错误信号，一共也就损失了 10% 左右，而在其他时候都是赚钱的。我们假设以 1 万元作为初始资金，最后大概会得到 11 万元。在不考虑佣金的情况下，15 年翻了 11 倍，年化收益率高达 18%。而同期一直持有沪深 300 指数基金的，本金只翻了 4 倍不到，年化收益率只有 11%。所以这样算下来，这套技术分析还是可行的，如果你对这套 200 日均线感兴趣，可以等到下次买点出现的时候再入场，而千万不要提前入场。

介绍完这两条均线，老齐还是想告诉大家，均线系统只是一种辅助手段，并不是买卖的唯一标准。投资最重要的还是看价值，技术分析的逻辑等同于右侧交易，是用无数次小亏损换一次大的赚钱机会。但你一定要遵守铁的纪律，如果不能坚持策略，千万不要碰这套方法。另外，技术分析最喜欢暴涨暴跌的环境，未来 A 股如果走出"慢牛"，市场震荡上行，那么这套系统可能会反复穿越均线，多次发出错误信号，最终实际收益反而不高。

第三节　右侧追击策略

前面两节我们介绍了如何用顾比均线止盈，以及如何用长期均线判断大趋势买点，这节我们详细介绍如何使用右侧追击策略。在实际投资中，老齐会用这种方法来追击"渣男"券商。

首先要清楚的是，我们为什么要使用右侧追击策略？因为在市场底部，往往会遇到很多假突破，出现二次探底，股价甚至会跌得更深。尤其像券商这种反身性很强的行业，由于业绩变好股价上涨，而股价上涨又促使业绩变好，所以算它的估值基本没多大意义。券商行业是情绪的放大器，通常在牛市预期最强的时间段，它爆发最猛，但又不会"打满全场"，往往都是一波流，怎么上去就怎么下来。那么对于这种行业，我们就要用右侧追击策略，捕捉它的一波流机会。而之所以要分步追击，主要就是为了分散风险。

其次，追击需要用严格的纪律来指导操作，不能夹杂任何私人感情。我们在右侧追击中，通常采用分步战略，激进的投资者可以把追击的钱分成三份，保守的投资者可以把钱分为五份。当我们判断市场企稳或者突破前期平台高点后买入第一份。第二次追击买入，有两个条件：一是比第一次买入点位上涨 10%（点位看收盘价，一般是在收盘前的时间点买入，防止当天盘中跳水），二是出现新的平台突破。这两个条件符合其一，就可以继续追击。而对于止损位，就是最新买入价格的下设 8%，跌破这个位置，全仓出逃。

如图 17.6 所示，在这张走势图中，位置 1 显然是一个假突破，此时按照我们的方法是不该进入的，因为整个下跌趋势还在继续。而到了位置 2 时，又出现了一个机会。此时位置 2 和位置 1 相比较，似乎都是刚刚创出新低，立足未稳，但是其实位置 2 内核发生了改变。第一，位置 2 符合一个月不创新低；第二，这个位置反弹超过了左侧的杯柄，并且站上了年线和成本均线，开始构筑多头排列，如果是胆子大的投资者，可以在位置 2 开始买入。

图 17.6

假设你把资金分成 5 份，也就是先买入 20%，这个点是成功的，买完以后果然涨了，然后出现了第一个追击点，也就是蓝色箭头的位置。在这个位置买入第二份，此时已经比第一次买入的位置涨了 10%，两次买入量相等，平均后第二次追击之后总账户持仓 40%，盈利 5%。而此时的止损位也进一步调整为第二次买入价格下浮 8%。

不过，第二次追击的位置却是一个多头陷阱，买完后冲高回落，出现了位置 3，这个跌幅超过 8%，也触发了止损位。那么止损后亏掉了多少钱呢？大概亏掉了持仓 40%的 3%，也就是总账户的 1.2%，虽然折腾了一次没赚到钱，但是整体风险是可控的。

再往后看，把图形放大，如图 17.7 所示，出现了位置 4，这又是一个买入点，还是买入 20%。之后虽然也是下跌，但是没有触发 8% 的止损位。位置 5 是一个假的突破位，当天就跳下来了，所以不会追入。位置 5 过后的回调，也没有触发 8% 的止损位。所以一直持有，一直等到位置 6、位置 7 和位置 8，分别追击进去。最后一次追击，就在图中最上方的位置，完成了满仓，而平均成本大概在位置 7 的地方。结果是，这个图形在你满仓之后，后面又涨了一倍，所以你轻松取得了大概 1.5 倍的收益。而你为了取得这次收益，之前付出的损失风险只有 1.5%，风险收益比只有 1%。

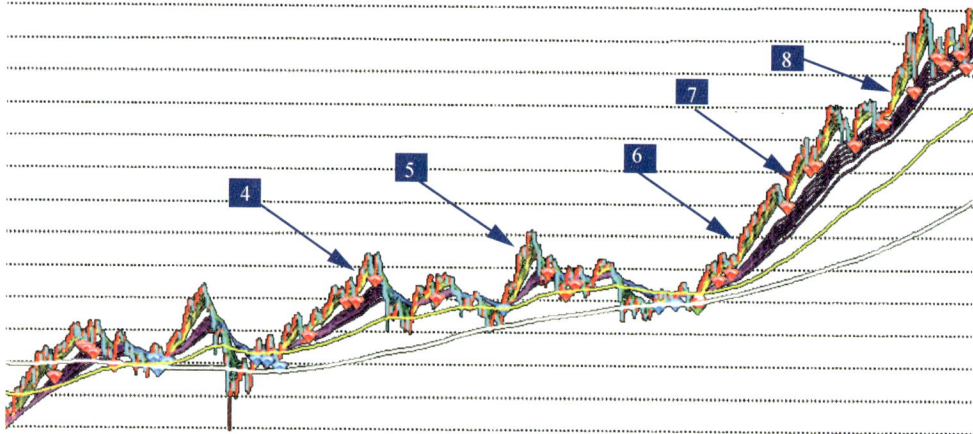

图 17.7

这就是右侧追击策略的好处，用小亏损试探行情，不参与探底的调整，只追上涨的部分，牺牲利润换取安全。而一旦投资标的开始大涨，你的不断追击能保证你"吃"到至少一多半的涨幅，所以亏的时候是小亏，赚的时候是大赚，这就是右侧交易的精髓。小亏是大赚的一部分，或者说没有小亏就没有大赚，如果你不参与小亏，就很容易错失大赚的机会。所谓技术分析，就是 3 分靠技术，7 分靠纪律，但很多玩技术分析的人，都只想去拼命地研究 K 线，做到每一次都正确，让自己接近于神的状态，这就是本末倒置，最终也一定不会成功。

第四节　天量地量的应用

从某种意义上说，量价关系并不是玄学，它是金融行为学的体现。比如随便打开一只股票的走势图，基本都会呈现出上涨放量、下跌缩量、顶部天量和底部地量的情况。之所以会出现这种情况，是和人性的特点有关的，因为一旦它开始上涨，这只股票就会引起大家的注意，于是就会有越来越多的人想要买入，大量的买盘涌入，不断地换手，这只股票价格就越涨越高。而它涨得越高，就越没人想卖，所以我们看到它在上涨的过程中，往往会有缩量过程。直到顶部滞涨了，成交量才会放出来，说明在这里开始大量换手，即将发生变盘，如图 17.8 所示。

图 17.8

关于量价关系，为了让大家更容易理解，老齐给大家总结了三点。

（1）买得多卖得少，价格就会上涨。如果量放得很大，股票该涨却没涨，说明大概率要下跌。

（2）卖得多买得少，价格就会下跌，如果量放得很大，该跌而没跌，说明市场正在强手转换，未来极有可能上涨。

（3）买卖基本平衡，就是价格走平，缩量走平，说明市场买卖意愿都不足，处于不活跃状态。而巨量走平，则处于极度活跃状态，出现在底部（价值低估区），未来可能会上涨，出现在顶部（价值高估区），未来可能要下跌。

这种方法也适用于大盘的观察，老齐通常用它来判断市场顶部和阶段性底部。从 K 线图来看，老齐的经验是，前期高点成交量（天量）的三分之一，基本就是阶段底部的成交量（地量）低点。出现低点，说明整个市场开始表现清淡，投资者热情不高。市场基本进入稳定阶段，这时候就是调整的机会，比如我们常说的补仓或者再平衡，最好都在这种缩量的时间段进行。下面给大家举例说明。

2020年新冠肺炎疫情期间，在股市下跌之前，沪深300成交额高点大概是3700亿元，按照三分之一的标准算，地量应该在1200亿元左右。2020年4月13日，沪深300成交额为1199亿元，如图17.9所示，同期上证指数（见图17.10）和创业板（见图17.11）也出现地量标准。我们判断市场阶段底部来临，启动了再平衡。

图 17.9

图 17.10

图 17.11

现在来看，虽然再平衡的点不是最低点，但绝对是一个次低并且安全的位置。

判断出天量和地量以后，我们能做什么呢？

首先，知道高点，我们就有权选择是离场还是调整组合。比如市场估值被高估，我们就可以降低股票仓位，如果市场被绝对高估了，甚至可以选择离场。当市场并未被高估时，我们知道了低点，也方便入场。出现地量通常意味着，市场人气处于低点，此时有一点是可以保证的，那就是整体市场肯定不会被高估，甚至有80%的可能是被低估的，所以在人气低点上建立组合，收益明显会更高。

其次，我们拥有了再平衡的权利。当市场进入人气低点时，如果投资组合内部比例偏离过大，这时可以启动再平衡进行抄底。这时候再平衡胜算是非常大的。比如你一不小心在高点买入了组合，那么如果在市场经过调整之后遇到了地量标准，你就可以适当启动一次再平衡，相当于卖债券买股票，是一次补救的机会，会让你明显减少损失。

最后，专门有一种策略，就是利用市场亢奋程度做再平衡。在阶段成交顶部平衡一次，在阶段成交底部再平衡一次，不管是被高估还是被低估，也不管市场在什么点位，只是照此进行即可。这种平衡策略在震荡市场的表现尤为突出，会让你获得很多超额收益。但是这种策略的缺点同样明显，在大牛市你可能会被提前赶下车。

第五节　关于量化策略

量化策略其实就是一套策略分析系统，设置好程序后电脑自动执行策略，人为干预不多，而这个策略可以有多种逻辑和不同的因子。常见的量化策略包括三种：股票对冲、指数增强以及 CTA（Commodity Trading Advisors，商品交易顾问）。这里面的策略一般都是保密的，也就是说量化就是个黑箱子。

这种黑箱子比较喜欢极致行情或者市场危机。我们以西蒙斯的大奖章基金为例。大奖章基金在1990—1993年保持了30%以上的收益。直到1994年美联储开始连续加息，基准利率提升了6次，几乎翻了一倍，但大奖章基金依旧获得了71%的收益。接下来，2000年科技股灾出现，纳斯达克指数跌了一半，大奖章基金的净投资收益率却为98.5%。然后从2002年开始，大奖章基金每年都是20%以上的投资收益率。直到 2008 年金融海啸出现，大奖章基金收益又大幅提升，投资回报率达到 80%。1988—2008 年，大奖章基金的平均年化投资收益率是 35.6%，但在美国市场"慢牛"阶段，它反而表现一般。

2021 年我国 A 股也发生了类似的情况，市场出现了极致风格，尤其是周期行情，几乎就是单边上扬，这也让量化策略开始大行其道，表现十分出色。特别是指数增强产品和 CTA 策略，它们被很多投资者追捧，基金规模大增，甚至还有传闻说某量化基金公司年底给员工发了 5000 万元以上的年终奖。

通过观察部分指数增强产品，老齐发现，量化最重要的一点就是捕捉趋势。越是风格极致，对于量化因子来说，识别市场这种相对集中的风格就越容易。比如在 2021 年，市场中基本是周期行业和新能源行业在涨，其他行业则没什么表现。相反，在大盘价值风格的行情下，没有成长周期的助力，量化产品则很难跑出绝对收益。

这也告诉我们，不是所有的市场环境都适合购买量化基金，也不是所有的量化基金都值得购买。而且量化因子有规模容纳的限制，比如基金经理盛丰衍的西部利得中证 500 指数增强基金，从 2021 年 3 月开始业绩突然拉升，到了 9 月中旬这一波拉升大概有 40% 的回报，随后基金开始了限购。说明基金经理已经不看好这只基金了，因子容纳不下这么多钱了，如图 17.12 所示。

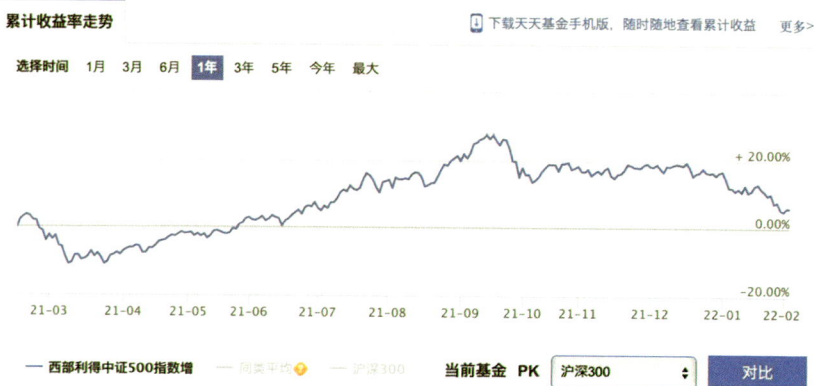

图 17.12

老齐也给大家提供一个指标，如果要买量化指数增强产品，尽量选择 10 亿～20 亿元规模的基金，一旦基金规模超过 50 亿元，我们就要小心了。尤其是当基金经理开启限购的时候，这就是提醒你，不要再买入了，他已经没有能力去管理这只基金了。除此之外，量化基金其实是鱼龙混杂的，比如在 2021 年年末这个时点，全市场有9000多只基金，还有个别基金公司的量化产品垫底，面临清盘风险。这其中还有很多假的量化基金，与其说是量化，其实还是技术分析那套东西，而且没有程序，都是人工来判断，那么风险就极高了。这种量化基金，其实可能连散户的水平都不如。

针对上述情况，老齐给大家三点购买量化产品的建议。

（1）量化策略也是由人设计出来的，在一个人与人竞争的场所中，任何一种策略都不能始终保持有效，它有管用的时候，就会有失灵的时候。2021年，市场上刚好碰到极致风格，让量化产品雄起了一波。但从历史数据看，量化产品跑出优势的年份几乎都是在成长风格周期，而当风格切换到价值之后，量化产品的优势也就没那么明显了。比如在2016—2018年的行情下，量化产品很难有什么起色。从目前的风格周期判断来看，2022年的市场风格很可能会切换到价值周期，那么量化产品是否还能跑出优势就不好说了。

（2）量化策略最大的天敌就是规模，规模越大，因子也就越容易失效，当大家看到这套策略有效，趋之若鹜去购买量化产品的时候，那么预期差可能就要消失了。2021年的市场就出现了这种情况，量化产品整体表现出色，但也正是因为业绩亮眼，申购者大增，基金规模暴涨，这恰恰不利于量化产品继续跑出好业绩。尤其从2021年第四季度来看，不少量化产品已经开始跑输指数了。

（3）量化基金在大市场里更容易有所表现。这不难理解，比如中证500成份股比沪深300多，后者会被那些主动管理型基金研究得更透彻，而中证500或者中证800其中有更多个股、更小市值和更高成长性的公司，更符合量化策略的目标。

所以综合来看，量化策略并没有我们想象得那么神奇，不要看到在某一时段量化基金业绩大涨，就认为它未来会持续优秀，我们知其然也要知其所以然。量化策略长期是有效的，大概率也会对指数跑出优势，但这是站在长周期范围来说的，短期业绩规模暴涨，说明很可能只是赶上了极致风格周期，让量化因子非常容易识别。而当风格周期切换至大盘价值后，量化策略可能就会失去它的优势，因此并不是在每种市场环境下量化策略都是有优势的。

大家要明白，投资市场中没有任何一种策略或者方法可以"打满全场"，它们有过五关斩六将的时候，就有败走麦城的时候。结合不同时期、不同市场环境，使用不同的应对策略，才是投资的正确道路。

后记

越努力，才能越幸运

➢ 投资自己，造就财富万有引力

➢ 老齐的社群小伙伴这样说

投资自己，造就财富万有引力[1]

绝大多数人和我一样，出生在一个普通家庭，也没有机会上名校。但是，只要我们善于利用时间，坚持学习和思考，一样能收获属于自己的美好未来，过上自己想要的生活。每个人的起点或有不同，奋斗的终点更是千差万别。你努力了，抓住机遇了，就有可能突破上限，而不思进取，则注定只能停留在原点。不同人，不同命，执着于和所有人攀比人生际遇或许不智。但是，和自己的昨天比较，不妨坚持到底。

70%的机遇来自30%的努力

2004年，我大学毕业。当时满怀信心地认为，我好歹是个本科生，也是北京本地人，找份月薪8000元的工作，应该不难。而历经曲折，最终只获得了一份月薪2000元的工作。当时，内心的落差非常大。更"悲催"的是，因为公司新业务的需要，我竟然被外派到了河南郑州，跟进一个全新的项目。要在人生地不熟的地方，从无到有筹备一个新的分公司，难度之大，可想而知。

我第一次感受到梦想与现实之间的差距。我无法接受现状，一心想改变眼前的一切。可是到底该怎么办？不难回答，要么靠外力，要么靠自己。在这种无助的局面下，外力很难指望得上，我只能改变自己。

工作之余我开始疯狂地学习，买了很多书，也报了不少培训班。可以说，2000元的月薪全都用在了学习上。而且，因为不知道要学什么，只好什么都学，从"企业管理"到"成功学"，也就是在那个时候，我无意间接触和学习了和股票、会计相关的知识。

为了激励自己，或者说为了哄着自己玩儿，我还给自己设定了一个游戏性质的量化指标——每读完1本书，工资必须涨40元，借此来增加读书的动力。在工作初期，这是一条很让我受用的经验。不过在2010年之后，这个指标就不灵了，因为我的收入出现了爆发式增长。经过多年观察，我发现自己每读完100本书，收入至少能翻一倍。以此推算，如果坚持每年读完50本书，那么10年后的收入会翻32倍，这个事件在现实生活中发生的概率很高。年轻人更是要借鉴这个经验数据，激励自己读更多的书。

接着来讲我的故事。在河南努力工作、读书一年后，我参与创办的这家分公司因经营不善而倒闭，我从河南调回了北京。在接下来的半年调整期里，我依旧保持着与之前相同的学习状态，并在偶然间得知，北京电视台财经频道由于业务扩张，正面向社会招聘记者。但是，这份工作没有底薪，是按"件"计费的。这是什么概念呢？就是你每制作完一条新闻视频，可以领到500元，如果当月没有交出任何作品，那么就没有收入。

来电视台面试的大概有30~40人，岗位却只有十几个，可谓"狼多肉少"。而且对于我这样毫无新闻专业背景和相关工作经验的人来说，想通过面试谈何容易。好在我最终通过了面试，得到了这个机会。但是我的家人对于我从事记者这份工作，是不无疑虑的。因为在他们看来，这是一个倒退——如果不换工作，一个月好歹还有2000元收入，而去北京电视台做记者，要从零底薪开始做起，可能每个月连2000元都拿不到。但我笃信之前

---

1 《绝非偶然：撬动星球的头部效应》，电子工业出版社于2021年出版。

那份工作已经没有前途，也根本没有再坚持下去的必要。在我的坚持之下，他们的最终态度是不反对也不支持，只是偶尔泼泼冷水。

在入职电视台的头两个月里，我因为不懂怎么做新闻，也不会视频剪辑，导致视频产量非常低，每月收入只有700多元。好在我能住在自己家里，没有房租负担，还是熬了过来，这算是我作为北京孩子能占到的一个大便宜。在这期间，我也想过放弃，因为确实太难了。我相信，这种情况只要再持续半年，换作任何人，都只能选择放弃。但当时如果真的就此离开了电视台，我的人生轨迹必然被改写。经过那半年多的历练，我明白了一个道理，机会是留给有准备的人的。在人的一生当中，努力对成功的贡献大概只占30%，剩下的70%就要留给机遇了。但是机遇永远只留给有准备的人。没有充分准备的那30%，剩下的70%根本无从发挥。

任何机会首先是学习的机会

之所以对机遇和努力有如此深刻的感悟，是因为"狗屎运"的确被我撞到了——2006年，中国股市奇迹般地进入大牛市。当时我所在的北京电视台财经节目组里，大部分记者都是新闻专业出身，对证券行业所知有限，甚至没有人愿意"跑"股市这个方向的新闻。所以，当节目组计划增加股市类的新闻报道时，一直找不到合适的记者。而那段时间，我因为刚好在第一份工作外派期间自学过与股票有关的知识，还在新浪上开设了自己的博客，试着写过一些股票类的文章。一个老编辑正好看到了我的博客，就向节目组推荐了我，最终领导决定让我这个闲人试试看。

我的工作应该还算让人满意，也由于那段时间股市行情大热，领导决定把股市报道日常化。我一下从组里最闲的人，变成了最忙的人。这是什么概念呢？这么说吧，组里共有30个记者，平均每个记者一周发2条新闻，一个月最多8条。而我，因为股市一周5天开市，每天最少要发1条，有时候周六还要加1条。这下子，我从北京电视台收入最低的记者，瞬间变成全台收入最高的记者，幸福简直来得太突然。

我开始大力学习和股票有关的知识，也因此采访到很多世界知名的经济学家，以及很多国内院校经济学教授。另外，每次外出采访时基本上只有我和摄像师两个人去受访者那里，在开始正式拍摄后，现场镜头一直对着受访者，我负责全程提问和为受访者举话筒。这个过程不仅可以让我近距离领略这些大师的学识和风采，对我而言，更是等于恶补了大量重要的经济学知识。

也是在这个阶段，我的学习热情极其高涨。除了财经知识，和节目制作有关的配音、剪辑，甚至摄像，我都一一主动涉猎并略有所成。因为当时组里的记者人数远远多于其他辅助岗位的人数，所以那些从事辅助视频制作的同事，很难随时约到，不得已我只能亲自动手。这正符合我一直以来的做事原则：能自己干的事，尽量不要麻烦别人。当然，我也不无私心。电视台实在太难混了，僧多粥少，多一门视频剪辑的手艺，就多了一份保障，万一哪天股市不热了，我还能比别人多一条出路。

有的同事认为，对于做记者的人，视频剪辑没什么好学的，把工作交出去让相应岗位的人来干就可以了。对于他人的不理解和嘲讽，我都是一笑了之。他们并不会想到，很多年后正是这些"不压身"的额外技能，为我提供了巨大的助力。

2008年，次贷危机爆发，A股从6100点跌到1600点。我们的报道方向，也从"股市"转向了"世界经济局势"。节目组邀请专家来到演播室，现场解读和经济有关的实时消息，同时加大了节目报道力度，将报道时间延长到每天10~20分钟。而对于世界经济局势方面的知识，了解的记者更是寥寥可数，整个节目板块顺理成章地由我来统筹负责。在拥有更大自由度的同时，我需要负责的事情也变多了——约请嘉宾、组织选题、编辑新闻，有的时候还要出镜解读经济时事，而且每天至少要输出一篇报道文章。

通过在电视台 5 年日复一日的磨炼，我已习惯了日播的节奏，这也为我今后数年里能坚持每天分享、持续输出，打下了无比扎实的基础。同样，这 5 年时间让我的写作水平和财经知识水平都得到了巨大的提升。试想一下，每天要和全国最知名的学者、专家面对面地聊满 30 分钟，肚子里得有足够的"墨水"才不会怯场。这种迫在眉睫的现实压力让我学习得愈发卖力。当学到不懂的地方时，必须马上问清楚，以免在节目现场"卡壳"；当和现场嘉宾聊完后，又会发现更多的知识盲区，要赶紧去弄明白。

由于电视台的财经节目是面向普罗大众的，所以仅仅自己将知识点理解透彻，还是远远不够的。我还必须用最通俗的语言先给台领导讲清楚，最终还要让电视机前没有任何财经基础知识的观众听明白。多年之后，我才醒悟过来，当时误打误撞地一直在实践著名的"费曼学习法"。

费曼学习法是指，选择一个概念（可以是你之前就懂的，也可以是刚刚学会的），设想把这个概念讲授给一个外行（或者一个小孩），试图对他解释清楚这个概念，并让他完全听懂。当在"卡壳"的时候，重新回头找答案，直到能够把这个概念重新流利地解释清楚。最后，尝试用简洁的词语和类比的技巧再一次解释这个概念。这个方法对提升学习效率是非常有用的，也可以用来快速建立对新事物、新概念的基本认知模型，以便应对外部信息环境的突然变化。

2010 年，互联网浪潮袭来，电视台的收视率以肉眼可见的速度急速下滑。一方面，人们看电视的习惯在改变；另一方面，因为视频网站异军突起。我的收入和 5 年前的相差无几，到手基本是 1 万多元。因为电视台还在沿用"1 条新闻 500 元"的计酬方式，没产出就没有收入。

面对浪潮，我开始权衡，是否需要改变。

风险有限而收益无限的事情要大胆尝试

我盘算过，如果我应聘视频类互联网公司没有成功，我还可以去其他电视台继续工作。可见，如果我做出改变，并不会带来任何损失，但是如果完全不去尝试，则极有可能错过这个伟大时代赋予的新机会。

2010 年，我来到酷 6 网。当时电视台主持人去视频网站工作，实属罕见。而且，互联网公司的人手也没有电视台那么宽裕，像我这种写稿、拍摄、剪辑样样都能拿得起来的多面手，颇受网站欢迎，在顺利通过公司面试后很快就被委以重任。在酷 6 网工作过一段时间后，我意识到电视台和视频网站对节目内容的要求是有明显区别的。

电视节目占用的是观众的"后仰时间"。当时的电视节目还没有现在这么丰富，这些躺在沙发上拿着遥控器搜寻合适节目的典型用户，对节目内容质量的容忍度比较高。而视频网站则不同，那时候 PC 端网站是主流，它们占用的是用户的"前倾时间"，用户在电脑上习惯性地打开好几个视频播放页面，又随时会关掉那些自己不喜欢的。所以，从内容展开的节奏上来说，网站上的视频节目必须要快速抓住用户眼球，而且不允许有任何多余的铺垫。

当时，我在酷 6 网带着一个小组，主要负责财经类节目的直播和嘉宾访谈，节目形式看上去仍旧比较传统。在酷 6 网工作期间，我形成了当时互联网人常挂在嘴边的"互联网思维"，比如能根据反馈数据，快速完成对节目内容的精确调整。正是运用互联网思维，我们团队只对原有节目稍加改造和创新，就能轻松做到财经类视频节目的第一名。

2011 年，我们整个团队来到 PPTV，依然负责财经频道。直到 2013 年，我又迎来新的机遇——爱奇艺要重点发力推广财经频道。在参加爱奇艺面试时，也是后来在爱奇艺一直是我老板的马东老师跟我说："我们要找的是一个同时具备电视行业、互联网领域和财经领域工作经验的人，这个人不是难找，而是根本没有，所以你几乎没有竞争对手。"

进入爱奇艺后我可谓顺风满帆，因为只是复制之前的经验，第一年就可以再次做到行业第一。而第二年，我更是和著名财经作家吴晓波老师一起打造出《吴晓波频道》这个王牌节目，最终成为行业新标杆。到 2014 年 7 月 25 日，《吴晓波频道》已经上线 12 期节目，总播放量逼近 1 亿次大关，稳坐国内财经类视频节目的头把交椅。

在爱奇艺工作的那段时间，我每天要从东四环开车到西四环上班，每天路上都有一个多小时的车程。为了消磨路上的无聊时间，我在网上四处寻觅读书类的音频节目，想通过听书在路上继续充电，但是一直没有找到满意的内容。随后我联系了多家出版社，想和他们的图书作者合作，打造一档读书类音频节目。但因当时的图书作者在这一方面存在诸多瓶颈而迟迟未能如愿。

由于一直没有找到合适的合作伙伴，打造一档读书类节目这件事就只好暂时搁浅了，但强烈的内心需求是始终存在的，这也为我将来开通自己的音频节目种下前因。

自媒体的多米诺骨牌效应

在爱奇艺负责"财经频道"期间，我进一步积累了自己的人脉，其中一位新认识的财经大佬邀请我加盟他的公司。而我在做了多年媒体工作之后，也确实想去真正的金融行业看一看。出于好奇心，我就此离开了爱奇艺，离开了媒体行业。

这是一家投资公司，我负责市场工作。对我来说，新工作并没太大难度，属于"无缝切换跑道"。在一开始，我只是负责联系媒体，发发稿子或做做报道。由于也是高管中的一员，在重大的投资决策上，我是要参与讨论的。慢慢地，一些调研会我也参与其中。直到那时，我原来储备的那些理论性的财经金融知识，才真正和业务挂上了钩。

2015 年中国股市又迎来大牛市，公司股市投资的全过程，我都亲身参与其中。对于投资公司的业务模式和操作流程，我有了进一步的了解。为了给公司带来更加丰富的推广资源，拿到性价比更高的流量，我还以自己的名义开设了公众号"齐俊杰看财经"。在内容输出上，我驾轻就熟，因为从 2010 年开始就一直在网上写专栏，当时也不为赚钱，只当作一个个人爱好。随后，我又在喜马拉雅平台打造了同名节目《齐俊杰看财经》。当时也是抱着试试看的态度，没想到只用了一年时间，就坐稳财经类音频节目第一名的宝座，公众号也随之聚集了十几万粉丝。

特别是在 2015 年 5 月，在公司投资业务全面转向防守的同时，我通过公众号等各种自媒体平台发出市场过热的警报，提醒大众尽早"离场"。这在一开始不被人理解，我遭受了不少非议，但是一个月后的股市暴跌，让很多人顷刻间对我的公众号"路转粉"。我最早一批"铁杆"公众号粉丝，就是在那时候获得的。

我很庆幸赶上了自媒体时代，这让我第一次感受到流量的价值。但这其实是我长期以来坚持输出的一个意外收获。之后，我把工作重心越来越多地转移到了自媒体上。

2016 年年底，刚好有几个"土豪"朋友希望我能帮他们打理资产。我就势从投资公司退出，开始创业，主营业务是为客户做大额资产配置，这与之前在金融公司里做的工作其实没什么区别。资产配置这件事情，难者不会，会者不难。我一边帮客户做投资，一边继续打理自己的自媒体。在这期间，我可以掌控的时间越来越多，这让我多年之前的那个"痛点"又浮上心头。既然没有找到合适的说书人，那么我自己可不可以试一试呢？

2017 年，我开始尝试"读书"。凭借之前公众号"齐俊杰看财经"的粉丝基础和运营经验，我的新公众号"老齐的读书圈"同样一炮而红。

像我这样的人，原本就没想在自媒体上投入太多精力，更不图在粉丝身上赚多少钱。所以从最开始，公众号"齐俊杰看财经"和"老齐的读书圈"便是完全免费开放的，只收取少量广告费来平衡收支，毕竟我还是要给团队成员发工资的。

然而，很快遇到了公众号平台大规模清理广告，至此我在公众号上的收入彻底没了着落。天无绝人之路，当时正好赶上自媒体平台"小密圈"变身"知识星球"这个契机。在朋友的介绍下，我与知识星球创始人吴鲁加取得联系，沟通后我觉得可以入驻知识星球试一试。当时完全没想到，这是一次不容错过的大好机会。

当时的想法很简单——读书圈读万卷书，粉丝群行万里路，将自己掌握的投资知识传递给粉丝，将学到的方法应用到实践当中，最大限度地满足粉丝的投资需求。

2018 年，我开通了知识星球"齐俊杰的粉丝群"和"老齐的读书圈"，这两个星球的活跃度一直名列知识星球前两名。与此同时，我的公众号粉丝超过 20 万人，音频节目的播放量在"喜马拉雅"App 上更是超过 10 亿次，在"蜻蜓 FM"App 上超过 5 亿次。

当然，这些事都带给我不菲的收入。

自我投资才是增值最快的投资

对于有的人而言，"人生第一桶金来自哪里"是一个不好回答的隐私问题，而我很幸运，可以开诚布公地回答。我人生的第一桶金是靠打工赚来的。再加上各种劳务收入，这笔钱足够我和全家人在完全不工作的前提下，舒舒服服地在北京一直生活下去。而且这笔钱不包括我创业和投资的收益，就是实打实凭打工赚来的。

这个事实在说给别人听时，我们双方都很惊讶。对方惊讶的是我收入的积累速度，而我的惊讶来自对方的惊讶。在我看来，这是个小数字，和之后创业赚到的钱相比，不值一提。这样的相互惊讶，源于眼界的差异。我在电视台做记者的时候，认为一年赚 100 万元是完全不可能的。但是当我先后进入互联网和金融这两个行业之后，就觉得这个目标再正常不过了。而当我自己创业之后，又认为做生意一年赚几千万，也并不是多了不起的业绩。

即使是现在，我还是觉得一年赚几十亿不太可能，但是站在马云的角度来看，一个月赚几十亿只是既定目标。可见，身在什么阶层，就会有什么梦想。

以前也有朋友笑话我："老齐，你努力十几年，还不如广场舞大妈卖一套房。"从金钱的绝对值角度来衡量，确实如此。但是我认为，每个人都有自己人生的平衡点，一旦跨越这个平衡点，人生就有可能失控。比如，一旦我们拥有年薪百万的实力，就随时可以创造千万、亿万的价值，而广场舞大妈卖一套房，只是发了一笔横财，二者有本质的不同。而且我宁愿相信，凭运气赚到的钱，最终一定会凭实力输回去。广场舞大妈在某一天轻而易举拿到手的这笔钱，也不无可能在另一天的胡乱投资中赔个精光。

年薪百万是一种社会认同，更是一种自身价值的体现。一旦你真正具备了这样的实力，财富就会在之后的人生里源源不断地向你涌来，你也会变得越来越值钱。一个人对自己的未来，必须有清醒的理解和认识。否则，人生的道路很有可能偏离正轨，即使在时代的洪流里横冲直撞，也将始终找不到方向。

坚持不懈的努力固然重要，不断进行自我投资则更加重要，我一直就是这样践行的。如果当年没有意识到电视行业很快将成为夕阳产业，可能我现在还是老样子，面对着收视率持续下滑、新媒体来势汹汹，焦虑不安且无奈。好在，我通过持续学习，不断提升了自我认知，并凭借自己的眼界及时跳了出来。

时局变幻如白云苍狗，唯有不断增长见识，才不会被眼花缭乱的短期利益迷惑，才不会被决定人生的真正机遇抛弃，才不会被日新月异的伟大时代淘汰。

我自己就是一个很好的例子。当理解金融行业并学会金融知识之后，创造财富的途径就一下多元化起来。不但能在个人理财、投资中赚钱，还能在为他人做资产管理服务中赚取服务费，还会被天南海北的人邀请去讲课或参加活动。

每个人都会面对人生中的很多岔路，如何把握住机会，做何种取舍，将决定自己最终走向何处。比如我在收到商业活动或培训邀约时，由于不爱出差，基本都会婉拒。最终，我没能成为一位著名的活动家、培训师，却也因此节省了大量的时间用来写作。

年轻人最重要的一笔投资，就是投资自己，特别是进入职场的第一个10年，必须把握好。不要想着存钱，不要想着买房，不要想着买基金、股票，就一门心思想清楚如何让自己的收入快速提高，如何快速成为行业精英，如何快速赚到人生的第一桶金。

以当前的物价衡量，年轻人的第一桶金至少是100万元起步的。而且，要和我一样，将第一桶金的含义限制在工资和其他常规收入的范围内，拆迁、卖房子、中彩票等均不属此列。如果没有赚到这个数字的钱，就要加倍努力，把手头的钱尽可能多地投入到技能学习和职业培训上，用最快的速度提高自己的"掘金"能力。

想提高"掘金"能力，有一个简单的思考方法：把自己想象成一家公司，然后问自己——你的主营业务是什么？如何产生更多的现金流？如何获得行业领先地位？

通过这几个问题，可以快速确定你在人群中的地位，以及今后的自我定位和发展方向。类似的思考方法，通过自我投资可以学到很多。而不断优化看问题和做事的方法，又可以进一步刷新自己的见识，增强自己驾驭人生的能力。你要坚信，自己想过的人生，只要有人曾经实现，那么你就有可能复制。

当然，也不能完全忽视个人成长的环境因素。比如，王思聪的人生起点，就比很多人一生努力后的终点还要高，而一个孩子若出生在北上广的中产家庭，成功概率也要明显高于出生在贫困的农村家庭。但庆幸的是，很多人，在一生之中的绝大多数时间里，都处于一个相当松懈的状态，而这也就为逆袭者提供了足够的时间窗口。很多人认为，运气好很重要，我却不敢苟同。正如《见识》一书里面提到的，好运这个东西很重要，会让你短期很快乐。但长期来看，却没什么用。该是什么样子，最终还是会变成什么样子。

更重要的是，没有谁可以一辈子交好运，也没有谁一辈子总倒霉。在大多数时候，这些运气并不会改变你的整个人生轨迹。"越努力，你就会越幸运，相反，越懒惰，所有的坏事情就与你相伴。"这个说法是有道理的，也并不是迷信。社会变革越来越快，每一次变革都对一部分人有利，而对另一部分人不利。如果你总是落到人群的下半区，那么所有的变革对你来说，就都是倒霉的事，你将无法像上半区的人那样，不断感受到幸运。

局限性和突破口在人们的思维和意识里共存，放大前者则只能裹足不前，而强化后者却可以让前进的阻力越来越小。可见，一个人最大的敌人，从来就是自己。最后送大家一句话，是很久之前一位亿万富豪送给我的——

能够花钱买的知识一定要买，

能够花钱买的时间一定要买，

能够花钱买的健康一定要买。

这句话是10年前听到的，如今我发现它太重要了。因为这个世界上有太多人本末倒置，舍不得在知识、时间和健康上投入，而宁愿在人生竞赛中步步落后。

记住！年轻的时候，投资自己才是收益最大的事情。

齐俊杰

老齐的社群小伙伴这样说

2015 年，我拿着毕业后攒的两万元进入股市，买了四个主题的基金。开始几天涨了，心里非常高兴，可是没过多久，股价急转直下，最后只能忍痛"割肉"离场。

2017 年，我发现了齐俊杰的读书社群，之后天天听老齐读书。2018 年，老齐在知识星球创立了"齐俊杰的粉丝群"（简称粉丝群），出于对老齐的信任，我第一次进入了一个付费知识社群。入圈一年，我跟着老齐完整地走完了一轮定投周期，终于学会了如何做定投，找到了适合自己的投资方向。现在跟着老齐已经四年多了，虽然"师傅领进门，修行在个人"，但入门能得一位良师是多么幸福的事情。感谢老齐带我进入投资领域，让我看到了"你所看到的世界"。我曾在黑暗中觅路，老齐如萤火一般为我照亮了前方，从此，我的投资世界不再黑暗。

——熊猫没了黑眼圈

2015 年我毕业进入社会，看到同事们都在谈论股票，也跟着开了股票账户。之后的 3 年时间，市场起起伏伏，最终以我交了两万多元的学费而收场。接下来的 P2P 热潮中，虽然我心里痒痒，但最后还是忍住没涉足，这多亏了齐老师的提醒。因为和齐老师同姓，我就总跟爱人说，我被本家"洗脑"了，但我心甘情愿。后来我的家人也加入了齐老师在知识星球创立的"老齐的读书圈"（简称读书圈）社群。慢慢地，我们对某些问题的看法开始同步，我们共同目标是把家庭"下金蛋的鹅"尽快养起来。我要对齐老师说的是，你若不离不弃，我定会长久相依。

——古萨小齐

我是一名"70 后"，经历过几轮牛熊市，最后也赔了不少钱，直到遇到《齐俊杰看财经》节目。我被老齐幽默风趣、通俗易懂的讲述方式所吸引，从此一路跟着老齐在读书圈和粉丝群学习。在这期间，我经历过几次至暗时刻，好在一直有老齐陪在身边，大跌之后给予激励，大涨之后教人淡定，再加上在读书圈里持续听书、看书，慢慢地提高了我的认知。

老齐说投资赔钱就是两个原因：买得太贵，卖得太早。他还说，投资没风险，没文化才有风险。要想在股市赚钱必须修炼内功，而读书圈就是教授内功心法的地方，比如这里有《慢慢变富》等 200 多本老齐精读、精讲的好书，它们都是让人修炼内功心法的经典著作。如果掌握了这些方法，你就会觉得市场就是你的"摇钱树"。

——忍耐是种修行

在没认识齐老师之前，我的人生充满了浮躁。我也有幸在 2018 年 25 岁的时候赚到了人生第一桶金——100 万元，但是世界上有无数种方法收割了我，我还背上了几十万元的房贷。2019 年，我加入了齐老师的粉丝群和读书圈，我才慢慢读懂了人生规则，而这些都是我在自己的生活圈子里没法学到的知识。

如今，通过努力工作再加上投资收益，我已经把房贷还清了，还结余了百万元理财资金，谢谢齐老师让我在这个年纪不焦躁、不气馁，相信越努力越幸运。希望齐老师的事业能造福更多像我一样迷茫的人，同时，我也想像齐老师一样做一个能实现自我价值的人。

HO

打开知识星球名片，看到自己加入粉丝群1249天、读书圈1210天，我应该算老会员了。

我在股市的开户时间是2007年，2015年我的全部积蓄被套牢，亏损了70%，还欠了20万元。2016年至2019年这几年，我一边还债，一边用收入去摊低成本。其间我加入了齐老师的粉丝群和读书圈，希望能学到一些投资的真本领。之后我才知道我当年的种种行为都是投资市场里的"韭菜"行为。我开始做资产配置，现在居然全都赚了钱！更幸福的是，在这几年里我结婚了，有了两个可爱的宝宝。我想表达我内心的感谢，也特别羡慕齐老师能够做自己喜欢的事情，还能够帮助那么多人！我就是幸运儿之一，希望有一天能遇见更好的自己，从而影响我的孩子们！

liwei

依然记得那是2018年10月的一天，我一夜辗转难眠，最后做出了一个艰难的决定：辞职创业！一个上有老下有小、三十岁刚出头、没有任何背景、有央企稳定工作的中年男人，是怎么做到说走就走的呢？毫不夸张地说，是齐俊杰给了我信念和勇气，是他的一些理念击中了我。通过老齐的分享我发现，原来我缺少的是对工作的热爱，以及提升自己的渴望。老齐说过，在什么情况下可以创业？就是机会摆在那里，你伸手就能拿到的时候。如果你擅长的事，刚好别人有需求，你又能从中赚点钱，那是最好的。我特别能体会老齐当初从电视台辞职的心情。幸运的是，家人给了我支持。

这期间一直在不断学习老齐分享的知识，也强化了我辞职的信念，虽然所有的努力不一定马上见效，但是就像老齐说的，但行好事，莫问前程。遇到齐老师的这三年，我可以肯定地说，是我人生中改变最大的三年，我早已把齐老师当成我的人生导师。学习，让我打开了另一个世界的大门，看到了一个我不曾接触的世界。

Mr.young

我是一名"80后"，大学毕业后进入一家银行工作。但平静的生活被一件意想不到的事情所打破——一位同事因为投资严重亏损而结束了生命。这件事改变了我的人生轨迹。我离开了原来热爱的工作，也是从那时起，开始听《齐俊杰看财经》和《吴晓波频道》两个节目，后来就加入了齐老师在知识星球创立的大家庭——读书圈和粉丝群。这里激发了我真正想学好投资的信念。

后来我去了资产管理公司工作，帮助高净值客户做资产配置。这期间很多投资的看法和建议是从齐老师社群学到的，我也明显感到了自己的进步。齐老师就像一位从未谋面的老朋友，我熟悉他的声音、样子和笑容，一想到有这样一位朋友一直相伴在我的生活中，我就感到踏实和幸福。我也希望这样的生活可以持续下去并且越来越好，毕竟我们都是有梦想的人。

xixi-star

我毕业后就当上了老师，被许多人羡慕。但人到中年，危机渐渐逼近。我总觉得心里有个疙瘩，但不知道问题出在了哪里。有一天，闺蜜告诉我，她老公在和一个姓齐的牛人学习投资。我很信任闺蜜，所以二话不说就进入了齐老师的粉丝群。

慢慢地，拨云见日，我觉得自己的格局变大了，找到了内心的那个疙瘩——为了孩子更好地生活，我在财务上太依赖老公了，而不是让自己更独立。现在，我会给家人看我的读书笔记，有时也给他讲我学到的一些知识。感谢齐老师，感谢读书圈的群友们对我的帮助和鼓励。祝愿大家都越努力越幸运，越努力越有钱。

碧蓝

结缘老齐还是因为吴晓波老师的节目，从 2019 年 12 月起，一个年轻声音就在我耳边环绕，他就是老齐！

加入粉丝群的这两年，感受最深的是：第一，不要被他人所动摇，不要被自媒体那些所谓的大佬所裹挟；第二，要逐步建立家庭财务体系，并不断加固护城河；第三，看清自己，要舍得，我们注定赚不到认知之外的钱；第四，提高格局，跟上老齐。我希望把副业做好，将来有机会为老齐团队服务，这也是我的一个梦想。感谢老齐，以及读书圈、粉丝群的兄弟姐妹，我在这里感受到了浓厚的学习氛围。祝老齐团队运营顺利，大家一起慢慢变富。

道中不贰学财经

我在 2006 年开始做投资，到 2008 年盈利从 45 万元大幅缩减到了 15 万元，最终我退出了股市。2017 年我在喜马拉雅 APP 上收听《齐俊杰看财经》节目，2018 年果断加入粉丝群和读书圈，从此学习投资理财知识成了我生活的一部分。每天我都把粉丝群里的课程打印出来，认真学习。在写满 8 个笔记本，读完 50 多本投资类图书后，我才渐渐明白投资的心法：大道至简，用正确的方法赚取认知范围内的钱。

从 2018 年定投创业板，2019 年转入"DIY 组合"，到 2020 年投入"5 个 2 组合"，我把到期的大额存单等都投到了资产配置里，结果收益颇丰，超出了我的预期。感恩齐老师孜孜不倦地引导，否则我也不会一直留在市场。没有灯塔的指引，人性的贪婪和恐惧是不容易战胜的。

红肥绿瘦

我是一个有着 20 年股龄的老股民。2000 年 11 月，我怀揣 8000 元巨款进入股市，当2008 年经济危机出现时，不仅所赚的钱全被收了回去，连 20 多万元本钱也亏到只剩下几万元。2015 年的牛市，我逐步加大了股票投入，但是最后股票账户仅剩 10 多万元。所幸2018 年，因一次偶然的机会我在喜马拉雅 APP 上遇到了老齐，我才发现财经知识居然可以这么浅显易懂，这么趣味盎然。

后来，老齐转战知识星球 APP，我跟着老齐进入读书圈。从最基础的投资常识到投资理念等，我一点点积累这些知识，就这么亦步亦趋，一路跟着老齐边读边实践，然后发现凭着这两三年的坚持，自己的认知、心态、能力不知不觉间有了显著提升，我终于尝到了稳稳赚钱、慢慢变富的幸福感。感谢老齐！如果这个故事一定要有一个名字，就叫作"涅槃与重生"吧。

坚持就是胜利

2017 年出于对朋友的信任，我涉足了 P2P，结果 2018 年全部"爆雷"，几十万元全都化为乌有，精神上的打击加上刚生完孩子没有调整好自己，我得了抑郁症。我开始反思，为什么会出现这样的结果？答案是自己的无知和思想上的懒惰。

老齐说过，想要学习一个领域的知识，先找 50 本书来看。于是我把老齐在社群里讲过的书全部找来，边看边做笔记。后来才发现，原来老齐早就提示大家退出 P2P。以后的每一天，读书圈和粉丝群的内容我都会看，脑子记不住就多看两遍记在本子上。

这几年，我跟着齐老师走过了一轮熊牛市转换，第一次通过认知赚到了钱。除了财富上的积累，我个人也得到了很大提升，养成了读书的好习惯。粉丝群里卧虎藏龙，每每看到已经实现财富自由的大咖们还在学习，我就默默地去看书，所以找到优秀的圈子和环境很重要。

老齐总说，越努力越幸运。我十分认同，因为让自己变得更好是解决一切问题的关键。人生如同一场长跑，虽然前半局我跑输了，但还好自己及时醒悟，遇到了知行合一的榜样。相信我会遇见更加优秀的自己。感恩遇见老齐。

静心

我和齐老师是同龄人，作为两个宝宝的妈妈，有幸在 2017 年喜马拉雅 APP 上认识了齐老师。齐老师诙谐幽默的语言、新鲜有趣的解读，深深吸引了我。自从加入读书群后，我每天在闲暇之余读书记笔记，虽然有太多不懂的知识，但是凭着对投资的热爱和对老齐读书圈的喜爱，我一直坚持，因为我能感觉到自己的变化。

我还加入了老齐的粉丝群，用学到的知识到投资市场去实践。我认识到，投资中最重要的是摆正好心态。我学到了资产配置的各个组合、股市的运行周期等太多实用的知识，我还加入了"小白集训营"，去补齐投资基础知识的短板。非常感谢老齐，让我在读书圈和粉丝群里认识了太多努力拼搏的人，真真切切地感受到知识可以改变命运。最喜欢老齐的那句"越努力越幸运"，它会一直激励我不断学习！

楷楷

2018 年是我最焦虑的一年，因为家庭财务状况出现了严重问题，从那时起，我就觉得不能依靠任何人，只有自己努力学习，自己强大了，才能掌握自己的命运。但是苦无门路，也不知道往哪个方向努力。

偶然在喜马拉雅 APP 上听到齐老师的《齐俊杰看财经》，又找到齐老师以前讲过的书，就果断加入齐老师的读书圈和粉丝群。看到齐老师讲财商、格局和投资理财知识，就像进入了自己梦寐以求、苦苦追寻的圣地。对于齐老师讲的书，我反反复复地听，一遍一遍地看，3 年学下来，感觉自己改变了很多。

2019 年，我卖了一套闲置的房子，开始投资，2020 年年底，就赚了 35%。我相信齐老师的人品，也认同齐老师所讲的观点，我会一直追随他。因为我相信齐老师所说的，越努力越幸运。

邵侠

我在刚开始投资时，顺风顺水，觉得自己无所不能，赚到了和自己认知不匹配的钱，然后就被收割了——2015 年上百万元资金化为乌有，信用卡账户还欠了几十万元，我瞬间被打回了原形。

2018 年听了齐老师的早新闻，莫名地爱听，后来我又加入了齐老师的粉丝群和读书圈。2020 年新冠肺炎疫情期间，我在家听书、记笔记，养成了每天读书的习惯，自身也发生了不小的变化。投资真的需要通过在读书圈的学习来逐渐改善心态。现在，我又申请加入高净值群，即便没有老齐的弟子优秀，我也想继续跟着老齐学习和进步。感谢老齐，让我的生活走上了正确的道路，让我的生活有了希望。

舍得

2017 年的一天，我偶然得知了《齐俊杰看财经》节目。老齐的媒体式夸张用词、京腔味儿口述风格让我觉得挺有意思，于是就关注了他的微信公众号"天下齐观"。2018 年，我加入了读书圈，很快就对金融投资产生了兴趣。

记得我第一次的提问是："老师好，我今天刚入群。重复读了您讲的三本基金图书，想拿出 10 万元做基金投资，并能长期持有 10 年以上，对风险有足够的心理准备，目标是年化收益率 15%。但是我是'纯小白'，知道趋势起来了，心里很恐慌。您能给个适合这个时间点的资产配置组合吗？谢谢！"

齐老师是这样回答的："先读书吧，把我这么多年讲过的有关资产组合的书都读一遍。都要上战场了，枪栓都不知道怎么拉，这就对自己太不负责任了。《世界上最聪明的投资书》《钱：7 步创造终身收入》《漫步华尔街》，以及今天要读的《赢得输家的游戏》，这几本书一定先读了，再去投资。"

自从加入齐老师的读书圈和粉丝群，我才真正走上了投资之路。现在，齐老师的事业越做越大，我也在自媒体领域不断尝试，希望未来我们能够有机会合作。加油！

晚晚爸

我默默跟随老齐三年多了。他曾经说过，如果跟着他坚持听书、读书，两年之后人生将获得质的飞跃。我用亲身体验来实证：此言非虚！

一开始听书的时候，对于听过的内容，脑子里全是糨糊，其实这是一个思维矫正过程。虽然这个过程非常艰难，但是赚钱的渴望督促我熬过了那个时期，慢慢地，情况有了转机。我利用所有时间听老齐说书，如饥似渴地获取新知识。

《富爸爸：给你的钱找一份工作》是美国著名财富教育家罗伯特·清崎写的一本书，我在第三次听这本书时，突然有了一种脱胎换骨的感觉，就像习武之人打通了任督二脉，浑身上下舒畅无比。社群里有 200 多本好书，简直就是我的饕餮盛宴。老齐对投资的理解非常深刻，讲得也深入浅出，绝对是我们投资道路上最有见地、最负责任的好老师。

闲敲棋子话投资

齐老师是我母亲推荐给我的，她跟随齐老师多年，成功地在融资机构"爆雷"前赎回了所有的本金和收益。我一直觉得她很神奇，一个生活在四五线小城市的中学老师，怎么能对经济趋势如此敏锐？直到我也加入了齐老师的粉丝群和读书圈，开始接受齐老师的教导，才明白原来宏观经济可以解读，经济周期可以判断，市场情绪也可以判断。在认识齐老师之前，我花了很多钱去上其他平台的理财课，内容深度相差甚远，也因此交了不少"智商税"，还曾经一度想投资个股，结果也交了学费。

现在，26 岁的我在外企工作已有 4 年，也曾出现过工作倦怠期。由于经常得到齐老师的教导，我明白机会需要自己争取，要不怕吃亏，要多提升自己。现在我的工作态度很积极，并且开始探索副业。真心感谢齐老师的付出，期待自己早日能达到进入高净值群的资格。

小工木木